A LIBRARY OF
DOCTORAL
DISSERTATIONS
IN SOCIAL SCIENCES IN CHINA

中国社会科学博士论文文库

俄语客体题元的层级化研究

A Hierarchical Study of Russian Object Theta

卢晓晨 著
导师 彭玉海

中国社会科学出版社

图书在版编目（CIP）数据

俄语客体题元的层级化研究 / 卢晓晨著 . —北京：中国社会科学出版社，2024.1

（中国社会科学博士论文文库）

ISBN 978-7-5227-3491-0

Ⅰ.①俄… Ⅱ.①卢… Ⅲ.①俄语—句法—研究 Ⅳ.①H354.3

中国国家版本馆 CIP 数据核字（2024）第 083631 号

出 版 人	赵剑英
责任编辑	慈明亮　梁世超
责任校对	李　莉
责任印制	李寡寡

出　　版	中国社会科学出版社
社　　址	北京鼓楼西大街甲 158 号
邮　　编	100720
网　　址	http://www.csspw.cn
发 行 部	010-84083685
门 市 部	010-84029450
经　　销	新华书店及其他书店
印　　刷	北京明恒达印务有限公司
装　　订	廊坊市广阳区广增装订厂
版　　次	2024 年 1 月第 1 版
印　　次	2024 年 1 月第 1 次印刷
开　　本	710×1000　1/16
印　　张	21
字　　数	355 千字
定　　价	118.00 元

凡购买中国社会科学出版社图书，如有质量问题请与本社营销中心联系调换
电话：010-84083683
版权所有　侵权必究

《中国社会科学博士论文文库》
编辑委员会

主　　任：李铁映
副 主 任：汝　信　江蓝生　陈佳贵
委　　员：（按姓氏笔画排序）
　　　　　王洛林　王家福　王辑思
　　　　　冯广裕　任继愈　江蓝生
　　　　　汝　信　刘庆柱　刘树成
　　　　　李茂生　李铁映　杨　义
　　　　　何秉孟　邹东涛　余永定
　　　　　沈家煊　张树相　陈佳贵
　　　　　陈祖武　武　寅　郝时远
　　　　　信春鹰　黄宝生　黄浩涛
总 编 辑：赵剑英
学术秘书：冯广裕

总　序

在胡绳同志倡导和主持下，中国社会科学院组成编委会，从全国每年毕业并通过答辩的社会科学博士论文中遴选优秀者纳入《中国社会科学博士论文文库》，由中国社会科学出版社正式出版，这项工作已持续了12年。这12年所出版的论文，代表了这一时期中国社会科学各学科博士学位论文水平，较好地实现了本文库编辑出版的初衷。

编辑出版博士文库，既是培养社会科学各学科学术带头人的有效举措，又是一种重要的文化积累，很有意义。在到中国社会科学院之前，我就曾饶有兴趣地看过文库中的部分论文，到社科院以后，也一直关注和支持文库的出版。新旧世纪之交，原编委会主任胡绳同志仙逝，社科院希望我主持文库编委会的工作，我同意了。社会科学博士都是青年社会科学研究人员，青年是国家的未来，青年社科学者是我们社会科学的未来，我们有责任支持他们更快地成长。

每一个时代总有属于它们自己的问题，"问题就是时代的声音"（马克思语）。坚持理论联系实际，注意研究带全局性的战略问题，是我们党的优良传统。我希望包括博士在内的青年社会科学工作者继承和发扬这一优良传统，密切关注、深入研究21世纪初中国面临的重大时代问题。离开了时代性，脱离了社会潮流，社会科学研究的价值就要受到影响。我是鼓励青年人成名成家的，这是党的需要，国家的需要，人民的需要。但问题在于，什么是名呢？名，就是他的价值得到了社会的承认。如果没有得到社会、人民的承认，他的价值又表现在哪里呢？所以说，价值就在于对社会重大问题的回答和解决。一旦回答了时代性的重大问题，就必然会对社会产生巨大而深刻的影响，你也因此而实现了你的价值。在这方面年轻的博士有很大的优势：精力旺盛，思维敏捷，勤于学习，勇于创新。但青年学者要多向老一辈学者学习，博士尤其要很好地向导师学习，在导师的指导下，发挥自己的优势，研究重大问题，就有可能出好的成果，实现自己的价值。过去12年入选文库的论文，也说明了这一点。

什么是当前时代的重大问题呢？纵观当今世界，无外乎两种社会制度，一种是资本主义制度，另一种是社会主义制度。所有的世界观问题、政治问题、理论问题都离不开对这两大制度的基本看法。对于社会主义，马克思主义者和资本主义世界的学者都有很多的研究和论述；对于资本主义，马克思主义者和资本主义世界的学者也有过很多研究和论述。面对这些众说纷纭的思潮和学说，我们应该如何认识？从基本倾向看，资本主义国家的学者、政治家论证的是资本主义的合理性和长期存在的"必然性"；中国的马克思主义者，中国的社会科学工作者，当然要向世界、向社会讲清楚，中国坚持走自己的路一定能实现现代化，中华民族一定能通过社会主义来实现全面的振兴。中国的问题只能由中国人用自己的理论来解决，让外国人来解决中国的问题，是行不通的。也许有的同志会说，马克思主义也是外来的。但是，要知道，马克思主义只是在中国化了以后才解决中国的问题的。如果没有马克思主义的普遍原理与中国革命和建设的实际相结合而形成的毛泽东思想、邓小平理论，马克思主义同样不能解决中国的问题。教条主义是不行的，东教条不行，西教条也不行，什么教条都不行。把学问、理论当教条，本身就是反科学的。

在21世纪，人类所面对的最重大的问题仍然是两大制度问题：这两大制度的前途、命运如何？资本主义会如何变化？社会主义怎么发展？中国特色的社会主义怎么发展？中国学者无论是研究资本主义，还是研究社会主义，最终总是要落脚到解决中国的现实与未来问题。我看中国的未来就是如何保持长期的稳定和发展。只要能长期稳定，就能长期发展；只要能长期发展，中国的社会主义现代化就能实现。

什么是21世纪的重大理论问题？我看还是马克思主义的发展问题。我们的理论是为中国的发展服务的，绝不是相反。解决中国问题的关键，取决于我们能否更好地坚持和发展马克思主义，特别是发展马克思主义。不能发展马克思主义也就不能坚持马克思主义。一切不发展的、僵化的东西都是坚持不住的，也不可能坚持住。坚持马克思主义，就是要随着实践，随着社会、经济各方面的发展，不断地发展马克思主义。马克思主义没有穷尽真理，也没有包揽一切答案。它所提供给我们的，更多的是认识世界、改造世界的世界观、方法论、价值观，是立场，是方法。我们必须学会运用科学的世界观来认识社会的发展，在实践中不断地丰富和发展马克思主义，只有发展马克思主义才能真正坚持马克思主义。我们年轻的社会科学博士们要以坚持和发展马克思主义为己任，在这方面多出精品力作。我们将优先出版这种成果。

2001 年 8 月 8 日于北戴河

摘　　要

客体题元是句子语义和词汇—句法语义中的一个重要范畴，同时也是一种重要而基本的句法语义、交际语义现象，在题元理论研究和动词事件语义、句法语义乃至构式语法语义、认知语义研究中发挥着重要的作用。作为一个重要的题元关系单位和句子语义组织单元，客体题元的研究一直是学界关注的对象，但已有研究多注重客体题元抽象概括层级的语义本质和相关信息，往往将它放在同主体对立的抽象关系层面上进行讨论，显得较为笼统而缺乏新意，相应地，许多问题没有得到深度挖掘和实质性的分析和研究。本书将以题元理论、句法语义理论和相关的一体化描写理论为基础，选取层级分析这一新的视角，对俄语客体题元展开层级化的理论研究。

本书由绪论、论述主体和结束语构成。论述主体共分五章。第一章对国内外客体题元研究现状加以梳理和分析；第二章对俄语客体题元进行理论概述；第三章建构俄语客体题元层级化研究的理论框架；第四章和第五章分别对俄语动词语义类别和俄语多义动词各义位中的客体题元进行层级化分析和研究。有关客体题元层级化研究的理论建构由概括题元、语义角色、次语义属性、论元形式和角色配位五个层级和方面组成。其中概括题元关注的是谓词语义配价结构中包含的客体数目，语义角色层级揭示客体题元在动词事件结构中的语义功能和角色，次语义属性层级表现客体题元名词的概括范畴语义属性，论元形式层级体现客体题元的形态—句法表达形式，角色配位层级反映客体题元的形式—语义对应关系和交际功能地位转换特征。

本着上述层级理论构想和框架，在有关动词语义类别的客体题元层级化研究中，本书主要针对俄语实体行为、心智行为、情感行为以及关系意义动词的客体题元展开了层级性的详细刻画和解析，挖掘出不同语义类别动词在客体题元层级化方面的相应特征和功能表现，为俄语动词语义范畴和语义类型化研究带来了新的揭示；在有关多义动词客体题元的层级化分析中，主要选取运动义、言说义、感知义及分裂义动词中的典型多义动词为对象，对其多义语义衍变中所涉及的客体题元不同层级的相应特征和表现进行了分析，详细区分和描写了多义动词各个不同义位中客体题元层级化相应的不同的语义句法功能和特点，发现了俄语多义动词的语义变化同客体题元之间的特殊、密切关联，为积极有效地分析词汇多义语义现象探寻出新的思路和分析线索，从题元结构关系层面丰富和深化动词多义性的语义研究思想和内容。

　　本书创新性地以系统化的视野、整体化的格局和层级化的手段建构起俄语客体题元的层级化研究方法体系，该层级体系较为全面、深入、细致地呈现出客体题元在动词句子语义中的功能语义地位、特征和句法—语义—交际特点，有助于客观、全面地审视客体题元在语言语义中的作用和价值，便于处理动词句子和客体题元中的复杂语义关系，尝试为客体题元的研究探索出一条新的理论路径，显示出本书一定的创新性。本书立足于该理论框架，针对俄语动词语义类别和俄语多义动词派生义位所作的客体题元层级化分析和研究极大地拓宽了客体题元研究的理论视野，有力地推动了客体题元理论探讨，深化了俄语客体题元理论研究，同时从题元这一维度有力地促进了句子语义、语言语义和句法语义的理论研究，显示出本书突出的理论意义和价值。

　　此外，本书有关客体题元层级化的研究有助于俄语学习者通过层级分析的方法认识和处理客体题元的句法语义功能以及它同动词之间的复杂关系，便于其从客体题元功能语义的角度深入了解动词多义语义变化的来龙去脉，并从题元语义、句法性能的角度有效区分、掌握并运用俄语多义动词，从而可以帮助学生提高其动词句子语义解读能力和俄语交际水平，这些都反映出本书显著的实践意义和运用价值。此外，本书的客体题元层级化研究结论对于自然语言信息自动化处理、机器翻译，以及（动词）语义词典、机器词典编纂具有一定的参考意义和实际应用价值。

　　关键词：客体题元；层级化研究；题元理论；概括题元；语义角色；次语义属性；论元形式；角色配位

Abstract

Object theta is an important category in sentence semantics and lexical-syntactical semantics, at the same time, it is also an important and basic phenomenon of syntactic and communicative semantics, and it plays an important role in the research of theta theory, verb event semantics, even the construction grammar semantics and cognitive semantics. As an important unit of thematic relation and sentence semantic organization, the study of object theta has always been the focus of academic circles, however, previous studies have paid more attention to the semantic essence and related information of object theta at the abstract summary hierarchy, it is often discussed at the level of abstract relations opposed to the subject, and the studies seem more general and lack novelty, correspondingly, many problems have not been deeply excavated and substantially analyzed and studied. Based on thematic theory, syntactic-semantics theory, and related integrated description theory, choosing hierarchical analysis as a new perspective, this book will make a hierarchical theoretical study of Russian object theta.

The book is composed of the introduction, main body, and conclusion. The main body of the book is divided into 5 chapters. Chapter 1 combs and analyses the research status of object theta at home and abroad; Chapter 2 gives a theoretical overview of Russian object theta; Chapter 3 constructs the theoretical framework of the thematic hierarchy of Russian object theta; Chapter 4 and Chapter 5 respectively make a hierarchical analysis and study of the object theta in semantic categories of Russian verbs and sememes of Russian polysemous verbs. The theoretical construction of the hierarchical study of object theta consists of five levels and aspects such as summary theta, semantic role, sub-semantic attribute, argument form, and diathesis. Among them, the summary theta focuses on the number of objects contained in the semantic valence structure; Semantic role hierarchy reveals the semantic function and role of object theta in verb event structure; Subsemantic attribute hierarchy represents the semantic attributes of generalized categories; Argument form hierarchy embodies form-syntactic expression of object theta; Diathesis hierarchy reflects the form-semantic correspondence and the characteristics of communication functional status conversion of object theta.

Based on the above-mentioned hierarchical theory and framework, in the study on the object theta hierarchy of verb semantic categories, this book mainly describes and analyses in detail the object theta at different levels of Russian substantive behavior, mental behavior, emotional behavior and relational meaning verbs, discovers the corresponding features and functional expressions of verbs of different semantic categories, and brings a new revelation to the study of the semantic category and typification of Russian verbs; In the hierarchical analysis of object theta of polysemy verbs, mainly choosing typical polysemous verbs among motion, speech, perception and division verbs as objects, we analyse the corresponding characteristics and performances of different levels of object theta involved in semantic change of the verbs, distinguish and describe the corresponding different semantico-syntactic function and characteristics of object theta's hierarchy in different sememes of polysemous verbs in detail, find a special close relationship between semantic change of Russian polysemous verbs and object theta, discovering new ideas and analysis clues for actively and effectively analysing semantic phenomenon of lexical polysemy, enriching and deepening the semantic research ideas and contents of verb polysemy from the perspective of relational level of thematic structure.

Through systematic vision, integrated pattern, and hierarchical mean, this book innovatively constructs a hierarchical research methodology system of Russian object theta, the hierarchical system more completely, deeply and meticulously presents the functional and semantic position, features and syntactic-semantic-communicative characteristics of the object theta in verb sentence semantics, it helps to examine objectively and comprehensively the function and value of object theta in linguistic semantics, and helps to deal with complex semantic relations between verb sentences and object theta, attempts to explore a new theoretical path for the study of object theta, showing the innovation of the subject. Based on the theoretical framework, object theta's hierarchical analysis and research of the semantic categories of Russian verbs and derived sememes of Russian polysemy verbs has greatly broadened the theoretical horizon of object thematic research, strongly promoted the discussion of object theta theory and deepened the thematic study of Russian object, at the same time, it has greatly promoted the theoretical study of sentence semantics, linguistic semantics and syntactical semantics from the theta's dimension, reflecting the outstanding theoretical significance and value of this subject research.

On the other hand, the study on the hierarchy of object theta is helpful for Russian learners to understand and deal with the syntactic-semantic functions and the complex relationship between it and verb by the method of hierarchical analysis, and it is convenient for them to thoroughly understand the origin and development of the semantic change of polysemous verbs from the perspective of functional semantics of object theta, and effectively distinguish, master and use Russian polysemous verbs from the perspective of thematic semantics and syntactic performance, thus, it can help students improve their ability of semantic interpretation of verb sentences and Russian communication level, all these reflect the remarkable practical significance and application value of the subject research. Moreover, the conclusion of the hierarchical research on the object theta of this subject research has certain reference significance and practical application value for the automatic processing of natural language information, machine translation, compilation of (verbal) semantic dictionaries and machine dictionaries.

Keywords: object theta; hierarchical research; thematic theory; summary theta; semantic role; semantic subcategories; argument form; diathesis

目　录

绪　论 ………………………………………………………… (1)
  一　选题依据 …………………………………………………… (1)
  二　研究目的和意义 …………………………………………… (3)
  三　研究任务和对象 …………………………………………… (5)
  四　研究的新意 ………………………………………………… (5)
  五　本书结构 …………………………………………………… (7)
  六　研究方法与语料来源 ……………………………………… (9)

第一章　客体题元及相关问题的国内外研究现状 ……………… (12)
  第一节　国外语言学界客体题元研究概况 ………………… (13)
    一　题元理论视野下的客体题元研究 …………………… (13)
    二　动词语义理论中的客体题元研究 …………………… (20)
    三　语义角色理论中的客体题元研究 …………………… (27)
    四　题元次语义属性与客体题元研究 …………………… (32)
    五　角色配位理论中的客体题元研究 …………………… (35)
    六　配价分裂与题元重合中的客体题元研究 …………… (38)
  第二节　国内语言学界客体题元研究概况 ………………… (41)
    一　题元理论视野下的客体题元研究 …………………… (42)
    二　动词语义理论中的客体题元研究 …………………… (47)
    三　语义角色理论中的客体题元研究 …………………… (52)
    四　题元次语义属性与客体题元研究 …………………… (54)
    五　角色配位理论中的客体题元研究 …………………… (57)
    六　配价分裂与题元重合中的客体题元研究 …………… (59)
  本章小结 ……………………………………………………… (61)

第二章　俄语客体题元相关理论分析 (63)

第一节　客体题元的理解与定位 (63)
一　客体题元与题元理论 (63)
二　客体题元的界定 (65)

第二节　客体题元与命题事件 (70)
一　动词命题的事件语义 (71)
二　客体的事件建构功能 (72)

第三节　客体题元与动词语义 (74)
一　客体题元与主体题元 (75)
二　客体的动词语义类别区分功能 (78)
三　客体的动词多义区分描写功能 (81)

本章小结 (84)

第三章　俄语客体题元的层级化理论架构 (86)

第一节　客体题元层级化概说 (86)
一　题元分析的层级化 (87)
二　客体题元层级化体系的建构 (88)

第二节　俄语客体题元的概括层级分析 (91)
一　概括题元 (92)
二　客体概括题元 (92)

第三节　俄语客体题元的语义角色层级分析 (96)
一　题元的语义角色 (96)
二　客体题元的语义角色 (100)

第四节　俄语客体题元的次语义属性层级分析 (110)
一　题元的次语义属性 (110)
二　客体题元的次语义属性 (113)

第五节　俄语客体题元的论元形式层级分析 (120)
一　题元的论元形式 (121)
二　客体题元的论元形式 (123)

第六节　俄语客体题元的角色配位层级分析 (133)
一　题元的角色配位 (133)
二　客体题元的角色配位 (137)

本章小结 ………………………………………………………(143)

第四章　俄语动词语义类别客体题元的层级化分析 …………(145)
　第一节　实体行为类动词客体题元层级化分析 …………(145)
　　一　实体行为动词语义界定 ………………………………(145)
　　二　实体行为动词客体题元层级关系 ……………………(148)
　　三　实体行为动词客体题元层级结构分析 ………………(154)
　第二节　心智行为类动词客体题元层级化分析 …………(170)
　　一　心智义动词语义界定 …………………………………(170)
　　二　心智义动词客体题元层级关系 ………………………(172)
　　三　心智义动词客体题元层级结构分析 …………………(176)
　第三节　情感行为类动词客体题元层级化分析 …………(194)
　　一　情感义动词语义界定 …………………………………(194)
　　二　情感义动词客体题元层级关系 ………………………(196)
　　三　情感义动词客体题元层级结构分析 …………………(206)
　第四节　关系意义类动词客体题元层级化分析 …………(212)
　　一　关系义动词语义界定 …………………………………(212)
　　二　关系义动词客体题元层级关系 ………………………(213)
　　三　关系义动词客体题元层级结构分析 …………………(218)
　本章小结 ………………………………………………………(223)

第五章　俄语多义动词客体题元的层级化分析 ………………(226)
　第一节　运动义多义动词客体题元层级化分析 …………(226)
　　一　运动义多义动词义位及其客体题元 …………………(226)
　　二　运动义多义动词义位客体题元层级关系 ……………(227)
　　三　运动义多义动词义位客体题元层级结构分析 ………(235)
　第二节　言说义多义动词客体题元层级化分析 …………(241)
　　一　言说义多义动词义位及其客体题元 …………………(241)
　　二　言说义多义动词义位客体题元层级关系 ……………(243)
　　三　言说义多义动词义位客体题元层级结构分析 ………(249)
　第三节　感知义多义动词客体题元层级化分析 …………(254)
　　一　感知义多义动词义位及其客体题元 …………………(254)

二　感知义多义动词义位客体题元层级关系 …………… (256)
　　三　感知义多义动词义位客体题元层级结构分析 ………… (262)
第四节　分裂义多义动词客体题元层级化分析 ……………… (267)
　　一　分裂义动词义位及其客体题元 ……………………… (267)
　　二　分裂义多义动词义位客体题元层级关系 …………… (269)
　　三　分裂义多义动词义位客体题元层级结构分析 ………… (278)
本章小结 ………………………………………………………… (284)

结束语 …………………………………………………………… (287)

参考文献 ………………………………………………………… (292)

索　引 …………………………………………………………… (309)

后　记 …………………………………………………………… (312)

Contents

Introduction ··· (1)
   0.1   Subject Basis ·· (1)
   0.2   Research Purpose and Significance ···························· (3)
   0.3   Research Task and Object ·· (5)
   0.4   Research Innovation ··· (5)
   0.5   Structure of Book ·· (7)
   0.6   Research Methodology and Corpus Source ····················· (9)

Chapter 1   The Research Status of Object Theta at Home and Abroad ·· (12)
   1.1   A Survey of Object Theme Studies in the Linguistic Circle Abroad ·· (13)
      1.1.1 Research on Object Theta from the Perspective of Theta Theory ··· (13)
      1.1.2 A Survey of Object Theta in Verb Semantic Theory ········ (20)
      1.1.3 A Survey of Object Theta Research from the Perspective of Semantic Role Theory ····························· (27)
      1.1.4 A Survey of Thematic Semantic Attributes and Object Thematic Research ·· (32)
      1.1.5 A Survey of Object Theta Research in the Diathesis Theory ·· (35)

  1.1.6 A Survey of Object Theta Research in Valence Splitting and Theta Coincidence ⋯⋯⋯⋯⋯⋯⋯⋯⋯⋯⋯⋯⋯⋯⋯⋯ (38)

 1.2 A Survey of Object Theta Studies in the Domestic Linguistic Circle ⋯⋯⋯⋯⋯⋯⋯⋯⋯⋯⋯⋯⋯⋯⋯⋯⋯⋯⋯⋯ (41)

  1.1.1 Research on Object Theta from the Perspective of Theta Theory ⋯⋯⋯⋯⋯⋯⋯⋯⋯⋯⋯⋯⋯⋯⋯⋯⋯⋯⋯ (42)

  1.1.2 A Survey of Object Theta in Verb Semantic Theory ⋯⋯⋯⋯ (47)

  1.1.3 A Survey of Object Theta Research in Semantic Role Theory ⋯⋯⋯⋯⋯⋯⋯⋯⋯⋯⋯⋯⋯⋯⋯⋯⋯⋯⋯⋯⋯⋯ (52)

  1.1.4 A Survey of Thematic Semantic Attributes and Object Thematic Research ⋯⋯⋯⋯⋯⋯⋯⋯⋯⋯⋯⋯⋯⋯⋯⋯⋯ (54)

  1.1.5 A Survey of Object Theta Research in the Diathesis Theory ⋯⋯⋯⋯⋯⋯⋯⋯⋯⋯⋯⋯⋯⋯⋯⋯⋯⋯⋯⋯⋯⋯⋯ (57)

  1.1.6 A Survey of Object Theta Research in Valence Splitting and Theta Coincidence ⋯⋯⋯⋯⋯⋯⋯⋯⋯⋯⋯⋯⋯⋯⋯⋯ (59)

 Summary ⋯⋯⋯⋯⋯⋯⋯⋯⋯⋯⋯⋯⋯⋯⋯⋯⋯⋯⋯⋯⋯⋯⋯⋯⋯⋯ (61)

Chapter 2 Relevant Theory Analysis of Russian Object Theta ⋯⋯⋯ (63)

 1.1 Understanding and Definition of Object Theta ⋯⋯⋯⋯⋯⋯ (63)

  1.1.1 Object Theta and Theta Theory ⋯⋯⋯⋯⋯⋯⋯⋯⋯⋯⋯⋯ (63)

  1.1.2 Definition of Object Theta ⋯⋯⋯⋯⋯⋯⋯⋯⋯⋯⋯⋯⋯⋯ (65)

 1.2 Object Theta and Propositional Events ⋯⋯⋯⋯⋯⋯⋯⋯⋯⋯ (70)

  1.2.1 Event Semantics of Verb Proposition ⋯⋯⋯⋯⋯⋯⋯⋯⋯⋯ (71)

  1.2.2 Event Constructive Function of Object ⋯⋯⋯⋯⋯⋯⋯⋯⋯ (72)

 1.3 Object Theta and Verb Semantics ⋯⋯⋯⋯⋯⋯⋯⋯⋯⋯⋯⋯ (74)

  1.3.1 Object Theta and Subject Theta ⋯⋯⋯⋯⋯⋯⋯⋯⋯⋯⋯⋯ (75)

  1.3.2 Object's Distinguishing Function for Verbal Semantic Categories ⋯⋯⋯⋯⋯⋯⋯⋯⋯⋯⋯⋯⋯⋯⋯⋯⋯⋯⋯ (78)

  1.3.3 Object's Distinguishing and Descriptive Function for Polysemous Verb ⋯⋯⋯⋯⋯⋯⋯⋯⋯⋯⋯⋯⋯⋯⋯⋯⋯⋯⋯ (81)

 Summary ⋯⋯⋯⋯⋯⋯⋯⋯⋯⋯⋯⋯⋯⋯⋯⋯⋯⋯⋯⋯⋯⋯⋯⋯⋯⋯ (84)

Chapter 3　Hierarchical Theory Framework of Russian Object Theta ……(86)

3.1　A Summary of Object Theta's Hierarchy ……(86)

 3.1.1　Hierarchy of Theta Analysis ……(87)

 3.1.2　Construction of the Hierarchical System of Object Theta ……(88)

3.2　Summary Hierarchy Analysis of Russian Object Theta ……(91)

 3.2.1　Summary Theta ……(92)

 3.2.2　Object Summary Theta ……(92)

3.3　Analysis of Semantic Role Hierarchy of Russian Object Theta ……(96)

 3.3.1　Semantic Role of Theta ……(96)

 3.3.2　Semantic Role of Object Theta ……(100)

3.4　Hierarchical Analysis of Subsemantic Attributes of Russian Object Theta ……(110)

 3.4.1　Subsemantic Attributes of Theta ……(110)

 3.4.2　Subsemantic Attributes of Object Theta ……(113)

3.5　Analysis of Argument Form Hierarchy of Russian Object Theta ……(120)

 3.5.1　Argument Form of Theta ……(121)

 3.5.2　Argument Form of Object Theta ……(123)

3.6　Analysis of Diathesis Hierarchy of Russian Object Theta ……(133)

 3.6.1　Diathesis of Theta ……(133)

 3.6.2　Diathesis of Object Theta ……(137)

Summary ……(143)

Chapter 4　Hierarchical Analysis of the Object Theta of the Semantic Category of Russian Verb ……(145)

4.1　Hierarchical Analysis of Object Theta of Substantive Action Verbs ……(145)

4.1.1　Semantic Definition of Substantive Action Verbs ………(145)
4.1.2　Hierarchical Relationship of Object Theta of Substantive Action Verbs ……………………………………………(148)
4.1.3　Hierarchy Structure Analysis of Object Theta of Substantive Action Verbs ……………………………………(154)
4.2　Hierarchical Analysis of Object Theta of Mental Action Verbs ……………………………………………………(170)
4.2.1　Semantic Definition of Mental Action Verbs ……………(170)
4.2.2　Hierarchical Relationship of Object Theta of Mental Action Verbs ……………………………………………(172)
4.2.3　Hierarchy Structure Analysis of Object Theta of Mental Action Verbs ……………………………………(176)
4.3　Hierarchical Analysis of Object Theta of Emotional Action Verbs ……………………………………………………(194)
4.3.1　Semantic Definition of Emotional Action Verbs …………(194)
4.3.2　Hierarchical Relationship of Object Theta of Emotional Action Verbs ……………………………………………(196)
4.3.3　Hierarchy Structure Analysis of Object Theta of Emotional Action Verbs ……………………………………(206)
4.4　Hierarchical Analysis of Object Theta of Relational Meaning Verbs ……………………………………………(212)
4.4.1　Semantic Definition of Relational Meaning Verbs ………(212)
4.4.2　Hierarchical Relationship of Object Theta of Relational Meaning Verbs ……………………………………………(213)
4.4.3　Hierarchy Structure Analysis of Object Theta of Relational Meaning Verb ……………………………………(218)
Summary ……………………………………………………………(223)
Chapter 5　Hierarchical Analysis of the Object Theta of Russian Polysemous Verbs ……………………………………(226)
5.1　Hierarchical Analysis of Object Theta of Polysemous Verbs with Motion Meaning ……………………………………(226)

5.1.1 The Sememe and Object Theta of Polysemous Verbs
with Motion Meaning ······(226)
5.1.2 Hierarchical Relationship of Object Theta of Polysemous Verb
Sememe with Motion Meaning ······(227)
5.1.3 Hierarchy Structure Analysis of Object Theta of Polysemous Verb
Sememe with Motion Meaning ······(235)
5.2 Hierarchical Analysis of Object Theta of Polysemous
Verbs with Speech Meaning ······(241)
5.2.1 The Sememe and Object Theta of Polysemous Verbs with
Speech Meaning ······(241)
5.2.2 Hierarchical Relationship of Object Theta of Polysemous Verb
Sememe with Speech Meaning ······(243)
5.2.3 Hierarchy Structure Analysis of Object Theta of Polysemous
Verb Sememe with Speech Meaning ······(249)
5.3 Hierarchical Analysis of Object Theta of Polysemous Verbs
with Perception Meaning ······(254)
5.3.1 The Sememe and Object Theta of Polysemous Verbs with
Perception Meaning ······(254)
5.3.2 Hierarchical Relationship of Object Theta of Polysemous
Verb Sememe with Perception Meaning ······(256)
5.3.3 Hierarchy Structure Analysis of Object Theta of Polysemous
Verb Sememe with Perception Meaning ······(262)
5.4 Hierarchical Analysis of Object Theta of Polysemous
Verbs with Division Meaning ······(267)
5.5.1 The Sememe and Object Theta of Polysemous Verbs with
Division Meaning ······(267)
5.5.2 Hierarchical Relationship of Object Theta of Polysemous Verb
Sememe with Division Meaning ······(269)
5.5.3 Hierarchy Structure Analysis of Object Theta of Polysemous
Verb Sememe with Division Meaning ······(278)
Summary ······(284)

Conclusion ……………………………………………… (287)

Bibliography …………………………………………… (292)

Index …………………………………………………… (309)

Afterword ……………………………………………… (312)

绪　　论

一　选题依据

客体题元牵涉面广且语义内容丰富、句法手段发达，并且它的语义句法表现同动词事件语义和结构特点的理解和定位有直接关联，它的语言整体表现和相关语言性能在同动词等谓词的相互影响和作用之中形成了一个复杂的句法、语义乃至交际意义关系网络，因此，它的语言功能、特征和范畴意义关联与形式表征等在很大程度上制约着词汇语义、句子语义以及句法语义、构式语法语义等的研究，相应地，客体题元成为解决这一系列语言语义问题的核心环节。中世纪的逻辑学家就曾断言，"客体决定行为"①，这一逆向的语义运动（模式）论断即显示出客体在动作行为事件构建之中所具有的特殊反制力，形成了著名的有关于客体事物在动词事件语义表现之中的反思维认识。Н. Ф. Алиева 则提出，"动词客体关系的表达构成语言中最为重要的环节之一，每种语言中都应划分出一个与客体关系相关的子系统，即'客体子系统'"②。客体题元与主体题元虽同属于题元结构中抽象概括程度最高的成员，但客体题元的语义复杂程度以及相应的语义描写和区分能力远胜于主体题元，"如果说在揭示动词语义功能上客体与主体相当的话，那么在描写动词的区别特征方面，或者说在描写动词的基本含义方面，则客体确乎发挥更大的作用"③。题元、配价理论以及相关的句法语义研究很难游离于客体题元之外，客体题元可以从语义上

---

① Н. Д. Арутюнова, *Предложение и его смысл*, М.：Наука, 1976, стр. 125.
② Н. Ф. Алиева, "Выражение объектных отношений глагола как универсальное свойство языков", в И. Ф. Вардуль ред., *Языковые универсалии и лингвистическая типология*, М.：Наука, 1969, стр. 130－131.
③ 彭玉海：《俄语题元理论》，黑龙江人民出版社2004年版，第121页。

反过来制约和影响句子构造中的谓词意义核心,并且它在语义复杂程度以及句法表现的丰富程度等方面远超过主体题元。

另外,尽管国内外学者从词汇—功能语法(词汇函数语法)、格语法、系统功能语法、生成语法、构式语法、认知语法以及词汇语义、句法语义、认知语义等观点、立场出发,对题元、配价问题进行过研究[①],但

[①] 参见 М. П. Алиева, *Типы объектных отношений и средства их выражения в современном русском языке*, М.: Наука, 1989; Ю. Д. Апресян, *Лексическая семантика: Синонимические средства языка*, М.: Наука, 1974; Ю. Д. Апресян, *Типы соответствия семантических и синтаксических актантов. Проблемы типологии и общей лингвистики*, СПб.: Нестор-История, 2006; Ю. Д. Апресян, И. М. Богуславский, Л. Л. Иомдин, В. З. Санников, *Теоретические проблемы русского синтаксиса: Взаимодействие грамматики и словаря*, М.: Языки славянских культур, 2010; Н. Д. Арутюнова, *Предложение и его смысл*, М.: Наука, 1976; Л. И. Богданов, *Зависимость формы актантов от семантических свойств русских глаголов*, М.: Диалог-МГУ, 1998; И. А. Мельчук, А. К. Жолковский, *Толково-комбинаторный словарь современного русского языка. Опыты семантико-синтаксического описания русской лексики*, Вена: Wiener Slawistischer Almanach Sonderband 14, 1984; Е. В. Муравенко, "О случаях нетривиального соответствия семантических и снитаксических валентностей глагола", в В. А. Успенский, ред., *Семиотика и информатика Вып. 36*, М.: Языки русской культуры, 1988. стр. 71–81; А. М. Мухин, "Валентность и сочетаемость глаголов", *Вопросы языкознания*, No. 6, 1987; Е. В. Падучева, *Семантические исследования*, М.: Языки русской культуры, 1996; Е. В. Падучева, *Динамические модели в семантике лексики*, М.: Языки славянской культуры, 2004; Л. Теньер, *Основы структурного синтаксиса*, М.: Прогресс, 1988; Ч. Филлмор, "Дело о падеже", в В. А. Звегинцев, ред., *Новое в зарубежной лингвистике. Вып. 10*, М.: Прогресс, 1981; N. Chomsky, *Syntactic Structure*, Cambridge, Mass.: MIT Press, 1995; N. Chomsky, *A Minimalist Program for Linguistic Theory*, Cambridge, Mass.: MIT Press, 1992; W. A. Cook, *Case Grammar Theory*, Washington: Georgetown University Press, 1989; D. Dowty, "Thematic Proto-Roles and Argument Selection" *New York: Language*, No. 3, 1991; Ch. J. Fillmore, *The Case for Case: Universals in Linguistic Theory*, New York: Holt, Rinehart and Winston, 1968; A. E. Goldberg, "Verbs, Constructions and Semantic Frame", in M. Rappaport Hovav, E. Doron, I. Sichel, eds., *Lexical Semantics, Syntax, and Event Structure*, Oxford, New York: Oxford University Press, 2010; J. J. Katz, *Semantic Theory*, N. Y. etc.: Harper Row, 1972; J. S. Gruber, *Lexical Structure in Syntax and Semantics*, Amsterdam: North Holland, 1976; R. W. Langacker, *Foundations of Congnitive Grammar Vol. Ⅱ: Descriptive Application*, Stanford: Stanford University Press, 1991; F. R. Palmer, *Semantics*, Cambridge: Cambridge University Press, 1981; J. I. Saeed, *Semantics*, 外语教学与研究出版社 2000 年版; 高明乐《题元角色的句法实现》, 中国社会科学出版社 2004 年版; 顾阳《论元结构理论介绍》,《国外语言学》1994 年第 1 期; 华劭《语言经纬》, 商务印书馆 2003 年版; 张家骅《莫斯科语义学派的配价观》,《外语学刊》2003 年第 4 期; 张家骅《俄罗斯语义学:理论与研究》, 中国社会科学出版社 2011 年版; 彭玉海《论题元》,《中国俄语教学》1998 年第 2 期; 彭玉海《题元与(转下页)

对动词结构中客体题元语义功能的系统性分析和相应句法描写还远远不够，语义学研究中也较少见到专门针对客体题元所进行的理论探讨，迄今为止尚未出现较为全面、完备的针对客体题元语义性能进行系统分析的研究模式。客体题元的语义句法本质及其在题元理论体系中所处的位置，客体在词汇、句法、语义乃至交际、认知层面上发挥作用的方式、机制及其功能、表现，客体题元与句子语义分类及多义动词语义衍变之间的对应关系和具体的深层关联性等均未得到深入阐发和系统揭示，充分反映出客体题元的理论研究亟待深化和推进。不仅如此，现有的客体题元研究大多侧重于其某一个层级上的表现，全面、细致地对客体题元各个层次及与此相关的语言语义问题所展开的研究十分匮乏。因此，建立客体题元层级化研究的方法论体系和理论架构成为题元理论研究各个环节上的一个关键点和突破口，建构客体题元的层级化分析系统、针对客体题元进行多维度系统研究就显得尤为迫切和重要。凭借这一层级性的客体题元方法论体系，词汇语义和句子语义中的许多问题可以得到清晰的层级化理解和深入解析，一些复杂的题元理论现象和相关的语义句法问题所面临的困难可以迎刃而解。这些都构成本书开展研究的重要选题依据。

二 研究目的和意义

目前，针对客体题元的研究大都局限在从其语义功能角色、论元结构、句法属性等某一层面出发，而未形成具有整体性的理论方法和体系，但实质上客体题元与整个谓词结构中各个部分相互作用的语义机制十分复杂，很难通过单一层面的分析彻底揭示其语言表现。基于这一理论思考，本书的研究目的是：

尝试建立起有关于客体题元的层级化分析理论架构和路径，对俄语客

（接上页）俄语语义理论》，《外语学刊》2003年第4期；薛恩奎《动词的语义范畴与句法模式》，《外语学刊》2011年第5期；杜桂枝《再论动词语义配价、支配模式与句子题元结构》，《中国俄语教学》2018年第3期；沈家煊《句式和配价》，《中国语文》2000年第4期；蔡晖《俄语情感动词的语义聚合体》，《中国俄语教学》2014年第4期；沈阳主编《配价理论与汉语语法研究》，语文出版社2000年版；沈阳、郑定欧主编《现代汉语配价语法研究》，北京大学出版社1995年版；徐烈炯、沈阳《题元理论与汉语配价问题》，《当代语言学》1998年第3期；朱佳蕾、胡建华《概念—句法接口处的题元系统》，《当代语言学》2015年第1期；袁毓林《汉语配价语法研究》，商务印书馆2010年版；袁毓林、郭锐主编《现代汉语配价语法研究（第二辑）》，北京大学出版社1998年版。

体题元范畴展开多层级的语言机制研究，其切入点是客体题元的语义功能及形式特征等方面的层级化分析和描写，着力考察客体题元不同层面在动词句子命题构造、语句意义建构、句子语义描写及动词多义区分中的功能、表现和特点，探讨客体题元在语言语义和语义句法体系中的作用和价值，深入挖掘隐藏在客体题元范畴中的深层语言机制，力求较为细致、全面地阐释客体这一高度抽象化的题元功能语义单位的整体语言特征和运作特点。

本书的研究意义体现在理论建构和实际应用两个方面：

（一）理论意义

针对俄语客体题元所开展的层级化研究切中了其现有研究的薄弱点，同时一定程度上突破了现有研究的局限，挖掘出深化和推进客体题元理论研究的新的增长点和分析路径；通过客体题元层级化研究，建立起客体题元同动词语义研究之间的积极互动模式，有利于促进和深化二者的研究。本书有关客体题元的研究从层级化方法及其相关的次语义属性、角色配位等理念上为题元研究带来了新的思考和启发，一定程度上深化和推动了俄语题元理论的研究；客体题元的综合分析不仅有助于揭示动词语义，也可以作为对动词进行分类的重要参数得到运用，并且可将其融入句子语义模式建构中以有效利用，这都在深层次上为动词句子语义模式化研究和语义句法学研究的深入开展注入了活力。这些方面都显示出本书突出的理论意义和价值。

（二）实践价值

作为词汇搭配和语义组合意义的一部分，客体题元的语义角色和次范畴内容也应该进入动词等谓词的词典释义，这对于语义词典编纂、动词同义、多义词词典编纂中义项的区分、判定和选择等具有积极的现实意义；客体题元层级化分析方式可直接运用于自然语言组合语义分析和义素分析，从这个角度看，从特定视角全面阐释客体题元对于自然语言信息自动化处理、机器翻译等具有一定参考意义；客体题元的层级化分析有助于深入、细致地理解相关俄语动词的词义和语义特点，便于俄语学习者更好地掌握和运用俄语动词、提高其俄语实际运用水平和交际能力。上述方面反映出本书的实践指导意义和实际应用价值。

三 研究任务和对象

本书研究的核心任务是建立俄语动词客体题元的层级化研究框架，进而根据所建立的理论架构，分别对俄语动词语义类别和动词多义的语义关系中的客体题元层级性问题展开实证研究，同时也是通过层级化研究范式揭示客体题元同俄语动词复杂的语义功能、表现之间的内在关系，并且在俄语动词的次范畴语义类别分析和动词多义语义关系的区分和描写中进一步验证客体题元的层级化理论方法和体系。本着这一任务和目标，本书将首先讨论同俄语客体题元层级化研究相关的概念及理论基础，其次尝试建立起自己独特的客体题元层级化研究理论框架、体系，进而主要从客体概括题元、客体题元语义角色、客体题元次语义属性、客体题元论元形式、客体题元参与的角色配位模式等方面入手，在动词语义范畴或情景事件类别以及多义动词的不同义项之中展开客体题元的层级化分析和描写，从而推进俄语题元理论的层级化（多层级系统）研究以及俄语动词的语义研究。

本书的研究对象之一是客体题元，即谓词（行为、状态、关系等）所指向的事物，之二是俄语动词。这两个对象相辅相成，统辖于动词命题和事件语义的核心和整体结构之中。继 Н. Д. Арутюнова 之后，语言学界对于客体的界定有逐渐拓宽的趋势，尤其是在语义学领域这一点表现得尤为突出。本书界定的客体题元为广义上的客体题元，即概括题元层级上的客体题元。动词构建的情景结构中除主体题元之外的所有必需成分均属于客体题元。

四 研究的新意

本书将客体题元有的放矢地融入动词命题事件框架之中展开研究，从整体论的立场出发，以多元视角和新的方法论审视、考察俄语客体题元。研究的新意主要表现在以下几个方面：

（一）以系统化的视野、整体化的格局和层级化手段，尝试建立起新颖、独特的俄语客体题元层级化研究方法论体系。由于客体题元是一个由多层面内容交织而成的复杂题元现象，加之其中所包含的语义模糊因素的影响，非此即彼的单层次分析思路很难从根本上解决与它相关的一系列题元语义、句法等方面的问题。该层级结构的创新性在于，它切中了客体题元的核心问题，凭此可以帮助化解困扰着传统题元理论的相关问题，为清晰而有理有据地分析客体题元现象提供了切实可行的理论方法和系统性原则。

（二）创新性地将客体题元同动词语义类别划分和动词多义性的研究结合为一个关联着语义、句法乃至交际层面内容的整体，通过客体题元的层级化这一接口，使题元理论同动词语义理论得到有机整合：一方面客体题元层级体系和方法直接带动并深化了动词语义研究，另一方面动词语义句法层面的分析又反过来推动和具化了客体题元的层级化分析。由此形成了题元与动词语义互联互通的语言语义机制，这一彼此助力、相互促动的模式使动词语义和客体题元的精细化描写变得可行。

（三）基于层级化分析视角，对学界争议较大的客体题元作出了明晰可行的理解和定位。有关客体概念的认识大体上有广义、狭义和语义、句法之分，而对于客体、受事、结果、对象等语义角色之间的关系和区别都尚不明确。因而，一些学者在研究中尽量回避客体这一术语，有些则是借助"句法的"或"语义的"这样的限定语来避免造成概念上的模糊不清。本书在题元层级系统基础上，将客体题元提升到概括题元层面来进行探讨，并进一步明确客体的概念和所指范围及其同其他情境参与者和角色之间的关系，对客体这一语义、句法研究中频繁出现、意义模糊的概念进行了新的审视，从而建立起有关客体题元的清晰认识和概念定位，对该题元的功能、作用的理解和把握有了可靠的层级化的依据。

（四）尝试提出了新的客体题元语义角色系统，完善了题元语义角色理论。题元的语义角色、语义格、语义位一向是众说纷纭的问题，本书在层级化分析的视野下，建立起相应的客体题元语义角色体系，使该理论问题的研究得以深化和推进。并且应用该角色系统进行动词客体题元语义分析，验证了语义角色在动词语义研究中的积极作用，一定程度上丰富了语义角色的题元理论实践。同时也从动词客体题元新的语义角色关系和动词—客体语义类别分析层面为动词词汇组合关系和语义搭配以及配价理论的研究提供了新的启示。

（五）建立起客体题元的次语义属性这一特殊的层级，并且有针对性地提出了客体题元次语义属性的相关具体参数，丰富和具化了传统的词汇—语法范畴语义特征，使其在动词语义分类范畴的研究和动词多义的语义区分性描写和刻画中产生积极的作用，赋予了传统、狭义的（名词）

语类语法属性以新的句法语义表征和题元功能语言表现方面的新的生命，并且在复杂的动词语义关系体系中，客体题元的次语义属性参数也可以为动词词典释义和动词命题事件语义的义素分析提供新的分析思路和操作手段。

（六）挖掘并提出客体题元的角色配位层级，拓宽了客体题元理论分析的视野，丰富了客体题元的理论研究内容，使我们能够从一个新的角度和层面审视客体题元的语义句法功能和表现，同时也使客体题元的整体性语言机制得以充实和完善，为其他相关题元现象的分析和阐释提供了新的思考方向和分析线索。此外，该客体题元层级也为深入描写和揭示动词的语义性能和实质以及展开动词的语义范畴化研究提供了积极可行的分析手段和方案。

总之，在客体题元理论问题上，虽然所采用的术语不尽相同，但许多学者在题元理论相关研究中都或多或少涉及了客体题元的相关问题。但目前从全局观角度出发，专门研究客体题元语义特征和功能的理论文献却并不多见。本书在题元层级理论的框架内构建起对客体题元进行分析的多层级系统，该理论架构的建立立足于句法—语义界面思想，既考虑到客体题元具体语义角色、语义属性的同时，也兼顾其句法论元形式以及角色配位模式。这本身就反映出本书研究的显著创新意义和价值。

五　本书结构

本书由绪论、论述主体和结束语这三个主要部分构成，论述主体部分共五章，具体内容如下：

绪论通过论述选题思路和依据以及相关理论背景引出本书的研究目的、意义和任务、对象，并进一步说明本书的结构以及创新之处，最后阐明本书展开所采用的研究方法以及语料来源。

第一章对客体题元及相关问题的国内外研究现状进行分析，分别对俄罗斯和西方语言学界以及国内语言学界有关客体题元的研究情况加以归纳分析和梳理，便于在充分把握课题研究状况的基础上，有的放矢地展开俄语客体题元的层级化理论研究。

第二章明确界定了本书的核心术语及其来源，并简单介绍书中论述部分所涉及的相关理论问题。首先明确本书的研究对象，即客体题元的语义实质及其在题元层级理论中所占据的位置。其次探讨客体题元在整个谓词情景结构、命题事件中所发挥的语义功能。最后阐明客体题元与主体题元的关系，以及客体题元所蕴含的语义潜能——语义类别区分功能和多义区分描写功能。

第三章是本书的核心部分，该部分将建立客体题元的理论分析多层级架构，并在该架构内揭示客体题元的语义机制。本章第一部分在概括层面上介绍层级分析的理念以及客体题元多层级分析框架的具体结构，并简要分析5个层级的基本内容。本章第二部分将就5个层级展开详细论述，进一步剖析客体题元多层级分析架构的运作机制。这5个层级包括：客体题元的概括层级，即题元数目层级，在该层级，客体题元的作用主要体现在借由其数量将动词区分为单客体动词、双客体动词以及多客体动词，在不同的动词词汇语义类别之间以及同一词汇语义类别内部，客体题元的数目表现均有所不同；客体题元的语义角色层级，该层级将对不同语义配价结构中客体的语义角色进行细化，建立起本书的客体题元语义角色系统，以便于细致、明晰地分析和描写客体题元的语义句法功能；客体题元的次语义属性层级，该层级根据客体题元词的语义属性将客体题元进一步划分为内部客体/外部客体、具体客体/抽象客体、动物客体/非动物客体等，在该层级，客体题元的语义功能在类别区分以及多义区分上均有所体现；客体题元的论元形式层级，即表层句法表达形式层级，该层级着重分析客体题元在句法结构中所采取的具体表达形式，对同一词汇语义类别的动词来说，其客体题元的论元形式既有一致性，又具有一定的可变性；客体题元的角色配位层级，该层级主要解决上一层级未能得到解决的语义—句法交界面上的问题，即由于动词语义或说话人关注焦点的变化所引起的整个谓词配位结构的改变，在该层级，客体题元主要体现出的是多义区分描写功能。

第四章和第五章同样是本书的核心部分，这两章将运用客体题元层级化分析理论对不同动词的客体题元进行分析，旨在描写、揭示客体题元在动词情景事件中的功能、特点和语义句法表现。第四章着重探讨客体题元层级在不同动词语义类别中的作用机制，阐明客体题元层级化分析的动词语义类别区分和描写功能，其中将选取实体行为动词（即物理行为动词）、心智行为动词、情感行为动词以及关系意义动词四类动词为典型代表，分别论述客体题元在动词不同语义类别中所发挥的功能以及彼此之间的差异。第五章着重阐释客体题元的动词多义区分描写功能，其中将选取运动义多义动词、言说义多义动词、感知义多义动词以及分裂义多义动词四类动词为代表，分别讨论其典型多义动词各个义位中的客体题元在语义衍变前后的客体题元各层级所体现出来的变化。在第四章、第五章有关客体题元层级化的实证分析中，一方面，通过客体题元各层级的分析和描写深入、细化地探讨动词语义类别和多义衍变的语义功能和特点；另一方面，在此过程中也进一步阐明和印证俄语客体题元的层级化研究方法，具体落实该层级理论的价值和功能、作用。

结束语将对全书内容进行简要概括和总结，提出本书的主要结论和创新之处，展望客体题元以及题元理论层级化分析体系的应用和发展前景，并指出本书研究的不足之处。

六 研究方法与语料来源

（一）研究方法

本书采用的研究方法主要有：层级式分析法、结构分析法、语义深描法、综合分析法、功能提取法与语料分析法。

层级式分析法：客体题元代表一种复杂多变的语义关系，直接参与动词事件语义建构，具有多层面的、丰富的语义内容、特性，采取层级结构的解剖方式能够积极有效地揭示其语义性质、深入细致地观察和描写其语义句法属性，在此基础上厘清它作为题元所具有的不同层次关系上的语言语义功能（包括语义、句法乃至交际、语用）。一方面客体题元总能在某一或某些层级上获得区分描写；另一方面在上一层级中已经得到区分的客体题元语言性能可以在下一层级中得到进一步阐释，形成一种整合性的分析合力。这一方法对于客体题元这一特定研究对象显得尤为重要。

结构分析法：本着"客体决定行为"的"客体—行为"结构关系思想认识，针对客体题元的语义特点和表现方式，有的放矢地在动词的命题结构和语义框架中展开相关分析，借助这一结构框架深入解析客体题元在（广义）行为活动和事件语义之中的复杂、多元的功能语义和句法形式内容，以统一的结构方法审察不同语义类别动词和不同义位关系（多义）动词中的客体题元语言语义表现。

语义深描法：立足动词事件功能语义背景和命题事件语义，从概括题元语义常项、语义角色功能、次范畴语义属性、形态—句法形式、角色配位（语义—句法态）乃至配价分裂和题元重合等方面对俄语客体题元进行多维度审视和深入刻画、描写，为全面、细致地观察俄语客体题元的语言性能和功能语义性质提供强有力的分析手段，便于在一个多维交织的语义句法关系网络中深入了解客体题元的语言机制和实质。

综合分析法：受莫斯科语义学派的集成描写思想原则启发，从语义、句法乃至交际方面对俄语客体题元的语言性能和语言语义表现展开一体化分析，其中：概括题元、语义角色层级分析侧重于客体的语义性能分析；而次范畴语义属性、论元结构形式分析侧重于描写客体题元的形态—句法行为和表现；角色配位层级分析则将客体题元的语义、句法乃至交际功能属性和关系特点纳入视野，对其在语言中的意义—结构性能和交际—句法语义变化特点展开解析。几个方面的综合分析有利于在其语言性能的整体面貌上揭示客体题元的本质，同时这一分析思路和方法也切合客体题元在词围环境中的语言实际，有益于在客体题元的语言真实表现中深入探察其语言功能和实质。

功能提取法：客体题元本身是一个复杂的语义关系体，它在不同层面反映不同的功能语义内容和特点，并且在同主体题元这一命题语义常体的意义关联中释放自己的语义信息。因此，需要在动词事件的语义框架内对其语义功能强加剖析，在此基础上确定并提取出它在不同动词语义类别和复杂义位关系之中的相应语义角色、语义功能，并且从它的形态—句法表现样本之中归纳、提取出其相应的句法角色功能。

语料分析法：以语料为载体，对客体题元在俄语动词不同语义类别和动词多义语义变化之中的表现展开实证分析，通过语料分析详细考察客体题元在语言交际现实中的语义角色转化、论元结构变化以及角色配位交际功能角色迁移与显隐等，由此客观呈现客体题元的层级化语言语义面貌，言之有据地挖掘客体题元的句法语义性能和特点，从而保障研究的说服力和可信度。

（二）语料来源

本书所选取的各动词语义类别以及各类别下的例词主要来源于以下两部词典：Л. Г. Бабенко 等主编的《俄语动词详解词典》（2009）[①] 以及

[①] Л. Г. Бабенко, И. М. Волчкова и др., Толковый словарь русских глаголов: Идеографическое описание, М.: Аст-Пресс Книга, 2009.

Н. Ю. Шведова 等主编的《俄语语义词典》（2007）[①] 第四卷。文中例句主要来源：С. А. Кузнецов, *Большой толковый словарь русского языка*, СПб. : Норинт, 2010; Л. Г. Бабенко и др. , *Русские глагольные предложения*, М. : Словари. ру, 2016; Ю. Д. Апресян и др. , *Новый объяснительный словарь синонимов русского языка*, 2-е издание, испраленное и дополненное, М. : Языки славянской культуры, 2003; Н. Ю. Шведова, Отв. ред. , *Толковый словарь русского языка с включением сведений о происхождении слов*, М. : Азбуковник, 2007; А. П. Евгеньева, Ред. , *Словарь русского языка*（*В 4-х т.*）, 4-е изд. , стер. , М. : Русский язык, Полиграфресурсы, 1999; АН СССР, *Русская грамматика*（*Том II*）, М. : Наука, 1980; 黑龙江大学辞书研究所:《俄汉详解大词典》（四卷本）, 黑龙江人民出版社 1998 年版。另一部分语料来自 НКРЯ: Национальный корпус русского языка//ruscorpora. ru/search-main. html; https: //www. yandex. ru; https: //www. ru. wikipedia. org 以及 https: //www. kartaslov. ru。

[①] Н. Ю. Шведова, Е. С. Копорская, К. В. Габучан и др. , *Русский семантический словарь. том IV глагол*, М. : РАН Ин-т рус. яз. , 2007.

第一章

客体题元及相关问题的国内外研究现状

　　作为一种基本的词汇语义单位，动词以其特有的功能语义特点和丰富、复杂的结构语义性能占据着语言理论体系中重要而特殊的地位。动词不仅有独立的词汇语义内容，而且动词所指即为情景，可以将它看作凝缩的句子或紧缩的命题，动词命题的语义核心决定着情景参与者的数量和语义性质，依托它可以相应对其所表示的情景结构和事件语义进行描述，这也是事件语义学的重要思想理论来源。受动词中心论思想影响，国内外语言学界许多学者都将动词语义及其所关联的情景事件参与者即主体、客体等题元作为研究对象。

　　由于对动作行为、状态、过程等情景内容的语义描述和呈现都有主体和客体范畴的积极参与，因此它们成为动作事件思维和情景结构的语义常项，同时也被看作动作语义世界图景的基本建构单元。其中，客体题元是一个包含丰富语义内容和相应形式句法特征的语义句法范畴，其语义句法内涵直接与动词语义、谓词框架、支配模式及语句表层结构形式等相关联。从事件语义关系上看，客体在很大程度上决定着行为，客体题元在动词命题结构中也相应占有举足轻重的地位。在对动词句子语义和结构类型、特点等进行分析、解读的过程中，客体题元与谓词之间的关系不仅表现在动词对客体题元的形式和意义的制约性，另一方面也清晰体现于客体题元对动词语义的积极影响和相应的语义揭示、描写价值。这些都显示出客体题元及其功能语义特点同动词词汇单位及其语义类别（语义分类范畴）、动词多义关系等方面密不可分的关系，相应地，本章有关客体题元国内外研究现状的分析和梳理将从以下几个方面展开：题元理论中的客体题元、动词分类，梳理层次动词语义中的客体题元以及语义角色、题元次语义属性、角色配位理论，配价分裂与题元重合中的客体题元研究。以求形成全方位的对客体题元研究状况的认识和把握，为后文相关具体研究打下基础。

第一节 国外语言学界客体题元研究概况

客体题元属于系统性、多层面的语言现象，它的语言性能以及语义句法功能、作用在动词等谓词词汇单位以及句子结构形式和语义功能体系中都有十分活跃的表现。国外语言学界的句法语义、词汇动态语义以及生成语法、格语法、功能语法等理论研究都从不同程度上涉及了客体题元问题，其有关动词语义、句子语义、语法语义以及词汇句法理论、题元和配价理论等研究也从不同方面谈到过客体题元。学者们提出了相关的学术思想和主张，其思想、观点和方法等对本书研究工作的开展具有理论启迪意义和参考价值。下面主要从宏观和微观的几个方面分别对国外语言学界的相关研究现状加以归纳、分析。

一 题元理论视野下的客体题元研究

题元是指参与到动词所描述情景中的人或事物。题元与配价这两个概念均与动词密切相关。在大多数定义中，配价都被阐释为动词在语义以及结构层面能够与其他语言单位搭配的潜在能力，而题元则是与动词相结合的语义句法函项。L. Tesniere 引入了题元这个概念，并提出了第一、第二、第三题元，分别与主语、直接客体、间接客体相对应[①]。可以说，主体与客体这两个概念在题元理论诞生初期就被视为题元结构的必要成素以及题元理论的首要研究对象。在此之后，题元理论得到了长足的发展，不仅被用作分析动词、名词、形容词等词类语义结构的工具，也被应用于句子语义研究以及各种表层与深层结构交界面的研究中。专门针对客体题元的研究并不多见，但许多学者的研究中涉及了客体题元的一些层面，以下就其中较为典型的几种观点进行综述。

Н. Д. Арутюнова 在对动词语义结构进行研究的过程中尤为关注客体

[①] В. Н. Ярцева, ред., *Лингвистический энциклопедический словарь*, М.: Советская энциклопедия, 1990. стр. 22; Л. Теньер, *Основы структурного синтаксиса*, М.: Прогресс, 1988.

题元在整个题元结构中所发挥的功能①。她还另辟章节专门研究了动词与其客体之间的语义关系，着重强调了客体对整个谓词结构语义的重要性。客体决定了行为的类型，尤其是对于那些以构建、毁灭、改变客体为目的的行为来说更是如此。动词与客体之间的语义对应性从宏观上来看即为不同词汇语义类别动词对应不同的客体题元。心智行为动词以及听觉感知动词都要与命题客体（句子或者句子的称名形式）搭配使用。而物理行为动词则要与物质客体，即具体事物客体搭配。至于情感动词，其表示的并不局限于主体的过程，还涉及其他人或事物，即涉及关系意义，需要优先与物质客体搭配。处在心智行为与物理行为动词之间的还有一类动词——社会规约性质的行为。此类动词又可以分为两个亚类：针对人的和针对事件的。前者包括表示奖惩、委派等意义的动词，例如，награждать（奖赏），назначать（任命，委派），присваивать（授予）等，要与物质客体（表人名词）搭配；后者包括一些社会性的有确定目的的行为，例如，бороться（斗争，奋斗），руководить（领导，指导），запрещать（禁止）等，与命题客体连用，且客体兼具目的意义。视觉感知动词能与两类客体搭配，这其中也包括那些意识中感知的动词或动词性结构，例如，представлять себе（想象），воображать（设想）等。评价动词也能与两类客体搭配，因为评价的对象可以是人或物的特征，也可以是事件或者判断。评价意义越具体，动词对客体的限制意义就越明显。言语活动动词对客体的范畴也基本没有限制。对告知动词而言，物质客体与命题客体表示的意义不同，前者指出告知的对象，后者揭示告知的具体内容，例如，сообщать **о сыне**（告知关于儿子的事），сообщать **о приезде сына**（告知儿子的到来）。

  Н. Д. Арутюнова 还对情感动词的语义结构进行了专门研究，将其区分为纯事件性的以及客体事件性质的两大类②。她指出类似于 Он рассердил **меня своей грубостью**（他的粗鲁行为激怒了我）这样的句子，直接客体表示的是行为造成结果的直接承受者、行为作用的对象，而间接客体是事件发生的原因，行为有使役意义。对于有些情感动词来说，原因间接客体不是动词语义内涵前定的，不是语义配价。感情使役动词的主体

---

① Н. Д. Арутюнова, *Предложение и его смысл*, М. : Наука, 1976, стр. 125 – 139.

② Н. Д. Арутюнова, *Предложение и его смысл*, М. : Наука, 1976.

可以是人或事件，主体意义的不同直接决定了客体的结构。Н. Д. Арутюнова 将其分别称为"主体事件"以及"客体事件"，二者的区别就在于原因意义与客体意义的作用方式以及主体是否为行为的责任人。Н. Д. Арутюнова 是较早对客体题元进行专门研究的学者，她对中世纪逻辑学家使用的术语"物质客体"（материальный объект）和"形式客体"（формальный объект）进行了再阐释①，并指出，对形式客体进行确定实际上就等同于通过客体的语义特征明确动词的组合意义。她的见解表明了客体在动词语义配价结构中扮演着至关重要的角色，无论是对于动词分类还是动词多义性而言都具有极大的研究价值。

  Е. В. Падучева（2004）② 建立了用以对动词语义进行分析的参数系统，其中客体题元在多个参数上都发挥了积极的语义句法功能。Е. В. Падучева 建立起的动词分析参数系统具体包含以下几个参数：题元语义属性、语义角色、语义要素焦点位阶以及角色配位。在该参数系统中，客体题元与主体题元所占的比重并不相同，客体题元在动词语义衍生中所发挥的语义功能要远大于主体题元。Е. В. Падучева 在剖析题元语义属性层级时明确指出："改变使役动词客体参项的分类类别通常导致动词主题类别的变化，而主体参项分类类别的变化通常带来的不是动词主题类别的变化，而是动词分类范畴的变化。"③ 此外，Е. В. Падучева 应用该参数系统剖析了运动动词以及声响动词的规律性多义聚合体。通过在主题类别、分类范畴、角色配位、语义角色、语义属性这些参数上的变化，动词的动态语义衍生才得以实现，这些参数既是词义衍生的内在动因，又是其外在表现形式。角色配位作为该参数系统中的参数之一，在多义词语义句法研究中发挥出了独特的作用。多义词的不同义项可能对应不同的角色配位，而从这些角色配位中能够捕捉到动词语义衍生的一些规律性特征。Е. В. Падучева 从动态视角审视动词语义并提出了动词语义分析参数系统，这一思想完全适用于俄语客体题元的研究，能够全方位地揭示客体题元的语义句法性能。同时，她还重新界定了"角色配位"概念，将其视为语

---

  ① Н. Д. Арутюнова, *Предложение и его смысл*, М. : Наука, 1976, стр. 114, 125 – 139.

  ② Е. В. Падучева, *Динамические модели в семантике лексики*, М. : Языки славянской культуры, 2004, стр. 30 – 50, 52 – 59.

  ③ ［俄］Е. В. 帕杜切娃：《词汇语义的动态模式》，蔡晖译，北京大学出版社 2011 年版，第 66 页。

义、句法、交际因素的复杂结构体，并且这一结构体往往会以特定方式关联于客体题元，相应客体题元的语义功能和语言结构表征成为动词语义分析中的重要一环，这一见解也从客体题元的功能、特征层面极大拓宽了俄语句法语义研究的视野。

在对客体题元的界定上，Е. В. Падучева 也提出了与 Ю. Д. Апресян 不同的观点。在她看来，Ю. Д. Апресян 并未区分语义角色的交际等级，把主体与客体同其他语义格（地点、工具、手段、内容等）放在同一等级中。Е. В. Падучева 认为应该将客体题元视为超语义角色（гиперроль），因为同属于施事或受事的语义角色在不同动词语义结构和句法结构中表现往往并不相同。她的论断将客体题元与主体题元从整个题元语义角色系统中分离了出来，为客体题元的综合性研究奠定了基础。Е. В. Падучева 还对成事客体进行了专门研究，分析了四类通常并不被视为使成类动词但题元结构中也包含成事客体的动词：选择动词、阶段动词、心理影响动词与创造思想产物动词。成事在客体题元中属于特殊的一个亚类，包含成事的动词必然要表达某种变化，变化后产生的新事物或新事况进入动词题元结构。许多题元结构中包含成事客体的动词均为多义动词，受事客体与成事客体在句法上占位相同，彼此竞争，当成事占据补语位时就会将受事排挤到边缘的句法位置或情景背景中去。这正是许多此类动词具有双重配位结构的原因。Е. В. Падучева 以选择动词为例，将包含选取实体和选取集合的配位结构称为直接配位结构，将仅包含选取集合的配位结构称为间接配位结构。例如，выбрать в преемники своего сына（选择自己的儿子为继任者），выбрать себе преемника（为自己选择继任者），前者为直接配位结构，后者为间接配位结构。

Ю. Д. Апресян 对题元的认识则更偏向句法层面[1]，换言之，他更为关注语义配价向句法题元转换过程中二者的对应关系。他指出，客体题元的表达形式和手段丰富多样，但这些多元化的表达方式在语义上相同、相近的同时，也或多或少存在一些语义差异。例如，<по>N₃与<в>N₄[2]

---

[1] Ю. Д. Апресян, Избранные труды, том I. Лексическая семантика: Синонимические средства языка 2-е издание, исправленное и дополненное, М.: Школа «Языки русской культуры», Издательская фирма «Восточная литература» РАН, 1995, стр. 133 – 156.

[2] N 代表俄语名词，其右下方阿拉伯数字表示名词所用的是第几格，位于尖括号"< >"里面的是俄语前置词。

都可以表示客体意义，前者多用来指点状的目标或者移动的物体，而后者则多用来指非点状的或者静止的目标。例如，смазать（擦上，涂上），стегнуть（抽打），хлестнуть（冲击，拍打）等动词的语义配价结构中的客体意义多为区域或者平面，因而用 < по > N₃；而 пырнуть（刺），кольнуть（刺痛），пнуть（踢）等动词要求的典型客体为点状的目标，因而用 < в > N₄。同一个词的客体题元也可以由不同的形式表达，在区分多义词的不同义项方面有时主要依靠的也正是句法表达形式上的不同，例如，стрелять **по наступающей пехоте**（朝逼近的步兵射击）—стрелять **в правом ухе**（右耳刺痛）。有时，这种区别不足以构成独立的义项，但仍有细微的语义上的区别，例如，动词 надеяться（希望，期望）的客体题元在句法上有三种表达方式：< на > N₄、从句以及不定式形式。当使用不定式形式时，与前两种表达方式的区别在于，该不定式的主体与 надеяться 的主体必须相同。这种限制条件具有个体性，不同的动词语义配价结构中对应着不同的搭配限制条件。Ю. Д. Апресян 指出了客体题元语义角色以及论元形式对于谓词结构的重要性，但只是通过典型的例子来说明这一点。客体题元与谓词结构之间相互作用的方式仍有待系统性研究。

  G. Helbig 的配价研究对配价理论的发展做出了巨大贡献。他阐明了配价的语义内涵，区分了必备补足语和可选补足语，提出了用以验证补足语必要性的删除法[①]。更为重要的是，G. Helbig 指出，配价分析应该在逻辑、语义、句法三个平面上进行，并区分出了逻辑价、语义价和句法价。逻辑价是指命题结构中逻辑谓词和其所要求的主目语之间的关系；谓词和主目语之间必然存在语义兼容关系，谓词对主目语的要求称为语义价；句法价是指填补谓词空位的句法形式的数目以及属性。该研究模式是题元层级化系统的雏形，三个平面对应的分别是题元的数量、次语义属性以及论元形式层级。之后，G. Helbig 对此研究模式进行了修正，将逻辑价和语义价合并为逻辑—语义价，并将格语法的部分内容也划入逻辑—语义价的

[①] G. Helbig, *Valenz. Satzglieder. Semantische. Kasus-Satzmodelle*, Leipzig: Western Publishing Co., 1982; G. Helbig, *Deutsche Grammatik*, Leipzig: Western Publishing Co. Ltd, 1984.

范围内。在他与 W. Schenkel 合著的《德语动词配价和分布词典》① 中就使用了三级法对德语中五百多个常用动词进行了形式化描写：第一级说明补足语的数量，第二级描写补足语的语义角色，第三级描写补足语的次语义属性。该词典指明了这些动词的题元结构，尤其是明确了其中客体题元的数目、语义角色以及次语义属性，为研究客体题元的语义句法表现提供了范例。更为重要的是，G. Helbig 的研究充分论证了题元层级化研究的可行性，为之后的配价与题元研究奠定了基础。

  N. Chomsky 在管辖与约束理论（the government and binding theory）的框架内提出了题元理论（θ-theory）②，并将论元所承担的语义角色称为题元角色（θ-role，西塔角色），充当题元的词语则称为主目语（argument）。句子以谓词为中心，动词是最重要的谓词，动词的词汇信息决定了谓词结构的题元结构以及论元结构。为了生成语法和语义均正确的句子，N. Chomsky 提出了两条题元准则（θ-criterion），这两条准则都同客体题元存在紧密联系，它们分别为：（1）每个主目必须，而且只允许，充当一个题元；（2）每个题元必须，而且只允许，由一个主目充当。即是说，每个论元只能充当一个语义角色，一个语义角色只能指派给一个论元。例如：Tom placed the flute on the table（汤姆把长笛放在桌上）；*Tom placed the flute his friend on the table（*汤姆把长笛他的朋友放在桌上）；*Tom placed the flute（*汤姆放长笛）。其中，后两个句子均存在语义异常。动词 place（放置）能够提供三个题元位置，分别为施事、受事、终点。在第一个句子中这三个题元角色被分别指派给了 Tom（汤姆）、flute（长笛）、on the table（在桌子上），句中不存在未被指派题元角色的论元，也不存在被指派多个角色的主目或论元；而第二个句子中名词短语 his friend（他的朋友）未被指派题元角色，因为唯一的客体题元角色已落位到 the flute 身上，相应地它就无法再获得题元角色，可见题元准则可以限制冗余而不合语法的成分进入句子结构；第三个句子中客体题元的主目语缺位，题元角色"终点"无对应的论元，谓词结构不完整。因此，后

---

  ① G. Helbig, W. Schenkel, *Wörterbuch zur Valenz und Distribution deutscher verben*, Leipzig: Bibliographishes Institut, 1969.

  ② N. Chomsky, *Lectures on Government and Binding: The Pisa Lectures*, Holland: Foris, 1981, pp. 34–48.

两个句子都因违反了题元准则而无法成立。

N. Chomsky 所提出的题元规则主要服务于其生成语法理论,题元准则和选择限制一同作用,以限制生成句子的数量并确保生成的句子在语法和语义上正确。然而,这一理论从语义学角度来看还不够完善,语义配价结构与论元结构之间并不存在一一对应的关系,论元结构中尤其是客体位上的配价分裂和题元重合现象在各种语言中都大量存在,单从 N. Chomsky 所提出的题元理论出发似乎很难对动词题元结构进行具体、完备的分析。

R. S. Jackendoff 的概念语义学思想[①]虽然是从 N. Chomsky 的生成语言学思想中发展起来的,但他认为,题元理论和句法理论对词汇语义的解读都有不完善的地方。R. S. Jackendoff 主张将词汇单位视为一个概念结构(conceptual structure),可以被分解为一系列的概念元素(conceptual primitives),相应题元研究中所提出的语义角色,例如施事、受事、地点等都不再属于语义层面,而是词汇概念结构中的一个关系成素。概念关系成素需要借助联接理论(theory of linking)组织在一起,形成完整的论元结构,而论元联接则以题元层级(thematic hierarchy)为基础。以英语为例,语义角色实现为论元的层级为施事 > 受益者 > 接受者/经验者 > 工具 > 客体/受事 > 处所,而论元层级为主语 > 第一宾语 > 第二宾语 > 间接语。不同的语义角色按照层级的先后顺序依次向论元结构映射。这一理论能够在很大程度上解读语义结构和论元结构关系以及语义角色和论元形式之间的对应关系。比如,创造义动词、予取义动词以及许多物理作用(加工义、改造义等施力行为)动词等双客体动词的概念结构中都包含一个主客体、直接客体和从客体(客体$_1$)、间接客体(客体$_2$),在俄语语言实际中,这里的客体$_2$往往都可以实现为各种形式的间接补语(宾语),即论元映射层的补语$_2$(宾语$_2$)。但将这一层级关系理论运用于施事(主体题元)却会遇到一些困难。比如,使役动词的概念结构中包含两个施事,一个是主导该行为的施事,另一个是做出某种后续行动的施事,按照题元层级化理论,这两个施事都可以实现为主语,而实际上只有前者才能占据主体位。为了解决这一问题,R. S. Jackendoff 提出将行为分为不同阶层,其中行为层(action tier)上的成素占据优先位置,内嵌行为的施事居于次要地位。这样一来,同样的层级规则无法平行、对等地得以实现,或者说在不

[①] R. S. Jackendoff, *Semantic Structure*, Cambridge: MIT Press, 1990, pp. 50-55, 262-264.

同的题元概念、题元现象中具有不同的表现，相应势必需要增加一些补充性的操作规则，并使问题复杂化，由此会在一定程度上削弱题元层级理论的概括性和解释力。因此，在有关题元角色和论元映射的对应关系上，R. S. Jackendoff 的相关题元层级观仍需要进一步完善。

二 动词语义理论中的客体题元研究

动词语义理论中的客体题元研究主要表现在动词多义和动词语义分类中的题元相关分析。在研究自然语言词汇的内容层面的过程中，国外学者对词汇语义的多变性特征给予了相当程度的关注。多义词在语义上具有一定的开放性，即具备构成新义的潜能。现阶段多义研究的主要任务是正确认识词汇语义的动态层面，并揭示词汇语义衍变的条件和形式。部分学者在深入挖掘动词语义衍生机制的过程中发现了客体题元的积极作用。

Ю. Д. Апресян 从转换的角度出发对多义动词语义结构进行了研究，并列举出一些俄语中较为常见的多义词语义衍生模式[①]。其中涉及客体题元的主要有以下几类：

（1）以某种方式使发生形变→以某种方式使成：**копать**₁ землю（挖土）—**копать**₂ яму（挖坑），**сверлить**₁ доску（钻木板）—**сверлить**₂ дырку（钻孔）等。前一个义项中客体题元的语义角色为受事，是行为直接涉及的对象，而在后一个义项中客体题元为成事，表示的是行为的结果。客体题元语义角色的变化是两个不同义项之间差异的显性标志。这种多义词义项派生模式常见于带有前缀вы-和про-的派生动词，例如，**выстрогать**₁ доску（刨平木板）—**выстрогать**₂ деталь（刨制零件），**пробить**₁ стену（凿墙）—**пробить**₂ отверстие（穿孔）等。这些动词语义中大都包含"用尖利的工具"和"破坏"这两个义素。

（2）以某种方式进行加工→以某种方式使成：**варить**₁ картошку（煮土豆）—**варить**₂ суп（煲汤），**вышить**₁ подушку（绣枕头）—**вышить**₂ цветы на подушке（在枕头上绣花）等。客体题元的语义角色变化与上一类动词基本一致，此类动词语义中大都包含"用尖利的工具

---

① Ю. Д. Апресян, *Избранные труды*, *том I. Лексическая семантика*：*Синонимические средства языка. 2-е издание, исправленное и дополненное*, М.：Школа «Языки русской культуры», Издательская фирма «Восточная литература» РАН, 1995, стр. 205–210.

或加热的方式等作用于客体"这一义素。

（3）以某种方式进行加工→以某种方式使消失：вытирать₁ глаза（擦眼睛）—вытирать₂ пот（擦汗），лечить₁ больного（救治病人）—лечить₂ туберкулёз（治疗结核）等。常见于带有前缀 за-且含有义素"修理"的动词，例如，зачинить₁ рубаху（缝补衬衣）—зачинить₂ дыры（修补破洞）等。虽然客体题元的语义角色并未改变，均为受事，但其语义特征却发生了明显变化。前一个义项中客体题元是动作直接作用的对象，而后一个义项中客体题元则是动作针对的对象。在这一点上与成事有类似之处，只不过前者是行为的最终成果，而后者是行为要抑制并排除在情景之外的对象。

（4）以某种方式进行加工→以某种方式去除：брить₁ голову（剃头）—брить₂ бороду（刮胡子）等。客体题元语义特征的变化与上一类动词基本一致，最根本的区别在于消除与去除这两个概念上，前者是使其不复存在，后者是使其与直接客体脱离。

（5）以某种方式进行加工→以某种方式提取出：выжать₁ лимон（榨柠檬汁）—выжать₂ сок（榨果汁）。客体题元同样是从受事变为成事。

（6）以某种方式进行加工→通过这种加工使状态发生改变：топить₁ печь（生炉子）—топить₂ комнату（把房间烧暖）等。客体题元在后一义项中并不是行为直接作用的对象，行为通过作用于其某一组成部分进而改变整体的状态。

（7）以某种方式使成或提取出→以某种方式使消失或去除：выварить₁ соль из морской воды（从海水中熬出盐）—выварить₂ пятно на платье（煮掉裙子上的污点）等。客体题元由成事变为受事。

（8）行为→使役行为：народ бунтует₁（人民奋起反抗）—бунтовать₂ народ（激起人民的反抗）等。使役动词即带有"使某种情景开始出现或存在"意义的动词。不及物动词派生出及物使役动词是十分常见的一种多义词义项派生模式，客体题元的出现意味着增加了原义中不包含的配价，同时原本的主体题元转换为客体题元，由非自主行为的体验者即当事或行事转变为自主行为的作用对象即受事。

（9）运动→使运动：повозка катит₁（板车在行进）—катить₂ повозку（使板车动起来）等。派生模式基本与上一类别类似。

（10）及于描绘对象的行为→通过描绘的方式使成：рисовать₁

дерево（画树）—**рисовать**₂ портрет（画肖像画）等。客体题元由受事转变为成事。

（11）关闭→通过关闭的方式堵塞、打开→通过打开的方式开辟：**открыть**₁ кран（打开水龙头）—**открыть**₂ воду（放水），**застегнуть**₁ пуговицу（扣上扣子）—**застегнуть**₂ рубаху（扣上衬衣）等。客体题元由行为直接及于的对象转变为间接及于的对象，且兼含一定的目的。

（12）固定→通过固定的方式使两个客体发生接触、拆解，通过拆解的方式使两个客体脱离接触：**отвязать**₁ верёвку（解开绳子）—**отвязать**₂ лошадь от столба（把马从柱子上解下来）等。客体题元均为受事，但在前一义项中涉及一个客体，在后一义项中涉及两个客体，这两个客体在动词的语义结构中扮演的角色可能相同也可能不同。

Ю. Д. Апресян 系统性地列举出俄语中语义衍生的基本模式，其中有不少都涉及客体题元，他的研究旨在揭示多义义项派生的规律性，深入探讨了语义派生前后题元语义角色以及语义属性的变化。这些研究模式可以运用于客体题元研究中，用以揭示动词语义转化过程中客体题元所发挥的语义功能。

Е. В. Падучева 对词汇规律性多义和语义衍生问题的研究涉及客体题元[1]。她指出，语义衍生有两种类型，即改变参数的意义和针对释义中的语义要素[2]。前者指的是改变词义中的某项参数，例如，去使役化、角色配位变化、范畴转换等；后者指的是动词的某个语义要素在词义衍生过程中被取代、补充，甚至消失。而语义衍生的两大机制是换喻迁移与隐喻转换，二者可能单独发挥功能，也可能协同作用于词汇语义使其发生变化。换喻迁移主要包含三种情况：基于同一情景的不同阐释方式造成的语义变化，即基于空间、事件或逻辑上的某种联系发生的语义衍生，例如，**Стаканы** пенились и шипели беспрестанно（杯子冒出了泡沫并发出了嘶嘶的声音），通过空间上的联系，将 стаканы（杯子）由背景提升至核心位置；通过焦点迁移改变某个情景参与者或语义要素在情景中所处的地

---

[1] Е. В. Падучева, *Динамические модели в семантике лексики*, М.: Языки славянской культуры, 2004, стр. 147-178.

[2]［俄］Е.В. 帕杜切娃：《词汇语义的动态模式》，蔡晖译，北京大学出版社 2011 年版，第 129 页。

位，例如，Ветер шелестит **листьями**（风吹动树叶沙沙作响），**Листья** шелестят（树叶沙沙作响），листья（树叶）由边缘位上升至核心位置；配位迁移或配价分裂导致的语义变化，例如，пробить **дыру** в стене（在墙上凿出一个洞）——пробить **стену**（凿穿墙壁），受事占据第一客体位，成事退居情景背景。隐喻转换在 Е. В. Падучева 的研究中指的主要是"范畴错置"（категориальная ошибка）①，即"语义错置"导致情景参与者语义属性及词汇语义发生相应变化的情况②。主体题元语义属性变化可能导致行为动词范畴类别变化，例如，**Маша** закрыла дверь（玛莎关上了门），Ваша **шляпа** закрыла мне экран（您的帽子挡着我看屏幕了），动词由行为转变为事变。而客体题元的变化则可能导致动词的主题类别发生变化，例如，вложить₁ **письмо** в конверт（往信封里放钱）——вложить₂ много лишних **эмоций**（投入了过多不必要的情感），动词由实体行为动词转变为情感动词。

  Е. В. Падучева 深入剖析了动词语义衍生的机制，在此基础之上，她建立起分析多义动词语义聚合体的参数系统，并应用该参数系统对感知动词、情感动词、决断动词、运动动词、声响动词的语义聚合体进行了研究。在研究过程中，她对客体题元在动词语义衍生过程中所发挥的语义功能予以充分的重视。客体题元在语义角色、次语义属性以及角色配位上表现出的可变性要远大于主体题元。情感动词语义中言说义素的凸显，决断动词的角色配位迁移，运动动词的语义抽象化等均要依托客体题元某一或若干层级上的变化方能实现。Е. В. Падучева 对多义，尤其是对改变词汇参数从而改变词义现象的认识对于客体题元研究来说具有极大的启发意义。虽然并未系统性地展开客体题元与动词多义之间关系的研究，但 Е. В. Падучева 充分强调了客体题元在动词词义衍生过程中的重要作用，即同主体题元相比，客体题元拥有更为丰富的可变性。

  G. Lakoff 与 M. Johnson 从认知角度出发对隐喻和转喻现象进行了阐

---

  ① Е. В. Падучева, "О роли метонимии в концептуальных структурах", в А. С. Нариньяни, ред., *Труды международного семинара Диалог' 99 по компьютерной лингвистике и её приложениям Т. 1*, РосНИИ ИИ: Таруса, 1999, стр. 563.

  ② 彭玉海：《俄语动词认知隐喻机制研究》，中国社会科学出版社 2018 年版，第 40—45 页。

释①。该研究模式之后被广泛应用于多义词研究中，现存的多义词语义衍生机制研究大多建立在该模式的基础上，其中有关动词隐喻语义衍变的内容涉及客体等题元的语义特征变化内容。隐喻一直视为一种修辞手法，一种语言现象，G. Lakoff 与 M. Johnson 提出了概念隐喻理论，从一种全新的角度来解读隐喻的实质。在他们看来，隐喻反映的是两个认知域之间的映射，人们借助隐喻来认识世界，通过源域来理解目标域。利用概念隐喻理论，能够对语言中类似于 X IS Y 类的结构进行解读。一词多义是隐喻最普遍的表现形式，动词、介词等的隐喻是词汇语义衍生最常见的一种途径，G. Lakoff 认为，这些词汇单位的隐喻意义来源于其具体的物理空间意义，从一个侧面反映出空间范畴的隐喻潜能，显示出其概念隐喻理论的解释力②。这一点在俄语中同样成立，"许多语义域的观念化从根本上借助于'空间语言'，也就是借助于物理客体及其运动来实现"③。不同的语义域之间的转换实际上反映的是词汇范畴上的变化。G. Lakoff 与 M. Johnson 所说的概念化隐喻是人认识抽象世界的一种方式。反映在语言上即为表示抽象意义的词汇，尤其是抽象动作常常要借助于表示物理意义的词汇来表达，即通过已知的现实世界来模拟未知的抽象世界。在这个过程中，动词的原有范畴特征消失或被削弱，获得了新的范畴特征。客体题元也随之发生转换，相应获得新的语义功能和特征。与此同时，G. Lakoff 与 M. Johnson 的研究模式也不可避免地暴露出一些问题。Е. В. Падучева 就曾指出，G. Lakoff 与 M. Johnson 将隐喻式概念无限地放大了，不能否认语言中存在尚未概念化的隐喻性表述的事实④。此外，概念隐喻理论旨在对已存在的隐喻现象进行解读，所总结出的概念映射模式都是直接来源于这些隐喻现象，因此一定程度上难以摆脱循环论证的问题。但总体来说，通过隐喻认知手段来认识动词语义句法中的客体题元极有价值，为分析和认识动词等词汇语义的多义关系开辟了新的认知途径。

---

① G. Lakoff, M. Johnson, *Metaphors We Live By*, Chicago: University of Chicago Press, 1980.

② G. Lakoff, *Women, Fire, and Dangerous Things: What Categories Reveal about the Mind*, Chicago: University of Chicago Press, 1987, pp. 436–437.

③ [俄] Е. В. 帕杜切娃：《词汇语义的动态模式》，蔡晖译，北京大学出版社 2011 年版，第 152 页。

④ [俄] Е. В. 帕杜切娃：《词汇语义的动态模式》，蔡晖译，北京大学出版社 2011 年版，第 152—153 页。

不同词汇语义类别动词的客体题元表现出的语义特征不尽相同，因而有必要把动词分类问题纳入研究视野。Ю. С. Степанов 反复强调动词的分类与名词的分类不是一个层面的问题①。这是由于从符号语法学的角度出发，这两大词类的划分标准有着很大的差异，名词的划分建立在语言外现实，或者说其所指的基础之上，而动词并不是简单地复现现实事物，而是语言描述现实的结果，因此该词类的独立性建立在语言本身系统性的基础之上，它的划分应该是一种功能性的划分。

客体题元与动词的及物性有着不可割裂的关系。Ю. С. Степанов 从动词的及物性出发将俄语动词分为八大类别②，这里的及物性指的是广义上的及物性，即只要动词语义配价结构中包含客体即可算作及物动词，无论其论元形式是否为不带前置词的第四格形式。他提出的分类体系的主要参数有三个：（1）分析及物性/综合及物性。作为从逻辑学中移植而来的概念，分析/综合在这里指的是客体题元是否进入动词语义概念之中，即对应的是内部客体/外部客体的对立范畴。具有分析及物性的动词语义中包含客体的概念意义，客体作为动作的结果出现，在动作发生之前不存在，不能脱离动词独立出现；具有综合及物性的动词语义中前定一个与之相关联的对象，这个对象的存在相对独立于动词。前者的客体题元可以隐去不出现，而后者的客体题元则必须出现。（2）有效及物性/无效及物性。有效及物性是指动词的客体随着动作的进行发生了出现、破坏、消失等状态的变化；无效及物性是指动词的客体在行为发生之前就已经存在且不受动词影响、仅作为情景的参与者出现，即行为被限制在主体内部不及于客体。此类特殊的客体被称为对事，Ю. С. Степанов 将对事单独列出来作为一个分类参数，可见该类客体的特殊性独立于其他类别的客体。（3）主体的性质对动词的及物性也有一定的影响。Ю. С. Степанов 指出，涉及主体的对立范畴到底是人/非人、动物/非动物、活物/非活物还是积极主体/非积极主体还需要进一步研究，且在整个分类体系中，主体的影响只是补充分类参数，主要的分类标准还是（1）和（2）。

具体的分类如下：（1）综合有效及物动词。行为及于外部客体，客体受到行为的影响状态发生变化，这种客体状态的变化就是行为的结果之

---

① Ю. С. Степанов, *Имена Предикаты Предложение*, М.: Наука, 1981, стр. 116 – 118.
② Ю. С. Степанов, *Имена Предикаты Предложение*, М.: Наука, 1981, стр. 301 – 314.

一。该类别的动词可以是带前缀或不带前缀的动词，例如，**рыть** землю（挖土），**чистить** зубы（清洁牙齿），**выполнить** план（完成计划）等。(2) 综合无效及物动词。行为不及于客体本身，但其客体属于外部客体且参与行为，只是不因动词影响发生变化。该类别的动词也可以是带前缀或不带前缀的动词，但与上一类不同的是，这些带前缀的动词不是由对应的无前缀动词派生而来的，例如，**видеть** человека（看见一个人），**слышать** крик（听见叫喊声），**одобрить** решение（赞同决议）等。(3) 综合使役及物动词。行为及于外部客体，客体发生变化，动词有形态上的使役标志，例如，**класть** книгу（放置书本），**заставлять** отвечать（迫使应答）等。(4) 分析有效及物动词。行为及于内部客体，客体随着行为的过程出现，可以不出现在表层结构中，且常作为不及物动词使用，尽管这种趋势并不是绝对的。此类动词以无前缀动词为主，例如，**рыть** яму（挖坑），**рожать** ребёнка（生孩子），**готовить** обед（做饭）等。(5) 分析无效及物动词。动作不及于客体，客体可以为行为的结果，但是与(4)不同，这种由于行为而出现的客体不仅是行为的一部分，也是主体自身或其所属物的一部分，因此不能将其等同于成事，例如，**прожить** жизнь（度过一生），**петь** песню（唱歌），**кусать** куски（咬下几块）等。(6) 经历动词。(5) 的一个亚类，例如，**горевать** горе（特别悲痛），**болеть** тифом（患伤寒病）等。与(5)的区别在于客体为从主体分离出来的某种情感，而不是现实事物。(7) 特殊使役动词。主体为人，客体为人的身体，例如，лечь（躺下），сесть（坐下）等。(8) 中立类，运动动词。核心为一些非派生的运动动词，例如，идти（走），ехать（乘、坐、骑），брести（徘徊）等。

与分析/综合、有效/无效参数直接相关的是(1)、(2)、(4)、(5)、(6)。与主体性质特征有关的是(3)、(7)。(3) 类动词的主体永远是积极主体，主要是人，(7) 类动词的主体为人。这八类动词中相互关联较为密切的是(1)、(2)、(4)、(5)，这四类也是研究的重点。其中，只有(1)类动词不带前缀与带前缀的形式可以自由派生，其他三类则多多少少受到限制。Ю. С. Степанов 还指出，在斯拉夫语言中，分析/综合要比有效/无效参数体现得更为明显、典型[①]。Ю. С. Степанов

---

① Ю. С. Степанов, *Имена. Предикаты. Предложение*, М.：Наука, 1981, стр. 313.

所提出的及物动词分类系统充分体现出客体在整个动词语义配价结构中的重要作用,所参照的主要标准实质上是外部客体/内部客体、对事/非对事这两个对立范畴。所存在的不足之处在于,没有将客体题元的语义属性概括出来,作为独立的分类标准,导致个别几个类别的划分在层级上并不一致。

三 语义角色理论中的客体题元研究

客体题元的语义角色与动词语义是一个互联互通的语言意义结构整体,动词语义的变化、动词语义范畴的不同势必都会带来其客体语义角色的改变,与动词语义联系的紧密度本身就决定了客体题元语义角色的丰富性和多变性,题元系统中,语义角色数量多少和语义内涵特征的复杂多变往往体现在客体题元身上,因此,学界有关语义角色的分析都离不开客体题元,而且主要涉及的就是客体题元的语义角色问题。

对动词的题元进行语义格界定是一个非常复杂的问题,其中不仅涉及谓词本身的语义结构层面,还涉及整个句子的语义结构问题。一个语义格可能对应不同的句子成分以及不同的表层语法格,反过来,一个句子成分或表层结构也可能对应不同的语义格。语义格数量不同实际上是由于不同格系统所选取的具体程度界限值(порог дробности)[1],或者说是谓词与其题元之间关系内容概括程度不同所造成的。其他差异还体现在对同一个语义格称名不同以及对同一个语义格的界定不同等方面。不同的格系统对客体的界定也有所不同,有些直接将客体与受事画等号,有些对客体的界定则较为广泛。

Ю. Д. Апресян 提出的格系统包含 25 个语义格,并指出该系统还可以被进一步扩充[2]。其中基本语义格包含主体、客体、对抗主体、地点、内容、数量和时间。其他的语义格都具有派生的性质,例如,领有者、信息受体、事物受体、中介都是由主体派生而来的。之后,Ю. Д. Апресян 又

---

[1] В. В. Богданов, *Семантико-синтаксическая организация предложения*, Ленинград: Издательство Ленинградского Университета, 1977, стр. 66.

[2] Ю. Д. Апресян, *Избранные труды, том I. Лексическая семантика: Синонимические средства языка. 2-е издание, исправленное и дополненное*, М.: Школа «Языки русской культуры», Издательская фирма «Восточная литература» РАН, 1995, стр. 125 – 126.

对该格系统进行了扩充,将语义格扩展至54个之多[①]。增加了一些新的语义格,例如,日期、意义、集合、时刻等,同时也对一些基本语义格进行了细化,例如,施事细化为施事$_1$、施事$_2$以及施事部件。他也对这些语义格逐一进行了界定说明,但有些语义格之间的差异仍然难以把握,例如,时间、日期和时刻。在初始语义格体系中能够被视为客体题元语义角色的格包括:客体、内容、受话人、接收者、中介、来源、处所、起点、终点、路径、材料、工具、动因、原因、结果等。其中客体被视为七个基本语义格之一,它被界定为:被移动或发生变化的事物,其状态或存在本身是行为关注的焦点。在新的语义格体系中能够被视为客体题元语义角色的格包括:信息接受者、受众、受益人、形象、工具、材料、来源、起点、终点、处所、方向、客体、客体$_2$、支撑物、支撑部位、受事、受事$_2$、受事部件、空间—表面、接收者、结果、后果、内容、中介、目的、动因、刺激因素等。值得注意的是,在该格系统中,客体的术语内涵发生了变化,被界定为:情景的消极参与者,不完成任何行为也不发生任何变化。新增的受事相当于原格系统中的客体,被界定为:在有意识或无意识的行为作用下实质性特征(行为、空间位置、状态、特征、与其他事物的关系等)发生变化的事物。

  在 Ю. Д. Апресян 所提出的初始语义格体系中,客体与主体是作为与时间、地点、内容等并列的语义格出现的,这也直接导致了二者在界定上较为模糊不清,且存在和句法上的主客体界限不明确的问题。因而在新的格系统中 Ю. Д. Апресян 将主体细化为施事、当事、感事,客体细化为受事、对事、成事等。该变化说明了主体与客体具有概括性特征,应该将二者从整个格系统中独立出来,并作细化的界定与分析。总的来说,Ю. Д. Апресян 的初始语义格体系具有较高的实用价值,对于不同类别动词的语义配价结构都适用,而后他提出的新格系统则显得过于细化,其中许多语义格本身在定义上就不够明确,造成了语义格判定上的困难。

  Е. В. Падучева 将语义格比作标明词释义中特定的某个或某些要素的标签,她的语义格体系的出发点是每一个语义格必须为词汇释义中的某一

---

① Ю. Д. Апресян, И. М. Богуславский, Л. Л. Иомдин, В. З. Санников, *Теоретические проблемы русского синтаксиса*: *Взаимодействие грамматики и словаря*, М.: Языки славянских культур, 2010, стр. 370–377.

个部分，都具备相应的语义依据①。根据与释义的直接联系程度，E. B. Падучева 将语义格分为 3 种类型。第一种类型包括一些具体的、在词汇释义中有相应要素的语义格，例如，施事、原因、地点、起点、终点、工具、材料、与事。其中，施事对应的是释义中"主体实施某一行为"要素，工具对应的是"作用于受事的某物"要素，以此类推。第二类语义格属于超语义格（гиперроль），例如，受事。不同词汇语义类别动词的释义中，受事对应的要素可能有明显差异。这些要素有一个共同点，那就是"承受行为并发生某种变化"，这种变化可能是某种参数上的（X вырос/X 长大了），状态上的（X успокоился/X 平静下来），位置上的（X принёс/X 带来了某物），客体可能出现或消失（X растаял/X 融化了）等。另一个超语义格是使役者（каузатор），它将施事与原因连接了起来。第三类语义格为主题（тема），它既可以指状态主体或性质特征载体，也可以指那些无法进一步确定具体语义格的情景参与者。E. B. Падучева 指出，对于那些释义本身不明确的动词，其语义格自然也无法进一步确定，这样的动词并不在少数。E. B. Падучева 将客体视为概括性的语义角色，在语义格体系中根据对应动词的义素将客体细化为各种不同的语义角色。同时她将受事视为超语义格，受事是客体题元最典型的语义角色，受事的语义内涵与动词的词汇语义类别直接相关，例如，转移动词的受事为被移动，即在情景中空间位置发生变化的事物，击打动词的受事则为承受击打行为并在情景中发生形变的事物。在 E. B. Падучева 所提出的格系统中，受事还包括情景中所创造出的和被毁灭的事物。

　　E. B. Падучева 还指出，不同的语义格之间存在相互的联系，一方面它们之间可能相互融合（例如，工具与原因），另一方面有些语义格的存在必须以另一个语义格为前提条件（例如，工具必须以施事为前提）。此外，同一个题元可能对应不同的语义格，因为同一个情景参与者可能对应着释义中若干不同要素。例如，извиниться перед **ним**（向他道歉）中同一个人对应着情景的与事和受益者，Сторож наполнил **бассейн водой**（看守人将游泳池注满水）中题元 бассейн（游泳池）与 вода（水）分别对应着地点—受事与受事—材料。原则上，同一个语义角色也可能对应着

---

① E. B. Падучева, *Динамические модели в семантике лексики*, М.：Языки славянской культуры，2004，стр. 55 – 56。

同一个词的两个题元。例如，在上一个例子中 вода（水）是受事，因为其位置发生了变化；而 бассейн（游泳池）也是受事，其状态由空到满也发生了变化。Е. В. Падучева 强调了在语义格的分配过程中，交际特征即在情景中所处的地位也要起到一定的作用，因为语义格本身并不包含所有的必要信息。Е. В. Падучева 在研究语义格时，凸显了主体与客体的作用，为在题元层级系统中将其视为一个独立的层级提供了理论基础。同时，她对于语义格的认识又融合了一些句法以及交际层面的要素，为格理论的发展注入了更多可能性。

В. В. Богданов 为分析句子深层结构提出了语义结构（семантические структуры）概念[1]。词汇意义本身就是一个相当复杂的结构体，该结构体构成了他所界定的语义结构。实质上，此概念指的是句子语义要素及其对应的句法表达形式。他提出了 14 种表层语句的语义构造单位：施事、受事、受益者、感事、客体物、感知客体、工具、中介、方位、性质拥有者、结果等。其中带有鲜明的客体关系性质的包括：受事、受益者、客体物、感知客体、工具、材料、位事、结果。其中客体被界定为行为、状态或关系的非动物客体，受事被界定为行为、状态或关系的动物客体，而感知客体则被界定为生理、心理行为或状态的动物或非动物客体。可见，В. В. Богданов 依据动词语义以及题元次语义属性对客体题元语义角色进行了细化，以便应用该格系统对不同动词的语义配价结构进行分析。

В. В. Богданов 将动物性/非动物性范畴融入语义格划分中，该范畴在 C. J. Fillmore 的格体系中并未受到重视，但二者在语义表现上却有着显著的差异。动物性语义构造能够发出行为、作出反应、表现情感，而非动物性语义构造则不具备上述特征。此划分方式并不具备绝对性，在感知行为客体位上，动物与非动物客体表现并无明显差异，换言之，大量的名词都可以充当感知动词的客体，无论其自身属于动物名词还是非动物名词。在提出自己语义格划分体系的同时，В. В. Богданов 也注意到了不同学者提出的语义格划分体系之间往往有着诸多不同之处。他明确指出，虽然已有相对客观的语义格划分标准，但难以将不同的格体系进行最优化整合，这也体现出格理论本身的发展尚不完善。

---

[1] В. В. Богданов, *Семантико-синтаксическая организация предложения*, Ленинград: Издательство Ленинградского Университета, 1977, стр. 52 – 55, 66 – 69.

第一章　客体题元及相关问题的国内外研究现状　　　　　　　　　31

　　C. J. Fillmore 认为，乔姆斯基所提出的深层句法结构理论不足以对句子进行语义阐释，句子成分只是表层结构，与深层语义成分并无直接关联①。为进一步阐明句子语义成素之间的关系，C. J. Fillmore 提出了语义格概念，并明确了划分语义格的标准：适宜性，能够用格体系来对该语言中所有的动词单位进行分析；通用性，针对不同语言的动词单位能够使用统一的语义格体系；语义格系统的闭合性，即语义格数量恒定不变。他将语义格看作一系列的原子态概念，借助语义格，人能够对周围发生的事件进行判断。动词的意义也可以视为一系列语义格的组合体，或者将其称作"格框架"（падежная рамка）。C. J. Fillmore 举了以下这些例子来说明这一点：The door opened（门开了）；John opened the door（约翰打开了门）；The wind opened the door（风把门吹开了）；John opened the door with a chisel（约翰用凿子把门撬开了）。在所有的例句中，John（约翰）都是施事，door（门）都是受事，wind（风）和 chisel（凿子）则为工具。这样的语义格判定完全符合动词 open（打开）的语义配价特征，即有三个必有价——施事、受事、工具。题元的语义格内容应该被纳入动词的语义结构，动词格框架之间的差异正是构成同一个动词词位不同词汇语义单位的基础。

　　C. J. Fillmore 提出了一系列的语义格，深化了配价的语义内涵。该格系统中包含施事格、体验格、工具格、客体格、源格、终格、位置格、时间格和受益格九个语义格。C. J. Fillmore 对于每个语义格都提出了相关的概念、句法表达形式以及语义内涵，并在之后不断扩展了语义格的数量。在他的研究中，客体是作为语义角色、深层格之一出现的。C. J. Fillmore 将客体定义为位置或性状发生改变的事物，其状态或存在是话语关注的对象。C. J. Fillmore 所提出的格系统具有泛语言性质，普适性较强，但他未详细阐明深层格之间的关系，也并未区分格的交际等级。

　　D. R. Dowty 在对现有划分语义格方法进行批判的同时，还指出了语义格判定问题本身就具有一定的模糊性和非确定性②。他所提出的语义格系

---

　　① C. J. Fillmore, "Some Problems for Case Grammar", in *Report of the 22nd Annual Roundtable Meeting on Linguistics and Langue Studies*, Washington D. C.：Georgetown University Press, 1971, pp. 35 – 56.

　　② D. R. Dowty, "Thematic Proto-roles and Argument Selection", *Language*, Vol. 67, No. 3, 1991, pp. 571 – 575.

统仅包含两个语义格：原型施事和原型受事。二者都有各自的一系列代表性特征。原型施事的特征包括意志性、感知性、使动性、移位性、自立性。原型受事的特征包括变化性、渐成性、受动性、静态性、附属性。施事与受事分别是主体与客体题元的典型语义角色，原型施事与原型受事的提出实质上是将主体与客体作为概括性语义角色从整个格系统中独立了出来，这样一来就能够在相当程度上避免对客体题元语义角色认识不够充分以及过于细化的问题。在 D. R. Dowty 看来，居于客体范畴核心的是在行为作用下性质特征发生变化的具体事物，即受事客体；而成事、内容、受益者、感知客体等均在不同程度上偏离了客体范畴的核心；位事、工具、材料、原因、目的等则处于客体范畴的边缘。

这些特征本身都具有一定程度的独立性，既可以依附于具体语义格成为其语义的一部分，也可以独立存在，并可由此推导题元词的句法功能，D. R. Dowty 称之为论元选择。其中最重要的推导原则就是：在一个述谓结构中含典型施事特性最多的名词一般做主语，含典型受事特性最多的名词一般做宾语。D. R. Dowty 的原型理论抓住了施事与受事这两个核心语义格的典型特征，将语义格看作一个集合，在某种程度上解决了部分格系统由于语义格数量众多，难以对具体语义格进行判定的问题。且通过核心语义特征的体现与否以及体现程度，能够较清晰地体现不同动词施事、受事的语义关系。

四　题元次语义属性与客体题元研究

客体题元名词的次语义属性对于客体题元的语义句法功能和语言表现极为重要。动词的语义通常会对其题元在语义上有一定的限制，这种限制也是动词语义的一部分，因此有必要对题元名词进行次范畴化，进一步明确这种限制。这种搭配上的限制是否属于动词语义的一部分，语义学界还存在不同意见。Ю. Д. Апресян 认为，应该把搭配意义与语义本身区分开[①]。Е. В. Падучева 对此则持不同意见[②]，她认为，从语义分析和描写的

[①] Ю. Д. Апресян, *Избранные труды, том I. Лексическая семантика：Синонимические средства языка 2-е издание, исправленное и дополненное*, М.：Школа «Языки русской культуры», Издательская фирма «Восточная литература» РАН, 1995, стр. 62.

[②] ［俄］Е. В. 帕杜切娃：《词汇语义的动态模式》，蔡晖译，北京大学出版社 2011 年版，第 67—68 页。

角度看，同题元名词范畴属性相关的搭配限制内容也构成动词语义的一部分。词汇语义学的发展趋势似乎更倾向于她的这一观点。搭配意义对动词的语义派生、句法转换、常用词汇函数都有一定的影响，因此有必要把这种意义作为动词语义的一部分纳入词典释义。相应地，它成为衡量题元名词在动词等谓词中语言功能的一个抽象语法语义参数。

Ю. С. Степанов 概括出一系列语言中共性意义上的分类参数[1]，其中涉及客体题元的有以下几个：（1）可让渡性/不可让渡性。所谓不可让渡关系客体最常见的为人、动植物身体的一部分。这个范畴与配价分裂有密切联系，表示不可让渡关系的客体题元较易发生配价分裂现象，例如，Он крепко сжимал **бандиту руки**（他紧紧地抓住了匪徒的手），**У стула** сломалась **ножка**（椅子腿坏了）。（2）动物性/非动物性。有些动词的客体题元既可以是动物名词也可以是非动物名词，此类动词在俄语中数量有限，更多的还是仅能和其中一类名词搭配的动词。（3）局部/整体。即动作是否及于客体的全部。该对立范畴主要涉及客体题元，在俄语中常与体的意义相结合表示出来：完成体表示行为的整体性、界限性，动作及于定量或完整的客体，例如，Я купил **десять книг**（我买了十本书），Она съела **целую рыбу**（她把整条鱼都吃掉了）；而不定量或部分客体常与未完成体动词搭配使用，例如，Она вязала свитеры в течение **нескольких недель**（她用了几周时间来打毛衣）。除此之外，名词第二格形式也可以表示行为及于客体的一部分，例如，Он съел **масла и хлеба**（他吃了一些黄油和面包）。这里的第二格客体表示"一些，一点儿"，虽然是一个不定的数量但具有整体性，因此不能与未完成体连用。Ю. С. Степанов 所提出的这些对立范畴对于客体题元研究来说有着至关重要的作用，客体题元的区分辨义功能正是以这些范畴为着力点从而体现在动词语义配价结构中的。只不过 Ю. С. Степанов 所提出的范畴体系并非专门针对客体题元，因而需要进一步扩充与完善。

Е. В. Падучева 将题元的次范畴简称为 Т‐类别（Т-категория）[2]，即能够用作动词题元名词的词汇所具有的语义属性。Е. В. Падучева 将常见

---

[1] Ю. С. Степанов, *Имена, предикаты, предложение*, М.：Наука, 1981, стр. 264 – 276.

[2] Е. В. Падучева, *Динамические модели в семантике лексики*, М.：Языки славянской культуры, 2004, стр. 80 – 88.

T-类别归纳为：物质、行为、非离散物质、物体、活物、自然力、事件、人、装置、交通工具、活动、身体部位、事实、参数等。次范畴类别是难以穷尽的，随着动词语义研究的深入也会增加新的次范畴类别。应该说，只要能够起到鉴别、明确词义的作用，次范畴类别就有存在的必要。这些类别之间有一定的层级关系，并非都处于同一层次上，比如说，容器、安置点、空间区域都是地点的亚类，事件、状态、过程是情景的亚类，物质和群体都是非离散物质的亚类，而交通工具则是物件的亚类等。具体名词的划归也并不是绝对的，同一个名词可能属于不同的语义类别，例如，бак（桶）可以是容器也可以是物体，почта（邮局）可以是机构也可以是地点，ветер（风）可以是事物也可以是过程，приказ（命令）可以是行为也可以是文本。除了双关语境，通常在一个语句中题元词只体现其特定的某一个语义属性。

　　T-类别的主要功能就是区分同一动词不同词汇语义单位或不同动词的语义，T-类别概念的提出可以使动词对其题元词的限制更为明确。Е. В. Падучева 尤为重视 T-类别在动词语义发生换喻引申时所起到的区分与鉴别作用。她还指出，在发挥该功能时，客体题元与主体题元所占的比重是不同的，"对使役动词而言，客体题元的次语义属性对动词语义的影响要大于主体，改变客体题元次语义属性会改变动词所属的主题类别，而改变主体的次语义属性则只会改变动词分类次范畴，并不会改变其主题类别"①。客体题元词的语义属性变化可能预示着动词语义的变化，此时动词对客体题元词的语义限制在一定程度上被模糊化，例如，назначить$_1$ **хвойные ванны**（指定进行松叶浴）—назначить$_2$ **свиданье**（约会），разбить$_1$ **нос**（把鼻子打破）—разбить$_2$ **аргументы**（推翻论据）等。也可以通过客体题元的语义特征来区分不同的词，但这需要对题元词的语义属性作更细致的划分。例如，лить（倒，浇）的客体只能是液体，而сыпать（倒入，装入）的客体只能是粉末或颗粒；раздражать（激怒，使生气）的客体可以是人或物，而сердить（惹恼）的客体主要是人。Е. В. Падучева 对于动词题元次语义属性的划分同她对动词的划分一样具有鲜明的主题性质，适合于对多义动词不同义项或同义词列进行对比分

---

① [俄] Е. В. 帕杜切娃：《词汇语义的动态模式》，蔡晖译，北京大学出版社 2011 年版，第 66 页。

析。但她的这种划分方式具有范例性质，很难穷尽，且对于不同语义类别动词往往要采取不同的 T – 类别。其中，最为值得关注的是 Е. В. Падучева 对于题元次语义属性与动词语义关系的认识，她指出了动词语义尤其是转义要直接受到题元次语义属性的影响，同时题元次语义属性也是在表层句法结构中明确动词语义的主要标志之一。

N. Chomsky 在句法标准理论的研究阶段就注意到仅对谓词进行子语类化（sub-categorization）是不够的[1]，在他看来，为了生成语法和语义上正确的句子，需要对主目语的次范畴进行进一步限制。他将此种限制称为选择性限制（selectional restriction），即根据特定句法位上的句法特征对主目语进行次范畴化。选择性限制主要针对的是主语位和宾语位主目语的语义属性。N. Chomsky 以 ± 抽象，± 人为例说明了谓词对主语和宾语的语义限制内容。动词 sell（卖）的主语具备 + 人的特征，宾语具备 – 人，– 抽象的特征，因此不能说 The friendship sells a girl（友谊贩卖女孩），The girl sells friendship（女孩贩卖友谊）。由于生成语法强调句法自治，N. Chomsky 认为选择性限制并非属于语义，而属于句子的深层结构，是一种句法限制。但如此一来就将选择限制与句法位置捆绑到一起，面对句法移位的情况就会失灵，例如，The book sells well（这本书销路很好）违背了主语位的选择性限制，但句子仍然成立。选择性限制是谓词对题元词的语义限制，它发生在题元词进入题元结构被赋予一定的语义角色之后，不受句法位置变化的影响。

五　角色配位理论中的客体题元研究

客体题元的语言表达手段十分丰富，这些句法手段同该题元的语义角色之间存在复杂多变的形式—语义对应关系，因此，客体题元的功能、作用和表现同角色配位密切相关。角色配位概念最初是被当作态的同义词来使用的，А. А. Холодович 与 И. А. Мельчук 对此概念进行了扩展，之后逐渐形成了独立的角色配位理论[2]。

Е. В. Падучева 将角色配位应用到动词语义研究中，将配位结构看作

---

[1] N. Chomsky, *Aspects of the Theory of Syntax*, Cambridge: MIT Press, 1965, pp. 113 – 120.

[2] И. А. Мельчук, А. А. Холодович, "К теории грамматического залога", *Народы Азии и Африки*, No. 4, 1970, стр. 111 – 124.

动词语义研究中关键的一环，旨在借助此概念探讨分析不同词汇语义类别动词深层语义与表层句法结构之间的对应关系[1]。Е. В. Падучева 根据角色配位迁移对动词语义的影响将配位迁移分为纯等级迁移和非纯等级迁移两类，前者是在动词语义以及语义角色构成不变的前提下完成的，而后者则伴随着动词语义或角色构成上的变化。主体与客体题元在角色配位迁移的过程中所发挥的语义功能并不是对等的。主体题元通常占据主语位，其句法位置发生变化又可以分为两种情况：退至非主语位或退至情景背景，客体题元随即上升至主体位。此种情况多与动词的态范畴有关，属于纯等级迁移。例如，Разбойники убили **крестьянина**（强盗杀死了农民），**Крестьянин** был убит разбойниками（农民被强盗杀死了）。而客体位的配位迁移则更为复杂，客体题元除可以上升至主体位之外，还可能退至情景背景，多个客体题元之间可能交换句法位置，情景背景中的客体题元也可能进入情景前景中。客体位的角色配位迁移往往会导致动词语义和语义角色构成上的变化，因而多属于非纯等级迁移。例如，залить **бензин в бак**（将汽油注入油箱），залить **бак бензином**（将油箱灌满汽油）。

　　Е. В. Падучева 还专门探讨了以下几类动词的角色配位——感知动词、知晓动词、情感动词、决断动词以及声响动词，其中大多配位迁移的模式都与客体题元密切相关。在对情感动词的角色配位进行分析的过程中，她指出使役性情感动词与逆向使役性情感动词（带-ся 情感动词）配位结构之间的关系也属于典型的角色配位迁移。例如，**Его приход** меня обрадовал（他的到来使我感到开心），Я обрадовался **его приходу**（我为他的到来感到开心）。发生去使役化后，情感诱因退居客体位，情感的体验者相应上升至主语位。两种配位结构在语义上也有所差异，前者强调的是体验者受到诱因作用处于某种情感状态的被动地位，而后者强调的则是体验者领有该情感状态并对此状态的产生负有部分责任。因此不宜将此类角色配位迁移视为纯等级迁移，动词语义在转换前后发生了一定程度上的变化。情感动词属于心智行为动词中十分特殊的一个亚类，它不仅可能发生上述主客体题元换位型的配位迁移，其客体位上也同样存在配位迁移的

---

[1] Е. В. Падучева, *Динамические модели в семантике лексики*, М.：Языки славянской культуры, 2004, стр. 51 – 79.

情形。例如，**Жалобы этой женщины** мне надоели（这个女人的抱怨令我厌烦），**Эта женщина** надоела мне **своими жалобами**（这个女人爱抱怨让我感到厌烦）。Е. В. Падучева 将后者称为带有外在领属者的角色配位，换言之，在她看来，特定名词性组合的分解即配价分裂也属于配位迁移的一种情况。可以说，Е. В. Падучева 对角色配位的理解偏向于交际层面，但她的这种认识与理解方式恰恰将角色配位理论推向了语义、句法、交际的交界面，同时也将该理论的发展推向了新的高度。遗憾的是，她的研究更多地局限在同一主题类别中动词角色配位以及配位迁移的情况，而对于多义不同义项之间角色配位迁移的情况则缺少系统性研究。

　　А. Мусткайоки 将角色配位的选取视为说话人言语表达过程中的一个必要环节①。说话人视角选择的三个方面为：选取指向性，即站在哪一个情景参与者的角度来表达自己对事况的观点；选取角色配位，即决定不同的题元在表层句法结构中所充当的句子成分；选取句子的实义切分方式，即确定句子的主位和述位。这三个方面的选取并不是彼此孤立的，而是协同作用、相互交织在一起的。其中角色配位的选取体现在句子的表层结构层面，它决定了情景参与者对应的句子成分。例如，Нина дала последний кусок мяса собаке（妮娜把最后一块肉给了狗），Собака получила（от Нины）последний кусок мяса（狗从妮娜那里得到了最后一块肉），Последний кусок мяса был дан собаке（最后一块肉被分给了狗）。无论表层句法结构为何种形式，句子的深层语义结构不变，各个情景参与者的语义角色也没有改变：Нина（妮娜）为施事，кусок мяса（一块肉）为受事，собака（狗）为与事，改变的只是各个角色对应的论元形式，即"角色相同，功能相异"。А. Мусткайоки 将角色配位概念更多地与说话人的主观选择联系起来，换言之，角色配位被看作出于交际目的对话语进行加工的一个层面，这一点与 Е. В. Падучева 不谋而合。他对于角色配位转换的认识也较为宽泛，不限于态的转换，同义词、转换词、反义词等的替换均可能在深层语义结构不变的前提下造成表层句法结构的变异。在这种对角色配位广义解读的前提下，句法转换也属于角色配位研究的内容之一，这也从一个侧面反映出角色配位这个概念的丰富内涵。

---

① А. Мустайоки, *Теория функционального синтаксиса: от семантических структур к языковым средствам*, М.: Языки славянской культуры, 2006, стр. 40–42.

六　配价分裂与题元重合中的客体题元研究

客体题元的语义功能和句法体现都极为丰富，并且二者之间联系紧密，相关动词句子的建构和使用过程中，基于这两方面因素，动词客体题元会产生配价分裂和题元重合现象，学者们有关配价分裂和题元重合的分析在一定程度上推动了客体题元研究，并可以加深我们对客体题元本身的理解和认识。

虽然不是首个提出配价分裂这一概念的学者，但 А. Е. Кибрик 对该语言现象的分析却一直被诸多后来研究同类现象的语言学家借鉴。А. Е. Кибрик 提出，在一些句子中由二格词组填充的语义配价会发生配价分裂[①]，例如，Он поцеловал **ей/ у неё** руку（他亲吻了她的手）。配价分裂的实质即一个词的同一个语义配价在句法层面体现为两个并列从属于该词的词形。А. Е. Кибрик 指出，配价分裂的典型形式就是领属结构（посессивные конструкции）中领有者的提升（подъём посессора）。主体位与客体位上均能发生配价分裂，其中客体位的配价分裂即领有者脱离原本的领属结构直接进入谓词结构，从属于谓词，句法上常用第三格形式表达，有时也可以通过为前置词加上名词来构成"前—名"结构（предложно-падежная кострукция）表达。其中领有者通常为表人名词，领属事物通常为人体部位、衣物、装饰品、性质、状态等。在个别谓词结构中领属结构的领有者提升是强制性的，例如，побрить **клиенту** усы（给客人刮胡子），постричь **ребёнку** ногти（给孩子剪指甲）。但对大多数领属结构来说，配价分裂并不是必需的，只是两种不同的表达方式，并不会影响结构的基本语义，只不过发生配价分裂之后，领有者直接被纳入谓词情景，成为事件的直接参与者，交际地位也随之得到提升。

А. Е. Кибрик 配价分裂研究的一大突破就在于他提出了一系列的等级结构。比如说，并不是所有的领属结构都能发生配价分裂，即便在能够发

[①] А. Е. Кибрик, "Внешний посессор как результат расщепления валентности", в Л. Л. Иомдин, Л. П. Крысин, *Слово в тексте и в словаре: Сб ст. к семидесятилетию Ю. Д. Апресяна*, М.: Языки русской культуры, 2000, стр. 429–441; А. Е. Кибрик, *Константы и переменные языка*, СПб.: Алетейя, 2003, стр. 301–319.

生配价分裂的结构中,表示不同语义关系的领属结构发生配价分裂的可能性也不同:生命体—生命体的一部分＞整体—部分＞亲属关系＞拥有者—拥有物＞社会关系＞成员关系＞一般决定意义关系＞主体—性质或状态＞主体—过程或行为＞客体—行为。简单来说,不可让渡性关系,比如人身体的一部分,最易发生配价分裂,且在配价分裂前后这种领属关系并没有发生改变。客体位最典型的配价分裂类型正是有生客体与其身体的一部分被分割开,后者进入谓词结构并直属于谓词支配范畴,上文中所举的两个例子均属于此类型。在 А. Е. Кибрик 看来,不同句法位置发生配价分裂的可能性也有所不同,主语位发生配价分裂的可能性要大于客体位。但这并不意味着客体位配价分裂就丧失了其研究价值,客体位配价分裂通过调整客体题元的句法位置上调了其交际等级,这种变化可能会对动词语义造成一定的影响。А. Е. Кибрик 揭示了配价分裂现象的实质,他所提出的等级结构无疑有助于深化我们对配价分裂的认识。

Ю. Д. Апресян 集中探讨了八种深层语义结构与表层句法结构的对应关系类型[1],其中就包含配价分裂与题元重合的情况。语义题元分裂(расщепление семантического актанта)指的是动词的一个语义题元在句法上表现为两个句法题元的情况。意见动词客体位可以发生题元分裂,由单客体结构变为双客体结构。例如,Я считал, что **работа завершена**(我认为,工作已经结束了),Я считал работу завершённой(我认为工作已经结束了)。发生配价分裂之后,主体语义角色不变,思维的内容分裂为两个部分,работа(工作)为思考并作出判断的对象,以第五格形式表现出来的 завершённый(完成的)为判断的具体内容,是交际的重心。知晓动词则不同,第五格形式表示的并不是思考的内容,可能只是标记行为的时间,例如,Я знал эту **женщину молодой**(这个女人年轻的时候我就认识她了)。此外,意见动词单客体与双客体结构之间的转换并非在所有情况下都成立。相对而言,单客体结构更为自由,思维的内容可以为某种行为、活动、状态、性质、特征等;而双客体结构则要受到较为

---

[1] Ю. Д. Апресян, "Типы соответствия семантических и синтаксических актантов", в В. С. Храковский, С. Ю. Дмитриенко, Н. М. Заика ред., *Проблемы типологии и общей лингвистики*, СПб. : Общество с ограниченной ответственностью "Нестор-История", 2006, стр. 15 – 27.

严苛的语义以及句法上的制约，思维内容只能是某种性质特征的称名形式或近似于性质特征的某种常态的称名形式，且词性上只能为形容词或名词。

至于 А. Е. Кибрик 所研究的配价分裂现象，Ю. Д. Апресян 将其称为语义题元移位（смещение семантического актанта）①，其具体内涵为动词 V 的语义配价 X 有语义配价 Y，Y 脱离原本的配价结构从属于 V，从而使 V 的语义配价增加了一个。Ю. Д. Апресян 探讨了三种结构中语义题元移位的情况：领属结构、词汇功能语义场 OPER-FUNC 类动词结构、存在义结构，其中前两者的题元移位现象常发生在客体位上。领属结构中的移位情况即为领有者脱离领属结构，与前置词连用直接从属于动词。Ю. Д. Апресян 着重探讨了领有者以第三格形式表示与事客体的情况，例如，вымыть **кому-л.** голову（给某人洗头）。此类情况常见于针对身体部分、服饰、内在状态等的物理行为动词。大多数情况下两种结构的差异仅限于句法结构层面，但个别情况下二者在语义上也有所差别。例如，Он прострелил **мне** шляпу（他射穿了我身上的帽子），Он прострелил **мою** шляпу（他射穿了我的帽子）。前者帽子戴在我的头上或拿在我的手上，我是行为直接涉及的对象；而后者帽子则可能在任何地方，我也不一定在行为现场。词汇功能语义场 OPER-FUNC 类动词结构中的移位指的是，此类动词的配价结构中均含有表示行为、过程、状态、特征意义的动名词，这个动名词的语义配价在个别情况下能够直接从属于动词，成为其语义配价。例如，Газ оказывает очень большое давление **на стенки** сосуда（气体对容器的内壁施加了非常大的压力），**На стенки** сосуда газ оказывает очень большое давление（气体对容器的内壁施加了非常大的压力）。尽管 Ю. Д. Апресян 并未刻意区分主语与客体位的配价分裂，但他所分析的题元分裂与题元移位实例大多属于客体位的配价分裂，由此可以看出客体位配价分裂在配价分裂研究中占据着非常重要的位置。

Ю. Д. Апресян 区分了题元重合（актант полиролей）与题元融合

---

① Ю. Д. Апресян, "Типы соответствия семантических и синтаксических актантов", в В. С. Храковский, С. Ю. Дмитриенко, Н. М. Заика ред., *Проблемы типологии и общей лингвистики*, СПб.：Общество с ограниченной ответственностью "Нестор-История"，2006，стр. 18–22.

（слияние двух семантических актантов）这两个概念①。前者指的是同一个句法题元对应不同的语义角色，例如，描绘动词 изображать（描绘）与рисовать（绘画）的客体题元同时充当了描绘的对象（объект-сущность）以及描绘出的形象（изображение），即内部客体与外部客体重合。而后者指的是动词的两个语义题元在表层句法结构中仅体现为一个句法题元，例如，动词 ругать（责骂）的与事与受事题元时常为同一个对象，Не ругай его, он не виноват（不要责骂他，他并没有错）。题元重合的现象在语言中较为多见，很大程度上是由于动词语义成分较为复杂，而部分语义角色的界定又较为单一。主体题元作为话语的起点，其语义角色大多是单一且明确的，相对地，客体题元的语义内涵极为丰富，其语义角色具有一定的可变性和开放性。因此，客体位上发生题元重合或题元融合的可能性要远大于主体位。

Е. В. Падучева 则将配价分裂视为角色配位迁移的一种方式②。她详细分析了情感动词客体位配价分裂的情况。使役性与非使役性情感动词均可发生配价分裂。例如，Я обиделся на статью Джона в «Times»（我因为约翰在《时代》周刊上的文章而感到生气），Я обиделся на Джона за его статью в «Times»（我因为约翰在《时代》周刊上的文章而生他的气）。领有者成为第一客体题元，交际等级上升，而被领有者成为第二客体题元，交际等级下降。从角色配位迁移角度，即交际层面出发无疑是解读配价分裂深层原因的一种角度，且这样一来两种结构的语义关系会更加清晰。

第二节　国内语言学界客体题元研究概况

相比于国外语言学界，国内语言学界针对客体题元的研究也主要是在词汇语义、句法语义和与此相关的题元、配价理论之中展开的，其较为注

---

① Ю. Д. Апресян, "Типы соответствия семантических и синтаксических актантов", в В. С. Храковский, С. Ю. Дмитриенко, Н. М. Заика ред., *Проблемы типологии и общей лингвистики*, СПб.: Общество с ограниченной ответственностью "Нестор-История", 2006, стр. 15 – 27.

② Е. В. Падучева, *Динамические модели в семантике лексики*, М.: Языки славянской культуры, 2004, стр. 67 – 70.

重客体题元的语义和句法两方面的不同表现。此外，国内学者的题元研究往往关注它同配价之间的联系，因此，在客体题元的认识上相应也较重视其同语义配价和句法配价之间的关系问题，并将这一语义—句法关系运用于分析和检验词义之间的各种动态联系和性质，同时将它用作分析和描写句子特点、性能和界面关系的手段。尤其是国内俄语学界对题元问题的分析受莫斯科语义学派配价观和词汇语义动态分析观的影响较深，相应地，它们在客体题元及相关问题的研究中也留下了配价理论和动态语义理论的痕迹。下面具体从不同方面对国内语言学界的客体题元研究状况加以概括、总结。

一 题元理论视野下的客体题元研究

张家骅（2001，2003）[1] 评述了莫斯科语义学派的配价研究内容，明确了必需情景参与者和自由情景参与者、配价和题元、语义配价和句法配价、语义题元和句法题元等概念的内涵。张家骅对客体的认识大体上与 Ю. Д. Апресян 相同，他详细介绍了 Ю. Д. Апресян 提出的语义角色系统，对十六个语义角色逐一进行了界定并将其分为简单语义配价和复杂语义配价两类。其中客体被视为行为直接涉及的事物，包含内部客体和外部客体两个亚类。在该格系统中，客体、内容、处所等基本语义格均被视为简单语义配价，至于客体题元的其余语义角色如信息受体、事物受体、受众、主题、起点、终点、工具、手段等均可以通过简单语义配价和语义元素单位的组合来加以解释。

与 Ю. Д. Апресян 相比，Е. В. Падучева 更为重视配价的交际地位，并将交际地位与角色配位概念相融合，作为配价研究中的一个独立层级提了出来。张家骅注意到了这一点，明确指出："特定语义角色类型的一组语义配价，由于交际地位的变换而构成不同的词、词的不同语法形式、词的不同义项或同一义项不同言语用法。"[2] 客体题元对应的深层语义角色众多，这些语义角色交际地位上的变化会构成不同的词、词的不同义项或不同用法等。例如，在"抢劫₁"（抢劫银行）的语义配价结构中位事客

---

[1] 张家骅：《莫斯科语义学派》，《外语研究》2001年第4期；张家骅：《莫斯科语义学派的配价观》，《外语学刊》2003年第4期。

[2] 张家骅：《莫斯科语义学派的配价观》，《外语学刊》2003年第4期。

体占据直接客体位,而在"抢劫₂"(在银行里抢劫钞票)的语义配价结构中位事退居情景背景。会影响动词语义的不仅是语义配价交际地位因素,语义角色的构成对动词语义来说也会起到一定的作用,"以同一客观情景为反映对象的词汇单位,题元角色不同,可能是不同的词,或同一词的不同义位"①。例如,учить既有"学"也有"教"的意义,两种语义配价结构的角色构成不同,后者增添了受事角色。此外,在特定的情况下,题元角色的形式变化也会对动词语义造成影响,"当谓词的特定语义配价可以同时用几种形式填充时,其中的某些形式会给词义带来一定程度的变化,这种现象是语义变异规则的主要描述对象"②。例如,поцарапать(搔破,抓伤)的工具客体有两种论元形式,第五格与"前—名"结构<о>N₄③,后者标志行为具有非自主行为意义,前者则不具备这种标志。综上所述,动词语义与客体题元的语义角色、论元形式、交际地位都有直接联系,这种联系的具体表现方式仍有待进一步挖掘。

张家骅(2009)④对"知道"与"认为"这两个动词的语义、句法特征作了专门研究,并格外关注二者的客体题元。"知道"与"认为"均属于命题态度动词,不同之处在于,前者属于叙实谓词,后者属于非叙实谓词。二者客体题元的语义、句法表现也有显著差异。"知道"接受包括间接疑问句在内的小句、句子的代名化形式或句子中的名词短语充当其客体题元。而"认为"的客体题元只能由陈述性小句表示。例如,站长知道火车什么时间到,而不能说,站长认为火车什么时间到。二者接受的副题元也不同。"知道"有渠道而无原因,"认为"有原因而无渠道。知晓动词与意见动词之间的差异大都如此,两类动词的客体题元在数目以及语义角色上并无太大差别,决定性的差异体现在客体题元的次语义属性以及论元形式层级上。

彭玉海(2001)⑤详细区分了配价与题元这两个概念,指明了二者在

---

① 张家骅:《莫斯科语义学派的义素分析语言》,《当代语言学》2006年第2期。
② 张家骅:《莫斯科语义学派》,《外语研究》2001年第4期。
③ N代表俄语名词,其右下方阿拉伯数字表示名词所用的是第几格,位于尖括号"< >"里面的是俄语前置词。
④ 张家骅:《"知道"与"认为"句法差异的语义、语用解释》,《当代语言学》2009年第3期。
⑤ 彭玉海:《试谈配价与题元的关系》,《中国俄语教学》2001年第3期。

动词研究中各有侧重。"对配价而言，实现它的词语是一种可能的变量，而题元则是在语句中把这种潜能变为现实的具体词形（句素）。"① 彭玉海（2004）提出了题元层级化系统②，他将题元分为如下四个层次：概括题元，高度抽象化的题元层次，其中包括主体题元与客体题元，在此层级上二者都对应于一个"集"的概念，该层级主要关注的是动词的价数目问题；角色题元，该层级揭示的是情景元在整个情景中所扮演的角色、负载的语义功能，即需要深入题元结构内部对主体、客体题元进一步具体化；变元，该层级涉及的是具体题元词的语义特征，即动词对进入其题元结构的题元词所提出的语义限制；论元或主目语，该层级关注特定语句中题元的表层句法表达形式，论元形式直接参与言语交际过程，可能蕴含着各种交际信息。值得关注的是，从此层级系统出发，主体、客体都属于最高抽象程度的概括题元。作为概括题元的客体题元表示的是述体概念意义中包含的行为、状态、关系所指向（涉及）的事物。概括题元概念的提出能够解决一些角色题元界限不清或是个别题元双重身份的问题，将客体抽象到一定的高度纵观其在整个语义配价结构中的地位和作用，只在有必要的时候对其充当的语义角色进行区分，从而强化题元理论的解释力。如此一来，既在很大程度上规避了语义角色划分过于抽象的风险，也解决了一些语义配价结构中语义角色难以判定的问题。

  将题元同动词的具体语义类别分割开，空泛地谈题元的作用和功能是不切实际的。彭玉海（2001，2004）③ 主要在关系事件、命题态度、物理行为、情感四个句子语义模式内部分析了主、客体的相关语义特征和功能，相对全面地建立了一个考察角色题元在句子语义模式化过程中表现的模型。其中，他着重研究了物理动词与情感动词，并尝试在配价模式、题元次范畴、兼容共现语、转换性能这几个层面对这两类动词进行了模式化描写。在对动词进行研究的过程中，他深入挖掘了客体在语义配价结构中的作用。不同语义模式中客体的语义角色、次范畴特征、论元形式都有各自的特征，这为客体题元的多层级研究创造了条件。彭玉海还以评价意义

---

  ① 彭玉海：《俄语题元理论》，黑龙江人民出版社2004年版，第51—52页。
  ② 彭玉海：《俄语题元理论》，黑龙江人民出版社2004年版，第33—58页。
  ③ 彭玉海：《俄语动词（句）语义的整合研究》，黑龙江人民出版社2001年版，第154—304页；彭玉海：《俄语题元理论》，黑龙江人民出版社2004年版，第218—297页。

为例在感情评价、言语意向、命题态度三类动词内部集中探讨了客体题元与动词词汇语义相互作用的过程。其相关研究对本书具有启发意义和引导作用。

薛恩奎（2005，2011）①阐明了配价理论体系中一些概念的内涵，例如，语义配价、句法配价、语义角色、句法成分等。在对动词语义配价结构进行研究时，他明确指出："配价的本质属性是语义的，'事件'参与者的数目、性质决定动词基本词义，动词语义结构要素决定基本句法结构和基本句型。"② 在动词题元结构中，主客体题元数目、次语义属性对动词的语义能够起到决定性的作用。以"买，卖"情景为例：若在情景中加入表示时间的参与者，动词语义变为"租用"或"出租"；若将情景中表示钱财的参与者删除，动词语义变为"抢夺"或"给予"；若将情景中表示钱财的参与者替换为表示时间的参与者，动词语义变为"借用"或"借出"。在动词配价研究中，薛恩奎尤为关注语义结构对句法结构的决定性作用，然而他也指出句法结构除了受制于动词语义，题元词的语义属性也会对其产生一定影响。例如，"前—名"结构 < за > N₅ 是客体题元的论元形式之一，有静态与动态两种语义。当题元词为空间意义名词时，结构表示静态处所意义（находиться **за городом**/在郊外）；当题元词为动物名词时，结构表示动态运动的"方向标"（гнаться **за отступающим противником**/追击退却的敌人）；当题元词为事物名词时，结构表示行为目的（идти **за кипятком**/去打开水）。由此可见，客体题元数目、次语义属性对动词语义会产生影响，进而影响动词语义衍生过程，应该专门针对二者对动词语义作用的语义机制展开研究。

薛恩奎（2014）③ 对感知动词的语义配价结构进行了专门研究，并对其客体题元给予了充分的关注。他将感知动词分为三个语义亚类：表示结果状态的、表示行为目的的和表示特征评价的。这三类感知动词的语义配价结构有显著的不同。表示结果状态的视觉与听觉感知动词，其客体题元既可以为具体事物，也可以为具体事件发生的过程，例如，Я видел, **как**

---

① 薛恩奎：《配价、词义、句式——兼俄汉词汇语义—句法对比研究》，《中国俄语教学》2005 年第 4 期；薛恩奎：《动词的语义范畴与句法模式》，《外语学刊》2011 年第 5 期。
② 薛恩奎：《配价、词义、句式——兼俄汉词汇语义—句法对比研究》，《中国俄语教学》2005 年第 4 期。
③ 薛恩奎：《感知系统词汇化及其语义—句法关系分析》，《外语学刊》2014 年第 6 期。

они прощались（我看见他们正在告别），表示行为目的的视觉与听觉感知动词语义较为宽泛，能够表示两种不同情景。动词的语义取决于其中客体题元的次语义属性以及论元形式，例如，Он смотрит на **костёр догорающий**（他看着快要燃尽的篝火），Он целыми днями смотрит **в окно**（他整天看着窗外）。在第一个句子中，赋予动词"看并看见"语义的是客体题元，而非句法结构本身。感知动词语义衍生后，其客体题元的语义角色、论元形式、角色配位等也要变化，例如，视觉感知动词смотреть 转义表示空间关系（Окна гостиной смотрели **в сад**/客厅的窗户朝向花园），客体题元转变为系事。薛恩奎对感知动词的研究揭示出客体题元对谓词结构语义以及动词语义衍生的重要意义，事实上，不仅是感知动词，实体行为动词的其他亚类、心智行为以及情感行为动词的客体题元同样有其自身的特征。

  陈国亭（2003）[①] 对俄语、汉语中的语义三要素（SVO）句进行了研究，分析了结构中主、客体之间的复杂关系。他着重指出客体题元在动词题元结构中的重要地位："客体题元是构成动核（即以动词为核心的）结构、体现动词搭配价的不可缺省的元素之一，是讨论以动词为核心的语义结构不能不论及的语义要素。客体题元作为汉语中动词价的体现，在俄语里是构成及物动词一元结构、二元结构、三元结构的必要成素。"[②] 陈国亭分析对比了俄语、汉语中二元结构、三元结构在语义结构以及句法结构上的异同。此外，他还论述了两种语言对被动意义的认识与表达方面的同和异，也在一定程度上体现出这一意义关系的语义表达和结构特征同客体题元之间的特殊联系。

  客体题元与主体题元是语义上的概念，不能把第一格形式理所当然地看作主体，间接格形式也不一定就是客体。只能说，表示实体事物的名词趋向于做主体题元，尤其是当动词结构中两个题元名词分别为实体事物名词与抽象事件名词时。类似 Им овладело беспокойство（他的心中充满了不安）的句子，陈国亭认为，句子中没有客体题元，им（他）为主体，

[①] 陈国亭：《俄、汉语 SVO 句中客体题元和被动意义的形态标记》，《中国俄语教学》2003 年第 2 期。

[②] 陈国亭：《俄、汉语 SVO 句中客体题元和被动意义的形态标记》，《中国俄语教学》2003 年第 2 期。

овладело беспокойство（充满了不安）共同对主体进行说明，表达主体的感受。而对于 Деревья качало от взрывов（爆炸的冲击使得树木来回晃动）这类句子，деревья（树木）兼含受事与主体意义，汉语语法中则称之为"受事主体"。由于汉语中没有形态变化，相应地，语义角色就要受到语序的制约：汉语里客体名词在句首做话题时被看作主语（称作受事主语），谓语为主谓谓语。陈国亭对主体、客体的认识是从句子的情景结构出发的，这样一来，俄语、汉语中许多在传统语义格研究中被认为有所差异的句子实质上是能够在很大程度上彼此相吻合的。虽然他的研究只停留在概括题元层次，但他对客体题元在语义角色、句法形式、交际功能上的多变性给予了相当的关注。

二 动词语义理论中的客体题元研究

国内语言学界动词语义理论中的客体题元研究也主要反映在动词多义研究和动词语义分类研究两个方面。

张家骅（2000）[①] 对词汇义素变异问题进行的研究中涉及了通过谓词的题元结构变异派生新义项的情况，题元结构变异的深层原因是谓词义素交际地位上的变化。其中客体题元在情景中所发挥的作用尤为值得关注，例如，处所配价从客体位退居到边缘位，第二客体、处所等因素从边缘提升到客体位，主体与客体发生转换等都会对动词词义产生影响。这也从另一个角度阐明了题元结构变异对于动词语义的影响。

词汇语义因素负载了一定的交际信息，可以发生功能性转换，即"特定的某一词汇语义因素被选择、凸显出来，扮演主要的交际角色，其他方面则在交际功能上退居次要的地位"[②]。题元结构变异的深层原因是谓词义素交际地位上的变化。例如，手段配价从边缘位上升到客体位，处所配价从客体位退居到边缘位，нагрузить₁ вагон углем（把车厢装满煤）——нагрузить₂ уголь в вагон（把煤装到车厢里）。第二客体、处所等因素从边缘提升到客体位，受事从客体位退居零位，借以凸显第二客体、处所等因素，这种情况下构成的就不是新义项，而是新词了。例如，у меня в квартире украли всё ценное（我公寓里所有值钱的东西都被偷

[①] 张家骅：《词汇语义因素的交际功能转换》，《外语学刊》2000 年第 4 期。
[②] 张家骅：《词汇语义因素的交际功能转换》，《外语学刊》2000 年第 4 期。

了），**Мою квартиру** обокрали（我的公寓被盗了）。主体与客体发生转换也会对词义产生一定的影响，比如说，原因因素从主体位退居边缘位，受事提升到主体位，及物动词发生非使役化（反使役化）。例如，**Землетрясение** разрушило дворец（地震摧毁了宫殿），Дворец разрушился от **землетрясения**（宫殿被地震摧毁了）。将动词多义同交际因素相关联能够从深层揭示动词语义衍生的原因和规律，此见解也与 Е. В. Падучева 对角色配位的认识有共通之处。

彭玉海（2004）① 在题元理论的框架内对动词语义衍生机制进行了研究，并对隐喻与转喻这两种语义衍生的主要途径给予了相当的关注，研究揭示出客体题元在动词语义衍生过程中的变化规律。动词隐喻是一种常见的词义派生途径，也是多义的主要来源之一。在动词发生隐喻派生的过程中，动词的语义配价结构或多或少都要发生变化，有些情况下是主体题元发生变化，有些则是客体题元发生变化，这种变化过程可能体现在题元的数目、论元形式、语义属性等不同层面。彭玉海从高度抽象化的角度，将动词转喻②分为三类，这三种转喻类型都会涉及客体题元：动作过程转喻动作结果，包括两种情况，一是用动作作用或涉及的对象来代替动作成就的事物，客体由受事变为成事，同时由外部客体变为内部客体，二是用动作针对的空间容纳物来置换动作作用力涉及的事物本身，客体由受事、容器—方位变为材料—手段、对事，并产生完整效应；动作行为方式转喻各种动作本身，包括局部客体变为整体客体或者实物客体变为抽象客体；动作行为相关的某一侧面来反映主干面，即话语核心的改变。在动词隐喻和转喻中客体题元拥有相当的可变性，对动词语义变异也起到一定的解释性作用。

以物理行为动词为例，它可以转义表示心理—感情（**погрузиться** в тоску/沉湎于忧伤中，客体由受事转变为对事或诱因）、理智行为（**прийти** к выводу/得出结论，客体丧失独立语义角色，与动词形成一个整体共同说明主体）、静态空间关系及制约关系等关系意义（Камень **заваливает** вход в пещеру/石头堵住了洞穴的入口，主客体由施事—受事关系转变为因事—终事、导事—从事关系）。题元理论格外关注动词语义

---

① 彭玉海：《俄语题元理论》，黑龙江人民出版社 2004 年版，第 313—325、360—378 页。
② 这里所说的转喻为广义概念，其中包括隐喻和换喻。

衍生在题元结构成素各个层面上的体现方式。彭玉海对于动词转义中题元结构变异的认识无疑可以应用到对具体类别多义动词的研究中,将题元理论作为一种用以分析动词多义语义衍生机制的工具。

蔡晖(2009)①归纳总结了 Е. В. Падучева 建立动词词义动态语义模式的核心思想,即通过四个参数的变化来区分不同词汇语义单位。这四个参数为:分类范畴,动词的核心语义特征,包括动作、活动、过程、状态、关系等;主题类别,Е. В. Падучева 划分的主题类别主要有运动动词、情感动词、声响动词、创造动词、感知动词、心智动词等;题元组配形式,指情景参与者语义角色与句法形式之间的对应关系,即角色配位;参项分类类别,即题元词的语义属性,如物质、人、自然力、动物、交通工具、容器等。其中题元组配形式和参项分类类别都涉及客体题元,她认为要全面、细致地描写动词规律性多义现象必须对客体等题元的这些方面的内容和特征进行详细刻画和描写。蔡晖(2011,2013a,2013b,2014)②深入探究了运动动词、覆盖动词、声响动词、情感动词的语义衍生情况。她在 Е. В. Падучева 提出的主题类别系统内重新审视了这四类动词的基本语义以及题元结构,并全面考察了这些动词语义衍生过程中四个参数的变化,揭示了同一主题类别动词在语义衍生上存在的共性。蔡晖的研究验证了采用多个参数分析动词多义现象的可行性以及同一主题类别动词在语义衍生上具有类型化的可能性。她的相关研究表明,在多义衍生机制研究中,动词客体题元的相关语义句法功能和表现是其中的核心环节之一。

彭玉海、王洪明(2013,2015a,2015b)③从认知角度对动词隐喻派生的内在语义机制进行了深入挖掘,并总结出一系列隐喻派生的模式:语义剥离或抹杀、语义增生、语义要素的各种变化以及语义成分变化。语义成分变化包括对客体作用方式变化、动作客体事物特点变化、动作构件变

---

① 蔡晖:《词义研究的参数化》,《外语学刊》2009 年第 1 期。
② 蔡晖:《俄语运动动词的静态语义衍生》,《解放军外国语学院学报》2011 年第 6 期;蔡晖:《俄语覆盖类动词有规律的多义聚合体》,《外语学刊》2013 年第 3 期;蔡晖:《俄语声响动词的规律性多义聚合体》,《解放军外国语学院学报》2013 年第 5 期;蔡晖:《俄语情感动词的语义聚合体》,《中国俄语教学》2014 年第 4 期。
③ 彭玉海、王洪明:《论俄语动词隐喻语义变异——动词多义的分析》,《中国俄语教学》2013 年第 1 期;彭玉海、王洪明:《动词隐喻的隐性语义错位》,《解放军外国语学院学报》2015 年第 1 期;彭玉海、王洪明:《俄语动词隐喻的概念结构——动词多义的内在结构特性》,《山东外语教学》2015 年第 2 期。

化、动作作用性质变化、情态—语用功能变化五种类型。在前三种语义衍生模式中，客体题元都要发生相应的变化。对客体作用方式变化包括对客体施加力的方式、工具、材料、效果、性质等方面的变化。例如，потрясти（晃动）（потрясти мешок／晃一晃袋子）对客体作用方式、强度发生改变，转义表示"动摇，震撼"（потрясти авторитет／动摇威信）。动作客体事物特点变化是指客体题元具体／抽象、可让渡／不可让渡、可移动／不可移动等范畴的次语义属性变化。例如，схватить（抓住）（схватить ружьё／拿起枪）的客体题元由具体转为抽象，动词语义变异为"理解，领悟"（схватить основную мысль／领悟基本思想）。动作构件的变化是指情景事件中的构成要素发生变化，其中包括客体题元语义角色发生变化的情况。例如，подойти（走近）（подойти к окну／走到窗前）的客体题元由动作的目标变为事件关系项，动词语义变异为"适宜，合适"（Такой воротничок к платью подойдёт／这样的小衣领配连衣裙正合适）。与主体题元相比，客体题元与动词语义衍生的联系更为密切，客体题元的数目、语义角色、次语义属性等都可能在动词语义衍生过程中起到决定性作用，应该对动词语义衍生与客体题元的关系展开专题研究。

彭玉海（2001）[①]针对语义最为复杂的物理作为动词（人或物外在活动或机械行为意义的动词）提出了三个分类参数：过程性／非过程性，分界的标准为能否与表示持续时间的状语性成分共存；意志性／自主性，意志性行为能用 X начал Y 或 X инициировал Y 表示；一次／多次，多次意义是一个集合的概念，或可称为集合动作动词。根据这三个参数，物理作为动词可以分为：过程性意志活动同质集合动词，过程性意志活动异质集合动词，过程性意志活动渐成结果动词，过程性意志活动突变结果动词等。该物理动词划分体系兼顾了物理作为动词的语义与语法性质，有助于深刻认识该类动词的词汇语义。彭玉海在此分类系统的基础上，分别描写了各个亚类物理动词的语义模式。分析结果显示，属于同一个亚类的物理动词的客体题元确实存在共性特征：例如，过程性意志活动渐成结果动词多为双客体动词，客体题元词为具体名词，客体语义角色包括受事、成事、材料、工具、对事等；而非过程性意志活动瞬时多次动词为单客体或双客体

[①] 彭玉海：《俄语动词（句）语义的整合研究》，黑龙江人民出版社2001年版，第154—167、228—252页。

动词，客体题元词为具体名词，客体语义角色包括受事、配事、给事等。

至于意义较为抽象的感情动词，彭玉海则提出了另一系列的分类参数：自发性，外界刺激反应，有向性/指向性，时间定位性/一时一事性，异质/同质行为性，使役性，物理行为外观。按照这个标准，感情动词可以被划分为三类：感情状态动词，感情反应动词与感情态度动词。该三分法同样适用于语义配价结构研究，每一个亚类的感情动词的语义配价结构都有一定的共性特征和区分性特征。例如，在客体题元数目上，感情状态动词为零客体动词，而感情反应与感情态度动词则为单客体动词；在客体题元语义角色上，感情反应与感情态度动词的客体题元都属于原因语义成素，不同之处在于前者为刺激因素，后者才是真正意义上的原因。

徐烈炯与沈阳（1998）[①]指出了配价、题元理论相关研究的另一个价值，即应用该理论对动词进行分类。配价的数目和语义类型都是由动词决定的，这也就是说可以由题元词的属性特征反推动词的语义。应用配价理论对动词进行分类，一般的做法是以价数目为依据将动词分为一价动词、二价动词、三价动词等。该分类体系能够被进一步细化，在其中融入题元词的形式句法特征。例如，二价动词能够被进一步分为简单二价、套合二价、准二价动词；在其中融入语义角色特征，例如，二价施事受事动词，二价施事终点动词；在其中融入动词的词汇语义类别，例如，存在义二价动词，破损义二价动词。徐烈炯与沈阳还引入了 Levin（1985）[②]提出的动词分类系统。该分类系统从题元意义关系角度对动词进行了较为细致的划分，其中客体题元被视为区分鉴别动词语义的依据之一。例如，放置动词、赠送动词、接触动词、创造动词都可以带三个题元，但这四类动词客体题元的语义内涵不同：放置动词客体发生位移，赠送动词客体所有权发生变化，接触动词客体无明显变化，创造动词客体带有结果意义。客体题元对动词分类的作用不仅体现在区分个别语义亚类动词上，其数目、语义角色、论元形式均可以作为动词分类的依据。

付兴尚（1998）[③]所建立的动词分类系统是一个多层级系统，且不同

[①] 徐烈炯、沈阳：《题元理论与汉语配价问题》，《当代语言学》1998 年第 3 期。

[②] B. Levin ed., *Lexical Semantics in Review. Lexicon Project Working Papers*, Cambridge, Mass.: MIT Press, 1985.

[③] 付兴尚：《俄语动词分类系统的建构和操作》，《解放军外语学院学报》1998 年第 3 期。

层级所采取的分类依据也有所不同。第一层级以动词的范畴性特征为依据，将动词划分为行为、事件和状态；第二层级以动词的配价数目为依据，将动词划分为零价动词、一价动词、二价动词、三价动词以及四价动词；第三层级则以动词的格框架为基准，将情景参与者的语义角色表现纳入分类标准。这样一来，动词的分类系统就充分考量到其体貌意义特征以及语义配价结构模式。例如，行为动词可以划分为一价、二价、三价、四价动词，其中一价动词又可以分为施事—谓词与感受者—谓词两类。而二价、三价、四价动词的分类则要更为复杂，客体题元的不同将动词划分为多个语义亚类，例如，二价行为类动词主体题元均为施事，而客体题元的语义角色则可能表现为受事、结果、终点、工具、来源等，此时客体题元成了进一步划分的唯一语义依据。该分类系统对于动词客体题元研究来说有一定的借鉴价值，对于某一特定词汇语义类别动词的研究完全可以先对其进行主题类别划分，然后再按照价数目、格框架进行进一步次范畴化，划分出的每个类别在语义配价结构上、情景结构上必然有着共同的特征。

三　语义角色理论中的客体题元研究

彭玉海（2004）[①]提出了题元层级系统，在此系统中主体与客体题元属于最高层级的概括题元，其他角色题元均可视为二者的具体表现形式。彭玉海对语义角色的划分主要是依托于不同语义亚类句子进行的。物理行为事件中语义关系最为复杂，其客体题元的语义角色主要包括受事、与事、共事、成事、位事、工具、材料等。命题态度，即各种心智行为事件大体可以分为两个次类："知道"与"认为"。前者客体题元为实事或实情，后者客体题元为意事或非实情。这种语义角色的命名方式凸显了叙实与非叙实谓词语义上的差异。各种情感情景事件在语义角色上具有比较鲜明的特征，此类情景又可以分为感情状态、感情反应、感情态度三类。其中，感情状态事件中无客体题元，感情反应事件中客体为诱因或刺激因素，感情态度事件中客体为原因。关系事件在语义角色的表现上尤为复杂，有些情景参与者甚至难以判定其具体的语义角色。此类情景事件的客体题元可以通称为系事—止事，根据关系的具体语义内容，可以将其细化为比事、因事、终事、类事、从事、位事、整体、局部等。

[①] 彭玉海：《俄语题元理论》，黑龙江人民出版社2004年版，第302—313页。

在语义角色研究的最初阶段，学者们更多关注的是语义角色判定的标准及其普适性，而随着对词汇、句子以及篇章语义研究的深入，这样的语义角色系统显然已经无法满足语义研究的实际需要了。彭玉海结合一些西方学者以及国内学者所提出的语义系统，本着"角色题元的表现跟动词句子的语义类型之间相互呼应"[①]的原则建立起了兼顾语义配价结构与动词语义的综合性语义角色系统，该角色系统能够应用到实际研究中对不同语义类别动词的配价结构加以解读。在此格系统中客体题元的语义角色被充分地具体化，并在一定程度上显示出其对动词语义的区分作用，尽管其中一些语义角色的提出带有一定的实验性，仍须进一步详细界定与论证，但该语义角色系统仍具有极高的研究价值。

袁毓林（2007）[②]提出了语义角色的微观、中观以及宏观层级。宏观层级指的就是概括题元层级，中观层级即语义格，而微观层级需要对应不同动词将语义角色进行细致划分。应该根据不同的研究目的以及研究对象对语义角色进行恰当的具体化。袁毓林（2002）[③]对汉语中常见的十七个语义格进行了界定，这些语义格包括：施事、感事、致事、主事、受事、与事、结果、对象、系事、工具、材料、方式、场所、源点、终点、范围、命题。他将这些语义角色进行了简单的层级划分，其中客体包括：受事、与事、结果、对象、系事。主体与客体均属于核心语义角色，命题为超级语义角色，其余均为外围语义角色。这里所谈到的主体与客体明显指的是处于概括题元层级的概念，在具体语境中可能具体化为不同的语义角色。更为重要的是，他提出要从题元数量、语义角色、语法特征、语义特征、配位方式五个层面来研究题元结构，并详细说明了这五个层面的内容。这不仅是从计算机处理汉语等实际应用的需要出发的，也是为了更透彻地揭示谓词语义、句法结构的内涵以及二者之间的对应关系。

鲁川、林杏光（1989）[④]提出了格系统，并对单价与二价谓词的格框架结构进行了简单的剖析。该格系统共包含六个句子语义成分，这六个语义成分又可以细分为十八个语义格，其中可以被视为客体题元的语义角色

[①] 彭玉海：《俄语题元理论》，黑龙江人民出版社2004年版，第313页。
[②] 袁毓林：《语义角色的精细等级及其在信息处理中的应用》，《中文信息学报》2007年第4期。
[③] 袁毓林：《论元角色的层级关系和语义特征》，《世界汉语教学》2002年第3期。
[④] 鲁川、林杏光：《现代汉语语法的格关系》，《汉语学习》1989年第5期。

包括：客体（受事、结果、对象），邻体（与事、伴随、关涉），方式（工具、凭借、样式），根由（依据、原因、目的），环境（时间、处所、情况）。该格系统首先将语义角色划分为两个层级，然后再逐步进行细化。且该格系统主要针对汉语中的谓词，而汉语作为一种非屈折语，不具有形式变化，这也为格的判定增加了困难。因此，鲁川与林杏光提出的这个语义格系统主要考量的是语义成分的句法—语义表现，对每一个语义格给出的也不是语义上的阐释，而是其句法上的典型体现形式。例如，对象可以分为对$_1$以及对$_2$两类，前者出现在非处置性他动词之后，后者出现在谓语形容词前后。这样一来就在极大程度上避免了汉语中语义角色难以判定的问题，但同时也会导致一些语义角色的语义内涵不够明确。

四 题元次语义属性与客体题元研究

华劭（2012）[①]在探讨词的搭配限制时，详尽分析了题元词具体/抽象范畴对动词语义的重要性，该范畴主要针对的即为客体题元。此后他明确指出了题元词所属的语义类别与动词语义衍生之间极高的关联度[②]。从整体来看，动词对客体题元的限制即内涵动词应与表命题意义的客体连用，而物理动词则与表事物意义的客体连用。也有一些动词介于这两类动词之间，能够与两类客体题元相结合。例如，听觉感知动词 слышать（听见），视觉感知动词 видеть（看见），言语动词 говорить（说）等。在言语中此种动词对客体题元词的语义限制可以被放宽，甚至是完全突破。当物理动词的客体题元由抽象名词充当时，要么该名词的语义具体化为具有某种特征的事物（проглотить **гадость**/吞下脏东西），要么动词的语义抽象化，转而表示心智、思维、情感等义（проглотить **обиду**/忍气吞声）。当内涵动词的客体题元由具体名词充当时，由于内涵动词较少发生语义具体化，该名词的语义抽象化，表示事件或事件的目的（слушать **профессора Иванова**/听伊万诺夫教授讲课，требовать **помощника**/要求给一位助手，просить **документы**/请求出示证件）。但内涵动词中表示外显态度感情的动词，即感情态度动词与两类客体题元均能连用，无须发生名词抽象化，例如，любить **мать**（爱母亲）。

---

① 华劭：《论词的搭配限制》，《中国俄语教学》2012 年第 2 期。
② 华劭：《〈词汇语义的动态模式〉研究补遗》，《中国俄语教学》2014 年第 1 期。

在动词的各个词汇语义亚类中，动词对题元词的语义限制还会有所不同，华劭主要谈到了逻辑制约关系动词、情态使役动词以及心理反应动词这三类动词的搭配限制。逻辑制约关系动词表示两个事件之间的关系，具体事物名词充当客体题元时必然发生语义抽象化，例如，Успех дела зависит от **нас самих**（事情成败取决于我们自己）句中的 нас самих（我们自己）实质上表示的是我们的行为。情态使役动词也大都表示事件之间的关系，客体位上较少出现具体事物名词，例如，Чаадаева Николай приказал объявить сумасшедшим и обязать подпиской **ничего не писать**（尼古拉下令宣布恰达耶夫为狂人并令其签字保证不再写作）。心理反应动词，即感情反应动词表示外部事件引起人内心的某种变化，客体题元为引发情感的动因，若出现表人名词则代指人的某种行为、品质等，例如，**Этот ученик** рассердил учителя（这位学生激怒了老师）。至于究竟是学生的何种行为、言谈或品质激怒了老师，则只能从上下文语境中获取该信息。具体/抽象范畴是客体题元次语义属性中最为重要，也是与动词语义衍生关联最为密切的一个次范畴，不同类别动词的客体题元在这一范畴上表现出的语义变异潜能不尽相同。除上述的各类动词外，知晓动词、意见动词、愿望动词、人际关系动词以及物理动词的各个亚类均对客体题元词有不同的语义限制，语义限制的内容也不局限于具体/抽象范畴，应该将其视为动词语义的一个层面纳入词典释义中。

彭玉海（2004）[①]对题元次语义属性的问题进行了研究，划分出了若干题元次语义范畴。彭玉海（2013）[②]又对该范畴体系进行了进一步的完善和补充。他将题元次语义属性划分为两个层级：第一层级的属性为题元名词所固有，不因其进入不同的题元结构而改变，例如，活物/非活物名词、抽象/具体名词、空间—事物性/时间—事件性等；第二层级为题元词在特定类型的语义—句法组合中表现出来的属性，不为题元词所固有，例如，同步/非同步性、对事/非对事性等。明确这些语义属性有助于认识不同类别动词对题元词的预设性语义限制并将一些相似情景区分开。

彭玉海在研究中专门指出了客体题元所涉及的题元次语义属性，其中

[①] 彭玉海：《俄语题元理论》，黑龙江人民出版社2004年版，第123—126、177—184页。
[②] 彭玉海：《语言语义的集成描写研究：基于MSS理论原则的句法—语义界面探索》，中国社会科学出版社2013年版，第143—163页。

包括：具体客体/抽象客体，内部客体/外部客体，可运作客体/不可运作客体，可分离客体/不可分离客体，对事客体/非对事客体。具体客体即具有实体性质的人、事、物，用具体名词表达。抽象客体即属性、事件、现象等不具实体性质的客体，由抽象名词或动词不定式表达。由于受到语义一致原则的制约，当抽象意义的动词与具体题元词连用或具体意义的动词与抽象题元词连用时，要么抽象名词具体化，要么动词意义发生虚化，否则会造成语义异常，例如，дать улыбку（对某人微笑），погрузиться в воспоминание（沉浸在回忆中）等。对事客体是客体题元的一个特殊亚类，它参与情景被纳入情景，却不会因主体行为而发生相应变化[①]，例如，слушать музыку（听音乐），ехать в город（进城）等。此外，从题元词义素角度出发，与客体题元有关的范畴还有：空间—事物性/时间—事件性、局部/整体、活物/非活物、人/非人等。彭玉海指出的这些客体题元次语义属性范畴相对全面地揭示出客体题元次语义属性区分鉴别动词语义的运作机制，这些范畴中大多数针对的是语义最为丰富的实体行为动词，例如，可运作/不可运作性、可让渡/不可让渡性，部分也可应用于心智行为、情感行为以及关系意义动词客体题元的研究中。例如，对事/非对事，其中具体/抽象和人/非人两个范畴与动词语义衍生有着十分密切的关系。

在汉语相关研究中，题元次语义属性有不同的称名方式。袁毓林（2002）[②]称之为论元角色的静态语义特征，指的是充当题元词的名词项本身所包含的语义特征，具体包括±有生、±人类、±器具、±材料等。张国宪（1994）[③] 则称之为述语语义分布状况，指的是动词对其补足语施加的语义选择，具体包括±人、±生物、±抽象等。他还提到当这些区别性特征不足以反映动词对题元名词的选择性时，可以对区别性特征作进一步的具体化，例如，±老年人、±液体等。上述学者都未针对题元次语义属性作进一步研究，只是指出了该属性在题元研究中的作用。总体上，汉语界认同题元次语义属性是题元名词的概括范畴语义特征内容，由名词所指的类化意义中提炼而来，有时候也可能是对题元名词同动词相互

[①] 彭玉海：《俄语题元理论》，黑龙江人民出版社2004年版，第125页。
[②] 袁毓林：《论元角色的层级关系和语义特征》，《世界汉语教学》2002年第3期。
[③] 张国宪：《有关汉语配价的几个理论问题》，《汉语学习》1994年第4期。

作用所产生的功能性语义特征的概括，因此代表的是一种语义关系类型，不能将其同题元名词在动词事件语义结构中所担负的语义角色等量齐观。

五　角色配位理论中的客体题元研究

蔡晖（2009）[①]在 Е. В. Падучева 词汇语义动态研究的框架内详尽地阐释了角色配位以及与其相关的若干概念，例如，语义角色、句法题元、配位迁移、直接配位结构、间接配位结构等。配位迁移现象，尤其是会引起词汇语义变化的配位迁移情况历来是配位理论研究的重点。蔡晖专门研究了三种会造成词义变化的配位迁移：施事从主体位退居零位，话题参项由客体位降至边缘位，地点参项由边缘位升至客体位。其中后两种情况均为发生在客体位上的配位迁移，这也从侧面证明了在角色配位层级上客体位相比主体位拥有更大的变异潜能。处于情景前景的客体题元可能迁移至边缘位，处于情景背景的情景参与者也可能迁移至客体位。例如，Сигарета прожгла дырку **на скатерти**（香烟把桌布烧出了个洞），Сигарета прожгла **скатерть**（香烟烧穿了桌布）。地点上升至客体位，成为受事，而成事则退居边缘位。

蔡晖还应用角色配位理论对题元内包、配价分裂、题元重合等语言现象进行了分析。其中，题元内包指的是语义配价由于某种原因不出现在论元结构中，可分为以下几种情况：内包参项、观察者参项、特殊词义、量化变元、派生角色配位、否定义素、句法限制。这几种情况基本囊括了所有常见的题元内包类型。蔡晖对这些语言现象的解读从一个侧面印证了角色配位理论强大的解释力，但其中的配位迁移、配价分裂、题元重合等语言现象仍有待进一步研究。

薛恩奎（2011）[②]将"диатеза"译为"语义态"，表示动词语义题元与句法题元之间的对应关系。同一个动词可能有不同的语义态，可以将其区分为直接语义态与间接语义态，间接语义态又可称为"参数语义态"。薛恩奎在研究中格外关注语义态切换对动词语义产生的影响，其中所采用的实例大多为客体题元发生变化的类型。例如，选择动词 выбрать（选择）为双客体动词，具备两种语义态，直接语义态中选择的参数和参数

[①]　蔡晖：《试论 диатеза》，《中国俄语教学》2009 年第 1 期。
[②]　薛恩奎：《动词支配关系的语义基础》，《解放军外国语学院学报》2011 年第 6 期。

值均体现在论元结构中（выбрать **Андрея секретарём** собрания/选安德烈做会议秘书），而间接语义态中参数值不体现在论元结构中（выбрать **секретаря** собрания/选择会议秘书）。

多种语义态共存主要与动词的语义句法特征有关，即使是同一词汇语义类别的动词在语义态上也会存在些许差异。一些表示"填充，覆盖"义的动词有直接和间接两种语义态，例如，залить бензин в бак（把汽油装到桶里），залить бак бензином（将桶注满汽油），而同类动词налить（倒入）则只有直接语义态。语义态是动词的一种属性，情景参与者在论元结构中的表达形式不仅取决于动词的语义，还取决于说话人的交际意图。不同的语义态描述的是同一个情景事件，区别在于其中题元角色的交际等级配置，而客体题元在语义态切换中表现出的积极作用体现出其在交际等级配置上具有相当的可变性。此外，薛恩奎还指出，语义态的体现也与动词的体意义有关，上面提到的выбрать（选择）的两种语义态在该动词对应的未完成体形式中就只能体现出间接语义态，因为直接语义态中包含的选择结果意义在未完成体的语义中要受到抑制，只有当选择行为彻底完成时才能确定选取的结果，因此，不能说Они выбирают Андрея секретарём собрания（他们正在选择安德烈做会议秘书）。决断动词的客体题元可以为决断的结果或决断的内容即问题情景，而其未完成体形式则只能实现后者，因此，不能说Вася решает, что поедет отдыхать в Англию（瓦夏正在决定要去英国度假）。语义态与动词语义有直接关系，许多类似选择动词、决断动词的双客体动词都拥有多个语义态，这一点是毋庸置疑的，至于语义态与动词体意义之间的联系则有待进一步研究。

王志坚（2014）[①] 基本沿用了 Е. В. Падучева 对角色配位以及配位结构的解读，对角色配位和态这两个概念进行了区分，并划分出角色配位迁移的不同类型。直接配位结构向间接配位结构转化的方式主要有以下三种：动词形态变化（主要指主动态与被动态之间的转化），名词形态变化（如客体题元论元形式变化），剥夺名词句法位置（如客体题元内包）。其中后两者都可能发生在客体位上。这三种变异方式往往不是单独起作用，它们之间的组配方式主要包括：动词和名词的形态变化，动词形态变化和剥夺名词句法位，名词形态变化和剥夺名词句法位，动词、名词形态变化

[①] 王志坚：《再论角色配位》，《外文研究》2014 年第 3 期。

和剥夺名词句法位。在动词不发生变化的前提下,单独依靠客体题元变化,即名词形态变化和剥夺名词句法位也能够对动词语义造成影响。例如,Маша выбила пыль **из ковра**（玛莎把地毯上灰尘掸下来）,Маша выбила **ковёр**（玛莎将地毯拍打干净）。王志坚还提到角色配位在句法结构以及语义结构中的功能。角色配位最主要的功能就是区分功能,利用它能够区分不同主题类别的词、同一主题类别的不同词以及同一词的不同义项。客体题元的角色配位层级集中体现出其区分辨义的功能,例如,选择动词多具有两种配位结构,而动词 предпочесть（认为……更好）则只具有直接配位结构。此外,角色配位也具有一定的组句谋篇功能,即角色配位不仅包含深层语义结构以及表层句法结构之间的对应关系,还应该容纳句法结构与交际结构之间的对应关系。该思想与 Е. В. Падучева 所说的题元交际等级问题不谋而合,不过角色配位的功能问题仍有待进一步研究。

李侠（2012）[①] 采用俄语中的角色配位理论尝试对汉语中的一些常见动词进行研究,指出了《现代汉语词典》中一些释义方式上的不足,并在其中对客体题元在角色配位层级上的变化予以一定的关注。以动词"吃"为例,《现代汉语词典》根据客体题元次语义属性不同把"吃馆子"和"吃饭"中的"吃"视为两个不同的义项。从角色配位理论角度分析,"吃"的基本语义配价结构为施事—谓词—受事。两个义项之间的差异在于对应的配位结构不同,前者位事客体体现在句法结构中,而受事客体则退居情景背景,而后者则相反,受事客体占据客体位,位事客体退居边缘位。由此可以看出,与传统的释义方式相比,角色配位视域下的词典释义能够更为全面地揭示动词的语义配价结构,更好地将动词不同义项以及同一义项的不同配位结构区分开来。

六　配价分裂与题元重合中的客体题元研究

张家骅（2011）[②] 对配价分裂现象进行了界定,就俄汉语中的配价分裂现象作了对比性研究,并对配价分裂进行了归类。配价分裂或题元分裂是指一个语义题元分裂为两个不同的句法题元。动词的主体位与客体位上

[①] 李侠:《配位结构、词汇语义与词典释义》,《外语学刊》2012 年第 6 期。
[②] 张家骅:《俄罗斯语义学:理论与研究》,中国社会科学出版社 2011 年版,第 166—181 页。

都可能发生配价分裂。在客体位上，复合语义客体，即直接客体+间接客体结构可能发生配价分裂现象。该类别又包含两种不同情况：复合语义客体由事物或属性与领有主体构成，例如，украсть **у меня сумку**（偷我的包），проверять **мотор на прочность**（检查发动机的坚固性）；复合语义客体由部分和整体构成，例如，ударить **кого по голове**（打某人的头）。此外，还有一类汉语中特有的由主语和宾语构成的复合语义客体，例如，书我有两本。在俄语中此类句子不能被视为配价分裂。张家骅还指出，配价分裂的语义功能有凸显和移情两个方面，这两个方面的实质都是以语义配价为手段，提升题元结构中某个组成部分的交际等级。

张家骅（2007）[①] 专门研究了语义配价合并（склеивание семантических валентностей）的问题。语义配价合并与配价分裂相反，指的是两个语义配价在表层结构中体现为一个句法配价的现象。张家骅所界定的配价合并是一个较为宽泛的概念，其中包括两种类型：一是 рисовать（画）类创造形象动词的受事和结果合并为同一个句法配价；二是 дружить（交好）类相互行为动词的主体与共事合并为一个句法配价，但在句法层面上该句法配价仍可以切分为两个部分，分别代表不同的情景参与者。前者对应的是题元重合现象，后者更确切地说是角色配位迁移的一种类型。例如，А дружит с В 与 А и В дружат 描述的是同一个情景事件，区别在于共事题元占据的句法位置与交际等级不同，可将后者视为前者的一种角色配位迁移模式。

客体题元在句子中充当的具体语义角色可以不止一个，彭玉海（2008）[②] 曾专门撰文研究过此类现象，称其为"题元重合"或"超题元"。题元重合指的是"某个题元承担若干个语义角色功能，形成题元角色兼类，反映更为丰富的事件语义，同时也使句子语义关系复杂化"[③]。例如，Их застала гроза на дороге（他们在路上遇到了暴风雨）。其中，их（他们）既是受事又是当事。再比如说，大量感情反应动词的语义配价结构中也存在题元重合的现象。例如，Тупость ножа рассердила меня（刀不快使我感到生气）。其中，меня（我）既是受事，同时也是后继情

[①] 张家骅：《语义配价合并》，《中国俄语教学》2007 年第 2 期。
[②] 彭玉海：《论题元重合》，《外语学刊》2008 年第 3 期。
[③] 彭玉海：《论题元重合》，《外语学刊》2008 年第 3 期。

感状态的领有者，即经事。题元重合现象多见于抽象动词的语义配价结构中，例如心智、行为、关系动词，其深层原因在于人对于这些抽象事件的认知具有一定程度上的模糊性。在这种情况下，难以或不必要明确界定其中某个题元的语义角色。题元重合现象在 C. J. Fillmore 和 N. Chomsky 的理论中都是被排除在外的，但实际上类似的情况还有很多，因而应该对客体题元对应的角色题元以及题元重合现象进行系统性研究。

本章小结

本章针对国内外语言学界客体题元的研究现状进行了梳理，具体从题元理论、动词分类、动词多义、配价分裂和题元重合的视角归纳、整理了语言学界有关客体题元的研究状况，同时着重对客体题元层级化结构中至关重要的语义角色、次语义属性、角色配位层级的研究现状进行了综述。

文献综述发现，客体题元是一个涉及面较广的语言现象，它在题元理论体系中占据重要地位，在动词语义句法体系、词汇语义体系的许多层面和环节上发挥着积极的功能和作用。

目前国外语言学界谈论相对较多的是某一类动词的客体题元以及客体题元的语义角色、句法表现形式特征，专门、系统地针对客体题元进行研究的文献并不多见；国内语言学界则以引进并评述国外语言学界，主要是莫斯科语义学派、格语法、生成语言学、构式语法等关于客体题元的研究方法和研究成果为主，不少学者采用特定方法尝试对某一类别动词的客体题元进行研究，但由于分析视野、格局和手段的局限性，并未形成行之有效的方法论系统和原则，也未得出令人信服的研究结论。国内外均对客体题元的语义角色层级较为关注，这与格语法理论具有较强的概括性和可操作性有关，然而，尚未建立起较为完备的专门针对客体题元的语义角色系统。

文献综述清晰表明，国内外语言学界总体上对客体题元的研究显得零星、分散，没有形成系统化的研究客体题元的理论方法，尚未系统性地展开有关客体题元的理论研究，在客体题元层级化研究方面更是少有论及。这些都为本书展开系统化的客体题元研究提供了契机，也成为本书展开俄语客体题元层级化研究的重要出发点和理论依据。

客体题元是一个具有高度语义概括性和抽象性的题元结构重要成素，其在动词语义以及语义衍生中所发挥的语义功能以及内在语义机制值得深入挖掘与探究。下文将建立起包含客体题元数目、语义角色、次语义属性、论元形式以及角色配位这五个层级的分析系统，并逐层分析不同动词以及同一动词不同义项的客体题元在这五个层级上的表现。

第 二 章

俄语客体题元相关理论分析

语言的结构组成、语义分析和交际功能的实现和转换等都同一些功能性的语义成分存在联系，其中表现异常活跃的便是客体题元这一谓词概念结构中的语义相关项。客体题元作为动词等谓词题元结构中的一个重要组成部分，在题元理论、句法语义理论和认知—交际句法理论等之中都占有重要地位。许多学者的研究都或多或少地涉及了客体题元，但由于分析角度、关注焦点、任务以及方法论的不同，对它的理解和定位也多有不同。本章将对本着层级化解读和动词语义句法研究的任务和目标，对客体的核心概念作出界定，并阐明客体题元在动词情景事件以及谓词语义结构中所发挥的功能。

第一节 客体题元的理解与定位

题元理论研究的相关研究立足于对动词等谓词的语义结构进行重构，而这一概念结构体的一个核心语义要素即是客体题元。动词表达的是一个不完整的概念体，其中省略、隐藏了包括客体等在内的深层语义上的一些基本关系构成，却又前定了这些关系的表达形式以及语义关系的性质，并且动词客体关系的识解和表达构成了语言语义体系中最为重要的环节之一。本节将在题元理论和语义句法理论的框架内定义本书研究对象——客体题元。

一 客体题元与题元理论

动词即为凝缩的组合单位、潜在的命题，动词行为与事物的关系体现在它与主体—客体的关系之中。主体—行为、行为—客体语义关系属于语言思维和事件语义意识中的常项,是世界图景中的概念单位。而题元理论作为以动词等谓词的语义句法关系项为主要研究对象的理论,必然要将关注重心放在主体、客体以及它们同谓词之间的关系上。

题元理论相关研究对谓词题元结构的关注主要集中在语义功能角色划分以及细化、不同语义角色对应的论元形式上,对于更为抽象概括的主体、客体则较少论及。然而,处于谓词题元结构中心的恰恰是主体、客体语义常项(семантический инвариант),二者在抽象层级的许多语义句法功能和特点需要探讨。以这一抽象的功能语义单位为基础和核心,可以挖掘出其在不同性质语言语义关系下的具体功能、表现相关的题元语义特征和内容,而与此相关的许多方面的问题构成当今题元理论研究的重要议题。因为动词等谓词的语义范畴特点以及由句法、词汇、上下文语境等因素所引发的动词语义迁移、语义衍变等功能特征都建立在基本的谓词命题关系或谓词题元框架的基础之上,同动词语义常项中的主体、客体题元有密不可分的关系。这也决定了主体、客体题元在题元理论体系中的地位和重要作用、价值。

受"动词中心论"思想的影响,题元与配价理论研究多倾向于以动词为出发点,通过动词语义来分析和考察主体与客体题元的语义特征。然而,随着研究不断深入,越来越多的学者注意到该研究范式的局限性。为了进一步深入认识动词语义,有必要反过来从主体与客体题元出发,反观动词的语义特性以及变化规律。这意味着为了深化题元理论研究,有必要重新认识主体与客体及其在动词题元结构中所扮演的角色。而这二者在题元结构中所占的比重又是不尽相同的。在动词语义确定的前提下,客体的灵活度和所发挥的作用很大程度上甚于主体,主体的语义角色与语义属性相对稳定,发生变化的可能性相对较小。客体的这一作用和特点在 делать(做)类语义较为空泛的动词中表现十分突出,对于多义性动词来讲更是如此。除去部分主动转为被动、积极转为消极、人称转为无人称的情况外,大多数动词语义迁移都需要在客体题元上反映出来。这种变化可能是多方面的,例如,встретиться$_1$ **с ответственным работником**(与负责人会面)——встретиться$_2$ **с затруднениями**(遇到困难)(语义属性变化),выговорить$_1$ **свою мысль**(说出自己的想法)——выговорить$_2$ **ему за лихачество**(责备他蛮干)(题元数目与论元形式变化),выбить$_1$ **зубы**(打落牙齿)——выбить$_2$ **медаль**(铸造奖章)(语义角色变化)等。可以说，客体预先决定了行为的特征以及句子的模式，即动词乃至整个谓词结构都对客体有一定的语义依附性。

语言学界对于客体这一语义结构成素的理解不尽相同，"客体"概念的具体内涵属性存在一定争议性。要从特定的方法论原则入手，对动词谓词框架中的客体题元展开研究，首先就需要对"客体"概念本身进行明晰的阐释。下文将着重从题元理论出发对客体概念进行界定。

二 客体题元的界定

客体，即 объект，该术语来源于希腊语 objectum，字面上的意思为：对象，被置于某物之前的事物。该术语的使用可以追溯到波尔罗雅尔语法时期，彼时其被作为对象（предмет）的等价物来使用，用来称谓情景中非主体的其他参与者，从而奠定了客体语法、语义内涵的基础。至 19 世纪下半叶该术语得到了广泛的使用。

在俄语语法学理论中，客体起初是作为补语的同义词来使用的。时至今日，句法学中所谈到的客体位仍对应的是补语位。而题元理论则为客体研究提供了另一种全新的角度。C. J. Fillmore 提出了语义格的概念，并提出了一系列的语义格，深化了配价的语义内涵[1]。在他的研究中，客体是作为语义角色、深层格之一出现的。Ю. Д. Апресян 对于 C. J. Fillmore 对客体的认识提出了不同的见解，他认为在概括层面上通过形式因素可以将客体和相关的其他语义格联系起来，比如客体与地点这两个语义格的区别只在于表层结构的表达方式上（Бабушка вышивает **подушку**—Бабушка вышивает **на подушке**/奶奶绣枕头，Мальчик сосёт **грудь**—Мальчик сосёт **на груди**/孩子在吃奶，Рабочие погружают **вагон**—Рабочие погружают **в вагоне**/工人们在装车），并没有深层语义上的严格依据，客观语义上二者实际同大于异，都应该视为谓词的客体[2]，并且这一认识也成为 Ю. Д. Апресян 句法语义研究中语言同义手段的思想来源之一，同时也反映出该学者对客体题元的认识较为宽泛，在客体题元的宏观处理思路

---

[1] Ч. Филлмор, "Дело о падеже", в Звегинцев В. А., ред., *Новое в зарубежной лингвистике. Вып. 10*, М.: Прогресс, 1981, стр. 406.

[2] Ю. Д. Апресян, *Избранные труды, том I. Лексическая семантика: Синонимические средства языка. 2-е издание, исправленное и дополненное*, М.: Школа «Языки русской культуры», Издательская фирма «Восточная литература» РАН, 1995а, стр. 25 – 26.

上同本文有关（概括）题元层级思想不谋而合。Е. В. Падучева 则主张将主体与客体视为超语义角色（гиперроль），旨在凸显二者作为语义角色所具有的较强的概括性①。彭玉海提出了题元层级系统，从这个层级系统出发，主体、客体都属于抽象程度最高的概括题元层级②。

综上所述，语言学界对于客体的定义、认识在概念外延上显示出一定程度上宽泛的倾向，尤其是在语义学领域中表现尤为明显，而这在实质上与学者们在同客体题元打交道的过程中所识察出的该题元的复杂度高、牵涉面广有直接关系。在格语法理论体系中，客体被置于与受事、与事、内容、工具、材料、地点等语义角色同等的地位上。Ю. Д. Апресян 在其著述中沿用了格语法的基本思想和术语体系，但对于 C. J. Fillmore 对客体的理解和定位并不是全盘接受，其语义理论中客体题元被分化为同谓词语义相关的许多语义角色，同时他也提出了一些新的与其研究对象相适应的语义角色和配价③。Е. В. Падучева 则直接引入了西方学者提出的超语义角色概念，力图将客体与主体从诸多语义角色中独立出来④。彭玉海则将题元理论对于谓词题元结构研究的相关内容进行了整合，建立了题元层级化体系，并将客体题元归入抽象度最高、概括性最强的概括题元层级⑤。此外，随着对客体研究的深入，客体在谓词题元结构中的重要作用愈加凸显，越来越多的学者开始从客体入手探究客体对谓词语义乃至整个谓词结构的影响。

在对客体题元进行界定之前，首先要明确的是不能简单地将客体解读为与主体相对立的谓词右翼位成分。主语与谓词构成的是谓词结构框架的核心，而客体则可能与谓词语义相融合甚至包含在谓词语义之中，也可能由于句法或语义上的限制而隐现于题元结构中，其语义句法表现较为复

---

① ［俄］Е. В. 帕杜切娃：《词汇语义的动态模式》，蔡晖译，北京大学出版社 2011 年版，第 38—40 页。

② 彭玉海：《俄语题元理论》，黑龙江人民出版社 2004 年版，第 33—45 页。

③ Ю. Д. Апресян, *Лексическая семантика*: Синонимические средства языка, М.：Наука, 1974, стр. 125 - 126; Ю. Д. Апресян, И. М. Богуславский, Л. Л. Иомдин, В. З. Санников, *Теоретические проблемы русского синтаксиса*: Взаимодействие грамматики и словаря, М.：Языки славянских культур, 2010, стр. 370 - 377.

④ Е. В. Падучева, *Динамические модели в семантике лексики*, М.：Языки славянской культуры, 2004, стр. 58 - 60, 76, 80 - 85.

⑤ 彭玉海：《俄语题元理论》，黑龙江人民出版社 2004 年版，第 33—45 页。

杂。因此，从一方面看，"主体与客体之间的对立对客观现实和人类的实践活动来说都十分重要"①，但另一方面却不能将客体简化为与主体相对立的语义成分，因为"对立"这个概念本身就带有一定的模糊性（详见本书第二章第三节），况且主体与客体的对立也并不是绝对的。

Ю. Д. Апресян 将客体界定为：行为动词的一个语义题元，是指直接为该行为所涉及的事物，通常在行为作用过程中的位置、状态或特征方面发生某种变化②，强调了事物在行为事件中的变化性特征。А. В. Бондарко 将客体题元定义为述谓特征所指向的或在某种程度上所涉及的消极存在的事物③，突出了客体事物在谓词事件中的非主动性、受处置性。《语言学百科词典》将客体理解成句法上的形式和内容范畴，在内容层面上，客体表示的是由动词表示行为所指向的人或事物，与主体相对立④。显然，这一理解同时关注客体的形式和意义两个方面，所注重的是该题元的形式—语义对应关系，同时也注意到了它同主体的比照特性。彭玉海提出的题元层级系统中，客体即为"述体概念意义中包含的，行为、状态、关系所指向（涉及）的事物"⑤，他一方面顾及了述体的不同类别及客体相应在谓词事件中的"受指性"（所指向、涉及的对象），另一方面没有特别强调客体的受影响性、变化性，一定程度上扩大了客体题元作为抽象的语义常体的特殊语义吸纳范围，突出了客体题元的语义表现功能和语义融合、组配能力。

总的来说，目前在语义学界，对于客体存在狭义与广义两种理解方式，这两种方式并无对错之分，只是研究的角度和目的不同。狭义上，客体就是受事语义角色的等价物。广义上说，客体指的是谓词（行为、状

---

① Н. В. Алиева, *Индонезийский глагол. Категория переходности*, М.: Наука, 1975, стр. 45–48.

② Ю. Д. Апресян, *Избранные труды, том I. Лексическая семантика: Синонимические средства языка. 2-е издание, исправленное и дополненное*, М.: Школа «Языки русской культуры», Издательская фирма «Восточная литература» РАН, 1995, стр. 25.

③ А. В. Бондарко, "Субъектно-предикатно-объектные ситуации", в А. В. Бондарко, ред., *Теория функциональной грамматики. Субъектность Объектность Коммуникативная перспектива высказывания. Определённость \ неопределённость*, СПб.: Наука, 1992, стр. 41.

④ В. И. Ярцева, ред., *Лингвистический энциклопедический словарь*, М.: Советская энциклопедия, 1990, стр. 341.

⑤ 彭玉海：《俄语题元理论》，黑龙江人民出版社2004年版，第121页。

态、关系等）所指向的事物，语义角色上可以表现为受事、对事、成事、与事等。而在客体题元层级化系统中客体题元所指的是广义上的客体概念，即将客体题元界定为一个概括性的语义范畴，与主体题元同属于概括题元层级。

对客体题元的广义解读会导致其概念所指范围较广且界限不清。为了进一步明确客体题元的语义内涵，有必要对其进行类型化以揭示其本质性语义特征。广义上的客体题元不仅包括在行为作用下发生某种变化的事物（переместить **мебель**/移动家具，ударить **кого** по голове/打某人的头），还包括在行为过程中产生或消失的事物（строить **дом**/盖房子，сочинить **стихи**/作诗），作为活动的界限存在仅是预知性质的事物（ловить **рыбу**/捕鱼，охотиться на **медведя**/猎熊），不因行为影响而发生变化的事物（разглядывать **картину**/仔细端详画作，прослушать **концерт**/听音乐会，запомнить **совет**/牢记忠告）等。《俄语语法》（1980）中列举了以下几种客体类型：具体行为客体、言语客体、思维客体、感知客体、远离与接近的客体、与事客体、情感关系客体①。

在概括的功能语义层面上，语义客体题元的内容所涵盖的范围很广，可以说，除主体以外，其他所有的情景必需参与者所对应的语义角色都可以纳入其中，例如，受事、成事、对事、位事、与事、内容等。从句法位置出发，可以将客体分为直接客体和间接客体。直接客体是最典型的语义客体，其所承担的主要语义角色为受事，即在行为作用下发生各种变化的事物，例如，чинить **будильник**（修理闹钟）。在创造与毁灭动词的情景事件中，客体题元则表现为新生的或消失的事物，例如，сшить **рубашку**（缝制衬衫），разрушить **мост**（摧毁桥梁）。其他语义客体类型包括：领有客体（у меня есть **дом**/我有房子），感知客体（слышать **звон**/听到叮当声），感情客体（радоваться **вашему успеху**/为您的成功感到高兴），思维客体（думать о **поездке**/思考关于旅行的事），内容客体（думать, что **кто-то другой виноват**/认为是另外一个人的错），评价客体（хвалить **пирог**/夸赞馅饼）等。其中感知、感受、思维客体可以是事物性的，也可以是非事物性的，即可以是事物，也可以是情景、事件、过程、状态、事实等。间接客体则类型较多，其中比较典型的有：事物的接

---

① АН СССР., *Русская грамматика*（Том 2），М.：Наука，1980，стр. 20.

受者，例如，отдать **кесарю**（呈送给当权者）；信息的接受者，例如，донести **властям**（向政府当局上报）；行为受益者，例如，купить **для сына**（给儿子买……）等。

虽然类型众多，但客体题元在语义上具备一系列的共同特征。D. R. Dowty（1991）[①] 指出，每个语义角色都是一个边界模糊的集，而作为谓词核心语义角色的施事与受事也不例外。他提出了"原型理论"来解释施事与受事的语义内涵，其中原型受事的特征包括：变化性、渐成性、受动性、静态性和附属性。D. R. Dowty 提出的受事客体的五个典型特征未必是全面且准确的，不过他的该思想理论却为充分认识客体题元语义范畴起到了积极作用。客体题元是谓词结构的语义成素之一，同时也是发挥不同语义功能、包含不同语义内容的客体集合。其中处于核心地位的原型客体题元所共有的特征主要包括：非主体规定性，在某个空间（现实或虚拟的）中存在的事物都可以成为客体，而主体则具有一定的规约性，尽管二者思维层面上是相关联的，主体题元无法前定客体题元的类型，即是说，客体题元相对于主体题元具有一定程度上的独立性；关系性，一旦进入题元结构，主体、谓词与客体必然被一定的关系连接起来，否则主客体关系无法成立；消极性，原型客体即为述谓特征所指向的且从属于谓词的消极实体，客体在意志性、积极性以及可控性特征方面与主体相对立，这种对立关系在施事主体与受事客体关系方面的体现尤为突出，直接补语的原型语义功能即在二价谓词的题元结构中充当消极性、可控性、意志性较弱的题元；非动物性，原型客体通常为具体事物，而有生客体尤其是表人客体由于具有意志性和主观能动性，在谓词结构中更倾向于作为主体题元出现；变化性，原型客体最为核心的特征，即在行为的作用下客体事物会发生位置、性状、特征等方面的变化，而这种变化的两个极端就是被创造出来或被毁灭掉；补足性，客体题元作为谓词结构的必要语义成素之一，客体题元的缺失将会导致谓词语义不完整或是语义变异，尤其对于部分语义空泛或不完整的动词来说更是如此。

客体题元在语言体系中根据所处的谓词情景事件环境不同，可以呈现出不同的语义类型。不同类型的客体题元表现原型客体特征的程度也有所

[①] D. R. Dowty, "Thematic Proto-Roles and Argument Selection", *Language*, Vol. 67, No. 3, 1991, pp. 571–575.

不同。例如，感知动词（видеть море/看见大海，слушать музыку/听音乐）的客体题元基本不受谓词作用的影响，而心智行为动词（думать о работе/思考关于工作的事，знать о последних событиях/知道最近发生的事）对其客体题元的影响多半是潜移默化的，难以进行定性或定量研究，两类谓词的客体题元都不具备变化性，同时被动性也有所降低。使役型感情反应动词则是以客体题元为基点构建整个情景事件，其客体题元不具备消极性，反而是诱发整个情景事件的诱因，例如，Их не испугали свирепствовавшие эпидемические лихорадки（他们并不害怕猖獗的流行性寒热病）。

这样，本书博采众长，并从层级化研究的方法、原则出发，将客体题元界定为：**与主体题元同处于概括层级的、表示行为活动等所指向的人和事物或者状态、属性、关系、性能等过程特征所涉及的对象事物，即述体概念意义中所包含的行为、状态、关系所指向或涉及的事物**。该定位有两个特点：一是强调客体题元的概括层级性、语义常体性；二是注重动词（谓词）语义的广义过程特征对客体事物的指涉性，即表示特征所指向的那一事物均可视为谓词命题事件语义中的客体。总体上顾及、强调了客体在情境事件中的参与者身份，它同主体题元一样，都具有重要的情境参项的作用，发挥着情境建构者的语义功能。此外，根据这一定位，客体题元总体上是一个集合概念或"集"的概念，一方面语义概括性强，另一方面语义角色上又相对较为模糊，需要结合动词情境的不同语义特点加以具体化，它可以相应具体化为受事、成事、行事、对事、位事、客事、当事、从事、感事、系事、诱因、内容、主题等情境语义角色。下文将详细论述客体语义范畴在动词题元结构中的各种语义角色功能。

第二节　客体题元与命题事件

动词的词汇语义结构意味着一个基本的谓词语义框架，代表一个潜在的命题，隐含语义方面的一个命题事件，而客体题元与主体题元一样，都是该动词所表示的谓词框架的结构性必需成素和动词命题事件、动词情境事件的参与者即题元参项。尤其在动词命题事件语义的细致分析和精细化描写中，客体题元扮演重要角色。本节将对动词命题事件语义加以描述，并着重讨论客体题元在动词命题事件中的积极建构功能。

一　动词命题的事件语义

动词一直以来都是词汇语义学研究的中心，不仅是因为动词数量众多、种类繁杂，动词的语义本身就有别于其他任何一个词类。动词的语义特质就在于：通过其自身的词汇语义，动词所反映出的是对应情景事件中各个参与者之间的关系。动词指称的不是某个具体事物，而是某种人与人、事物与事物、人与事物、人与事件、事件与事件等之间的关系。Н. Д. Арутюнова 将动词直接视为凝缩的命题，根据她的观点，对动词的语义阐释也应该是命题性的①。换言之，动词描述的是一种命题事件，反映的是一种现实或非现实的情景。

И. А. Мельчук 在《现代俄语详解组合词典》中对动词的释义主要采用带变元的命题形式，不仅能够简明扼要地阐释动词语义，而且便于剖析动词题元结构。例如，实体行为动词 резать（切，割）的释义为：X режет Y Z-ом ＝ X 使得客体 Z（通常具有尖锐的边缘）用其边缘对客体 Y 施加压力并沿其表面移动，致使 Y 的身体或定形物质实体发生形变②。动词 резать 反映出的是一个由 X、Y、Z 协同参与、各司其职的情景事件，事件的结果就是 X 借助 Z 使 Y 发生形变。再比如说，心智行为动词 обещать（承诺）的释义为：X обещает Y Z-у ＝ X 告知 Z 事件 Y 将要发生，Y 与 Z 相关且其发生与否取决于 X，X 有意愿付诸努力使 Y 实现③。动词 обещать 反映出的情景事件中包括 X、Y、Z 三个参与者，X 向 Z 施加影响，意图使其相信他能够实现 Y。

如果说动词的语义是一出戏剧，那么对其进行阐释时，首先要确定这出剧的参与者及其各自扮演的角色。同样地，对动词进行语义阐释时首先要确定动词所反映出的情景事件中具体的参与者，即题元，以及每个题元在情景中所发挥的语义功能，即语义角色。动词的语义内容中包含着由谁

---

① Н. Д. Арутюнова, *Предложение и его смысл*, М.：Наука, 1976, стр. 340.
② И. А. Мельчук, А. К. Жолковский, *Толково-комбинаторный словарь современного русского языка. Опыты семантико-синтаксического описания русской лексики*, Вена：Wiener Slawistischer Almanach, Sonderband 14, 1984, стр. 700.
③ И. А. Мельчук, А. К. Жолковский, *Толково-комбинаторный словарь современного русского языка. Опыты семантико-синтаксического описания русской лексики*, Вена：Wiener Slawistischer Almanach, Sonderband 14, 1984, стр. 478.

完成该行为以及行为所指向的人或事物。完成行为的人或事物对应的是语义主体，行为所指向的人或事物对应的则是语义客体。主体与客体既是语义常项，也是揭示动词语义必不可少的概括题元语义角色。研究动词语义实质上就是分析主体—谓词—客体关系的实质以及语义特征。

二 客体的事件建构功能

客体作为主体—谓词—客体关系体中的一个重要构成部分，在动词命题事件的建构过程中发挥着独有的语义功能。主体在动词命题事件中主要表现为执行者、体验者、领有者等，而客体相对来说内容更为丰富，在不同的情景事件中可能表现为行为作用的对象、行为所使用的工具、行为所造成的结果、思维言语的内容、情感状态的原因、情景所处的物理空间等。以下将选取几种典型的动词情景事件为例，详细论述客体所发挥的建构功能。

在语言中实体行为动词是数量最多、语义内涵最丰富的一个动词词汇语义类别。此类动词反映的核心情景是人或其他有生客体采用某种方式对现实世界产生某种影响。其中自然不乏无客体的主体—谓词关系动词，但更多的动词则是要求情景事件结构中至少有一个客体事物。例如，Она нарисовала **карикатуру**（她画了一张漫画），Он напечатал **документ** на машинке（他在打印机上将文件打印了出来），Он сварил **кашу** для сына（他为儿子煮了粥）。在这些情景事件中客体充当的情景成素也各有不同，可能是事件的结果，也可能是事件中所使用的工具或行为涉及的另一个人。对于实体行为动词来说，最为典型的情景当数人对某个具体事物进行作用，使其性状、特征、状态等发生某种变化，而使客体事物发生某种变化就是行为所产生的结果。例如，Он покрасил **забор**（他给栅栏刷上了油漆），Он разорвал **газету**（他把报纸撕成了碎片）。此时，客体是行为作用的对象，没有了客体，行为本身就无法成立。此外，行为作用的方式包含在动词语义之中，而行为的结果却主要体现在客体事物上。

许多时候情景事件的性质主要取决于客体事物的特征，这一点对于某些实体行为动词来说表现尤为突出。делать（做）与бросить（抛，扔）都是典型的实体行为动词，它们的本义都是表示对现实事物施加某种物理作用。然而它们各自与相应不同客体类型组合，受客体事物性质特征的影响，动词所反映的情景事件类型会有不同，范畴语义特征也会产生差异。

试对比：Он сделал **салат**（他做了沙拉）（"创造"类），Он сделал **ошибку**（他犯了个错误）（"心智"类），**Он делал замечание**（他提出了意见）（"言语"类），Он бросил **камень**（他将石头掷了出去）（实体行为类），Он бросил **взгляд** на девушку（他瞥了姑娘一眼）（"感知"类），Он бросал **вопрос** за вопросом（他一个接一个地提问题）（"言语"类）。

由于实体行为动词内部次语义类众多，客体在不同的主体—谓词—客体关系中所发挥的功能也会有所不同。运动动词是实体行为动词中较为特殊的一个次类，它所反映的核心情景是具体客体事物在物理空间中进行某种运动。在俄语中，容许运动动词作无客体的表达，例如，Человек **бежит**（人在奔跑），Пароход **плывёт**（轮船在航行）。然而，从情景事件结构出发，运动动词所对应的情景事件中必须指明运动所处的物理空间。在运动动词所描述的情景事件中，客体是行为实现的空间载体，例如，Человек бежит **к автобусу**（人朝着公交车跑去），Пароход плывёт **от пристани**（轮船驶离码头）。至于那些无客体的情况，只不过是出于交际意图考虑的言语省略现象，并不影响客体在整个情景事件中所起到的作用。

除去实体行为动词，语言中还有一类数量较多、语义较为丰富的动词词汇语义类别——心智行为动词。此类动词着重描述人的各种思维、言语、心理活动。在这些动词所反映的情景事件中，客体本身就可以具有命题或半命题的性质，整个命题事件呈现复合式命题结构。例如，Все хорошо знают, что **самое радостное и приятное в праздновании Нового года — это приготовление к нему**（所有人都十分清楚，在新年期间最令人愉悦的事莫过于筹备新年的过程），Я думаю, что **у каждого есть своё оптимальное время**（我认为，每个人都有自己的最佳时间）。在此类情景事件中，客体揭示了心智思维活动的具体内容，既是整个情景事件的重要组成部分，也是交际的重心所在。

在心智行为动词中，有一些次类的动词对客体作用的方式有别于以上提到的任何一个类别。选择、比较、判定或认定动词所反映的情景事件都是经过某种思维活动对人、事物、概念等作出某种判断、认定或确认，例如，Учитель физики предлагает учащимся **выбрать** двояковыпуклую линзу（物理教师建议学生们选择双凸透镜），Кожа курящего на 40%

тоньше, чем кожа человека некурящего, **сравнить** её можно с кожей ребёнка（吸烟者的皮肤要比不吸烟的人的皮肤薄百分之四十，他们的皮肤与小孩子的皮肤差不多），Напряжение, испытываемое железобетоном, **определим** по форме（钢筋混凝土经受的应力可根据其形状确定）。这些动词对应的情景事件与实体行为动词有着明显的差异，其目的不是使客体产生某种变化，而是针对客体作出某种判断。在某些情况下，也可能对客体事物产生影响，例如，Мы через год прокатили нового председателя и вынесли решение: **избрать** старого, Ивана Романовича Шульгу（过了一年，我们把农庄新主席选下去了，并通过了决议，把老主席伊万·罗曼诺维奇·舒利加选上）。但这种影响多为潜在的、具有一定假定性质。实体行为动词中感知动词、接触动词等也不对客体事物产生实质性影响，甚至连这种潜在的影响都不具备。但在这些动词所反映的情景事件中，客体又毫无疑问是动词涉及的对象，不可缺失，否则情景事件的根基就会动摇。

总的来说，客体在动词所反映的情景事件中的建构功能是多样化的，而在这些多样化的情景事件表现中，客体题元均以某种方式构成其不可或缺的一个要素，并且很多时候，动作行为事件的性质取决于客体的语义特性和表现。

第三节　客体题元与动词语义

客体题元同动词语义存在紧密的联系。一方面，动词的基本语义关系体现无法游离于客体题元；另一方面，动词的各种语义类型、语义结构特点以及同一动词的不同语义、动词多义关系的分析和解析都同客体题元密不可分，没有客体题元的深度参与，动词语义特征和语义关系内容无法得到体现和深入阐发。鉴于客体题元的这些语义表现和特点同主体题元之间有一定的对比关联性，本节将首先对客体题元与主体题元之间的关系加以概析，进而着重讨论客体题元对动词语义的功能性影响和作用，分别对客体题元在不同动词语义类别中的表现以及在动词多义语义关系中的区分功能和作用加以分析和说明。

一 客体题元与主体题元

在以动词为核心的事件语义结构中,提到客体就不能回避其与主体关系的问题。不少辞书和语言学著作都选择通过主体来界定客体,将客体界定为与主体相对立的语义成分。但仅用"对立"来解释二者之间的关系是远远不够的,甚至有些表面化和过于绝对化。要探讨主体与客体题元之间的关系首先要对二者进行界定。上文已经提到,客体题元即为谓词(行为、状态、关系等)所指向、涉及的事物,而主体题元则是客观事件特征所针对或类型化情景所描写或说明的对象[1]。二者同属于概括题元层级,在角色题元层级上可能表现为各种不同类型的语义角色,在论元层级上可能对应不同的句法表达形式。

人类思维的起点即主体和客体的分离,二者不仅是语言学也是哲学、心理学等学科的基本范畴之一。客体是主体行为所指向或针对的事物,而主体对客体的作用可能是实际存在的、物理性的,也可能是虚拟的、抽象的。然而,归根结底客体永远属于客观现实世界,并且能够由指称相应特征的不同范畴表示出来。主体是指与客体相作用的个体或群体。在哲学领域中,主体指的是理解世界并积极参与改变现实状态的人。主体具有思维能力与主观能动性,主体发出的行为有着一定的指向性和目的性。

主体和客体的对立是人认识世界的手段之一。但完全脱离语言本身去谈主体和客体是毫无意义的,因为主体和客体作为语义单位在人的意识中分离开来不仅有赖于人对语言外客观现实的认识,也离不开长期反复地将相关概念转化为句法结构的言语实践活动[2]。主体、客体划分是语言操作的结果,而不是纯粹认识论上的划分。

作为概括题元的两大组成部分,主体题元同客体题元的定义是十分抽象的。为了深入分析二者之间的关系,不妨从原型主体题元与原型客体题元的典型语义特征着手。原型客体题元的典型语义特征包括非主体规定性、关系性、消极性、非动物性、变化性和补足性[3],而原型主体题元的

---

[1] 彭玉海:《俄语题元理论》,黑龙江人民出版社2004年版,第64页。

[2] А. В. Бондарко, *Теория значения в системе функциональной грамматики*: *На материале русского языка*, М.: Языки славянской культуры, 2002, стр. 630.

[3] D. R. Dowty, "Thematic Proto-roles and Argument Selection", *Language*, Vol. 67, No. 3, 1991, pp. 571–575.

典型语义特征包括规约性、关系性、积极性、动物性、意志性和可控性①。二者之间的对立关系主要体现在以下几个方面。

第一，客体题元与主体题元之间的分水岭就是行为的主动权。只有主体能决定行为作用的对象以及事件的整体走向，客体被动地受到主体决定的影响。主体改造某种现存的现实状态，赋予其新的内涵，行为由主体发出。而客体，相反地，接受了行为的影响从而改变初始状态，行为针对客体。主体是行为的积极发出者或经历者，力图将自己与现实相分离，而客体是消极的接受者，处于行为的作用之下。因而，原型主体题元具备积极性或施事性，而原型客体题元则具有消极性或受事性特征。

第二，在意志性上主体题元与客体题元也形成了对立关系。与客体不同，主体在谓词结构中处于支配的地位。原型主体题元是它所承载的述语性特征的源头，因而在语义结构中，主体更倾向于与施事相结合。原型主体题元始终都有一定的主观意向性，只是在不同的谓词结构中，由于受到谓词本身语义的制约，体现出的程度有所不同。例如，在以下三个句子中主体的意向性逐步减弱②。试对比：**Учёные** получили interesting результаты（学者们得出了有趣结果），**Соседи** получили письмо（邻居们收到了来信），**Станочник** получил травму（机床工人受了外伤）。而原型客体题元则是行为所指向的对象，倾向于与受事相结合，即便其在语义属性上具有动物性，在谓词结构中它也不具备意志性与目的性，例如：На охоте он убил **двух уток**（在狩猎中他打到了两只鸭子），Друзья уговорили **меня** пойти в театр（朋友们说服了我去剧院）。

第三，在动物性上，原型客体通常是非动物性的事物，而原型主体具备意识和思想，因而通常为人或由人构成的群体或机构。当然，在隐喻的情况下主体也可能具备非动物性。对于这一点，Р. О. Якобсон 曾指出："对于行为尤其是及物行为的主体来说，最为恰当的体现方式就是某种有生客体，而对于行为客体来说，则是无生物体。如果这二者的角色互换，即无生物体以第一格形式作主语，而有生客体以第四格形式做直接补语，

---

① D. R. Dowty, "Thematic Proto-roles and Argument Selection", *Language*, Vol. 67, No. 3, 1991, pp. 571–575.

② А. В. Бондарко, *Теория значения в системе функциональной грамматики*: *На материале русского языка*, М.: Языки славянской культуры, 2002, стр. 632.

那么相应地，整个句子就应该作拟人化理解。"①

第四，从在谓词结构语义中所占的比重方面来看，主体题元和客体题元也有着显著不同。原型客体题元具备语义补足性，若丧失客体题元会导致谓词结构语义异常。虽然也存在客体题元内包的情况，但相对于主体题元缺失来说，客体题元缺失仍然算是个例。以俄语为例，主体题元的缺失在绝大多数情况下并不影响对句子的理解，大量的确定人称句、不定人称句、泛指人称句等单部句就是以缺失主体题元为前提的。从交际意义上讲，主体题元作为描述或说明的对象，通常为一个已知的人或事物，话语的重心落在其行为、特征、状态、关系等方面，而不是主体本身。

然而，主体与客体之间的对立关系并不是绝对的。首先，在句法位置上，虽然说典型的谓词结构中主体有着句法上的优先权，即在主语的位置上最大限度地发挥其结构句法功能，因而 А. В. Бондарко 将主语位称为主体的原型句法位②。但主体在大量的语句中也可以占据其他句法位置，即边缘句法位，例如 **Их** застал дождь（他们正赶上下雨天）。彭玉海（2004）③ 详细论述了一系列表示自然、生理、心理以及特征性能的隐喻型句子，在这些句子中主体题元都不处在原型句法位上，此时主体题元保有主体地位的同时丧失了意志性与可控性。同样地，客体通常占据补语位置，因而补语位又称为客体位。但很多时候也可以代替主体占据主语位置，例如，**Эта проблема** ими решена（这个问题已经被他们解决了）。这种情况下也可以称客体为状态主体，即在同一个句法成分中行为客体与状态主体功能交织在一起。总的来说，主体可以由带有客体意义的手段表达，而客体也可能带有一定的主体特征。

其次，在语义结构中，客体也有可能会"反客为主"引起主体的变化。对于使役型感情反应动词来说就是如此，例如，Он рассердил **меня своей грубостью**（他的粗鲁行为令我感到生气）。句中的 меня（我）才是感情反应的持有者，是真正意义上的主体，而 его грубость（他的粗鲁行为）则是直接诱因，он（他）是归咎者。将句子转换为同义结构 Я

---

① Р. О. Якобсон, *Избранные работы переводы из английского, немецкого и французского языков*, М.: Прогресс, 1985, стр. 144 – 145.

② А. В. Бондарко, *Теория значения в системе функциональной грамматики: На материале русского языка*, М.: Языки славянской культуры, 2002, стр. 625.

③ 彭玉海：《俄语题元理论》，黑龙江人民出版社 2004 年版，第 70—76 页。

рассердился на его грубость（我因他的粗鲁行为而感到生气），此时，主、客体题元才算是回归了各自的原型句法位置。客体代替主体在语义结构中充当主导地位，这也就是 Н. Д. Арутюнова 所说的"客体事件"，即整个谓词框架结构以客体为中心①。

主体题元与客体题元作为概括题元范畴，二者之间的关系是极为复杂而又多变的。总体上，可以认为主体与客体之间存在一定的对立关系，尤其在原型主体与原型客体之间这种对立关系会得到最大限度的凸显。然而，这也并不意味着它们之间的对立关系是绝对的，偏离原型主体与原型客体核心的情况下此种对立关系将会有所弱化，并且从根本上来讲，二者也是相互依存的，共同处在由谓词维系的主—谓—客关系之中。从这个意义上来讲，主体题元与客体题元之间是既对立又统一的关系。

二 客体的动词语义类别区分功能

客体题元在整个题元结构中占据着至关重要的地位，其数量、角色、语义属性、论元形式等特征都能反映出谓词以及整个谓词结构的语义核心。客体题元的功能在宏观上体现为动词与客体之间语义上的照应性，即不同语义类别动词客体题元的语义特征也会有所不同。Н. Д. Арутюнова（1976）指出，心智行为（智力、情感、意志等）动词（即逻辑学中所说的内涵动词）表示的是主体内部发生的过程，要与命题客体搭配使用，而物理作用动词则与物质客体搭配②。如果说，物质客体指向的是在行为作用下发生某种变化的事物，那么命题客体揭示的就是主体经历的内在变化或者行为的目的。物质客体与命题客体反映出的是语义具体的实体行为动词与抽象的心智行为动词之间决定性的差异。

客体题元对动词语义的区分功能不止于此，物质客体与命题客体只是客体众多性质之中的一组对立参数，客体的其他参数也能够发挥语义区分功能。不同动词体现客体参数特征的数量与程度有所不同，因而客体题元可以起到区分性功能。这里仍以上述原型客体题元的特征为依据对此加以分析和说明。

如上所述，原型客体题元的区分性特征主要包括：（1）事物性，原

---

① 彭玉海：《俄语题元理论》，黑龙江人民出版社 2004 年版，第 128 页。
② Н. Д. Арутюнова, *Предложение и его смысл*, М.：Наука，1976，стр. 126.

型客体题元主要由具体事物名词表达,为行为所作用的对象;(2)补足性,为涵盖面最广的客体特征,具体表现为客体题元缺失导致谓词结构语义不完整或是语义发生变异;(3)消极性,不同类型客体题元显现该特征的程度不同,取决于客体所充当的语义角色,受事客体显现该特征程度最强,对事客体最弱或者说没有消极与积极之分;(4)变化性,部分客体具有,取决于客体的语义角色以及谓词的语义类型,大多数实体行为动词客体都具有变化性质,而关系事件客体则都不具有该特征。

原型客体题元词具有具体性和事物性,从这个意义上讲,实体行为动词客体是最典型的客体。四个典型特征在实体行为动词的客体题元上均有所体现。实体行为动词表示的是人或事物对另一人或事物施加物理性影响,其中客体题元占据补语位,且题元词多为具体事物名词。除少数题元内包的情况之外,实体行为动词的客体题元不可缺失,客体题元的语义补足性在语义空泛动词的题元结构中表现得尤为鲜明,例如,делать **глупости**(做蠢事),Институт находится недалеко **от метро**(学校离地铁站不远)。实体行为动词客体题元的典型语义角色为受事,是物理行为作用以及影响的对象,具有消极性和变化性。但由于实体行为动词内部包含的语义次类众多且语义繁杂,许多次类动词的客体题元具有一定的变异性。以感知动词为例,感知动词的客体,尤其是包含被动接受意义的感知动词的客体,无事变意义,客体题元为对事,例如,слушать **музыку**(听音乐)。此外,部分感知动词的客体也不具备事物性。听觉感知的信息处于时间—事件平面上,而不是空间—事物平面,因而只与命题客体连用,当其客体表示的是具体事物时,则应该做命题解读,例如,слышать **Шаляпина**(听见夏里亚宾的歌声)。再比如说,运动动词客体表示地点意义,补足性是原型客体题元极为突出的特征,但对于运动动词客体来说该特性有所削弱,且其客体题元也不具备变化性。因此,运动动词的客体题元属于边缘性的客体类型,居于客体范畴与疏状成分范畴之间,例如,выйти **из комнаты**(离开房间),поехать **за город**(出城)。

心智行为动词属于抽象行为动词,其客体题元具有抽象、思辨的性质,与实体行为动词相比常用从句形式表示,自然也就不具备事物性,例如,Все курильщики знают, что **курить вредно**, но продолжают это делать(所有的烟民都知道吸烟的危害性,却仍继续这么做)。除去从句形式,心智行为动词的客体题元也能够借由抽象名词或动词不定式表示,具有潜在的命题意义，这也是实体行为动词的客体题元所不具备的性质，例如，думать **о будущем**（思考未来的事），обещать **подарить ему часы**（承诺送给他手表）。与此同时，该类动词的客体题元消极性有所降低，事变意义退居次位。这是由于无论是知晓动词、意见动词、信念动词还是假定动词，它们对应的情景事件所要揭示的都不是主体对客体施加的某种影响，而是某种心智思维活动的内涵。即便是对于选择动词、检验动词和判定或认定动词，也不能简单地将其客体题元语义角色判定为受事。准确地说，应该认为此类客体题元的语义角色居于受事与对事之间，属于准对事或准受事，此时，主体对客体施加的影响多为潜在性的。例如，проверить **свои предположения**（验证自己的猜测），выбрать **недозрелые ягоды**（筛选出未熟的浆果）。

情感行为动词同心智行为动词一样同属于抽象行为范畴，二者在许多方面都有相似性。情感行为动词的客体题元也具有抽象性、命题性，即便是以具体表人名词，即归咎者的形式出现在谓词结构中，仍需对其进行抽象性解读。例如，**Михайл** очень рассердил его（米哈伊尔令他非常生气）。真正激怒他的并不是米哈伊尔这个人本身，而是他的某种行为、言语或特征等。对于感情反应动词而言，其主要目的是施加某种情感影响，使某人产生某种感情反应。但与实体行为动词不同的是，这种影响并非是从主体到客体，而是反过来由客体到主体，客体是主体产生某种状态的原因。而对于感情态度动词而言，其语义重心落在表明主体的某种主观态度以及情感评价信息上，其中客体题元所受到的语义限制较小，既可以为具体事物，也可以为抽象概念或命题。例如，Парень всю жизнь любил **свою мать**（小伙子一生都爱着自己的母亲），Но Анна не любила, когда **решали за неё**（然而安娜并不喜欢别人来为自己做决定）。

关系动词客体题元的表现则更为特殊，其客体题元主要体现补足性，只涉及抽象/具体层次，且难以作具体的语义角色分类。此类动词中很多都属于客观事理方面或社会规则性质的行为，且客体题元在语义属性上要与主体题元保持一致，或均为抽象命题或均为具体事物。例如，因果关系（Засуха ведёт **к неурожаю**/干旱导致歉收），矛盾关系（Мечта противоречит **действительности**/理想与现实相矛盾），制约关系（Бытие определяет **сознание**/存在决定意识），人际关系（Мы дружили **с его женой**/我们同他妻子是朋友）。

综上所述，谓词结构的语义不仅取决于动词本身，也与客体题元词的语义与句法性质密切相关。客体题元在不同词汇语义类别动词的题元结构中表现出的语义特征均有所不同，甚至在同一词汇语义类别的不同次类中也会有一定程度的不同。每一种客体题元类型都对应着不同的情景类型，客体题元的语义特征相应能够成为区分动词语义类别的形式化手段之一。后文第四章中将具体探讨不同语义类别动词的客体题元在各个层级上的表现和功能特征。

三 客体的动词多义区分描写功能

客体题元的作用不仅在于区分不同语义类别的动词，许多多义动词不同义项之间的差异就在于客体题元在整个题元结构中所发挥的作用和语义特征有所不同。"动词的多义意味着它在新的结构关系中实现了不同的语义特征和支配能力，很难将其作为纯词汇范畴的、静态性质的问题来处理。"[1] 动词的多义能够在每个义项相对应的语义配价结构中得到阐释，每个义项描述的都是不同的情景事件，情景的参与者以及彼此之间的关系与初始情景相比都会有一定程度的变异。而客体作为与主体平行的概括题元，其区分多义词不同语义的作用更为显著。

客体题元与动词多义性之间存在着稳定的联系，虽然随着动词语义的变异主体题元也会发生相应变化，但客体题元的变化要丰富得多。Ю. Д. Апресян（1995）[2] 从转换的角度出发对多义动词语义结构进行了研究，并列举出一系列俄语中较为常见的多义词义项之间的衍生关系，其中大多数都与客体题元有关。例如，以某种方式进行加工→以某种方式去除：常见于带有前缀 вы-、o- 的动词，**вымести**₁ комнату（打扫房间）— **вымести**₂ сор из комнаты（把房间里的垃圾清扫出去），**обтереть**₁ лицо（擦脸）— **обтереть**₂ пот с лица（将脸上的汗拭去）。两个义项之间的决定性差异在于对客体的作用方式不同，前者是改善客体状态，后者是使其与另一客体脱离，动词语义的变化使其进入了分裂义动词范畴。

---

[1] 彭玉海：《动词语义变化的多向位阐释》，《中国俄语教学》2009 年第 2 期。

[2] Ю. Д. Апресян, *Избранные труды, том I. Лексическая семантика: Синонимические средства языка. 2-е издание, исправленное и дополненное*, Москва: Школа «Языки русской культуры», Фирма «Восточная литература» РАН, 1995, стр. 203–210.

客体题元的多义区分描写功能在具体表现上是多方面、多层次的。"题元结构在词汇语义派生中发挥着独特的作用。这主要有两方面的表现，一是题元结构的变化促成动词通过隐喻派生新义，二是题元（论元）结构之间相互转换而派生新义。"① 这里的第一种情况所指的即通过题元角色的变化产生新义，例如，Андреев выстрелил₁ **в птицу**（安德烈耶夫向鸟开了枪）（受事）—Андреев выстрелил₂ **карьеру**（安德烈耶夫取得了成就）（目的）。第二种情况则是指通过配位结构的转换派生新义，例如，обеспечивать₁ **заводу сырьё**（向工厂供给原料）（一般性地描述"供给"这一动作意义和事实）—обеспечивать₂ **завод сырьём**（保障工厂原料充足）（动作获得完整效应意义）。

动词通过配位结构变异来派生新义是一种十分复杂的语言现象。配位结构迁移的深层原因是动词某个义素交际地位上的变化，即交际焦点的变化。"交际焦点是词义成分中信息传递的核心对象。动词多义现象中，它的变化是词义变化的重要体现成分，是动词语义变化在交际特征方面的重要反映。"② 例如，Сигарета прожгла₁ **дырку** на скатерть（香烟在桌布上烧出了一个洞）—Сигарета прожгла₂ **скатерть**（香烟烧穿了桌布）。前者关注的焦点是成事客体，受事客体占据边缘位，后者关注的则是受事客体，成事客体因退居情景边缘位。由于配位结构反映的是语义结构与句法结构之间的对应关系，配位结构一旦发生迁移，客体题元的论元形式也极有可能发生变化。例如，составить₁ **кроссворд** из 16 слов（用16个词编一个纵横字谜）—составить₂ 16 слов **в кроссворд**（将16个词编成一个纵横字谜），在此，材料与成事客体互换了句法位置，各自对应的论元形式也随之发生了变化。

除了上文提到了语义角色与角色配位导致动词语义发生迁移，次语义属性在多义区分与描写上也起到了非常积极的作用。Е. В. Падучева（2004）在对动词进行研究时就多次强调这一点，"改变动词主题类别的途径之一是改变参项的分类类别"③，她甚至断言"本质上，动词词位的

---

① 彭玉海：《俄语题元理论》，黑龙江人民出版社2004年版，第5—6页。
② 彭玉海：《动词语义变化的多向位阐释》，《中国俄语教学》2009年第2期。
③ Е. В. Падучева所言的"参项分类类别"类似于这里的次语义属性。参见［俄］Е. В. 帕杜切娃《词汇语义的动态模式》，蔡晖译，北京大学出版社2011年版，第29页。

意义取决于参项的分类类别"①。谓词对进入其题元结构的题元词有一定的语义预设，当题元词的语义属性与这种语义预设相矛盾时，必然会对整个题元结构的语义产生影响。"如果动词的某个意义要求特定分类类别的参项，参项分类类别的变化导致动词的意义发生变化并不足为奇。实际上，在很多情况下，动词意义发生变化可以看作参项分类类别发生变化导致的结果。"② 相关的例子不胜枚举，最典型的莫过于客体具体/抽象语义范畴错置导致的动词多义，例如，входить₁ в комиссию（成为委员会成员）—входить₂ в чемодан（放入行李箱），разбить₁ дорогу（摧毁道路）—разбить₂ аргументы（推翻论据）。

很多情况下，多义动词各个义项题元结构之间的差异不仅体现在客体题元的一个层级上。例如，стереть₁ ноги（磨破脚）—стереть₂ надпись с доски（把黑板上的字擦掉）。其中动词стереть（磨破，擦破；擦掉）描述两个不同情景——使客体受损和移除客体。前者为单客体动词，后者则为双客体动词；前者客体题元为人的身体部位，后者客体题元为具体事物；前者客体题元由不带前置词的第四格表示，后者中"擦除"动作的客体对象由不带前置词的第四格表示，而"擦拭"动作直接作用的表面则由"前—名"结构 < с > N₂ 表达。两个义项对应题元结构的差异同时体现在客体题元的数量、次语义属性与论元形式上。

由此可见，客体题元的语义与句法属性都会影响到多义动词不同义位的表达和语义实现，动词语义的派生和区分很大程度上正是要对不同客体变化类型、变化特点进行分析和探讨。动词不同义项题元结构之间的差异可能体现在客体题元的数目、语义角色、次语义属性、论元形式、角色配位各个层面。本书第五章将详细剖析客体题元在多义动词语义衍生过程中所表现出的各层级变异特征及其多义语义的区分和描写功能。

---

① ［俄］Е. В. 帕杜切娃：《词汇语义的动态模式》，蔡晖译，北京大学出版社2011年版，第62页。

② ［俄］Е. В. 帕杜切娃：《词汇语义的动态模式》，蔡晖译，北京大学出版社2011年版，第64页。

本章小结

本章主要对客体题元进行了理论概述。我们在把握已有研究中的客体题元见解的基础上,对俄语客体题元作出了理解和定位,并对其在动词命题事件中的作用和建构功能进行分析,进而对客体题元的动词语义类别描写功能以及动词多义语义区分价值和功能、作用展开分析和说明。由此建立起有关俄语客体题元的基本理论定位和概念内涵的认识。

客体概念本身在语言学研究中由来已久,对这个概念的阐释也是多层面的。本书所探讨的客体题元是题元层级结构中概括题元层级上的一个重要组成要素,客体题元是一个广义上的概念,而非受事的等价物或句法学上所说的狭义的客体位。从这个意义上讲,客体指的是谓词(行为、状态、关系等)所指向或涉及的事物,而客体题元则是题元结构中除主体题元之外的所有必需成素的集合体。与此相关,本文对客体题元的定位是:同主体题元共处于概括层级的、表示行为活动所指向的人和事物或者状态、属性、关系、性能等过程特征所涉及的对象事物。

同为概括题元层级的成员,客体题元与主体题元之间的关系历来是语言学家关注的焦点。在题元层级框架内来看,二者之间的关系是复杂且多变、对立而又统一的。从宏观角度来讲,客体题元与主体题元相互依存而又彼此对立,前者为动词等述语性特征所指涉的对象,后者则为述语性特征的载体。而不同类别动词的主客体题元之间的关系又有细微的差别,脱离开具体动词语义框架难以深入挖掘二者之间的关系。

客体题元在主体—谓词—客体关系体中扮演着至关重要的角色,甚至可以说,客体题元在谓词情景事件建构中的作用胜于主体题元。客体题元的语义内涵较之主体题元更为丰富,不同类别的情景事件蕴含的客体题元在语义表现上都不尽相同。比如说,在表示击打的情景事件中客体为击打所使用的工具以及击打的对象,而表示空间位移的情景事件中客体为位移前后主体所处的空间位置。二者均属于纯物理性情景事件,但在情景事件结构中客体题元的语义内涵以及语义功能却又截然不同。

客体题元在题元结构中所发挥的语义功能大体可以分为两个层面:语义类别区分功能和多义区分描写功能。语义类别区分功能指的是不同词汇语义类别的动词对应于不同的客体题元,通过客体题元能够对某个动词在整个动词语义分类层级系统中的位置进行定位。例如，实体行为动词对应于具体客体题元，而心智行为动词对应于抽象客体题元。多义区分描写功能指的是在多义动词内部不同词汇语义单位所对应的是不同的客体题元，客体题元能够起到区分鉴别多义词不同义项的作用；动词发生语义变化，客体题元的某一或某些层级一般也会发生相应语义属性的改变，因此对动词语句的理解相应需要正确把握其客体题元的语义特征、语义表现所发生的变异。

第三章

俄语客体题元的层级化理论架构

客体题元是一个复合性的语义概念，包含多层面、不同性质的语言语义内容，其语义性质是由多方面的语义因素共同决定的，要深入探讨客体题元，需要充分顾及其不同层次的语言功能和表现，从层级化的角度切入相关问题的分析。现有对客体题元的研究大都局限在某一层面上或某一词汇语义类别动词内部，对于它在各个层级和不同方面的语义句法特点少有论及。客体题元层级化研究将有的放矢地针对这一不足，它既关注客体题元在不同层级的语义功能和表现，又将不同层级的特点和性能纳入一个统一体之中，形成审视客体题元语言性能的整体分析框架。本章核心任务即是要以题元理论和层级化理论为基础，建立起俄语客体题元的层级化研究理论构架，并逐层详细阐释和论证该理论架构中的各个题元层级，对该理论架构的结构组成和性能、特点加以解析。具体结构安排如下：首先，提出俄语客体题元层级化体系的建构并对该层级框架的结构组成加以概要分析（本章第一节）；其次，逐层对俄语客体题元各层级展开具体论述和分析（本章余下各节），由此建立起俄语客体题元的层级化分析理论架构。

第一节 客体题元层级化概说

客体题元是一种复杂的现象，同语义、形式和交际层面都有关联，它所涉及的这些方面的信息和内容很难在一个层级上得到准确、透彻的分析，相关的不同方面的问题也很难在一个层级得到解决，因此，很有必要通过不同层级的方法、体系来处理客体题元问题。语言学界注意到了题元分层逐级分析的必要性，层级化分析的设想在题元理论相关研究中也由来已久，但始终没有得到系统、深入的分析和研究，至今并未真正形成行之有效的题元层级化理论。本节将概述题元分析和客体题元分析中的层级化思想，提出俄语客体题元的层级化系统的结构组成。

一 题元分析的层级化

在现代语言学中，无论题元还是配价都与 L. Tesniere 有关。L. Tesniere 被认为是配价和题元研究的奠基人，他从化学中引入"价"这个概念用以描述动词的搭配性能。在这之后，该概念在语义学、句法学中都得到了长足的发展，诸多相关理论也应运而生。可以说，在语言学中，除配价理论之外，鲜有任何其他理论能够催生出如此数量众多、体系繁杂的理论研究成果。

有关配价的研究在发展方向上大体分为语义配价和句法配价两种。这两种理论方向的根本性不同在于对"价"本身的认识不同，在不同的层面上对其展开了研究。G. Helbig 清晰地界定出了配价的三个层级：逻辑层级，语义层级，句法层级[1]。В. Г. Гак 也指出，价的基本特征包括以下几个层面的内容：概括类型（积极、消极），必要性（必有价、非必有价），价的数目（一价、二价、三价），填充价的形式（词、词组、句子、不定式结构），填充价的词的语义属性（动物/非动物、抽象/具体，可数/不可数）[2]。可以将这些研究视为配价层级化研究的雏形。

相比之下，题元的语义内涵要比配价更为复杂，从语义题元、句法题元、词汇题元、语用题元等术语就可以看出，对这个概念的理解在不同的研究中有着显著差异。当代语义学将题元界定为"包含特定类型意义成素的名词项或语义变项"[3]。这就意味着在题元研究中，学界倾向于将题元界定为处于语义与句法交界面的情景必需参与者。这种对于题元的认识无疑赋予了这个概念更为丰富的语义内涵，不仅包含题元词的次语义属性，还包括题元在表层句法结构中的表现形式，甚至将题元词在谓词结构交际层面的反映也纳入了自身范畴之中。题元本身概念上的广义性正是题

---

[1] G. Helbig, *Schenkel W. Wörterbuch zur Valenz und Distribution deutscher Verben*, Leipzig: Western Publishing Co., 1982, pp. 65–76.

[2] В. Г. Гак, *Лексическое значение слова//Большой энциклопедический словарь Языкознание*, под ред. В. Н. Ярцева, М.: Научное Изд., Большая российская энциклопедия, 1998, стр. 79–80.

[3] 彭玉海：《俄语题元理论》，黑龙江人民出版社 2004 年版，第 1 页。

元层级化研究可行性的重要条件。

此外,"句子在语义和形式等方面的多层次性相应反过来形成题元的多层级性,这种相辅相成的关系随着句子意义研究的深入愈加凸显,对题元层级系统展开描写和研究就显得十分重要"①。对谓词结构研究的主要目的除了对动词语义进行类型化、对谓词结构进行模式化,还有一个就是明确谓词结构语义层面与句法层面的对应关系。为了达到这一目的,首先要对谓词结构的语义、句法以及语用层面进行研究,且不能将各个层面孤立看待,而是要将它们有机地结合到一起。从这个角度来讲,谓词结构本身语义的复杂性、多层级性成为题元层级化研究必要性的重要条件。

二 客体题元层级化体系的建构

动词的客体题元能够反映动词语义中诸多方面的特质,其对于动词语义的意义与价值主要体现在揭示动词主题类别、语义类别以及区分多义词不同义项这两个方面。客体题元本身作为一个概括题元,所囊括的语义内核也是多层面的。在题元层级化理论的视域下审视客体题元,势必要建立起客体题元的综合分析系统,并借助这个系统对不同词汇语义类别动词的客体题元进行逐层分析,借此探明动词丰富、复杂的语义关系内容和动作事件语义关系,同时探察客体题元在谓词题元结构中的功能、地位以及它与动词语义之间多元、复杂的相互作用关系的规律和特点。

本书提出,客体题元层级化构架由概括题元、语义角色、次语义属性、论元形式、角色配位五个层级构成。这五个方面构成本文研究俄语客体题元、考察其语言性能及其在动词语义中的功能作用的基本层面和切入点。下面对该层级体系的结构组成作出概要性的初步说明和描述,以形成对其层级关系内涵的基本认识。有关客体题元层级化构架的详细分析和论述将在本章第二节至第六节具体展开。

(一)概括题元层级

概括题元层级是抽象程度最高的一个层级,客体题元语义角色尚未得到具体化,只以行为、特征、状态等所指向的事物这一初级原始形态存在于谓词结构中。该层级主要关注的是客体题元数目,而它的数目则同动词价数直接相关。不同动词语义配价结构中包含的客体数目不尽相同,多为

---

① 彭玉海:《俄语题元理论》,黑龙江人民出版社2004年版,第33页。

一个或两个，一般不会超过三个。语义最为简单的二价动词语义配价结构中只包含一个客体，例如，думать о чём（思考关于……的事），брать что（拿起某物），будить кого（叫醒某人）。语义较为复杂的则有双客体结构，例如索取动词，лишать кого чего（夺取某人的某物）。语义更为复杂的多客体结构数量则相对较少。客体具有一定的语义补足性质，在大多数情况下，客体的数目是由谓词语义前定的，缺失某一个会导致谓词结构语义不足。而对于某些动词来说，客体数目并不是一成不变的，在这种情况下，客体数目的变化会影响整个谓词结构的语义。

（二）语义角色层级

语义角色层级着重关注的是客体题元在整个谓词结构中所发挥的作用，即客体题元与主体题元之间、不同客体题元之间内在的联系。客体在语义配价结构中所能充当的语义角色是多样的，主要包括受事、与事、客事、成事、对事、工具、材料等。对客体题元进行语义角色化，首先要解决的问题就是语义角色本身数量不确定、语义界定模糊不清的问题。本书从客体题元的语义特征出发，以实体行为动词、心智行为动词、情感行为动词、关系意义动词为主要研究对象，确立专门针对客体题元的语义角色体系。其中受事毫无疑问是最为典型的客体题元语义角色。动作发出时所涉及的人或事物，事件中目的行为或自主动作所涉及的，并且可能会发生各种变化的客体都可以归入受事客体范畴。受事也是对于单客体动词来说优先级别最高的语义角色。至于其他的语义角色则要在相应的动词语义配价结构中去分析界定。

（三）次语义属性层级

动词的语义通常会对进入其题元结构的题元词作一定语义上的限制，这种限制也是动词语义的一部分，因此有必要对题元词进行次语义属性化，进一步明确这种限制。次语义属性层级着重关注的就是客体题元所受到的语义限制以及这种限制的可变性[①]。彭玉海（2013）[②] 对客体题元次范畴化的问题进行了研究，所涉及的客体题元语义特征包括：活物/非活物，抽象/具体，空间—事物性/时间—事件性，内部属性/外部属性，可

[①] 在多义词不同义项的语义配价结构中这种限制可能被取消。
[②] 彭玉海：《语言语义的集成描写研究：基于 MSS 理论原则的句法—语义界面探索》，中国社会科学出版社 2013 年版，第 147—159 页。

运作性/不可运作性，可让渡性/不可让渡性，局部/整体。此外还有一些客体题元的语义属性与题元词本身的语义无关，是其进入谓词题元结构后与谓词相互作用产生的结果，可将这样的客体题元次语义属性称为"准题元次语义特征"或"题元词动态语义特征"，其中包括：领事/属事，对事性/非对事性，同步性/非同步性，工具/材料，施事/受事。

　　从题元词自身的语义义素角度出发，客体题元词可以进一步细化，例如，离散物质、非离散物质、活物、自然力、人、行为、事件、装置、人体部位、容器、机构组织、图文、状态、过程等，即 Е. В. Падучева 所说的 Т-类别①。当二元对立次范畴不足以说明客体题元的次语义属性时，就有必要深入题元词的语义义素中，进一步对其语义进行细致分析。

　　（四）论元形式层级

　　论元形式层级着重关注的是客体题元在句法层面的表现。在句法层面上，客体题元可以表现为：直接补语，间接补语，疏状成分或从句。具体表达形式也是多种多样的，例如，кого，что，кем，над кем，с кем，на что，на чём，чего，до чего，за что 等，其中有些是同义表达形式，而有些则有语义上的差别。客体题元句法表现形式的多样性从一个侧面印证了其自身语义的复杂性。典型的客体题元为动词的直接补语，其次为间接补语以及疏状成分，动词不定式以及从句为边缘形式。客体题元的论元形式一方面与动词的词汇语义有关，另一方面也与客体题元的语义角色相关联。客体题元在表层句法结构中表达形式的变异有些情况下也会造成谓词结构语义上的细微差别，进而可能形成不同的义项。在区分多义词的不同义项方面有时主要依靠的也正是论元形式上的不同。

　　（五）角色配位层级

　　角色配位是动词题元结构的另一项基本特征，它兼有语义、句法和交际层面的性质，一般指题元语义角色与其句法地位之间的对应关系。从交际角度讲，角色配位又可以视为情景的边缘参项向句子核心句法位迁移的机制②。如果说概括题元、语义角色、次语义属性层级涉及的主要是客体

---

　　① ［俄］Е. В. 帕杜切娃：《词汇语义的动态模式》，蔡晖译，北京大学出版社 2011 年版，第 62—70 页。

　　② 蔡晖：《俄罗斯词汇语义知识库——〈词典人〉语言工程》，《中国俄语教学》2012 年第 3 期。

题元的语义层面，论元形式层级涉及的主要是客体题元的句法层面，那么角色配位层级涉及的就是客体题元的句法以及交际两个层面。角色配位层级着重关注的并不是客体题元论元形式的问题，也不是那些纯粹由于语法形式变化而导致语义变异的问题，而是说话人依据不同的交际目的以及所使用动词的语义特征对整个谓词结构进行微调甚至重组的问题。

Е. В. Падучева 将谓词题元结构中角色等级关系的变化称为角色配位迁移[①]。角色配位的迁移有时可能只是纯交际等级上的变化，对谓词的语义影响不大，但有的时候却是词汇内部不同词位得以共存的重要区分条件。多义词的不同义项大多会在角色配位模式上有所差异，因此客体题元的角色配位层级能够成为区分多义词不同义项的重要形式化分析手段。

"客体题元是一个复合性质的概念，它是角色和变元的升华，而角色、变元、论元则是客体题元语义、句法性能的延伸和扩散。"[②] 客体题元层级化分析体系中每一个层级都不是孤立存在的，各个层级之间相互作用、相互影响，一个层级的变化很大程度上也会导致其他层级的变化。客体题元数目的变化，无论是增价还是减价，必然会导致论元结构的变化；题元语义角色、次语义属性的变化也会对论元结构造成一定的影响；角色配位的变化可能引起题元数目、语义角色的变异。在使用客体题元层级化系统分析动词题元结构时，既要把每个层级的问题下放到该层级去分析解决，也要兼顾各个层级之间的一体性联系。

这样，我们建构起了俄语客体题元层级化研究的理论框架，下文将结合相关理论观点和背景，对该理论框架中各个层级的内涵、特点及其在俄语动词语义句法研究中的功能、作用等展开详细解析和论述。

第二节 俄语客体题元的概括层级分析

本节有关客体题元的概括层级分析中，将首先对题元理论中的概括题元本身进行分析，然后在此基础上对客体题元的概括题元层级内容展开具体讨论，同时对客体概括题元在动词语义运作中的功能、表现作一定分析。

---

① [俄] Е. В. 帕杜切娃：《词汇语义的动态模式》，蔡晖译，北京大学出版社 2011 年版，第 46—50 页。

② 彭玉海：《俄语题元理论》，黑龙江人民出版社 2004 年版，第 122 页。

一 概括题元

概括题元（общий актант）概念本身在配价研究中出现并不算多，然而其包含的主体与客体这两个概念无论是在配价研究中，还是在其他语言学研究中都是难以规避的。А. В. Бондарко 称主体、客体为语义常项（семантические инварианты）[①]，此类提法的目的是将主体与客体从众多语义角色中剥离出来，使其居于一个更高的层级上。

概括题元是对动词的语义配价进行高度抽象的结果，"核心点在于其抽象、概括的语义特性，它并不涉及名词项的具体语义内容，对题元本身的语义界定笼统，对词语和结构意义的解释都不那么直观"[②]。在该层级上需要分析指明的实质上是动词的价数目，即动词所描述的情景事件所能提供"空位"的数量。此数量直接受到动词词汇语义类别以及具体语义内容的制约，且通常不会超过4个。

在整个题元层级化结构中，概括题元层级是比较特殊的。语义角色层级、次语义属性层级、论元形式层级、角色配位层级都需要涉及具体动词或特定词汇语义类别动词题元结构的语义、句法、交际等层面，而概括题元层级仅停留在语义层面上，且抽象度要比语义角色更高。可以将该层级视为情景参与者介入情景事件中内化为具体的语义角色之前所处的状态。"该层级题元要解决的问题主要是对纷繁的句子语义进行归纳和抽象，为类型化和模式化服务，最大限度地在句子语义跟句法关系特征之间建立起对应关系。"[③] 该层级是借助题元层级化理论对谓词结构进行分析的起点，同时也为研究题元在其他层级上的可变性奠定了基础。此外，有些动词，例如关系动词，由于其语义高度抽象化，很难深入语义角色层级中去，而且多数情况下也没有必要指明其题元的具体语义角色。此时，主体与客体题元就足以简明扼要地阐明动词所反映出的情景事件的结构。

二 客体概括题元

客体概括题元是一个高度抽象、概括的概念，其对应的是尚未类型化

[①] А. В. Бондарко, *Теория значения в системе функциональной грамматики: На материале русского языка*, М.: Языки славянской культуры, 2002, стр. 623.

[②] 彭玉海：《俄语题元理论》，黑龙江人民出版社2004年版，第34页。

[③] 彭玉海：《俄语题元理论》，黑龙江人民出版社2004年版，第35页。

的各种谓词结构，同时也是包含各种语义角色的"集"。当动词的语义发生类型化、具体化时，客体概括题元也要相应地具体化为某一确定的语义角色，在句法上体现为某种特定的语法形式。客体概括题元层级是整个客体题元层级化架构的第一层级，同时也是对动词客体题元语义实质以及演变规律进行剖析的起点。该层级上需要指明动词语义配价结构中所包含的客体数目，并借此对动词进行初步的类型化。

动词的价数目是由该动词所描述的情景事件中有待填充的"空位"，即必需情景参与者的数量决定的，且此数量原则上为2个或3个，通常不会超过4个。而动词所展现的即为这些参与者之间的关系，其中每一个参与者都在该情景事件中扮演特定的角色。客体题元作为一个十分重要的概括题元，其对于整个谓词结构所发挥的作用甚至要大于主体题元。在概括层级上，客体题元的数目则能够成为区分不同类型动词的标准之一。

客体题元的有无区分的是动词的及物性与不及物性。Ю. С. Степанов (1981)[①] 所谈到的动词及物性是从广义出发的，即是说，舍弃传统语法学对及物动词的界定，无论客体题元的句法形式是否为不带前置词的第四格形式，只要动词的语义配价结构中包含客体，那么动词就具备及物性。这样一来，客体在动词语义配价结构中是否为零位就是及物动词与不及物动词之间的分水岭。而客体题元在谓词结构中所起到的作用远不止于此，随着客体题元数目的增加，动词所对应的情景事件也随之复杂化。例如，捕捉动词为单客体动词（ловить **рыбу**/捉鱼），语义配价结构中只有一个客体，即行为作用的对象，而分割动词则为双客体动词（резать **пирог ножом**/用刀切馅饼），语义配价结构中含有两个客体，分别为行为作用的对象和所使用的工具。尽管根据客体题元数目对动词语义进行类型化所得到的结果只能是粗略的、初始性的，然而在对动词语义配价结构进行解析的时候，这又是不可或缺的一步。以下将动词语义配价结构根据其中所包含的客体数目划分为单客体结构、双客体结构以及多客体结构，并就这三者分别展开论述。

单客体结构是最基础、数量最多、涵盖动词语义最广的一类动词语义配价结构。在实体行为动词中，语义配价结构呈现单客体结构的动词包括表示"朝……移动""接触""遗失""破坏""生产，制造""复制，描

[①] Ю. С. Степанов, *Имена. Предикаты. Предложение*, М.: Наука, 1981, стр. 300–313.

摹""收拾，整理""吃，喝""采摘""栽种，播种""捕捉""感知""打斗""转动""开关""偷盗""按压""容盛"等义的动词。在心智行为动词中，语义配价结构呈现单客体结构的动词包括表示"知晓""意见""决断""推断""意愿"等义的动词。在情感行为动词中，感情反应与感情态度动词都属于单客体动词。在关系意义动词中，语义配价结构呈现单客体结构的动词包括表示方位关系、逻辑关系、相互关系、人际关系、领属关系等义的动词。该类别囊括了大量的实体行为动词，以及大部分的心智、情感以及关系动词。因而，无论是在数量上还是在语义上，单客体结构都最为丰富多样。其中唯一的客体题元在不同类别的谓词结构中可能承担不同的语义角色，在概括层级上无法作进一步的细分，需要深入到语义角色、次语义属性等其他层级中去。

　　双客体结构和多客体结构都可被视为单客体结构的扩展模式，尤其是当单客体结构中的客体题元为受事的情况下，大多双客体结构就是在此基础上增添了一个客体题元。双客体结构常见于实体行为动词中，例如表示"磨砺""擦拭""切割""去除""提取""给予""划分""填充，覆盖""保障""缠绕""射击""交换""抛，投，扔""获取""夺走，索要""租赁""驱逐""遮挡，隐藏""保护""拍打，爱抚""搀扶""给……穿""用……制成""以……写成""由……组建"等义的动词。其中，"磨砺""擦拭""切割"增添的是行为所使用的工具，例如，тереть спину мочалкой（用擦子擦背），точить нож о камень（在石头上磨刀）；"提取""获取""夺走，索要""租赁"增添的是所获取事物的来源，例如，получить керосин из нефти（从石油中提取煤油），брать у отца инструмент（拿父亲一套工具）；"拍打，爱抚""搀扶"增添的是行为作用的点或面，例如，ударить сына по голове（打儿子的头），взять старуху под руку（挽着老妇人的手臂）；"用……制成""以……写成""由……组建"增添的是行为所使用的材料，例如，изготовить шкаф из дерева（用木料打柜子），сочинить роман из писем（以书信为材料撰写小说）。在心智和关系动词中，只有部分动词为双客体动词，例如，表示"选择""比较""迫使"等义的动词，以及部分使役型人际关系动词。这些动词中增添的客体题元语义上也不像实体行为动词那样具有较强的类型性、共现性，大多是根据具体动词语义增添的。例如，选择动词增添的是可供选取的集合，выбрать из списка нужное имя（从列表中挑选所需要的名字）；比较动词增添的是比较的对象，сравнить копии с подлинником（将副本同原件作比对）。

多客体结构是指包含三个以及三个以上客体的语义配价结构。在俄语中，此类结构并不常见，且主要见于实体行为动词中。转移动词语义配价结构中包含三个客体，分别为所转移的事物、转移的起点以及转移的终点。例如，везти из Москвы в Петербург свою американскую приятельницу（把自己的一位美国朋友从莫斯科带到圣彼得堡）。部分分割动词的语义配价结构中也包含三个客体，分别为所分割的事物、行为所使用的工具以及行为的结果。例如，резать мясо ножом на мелкие кусочки（用刀子将肉切成小块）。

除去对动词语义进行初步类型化，客体题元数目还是判定多义词不同义项之间差异的重要条件之一。当然，该功能在概括题元层级的体现程度远不如在语义角色以及次语义属性层级。以感知动词为例，动词用作直义时语义配价结构呈现单客体结构，客体题元为所感知的对象，例如，Он глядел на меня с ненавистью（他恨恨地看着我）。当转义表示存在意义时，客体题元消失，成为零位，例如，Из-под джемпера глядел белоснежный воротничок（羊毛衫下露出了雪白的衣领）。句中只有主体题元 белоснежный воротничок，客体题元不再出现。而当转义表示"看待""把……看成、视为……"这一心智行为时，则会增加一个客体题元，例如，Ребята глядели на него как на настоящего коммуниста（大伙都把他看作真正的共产党员），11 сентября 1973 года большинство чилийцев видели/глядели в этом генерале истинного освободителя（智利"9·11"事件中，大多数智利人都将这位将军视为真正的解放者）。句中分别新增第二客体题元（как）на настоящего коммуниста 和 в этом генерале。再以分割动词为例，分割动词语义配价结构多为双客体结构，分别为分割的对象以及所使用的工具，例如，Они отрезают холодными ножницами воротник вашей рубашки（他们用冰冷的剪刀剪下了您衬衣的领子）。而当其转义表示言语意义时，语义配价结构变为单客体结构，客体为言语内容，例如，— Нет，— отрезал он и резким движением сунул деньги в карман（"不"，他斩钉截铁地说，并猛地把钱塞进了口袋里）。此时，表示行为工具的客体题元语义成分不再出现。

总的来说，单客体结构与双客体结构都具有较大的变异的潜能。其中，单客体结构多趋向于增加客体题元，例如，感知动词转义表示心智意义（Он глядит на любовь **как на развлечение**/他将爱情视为一种消遣），分散动词转义表示心智、情感意义（Я тебя **от своих** не рознила/我并没有把你当外人）。而双客体结构则多趋向于减少客体题元，例如，分割动词转义表示言语意义（Попутчики пилили **друг друга** всю дорогу/同路的人们一路上都在互相埋怨），去除动词转义表示言语意义（Цедила сквозь зубы: "**тупица**", "**бестолочь**", Ольга не обижалась/她从牙缝里挤出几个词"笨蛋""蠢货"，奥尔加并未生气），双客体击打动词转义强调结果意义（使成或破坏）（Затем долго, в одиночку, отец рубил **избу** на отшибе от посёлка/之后父亲长久地生活在孤独之中，在远离城镇的地方盖了座小木屋；Пётр сердито застучал огнивом об осколок кремня, до крови сбил **палец**/彼得气愤地用火镰敲打火石的碎块，手指擦出了血）。此外，零位客体结构也常通过语义变异增加客体题元，例如，发声言语动词转义表示心智、情感意义（Тогда я бредил **космосом, полётами, скафандрами, лазерными пушками и прочими подобными штуками**/那时我醉心于宇宙、飞行、航天服、激光炮以及其他类似的东西）。这种趋向与俄语本身的语言特点有关，即俄语中以单客体结构与双客体结构为主，包含三个以及三个以上客体的语义配价结构较为少见。

第三节 俄语客体题元的语义角色层级分析

本节有关客体题元的语义角色层级分析中，将首先对题元理论中的题元语义角色本身进行分析，然后以此为据再对俄语客体题元的语义角色层级内容展开具体讨论，并提出本书的客体题元语义角色名目，建立起用以展开后续研究的俄语客体题元语义角色体系。

一 题元的语义角色

为揭示谓词结构的深层语义，必然要以谓词的语义配价结构为着手点进行研究。而语义配价结构揭示的就是谓词语义中包含的一系列情景参与者在情景中各自扮演的角色以及所处的关系。语义角色层级在确定动词的主题类别以及辨析同一动词不同义位的过程中都起着至关重要的作用①。换言之，为确定谓词的语义类型，必须首先明确其主客体位置上题元的语义角色。

C. J. Fillmore（1981）② 率先尝试以格语法为理论框架对谓词情景结构中的参与者进行语义角色界定。他所提出的"格语法"理论核心在于，由于句子的表层句法结构与深层语义结构不同构，因此语法中就应该指出深层语义结构中的每一个要素转化为表层句法结构中句子成分的规律。此类反映出语义与句法结构相互转化规律的"模板"，C. J. Fillmore 就将其称为"格语法"。每个语义格的确定都需要参照谓词结构的语义，反过来，每个谓词的语义也取决于其语义句法结构中所吸纳进来的语义格。语义格的数量与具体名称也不是恒定不变的，最开始 C. J. Fillmore 所提出的语义格只有六个，且并未明确界定每个格的所指范围。之后，C. J. Fillmore 又不断对自己所提出的格体系进行扩充与细化，并且对每一个语义格进行了明确的界定。其中客体题元（объектив）的所指还颇为模糊，其具体语义很大程度上取决于具体动词的语义。C. J. Fillmore 对于动词语义格的研究是具有一定实验性质的，他既没有提出其划分的明确标准，也没有将动词语义类别的划分融合进语义格的划分之中。

В. В. Богданов（1977）③ 提出了 14 种语义角色，主要包括施事、受事、受益者、感事、对象、结果、工具、地点等，并对每一个进行了界定。В. В. Богданов 的分类体系主要针对具体事物性题元词，至于以心智活动动词为首的抽象义动词语义配价结构中的语义角色判定则要另当别论，В. В. Богданов 明确指出，此类动词的题元词具有鲜明的抽象性或命题性。

Ю. Д. Апресян（1995）④ 为描述动词语义配价与动词之间的关系提

---

① Е. В. Падучева, "Глаголы создания образа: лексическое значение и семантическая деривация" *Вопросы языкознания*, No. 6, 2003, стр. 32.

② Ч. Филлмор, "Дело о падеже", в В. А. Звегинцев, ред., *Новое в зарубежной лингвистике. Вып. 10*, М.: Прогресс, 1981, стр. 369 – 495.

③ В. В. Богданов, *Семантико-синтаксическая организация предложения*, М.: Ленинград: Издательство Ленинградского Университета, 1977, стр. 66 – 69.

④ Ю. Д. Апресян, *Избранные труды, том I. Лексическая семантика: Синонимические средства языка. 2-е издание, исправленное и дополненное*, М.: Школа «Языки русской культуры», Издательская фирма «Восточная литература» РАН, 1995, стр. 25 – 26.

出了 25 个语义角色类型，其中包括主体、对抗主体、客体、内容、受话人、接受者、起点、终点、工具、材料、期限、时间等。Ю. Д. Апресян 不仅划分出了这些不同的语义角色，还对其中的每一个进行了严格的语义界定。他指出，这些语义角色在动词语义配价结构中所起到的作用是不同的。主体、客体、内容、与事、接受者等通常都是情景的必有参与者，是谓词语义的一部分；起点、终点、工具、材料等更倾向于作为情景必有参与者出现；至于条件、原因、动机、目的等则更倾向于通过纯语法上的联系与动词相关联，几乎可以出现在任意动词的语义配价结构中。虽然未对具体事物性与抽象特征性的语义角色进行区分，Ю. Д. Апресян 曾侧面提到，类似原因、目的、动机、条件等的语义角色通常具有事件的性质。在之后的研究中，Ю. Д. Апресян 又对该体系进行了进一步深化，提出了 54 个不同的语义角色类型[1]。然而，语义角色的数量过多必然会导致一些相似的语义角色之间界限不清的问题，例如，Ю. Д. Апресян 所提出的施事$_1$、施事$_2$与施事！之间在定义上就有些模糊不清，这反而会降低语义角色系统对动词语义的解释力。

  Е. В. Падучева（2011）[2] 不仅提出了自己的语义角色分类体系，还采用该体系对不同词汇语义类别的动词进行了相关研究，实际验证了此理论的可操作性与解释力。她按照语义角色与动词释义的关联度将其分为三类：具体语义角色，例如施事、原因、地点、起点、终点、工具、材料、与事，这些语义角色都必然或倾向于进入谓词的语义之中；超语义角色，例如受事、状态、使役者、地点，这些语义角色的内涵要由动词语义来决定，在界定上相对较为模糊；主题（тема）（状态或特征的领有者）以及所有无法被划至上述两类的语义角色都被划归到最后一类中。她还提出，同一个情景参与者可能被赋予不同的语义角色，反之，同一语义角色也可能有不止一个句法结构相对应。

  以上提到的所有语义角色分类体系有一个共同特征：将动词视为多价的谓词，其配价可以由题元词进行填充，且题元词所充当的语义角色一方

---

[1] Ю. Д. Апресян и др., *Теоретические проблемы русского синтаксиса: Взаимодействие грамматики и словаря*, М.: Языки славянских культур, 2010, стр. 370–377.

[2] ［俄］Е. В. 帕杜切娃:《词汇语义的动态模式》，蔡晖译，北京大学出版社 2011 年版，第 36—38 页。

面由谓词决定，另一方面又要受到题元词本身语义的限制。这些分类系统之间的差异，首先体现在语义角色数量上，从"三分法"到 Ю. Д. Апресян 提出的 54 种，数量上的扩充主要是为了将更多不同词汇语义类别的动词纳入分析范围内，并将该理论的解释力最大化。然而，上文已经提到数量过大必然会造成界定上的模糊，反而会限制该理论的实用性。其次，由于研究的角度和理论基础不同，不同的分类体系在语义角色的界定上也会有所不同。比如说，C. J. Fillmore 对语义角色的界定主要依据情景参与者与谓词之间的逻辑关系，而 В. В. Богданов 与 Ю. Д. Апресян 则更多结合了二者句法上的关系以及动词本身的语义。

此外，这些分类体系在对个别相同语义角色进行命名时会有细微差异，例如，Ю. Д. Апресян 所提到的受话人与接受者在 В. В. Богданов 的分类体系中合并为受益者，C. J. Fillmore 将含有空间意义的语义角色合称为位事，而 Ю. Д. Апресян 却将其分为起点、终点、路径。在一些进入动词语义的情景必有参与者的语义角色划分上，这些学者的分类体系相似度颇高，例如施事、受事、与事、位事、工具等几乎出现在所有的分类体系之中。

关于语义角色数量问题，不同的学者，甚至是同一个学者在不同的时期所给出的答案都是有所差异的，这就成为使用语义角色体系去研究动词语义问题道路上最大的阻碍。В. В. Богданов 很早就认识到了这一点，并明确指出，语义角色体系要兼顾概括性与具体性的问题，既不能概括度过高，也不能数量过多，二者都会降低其可操作性，所以理想的状态应该是达到"最优程度的具体化"①。然而迄今为止，最佳方案仍是不存在的。现存的语义角色体系都是以特定的词为研究对象、采用特定的研究方法确定下来的，具有一定的假定性与主观性。语义角色本身在数量上是难以穷尽的，且要受到对动词语义认识的限制。由于目前尚不存在对动词穷尽性的划分，因而自然也就不存在完备的、覆盖所有动词的语义角色分类体系。对于语义角色的研究必须从自身研究目的与研究对象出发，在追求详尽性的同时也不能不顾分类体系的实用性。尤其是在数量上要控制在一定范围内，并对每一个语义角色进行严谨的语义界定，最终目的并不在于划

---

① В. В. Богданов, *Семантико-синтаксическая организация предложения*, М.：Ленинград：Издательство Ленинградского Университета, 1977, стр. 67.

分语义角色本身，而是使用语义角色分类体系对不同动词进行语义分析。

二　客体题元的语义角色

关于动词右翼位题元的研究并不多，现有关于语义角色的研究主要集中在主体题元语义角色的分析上，对于客体题元的语义角色则要么避而不谈，要么通过揭示主体题元的语义角色间接地予以说明。

W. L. Chafe 将客体题元的语义角色直接界定为"对象"（object），其具体定义为：在施事性动词的语义配价结构中主体行为所指向的对象，在感知类动词的语义配价结构中，客体为感知或认知的对象，而在给予动词的语义配价结构中，客体则为属事或领属权发生变化的事物[①]。W. L. Chafe 对客体题元语义角色的划分主要参照动词所反映的事件类型，并未对每个类型下客体题元的语义内涵进行界定，也没有针对客体题元语义角色衍变机制进行研究。

通过对实体行为动词、心智行为动词、情感行为动词、关系意义动词四大类动词的研究，本书提出的客体题元语义角色分类体系[②]如下：

受事（пациенс）：动作发出时所涉及的人或事物，事件中目的行为或自主动作所涉及的，并且可能会发生各种变化的直接客体[③]。受事是客体题元最为常见的语义角色类型，在形状、颜色、空间位置、状态等各方面发生变化的客体均可以划归此类。实体行为动词的客体题元大多属于受事客体，例如，резать **пирог**（切馅饼），бить ногой **в дверь**（踢门），бросить **спасательный круг**（抛出救生圈）。关于受事的质变性需要说明的是，根据 О. Н. Селиверстова 对语言学上"空间"的界定，受事发生变

[①] W. L. Chafe, "Discourse Structure and Human Knowledge", in *Language Comprehension and the Acquisition of Knowledge*, Washington: V. H. Winston, 1972, p. 32.

[②] 该分类体系对题元语义角色的理解和定位主要参考了 Ю. Д. Апресян（1974，1995），Ю. Д. Апресян и др.（2003，2010），Е. В. Падучева（1996，2004），Н. Д. Арутюнова（1976），Е. В. Муравенко（1998），А. Мустайоки（2006），C. J. Fillmore（1968，1997），D. R. Dowty（1991），沈阳（2000），沈阳、郑定欧（1995），袁毓林、郭锐（1998），张家骅、彭玉海等（2005），彭玉海（2004），鲁川、林杏光（1989），鲁川、庄奇等（1993），鲁川、缑瑞隆等（2000），高明乐（2004）等论著。

[③] 彭玉海：《俄语题元理论》，黑龙江人民出版社2004年版，第311页。

化的空间不局限于物理空间，心理空间、社会空间等也应纳入其范围内①。从这个角度来看，部分表示对受事施加影响的心智或关系动词的客体题元也属于受事客体，例如，решить **проблему**（解决问题），утвердить **кого-л.** в правоте предположений（使某人相信推断的正确性），уверить **больного** в необходимости операции（使病人确信手术的必要性），увлечь **друга** археологией（使朋友对考古学感兴趣），разлучить **отца** с сыном（使父亲与儿子分离）。

与事（бенефициант）：事件当中获益或受损的间接有生客体②，是事件中间接参与、承受动作的人，整体上表示的是行为当事者的角色身份，可能是给予、索取的对象，也可能是事物或信息的接受者。因此，给予、夺取、告知等行为实施、针对的间接客体对象均为与事，例如，дать лекарство **больному**（把药给病人），брать **у меня** документы（从我这里取走文件），сообщить **мне** об этом（告知我这件事）。

成事或结果（результат）：事件中所产生、引起或达到的结局③。成事客体是一种非常特殊的客体，它所表示的是行为之前不存在、作为行为结果出现的新事物或新事况。创造动词以及含有使成意义动词的客体题元语义角色均为成事，例如，строить **дом**（盖房子），готовить **обед**（做饭），печь **пирог**（烤馅饼），рубить **дрова**（劈柴），резать **орнамент** на камне（在石头上雕刻图案）。成事不局限于具体事物，创造出的精神产品也属于此范畴，例如，придумать **рассказ**（编故事），сочинить **стихи**（作诗），рисовать **новый быт**（描绘新生活）；也可能是一种新事况，例如，выбрать своего сына **в преемники**（选择自己的儿子做继承人），найти **нового помощника**（选出新助手）④，这里的"继承人""助手"都不指向具体的人，而是一个有待填充的"空位"，选择行为填充此空位，并形成新的事况，即赋予某人以新的身份。

对事（нейтрал）：不因主体针对自身发出的行为而相应变化的人、

---

① О. Н. Селиверстова, *Труды по семантике*, М.: Языки славянской культуры, 2004, стр. 564–568.
② 彭玉海：《俄语题元理论》，黑龙江人民出版社2004年版，第311页。
③ 彭玉海：《俄语题元理论》，黑龙江人民出版社2004年版，第311页。
④ ［俄］Е. В. 帕杜切娃：《词汇语义的动态模式》，蔡晖译，北京大学出版社2011年版，第477—478页。

物、现象等①。实体行为动词中接触动词、遗失动词、感知动词的客体题元均为对事，例如，прикоснуться **к моей руке**（碰到我的手），терять **ключи**（遗失钥匙），видеть **огонёк**（看见小火苗）。思维、认知、情感等动词的客体题元也多属此类，例如，сопоставить **мнения** разных специалистов（对比不同专家的观点），отличить **один сорт табака** от другого（将一种烟草与另一种区分开），определить **направление ветра**（判定风向），забыть **про товарищей**（忘记朋友们），любить **мать**（爱母亲）。然而，受事与对事之间有时边界是模糊不清的，行为对客体施加的影响此时往往是潜在的、间接的，这种情况下，我们将客体题元界定为准对事。最典型的例子莫过于感情反应动词的客体题元，即对所引起的情感状态负责的归咎者，其内在的状态往往也会因主体情感状态的变化而变化，例如，Поступки **детей** часто печалят родителей（孩子们的行为使父母感到伤心）。其他例证如：выбрать **пять человек** на конференцию（选5个人参加会议），пригласить **туристов** в театр（邀请游客们去剧院），ответить **за погибших**（对遇难者负责），просить **отца** за брата（为弟弟向父亲求情）。

客事（подвергаемое）：事件中非自主动作行为所涉及的直接客体，反映事件所产生的客观影响②。实体行为动词的语义配价结构中，当自然力或工具等占据主体位时，表示某种不可控行为，客体题元的语义角色随之发生变化，由受事转变为客事。例如，Зал не мог вместить **всех**（大厅无法容纳所有人），Внезапные порывы ветра гонят желтую **листву**（突然袭来的一阵风卷起了片片黄叶），Дождь стучит **по крышам**（雨点敲打着屋顶），Лодка режет **волны**（小船破浪而行），Картуз наехал ему **на глаза**（草帽遮住了他的眼睛）。

位事（локатив）：动作来自、指向或到达的位置或目标③。放置动词、转移动词与运动动词的题元结构中多包含位事客体，位事内部还可以进一步细分为起点、终点、处所、路径等。各种包含空间意义的客体题元均属于位事客体，例如，идти **по реке**（沿着河岸走），прийти **в театр**

---

① 彭玉海：《俄语题元理论》，黑龙江人民出版社2004年版，第308页。
② 彭玉海：《俄语题元理论》，黑龙江人民出版社2004年版，第311页。
③ 彭玉海：《俄语题元理论》，黑龙江人民出版社2004年版，第311页。

第三章 俄语客体题元的层级化理论架构　　103

（来到剧院），провезти грибников **до автобусной остановки**（将采蘑菇的人们载至公交车站），провести людей **через болото**（带领人们穿过沼泽地），поставить лыжи **в угол**（把滑雪板放到角落里）。表示空间方位关系动词的客体题元也称为位事，但与上述各种实体行为动词语义配价结构中的位事不同，属于系事的一种，表示的是两个物体在空间上的关系，例如，Картина висит **на стене**（画挂在墙上）。

从事（занятие）：主体所拟定的将要实施、完成的行为，该行为虽然尚未实现，但付诸行动的可能性较高，具有计划性、目的性、非现实性以及半命题性，通常由动词不定式表达。打算、计划、尝试、决定等动词的语义配价结构中均包含从事客体。当然，从客体物性的角度来看，该语义角色需要进行概念意识中的"名物化（номинализация）"①，才能使它获得一般事物性物体所拥有的实体特性，也就是说，使这一"从事"行为成为抽象意识中的名物化事物，例如，решить **изучать русский язык**（决定学习俄语），собираться **жениться**（打算结婚），попробовать **решить задачу**（尝试解题）。至于主体迫使、请求、建议、命令、希望他人执行的行为也属于从事范畴，但与典型的从事又有差别，因而称为准从事，例如，попросить соседку **присмотреть за ребёнком**（请求邻居照看孩子），велеть **накрывать на стол**（吩咐准备用餐），предложить **явиться в суд**（要求出庭）。

内容（содержание）：行为涉及的某个方面，具有解释说明的性质，常采用"前—名"结构 <о>N_6 或从句形式表达。言语动词、知晓动词、意见动词等心智行为动词的客体题元语义角色均为内容，其主要语义功能为揭示主体言说或思维的内容或主题，例如，говорить **о любви**（谈论关于爱情的事），рассказать **про товарища**（讲述关于朋友的事），Я знаю, **старики любят поговорить**（我知道上了年纪的人都喜欢闲谈），Считаю, что **ты не прав**（我认为你错了）。至于实事与意事②则是对内容进一步细化的结果，前者为叙实谓词（знать/知道，понимать/理解，

---

① 名物化是语义内容类同于名词化成分的谓词语义（核心）的一种转化形式，"名物化指句法层面上类似于名词，在句子中充当主语或者补语、内部结构等同于句子或述谓的一种表达形式"（Падучева 2009：193）。

② 彭玉海：《俄语题元理论》，黑龙江人民出版社 2004 年版，第 303 页。

узнать/得知）客体题元的语义角色，后者则为非叙实谓词（думать/想，считать/认为，полагать/以为）客体题元的语义角色。实事反映出的是现实中存在的事件，而意事反映出的是主体对客观存在的事物或事件所做出的主观判断，因而往往是非现实的。

系事（связанное）：各种关系意义动词的客体题元语义角色的通称，在不同类型的关系事件中表现为不同的语义角色。关系意义动词的语义高度抽象化，相较于其他类别的动词其客体题元的语义角色难以进一步细化，且难以归入以上任何一种语义角色。绝大多数情况下也没必要对其客体题元作明确的语义角色界定，可以将其笼统地称为系事。这里只对常见关系事件中的客体题元语义角色作进一步细化。相似关系动词客体题元为类事，例如，Мальчик напомнил старику **сына**（老人觉得男孩很像自己的儿子）。因果关系动词客体题元为因事或终事，例如，Фильм вызвал **много откликов**（电影引起了巨大的反响），Пожар произошёл **от неосторожности**（不慎发生了火灾）。制约关系动词客体题元为导事或从事，例如，Всё это зависит **от местных властей**（所有这些都取决于当地政府），Хорошая подготовка определила **победу** спортсмена（充足的准备为运动员取得胜利奠定了基础）。比较关系动词客体题元为比事，例如，Расстояние равняется **пяти километрам**（距离为五千米）。包含关系动词客体题元为局部，例如，Последний том включает **письма** писателя（最后一卷中包含作者的信）。方位关系动词客体题元为位事，例如，Кабинет находится **в конце коридора**（办公室位于走廊尽头）。领属关系动词客体题元为属事，例如，Она имеет **способность отлично готовить**（她做饭的手艺很好）。

工具（инструмент）：主体在实施某种行为、进行某种活动的过程中所使用的辅助性道具。工具的存在必然要以施事主体为前提，实体行为动词中部分表示击打、分离、覆盖、挖掘等义动词的语义配价结构中存在工具客体，例如，резать **ножом**（用刀子切），убить **из пистолета**（用手枪打），покрыть стол **скатертью**（将桌布铺到桌子上）。

材料（материал）：主体在实施某种行为、进行某种活动的过程中被消耗的辅助性物品。材料与工具最大的区别在于，工具在行为前后保持原状，而材料则要被消耗掉，不再处于"可以被使用"的状态。实体行为动词中部分表示击打、分离、填充等义动词的语义配价结构中存在材料客体，例如，прибить **гвоздями**（用钉子钉），забить шкаф **книгами**（用书塞满书柜），полить себя **водой**（用水冲洗自己的身体）。很多情况下工具与材料客体存在于同一个动词的语义之中，不过二者通常不能共现，尤其是当二者表层论元形式相同的时候。例如，不能说 пробить стену молотком гвоздями（用锤子往墙里钉钉子）①。

原因（причина）：左右主体的态度、评价、判断等某种外在的且相对客观的特征、状态、事况等。原因存在于感情态度动词、奖惩关系动词的语义配价结构中，例如，уважать **за мужество и честность**（尊敬某人的勇敢和诚实），благодарить **за помощь**（因为得到帮助而感谢）。

理由（мотивировка）：主体处于某种状态的主观或客观的缘由、理据，往往体现于感情状态动词副题元的语义功能和角色关系之中，例如，печалиться **из-за пустяков**（因小事而悲伤），сердиться **за глупую выходку**（因愚蠢的举动而生气）。

诱因（каузатор）：导致主体做出某种反应的外部刺激因素，通常为客观存在的事实且具有当下性。感情反应动词的客体题元语义角色即为诱因，例如，беспокоить **просьбами**（因请求而感到困扰），удивить **поступком**（因行为而感到惊讶），утешить **известием**（因听到消息而感到宽慰）。

评事（品事）（ценимое）：主体对某人、某物或某种事况所做出的各种评判，表现主体对事情的看法、认识、态度、倾向等主观品评、判断内容的题元角色，常由包含评价意义的形容词或名词词语表达。双客体心智行为动词（主要是意见动词与判定动词）的第二客体题元语义角色即为典型的评事，其作用在于揭示主体对第一客体的主观态度、评价信息，是交际的重心。例如，считать что-л. **своей обязанностью**（认为某事是自己的责任），найти доводы **убедительными**（认为论据具有说服力），видеть в ком **лучшего друга**（将某人视为最好的朋友）。

离事（избавляемое）：主体想要脱离、摆脱、规避的事物对象或者主体使其从某一整体事物中分离出来的或具体或抽象的事物。分离动词客体题元的典型语义角色即为离事，例如，освободить страну **от оккупантов**（将国家从侵略者手中拯救出来），отделить топором кору **от ствола**（用斧头将树皮从树上剥下来），отгородить двор **от улицы**（将院子与街道

---

① 彭玉海：《俄语动词（句）语义的整合研究》，黑龙江人民出版社2001年版，第57页。

隔开）。部分人际关系动词的客体题元语义角色也为离事，此时离事可能是人或抽象空间，例如，отвязаться от неинтересной работы（摆脱无趣的工作），удалиться от общества（远离尘嚣），обособить его от массы（使他脱离群众）。

跟事（следуемое）：主体所跟随并随之一同发生空间位移的客体事物。跟随动词的客体题元典型语义角色即为跟事，例如，следовать за мной（跟着我），гнаться за зверем（追踪野兽）。

共事（контрагент）：配合主体完成行为的有生客体，且与主体协同完成此行为，二者在行为中承担相同任务、占据相同的地位，并无主次之分。部分人际关系动词、相互关系动词的客体题元语义角色为共事，例如，воздействуют поле излучения с температурой（辐射场与温度相互作用），дружить с директором（与经理交好），развестись с отцом（与父亲断绝关系）。

来源（源事）（источник）：主体自身的出身或行为所涉及的客体事物的获取途径。来源所涉及的主要是表示"出身，来自"或"获取，得知"等义的动词①，例如，выйти из семьи трудовой（工人家庭出身），узнать из газет（从报纸上得知）。

价格（цена）：各种表示参数意义客体题元中比较具有代表性的一种，表示商品的价值。价格所涉及的主要是表示"要价""价值"等义的动词，例如，просить три тысячи（要价三千），стоить сто рублей（价值一百卢布）。

转事（превращение）：事件发展的方向、趋势或事情发展、变化、转变的结果。转变动词客体题元典型语义角色即为转事，例如，идти к лучшему（变好），превратиться в действительность（变为现实）。

用途（назначение）：事物应用的方面。所涉及的主要是表示"使用""消耗"等义的动词，例如，на книги идёт много денег（在买书上花了很多钱），назначить сумму на покупку книг（指定用于买书的款项）。

范围（сфера）：行为或活动所关涉的门类或限定的对象。该语义角色涉及的主要是选择动词，在选择动词中对应的客体题元专指行为所选取

---

① 这里主要指消极获取、得到，且获取途径所关联的对象为非表人事物，积极获取所涉及的对象其语义角色为与事。

的范围，例如，выбрать цитаты из классиков（从经典作品中摘录引文），отобрать нужные материалы из серии научно-технических книг（从科技文库中选取所需文献资料），подобрать кадры из передовиков（从先进分子中挑选干部人选）。

方式（способ）：行为所采取的方法和形式。所涉及的动词较多，主要以实体行为动词为主，例如，идти пешком（步行），методом проб и ошибок научиться（在尝试与犯错中学习），получить другим способом（通过另一种方式获得）。

目的（цель）：主体实施行为所追求的目标，所要达到的境况。原则上可以与所有表示可控行为的动词连用，包括各种实体行为以及心智、情感行为，例如，выпить за здоровье（为健康干杯），сражаться за Родину（为祖国而战），стараться для семьи（为了家人努力）。

日期（дата）：行为、活动、状态等发生或持续的时间。Ю. Д. Апресян将所有有关时间的语义要素都纳入日期角色之中，这样直接导致了对日期的界定有些模糊不清，但由于时间要素较少作为题元出现，因此这里不对其作进一步划分。本书涉及日期语义角色的主要是部分心智思维动词，例如，назначить собрание в среду（会议定于周三举行）。

除上述基本语义角色之外，部分动词的客体题元还存在题元重合（актант полиролей）[1] 或题元语义角色双重性的问题（сдвоенность семантических ролей одного и того же актанта）[2]，即一个概括题元承担若干个语义角色的功能，形成题元（角色）兼类[3]。Ю. Д. Апресян[4] 和

---

[1] 彭玉海：《论题元重合》，《中国俄语教学》2008 年第 3 期。

[2] Ю. Д. Апресян, "Типы соответствия семантических и синтаксических актантов", в В. С. Храковский, С. Ю. Дмитриенко, Н. М. Заика, ред., *Проблемы типологии и общей лингвистики*, СПб.: Общество с ограниченной ответственностью "Нестор-История", 2006, стр. 22.

[3] 彭玉海：《论题元重合》，《中国俄语教学》2008 年第 3 期。

[4] Ю. Д. Апресян, "Типы соответствия семантических и синтаксических актантов", в В. С. Храковский, С. Ю. Дмитриенко, Н. М. Заика, ред., *Проблемы типологии и общей лингвистики*, СПб.: Общество с ограниченной ответственностью "Нестор-История", 2006, стр. 22.

Е. В. Падучева① 都使用了相同的例子说明这一点：感知动词的客体题元既是感知的外部对象②，也是大脑中呈现的形象（образ）。创造形象类动词（глагол создания изображения）的客体题元既是描绘的主题③，也是创造出的形象（изображение）。不过二者的重合不是必然的，例如，**написал портрет Маши**（画了一幅玛莎的肖像画）。

客体题元语义角色具有双重性的情况并不少见，比如说，情感行为动词，尤其是感情反应动词的语义配价结构中主体与客体的语义内涵都较为复杂，难以归入一个单一的语义角色。例如，**Мой ответ** рассердил его（我的回答激怒了他），Он веселит ребят **различными присказками и шутками**（他用各种各样的小故事和笑话来逗孩子们开心）。无论归咎者或施感者是否外显于表层论元结构中，这两个句子中的 ответ（回答）与присказками и шутками（小故事和笑话）语义角色都为诱因—对事，я（我）与 он（他）则为施感者（或称为归咎者、准施事）—准对事。感情态度动词客体题元的语义角色也有类似问题，例如，Ита её любила за **добродушие и весёлый нрав**（伊塔因她的善良和开朗而爱她），Ита любила её **добродушие и весёлый нрав**（伊塔爱她的善良和开朗）。无论题元分裂与否，добродушие и весёлый нрав（善良和开朗）语义角色都为原因—对事，至于 её（她）则是感情表达的对象，是特征的领属者。

很多情况下，题元重合的主要原因是出发点不同，在考虑题元语义层面的同时兼顾其句法层面，即由于整个谓词结构语义与句法层面的非直接对应性而导致了题元重合的问题。例如，表示"抛，扔""投掷""转动"义动词的客体题元有 N_4 或 N_5 两种表达形式，二者语义角色均为受事，但后者又带有一定的工具意义，例如，бросал в мать **горшком**（把罐子扔向母亲），вращать **глазами**（转动眼睛）。部分给予行为动词的语义配价结构中给予的对象除 N_3 之外，还可以用"前—名"结构来表达，

---

① Е. В. Падучева，"Глаголы создания образа: лексическое значение и семантическая деривация"，Вопросы языкознания，No. 6，2003，стр. 30 – 32.

② Ю. Д. Апресян 将其称为外部客体（внешний объект），Е. В. Падучева 将其称为动因（стимул）。（Ю. Д. Апресян 2006：22；Е. В. Падучева 2003：30 – 32）

③ Ю. Д. Апресян 将它也称为外部客体，Е. В. Падучева 则将它称为主题（тема）。（Ю. Д. Апресян 2006：22；Е. В. Падучева 2003：30 – 32）

此时给予对象多为某种团体、组织、机构等,其语义角色为与事—位事,例如, дать бумагу **в университет**(将文件交给学校),отправить телеграмму **в семью**(给家里发电报)。部分表示"参加,加入"等义人际关系动词的语义配价结构中,由"前—名"结构表达的所加入的团体、组织、机构的语义角色为目的—位事,例如,примкнуть **к народному фронту**(加入人民阵线),приобщиться **к загадочному миру** российской интеллигенции(进入俄罗斯知识分子的神秘世界),войти **в комиссию**(加入委员会),вовлечь кого **в разговор**(与某人攀谈)。

有时,题元重合发生在间接角色配位中,且主要是由于受到直接配位结构的影响。以"给……穿上""填充,占据""缠绕"义动词为例,直接配位结构对应的论元结构均为 N_1 Vf N_4 N_5[①](намотать шпульку ниткой/把线缠在线轴上),而间接配位结构对应的论元结构则为 N_1 Vf N_4 <в/на> N_4(намотать ниток на шпульку/把线缠在线轴上)。在两种角色配位模式中,"穿""填充""缠绕"的直接对象,即受事,与工具互换了位置,在直接配位结构中第一客体为前者,在间接配位结构中第一客体为后者。这种出于交际目的对焦点的切换也会对客体题元的语义角色造成一定影响,直接导致了在间接配位结构中, N_4 的语义角色为工具—受事, <в/на> N_4 的语义角色为受事—位事,前者是从语义出发的,而后者是从句法位置出发的。

有时,题元重合的原因在于不同语义角色本身描述题元语义功能的角度就有所不同。以关系动词为例,所有关系动词的客体题元可通称为系事,这是从其语义内涵出发的。然而,大多关系动词只揭示或描述某种关系,并不对现实造成某种影响,因而从这个角度来讲,其客体题元又是对事。严格地说,关系动词客体题元的语义角色应为系事—对事,二者并不矛盾,起到了相互补充说明的作用。

使役动词是一类较为特殊的动词,实体行为动词、心智行为、情感行为、关系意义动词之中都有使役动词的存在。使役动词的语义配价结构中受事即为使役行为的直接对象,同时也是行为下一个阶段的主要执行者,

---

① 文中动词论元形式结构所用代码为:N 表示名词,其右下标的阿拉伯数字表示名词所用的是第几格;Vf 表示动词变化形式;Adj 代表形容词;Adv 表示副词;Inf 代表动词不定式;P 表示命题(事件)。另外,俄语前置词置于尖括号"< >"内。

因此它是带有一定施事性质的受事题元，语义角色为受事—准施事（аффект—деятель）。例如，запретить **им** смотреть телевизор（禁止他们看电视），велеть **нам** разобрать эти карточки（吩咐我们分类整理好这些卡片），советовать **тебе** подумать（建议你考虑一下）。这里客体题元语义角色的双重性主要是由于行为本身具有多阶段性，从时态阶层来讲，在不同的行为阶段客体题元所承担的语义功能有所不同。

总体上讲，对谓词题元进行语义角色划分是一个极为复杂的语义学问题，其中不仅涉及谓词的语义本身，还涉及整个句子的语义结构问题。判定谓词某个题元的语义角色从本质上说是要明确该题元在整个谓词情景结构中所扮演的角色以及与动词的逻辑语义关系。客体题元的语义角色兼类实质上反映出的是事件情景结构的复杂性、多面性，同时也是在判定题元语义角色时兼顾其表层论元形式的必然结果。

第四节　俄语客体题元的次语义属性层级分析

本节有关客体题元的次语义属性层级分析中，将首先对题元理论中的（题元名词）次语义属性本身进行分析，然后在此基础上再对俄语客体题元的次语义属性层级内容展开具体讨论，提出本书针对动词语义研究将要涉及和运用的客体题元次语义属性参数，同时对其在俄语动词语义描写中的功能和作用加以分析。

一　题元的次语义属性

"题元次语义属性指题元或题元名词包含的范畴化语义特征，动词语义的不同往往与动词词位中该语义属性的不同有关。"[①] 谓词结构的语义不仅取决于其中题元的数目和语义角色构成，还与填充情景"空位"题元词的次语义属性密切相关。《语言学百科词典》中将题元词的次语义属性称为"范畴性预设"（категориальные пресуппозиции），其具体内涵为动词语义搭配上的限制，即题元在进入谓词作用范围后被谓词施加的语义

[①] 彭玉海：《语言语义的集成描写研究：基于 MSS 理论原则的句法—语义界面探索》，中国社会科学出版社 2013 年版，第 143 页。

限制①。

动词对进入其题元结构的题元词都会有一定程度上的语义限制,有些动词的语义搭配范围较广,例如,дать(给)的客体既可以是具体事物,也可以是抽象概念,动词的语义既可以表达事物本身或使用权限的转让,也可以表达"准许,允许"的意义。而有些动词的搭配范围则相对受限,例如,ранить(使受伤)的受事客体只能为人。动词对题元词语义上的限制包含在其语义之中,已经成为其语义不可分割的一部分,能够辅助生成语义正常的句子。"次语义属性是一种过滤机制,它能帮助我们掌握语义的限制情况并生成语法正确、语义正常的句子,是实现语义一致和题元语义功能的基础条件。"② 题元词的次语义属性,一方面是判断谓词结构语义是否异常的形式化手段之一;另一方面,当题元数量、语义角色、论元形式都不足以区分不同动词或同一动词的不同义项时,次语义属性就成为动词语义的重要区分性特征。

从宏观来讲,不同词汇语义类别动词所包含的题元次语义属性信息会有所差异。例如,实体行为动词多表示有意识的、可控的物理行为,其中主体题元多为有生客体,客体题元多为具体事物,而心智行为动词表示的是抽象的、发生在虚拟空间的行为,其主体题元多为人,客体题元多为抽象思维活动的内容。题元词次语义属性的变化可能会导致动词进入另一个主题类别。例如,实体行为动词中表示"接近"义的动词,如果行为的终点不再是实体空间,而是虚拟的交际空间的话,动词就成为人际关系动词,Через одиннадцать недель экспедиция приблизилась₁ **к берегам** Южной Америки(11周后,考察队接近了南美洲的海岸),И мысли не допускал, чтобы кто-то приблизиться₂ **к нему**(根本不可能有人能够接近他)。从同一动词的语义出发,在多义动词内部并列存在着多个不同的词汇语义单位,而不同的词汇语义单位对题元词的语义限制也会有所不同。此时,题元次语义属性就成为判别多义词不同义项的外显标志。例如,实体行为动词 снять 直义为"拿下,取下"(снять₁ **книгу** с полки/把书从书架上拿下来),当客体题元为衣物、佩饰等时,动词语义为"脱

---

① В. И. Ярцева, ред., *Лингвистический энциклопедический словарь*, М.: Советская энциклопедия, 1990, стр. 396.

② 彭玉海:《俄语动词(句)语义的整合研究》,黑龙江人民出版社2001年版,第73页。

下，摘下"（снять₂ **шубку** с ребёнка/把孩子的裘皮大衣脱下来）。Е. В. Падучева 也注意到了这一点，并明确指出，次语义属性迁移也是动词语义派生的类型之一①。

此外，题元次语义属性与语义角色之间的关系也值得作深入探讨。大多数学者在划分和界定语义角色的过程中并未提及每个语义角色的次语义属性。如同客体题元层级化系统中的其他各个层级一样，次语义属性与语义角色层级之间相互关联而又彼此独立。首先，题元次语义属性足以左右语义角色的判定，例如，**Противник** ушёл из города（敌军从城市里撤了出来），**Тучи** ушли на юг（乌云向南方飘去）。前者主体题元为人，语义角色为施事，后者主体题元为自然现象，语义角色为行事。一些语义角色又有其典型的次语义属性归属，例如，典型的施事为有生命客体，受事则一般为非生命客体②。同时这两个层级之间又彼此独立，即次语义属性并不能预测题元语义角色，反之亦然。具有同一次语义属性的题元词能够扮演不同的语义角色，例如，人能够表示施事、受事、感事、对事等语义角色，对应同一个语义角色的题元词也可能具有不同的次语义属性，例如，受事可以是人、动物、物质客体等③。

对于题元次语义属性的划分，不同学者提出的分类标准往往因研究对象和研究目的不同而彼此有别。А. Мустакайоки 指出了题元词的 4 种次语义属性：人、实物、物质和抽象事物④。Ю. С. Степанов 提出了三大对立范畴：人/非人，活物/非活物，积极/消极⑤。其中表人名词进入题元结构时的表现尤为特殊，人是具有思想、能够表达感情的客体，人同所有其他的范畴相对立。同时，针对客体题元，Ю. С. Степанов 还探讨了可让渡性/不可让渡性，动物性/非动物性，局部/整体这几个对立范畴对客体题

---

① ［俄］Е. В. 帕杜切娃：《词汇语义的动态模式》，蔡晖译，北京大学出版社 2011 年版，第 64 页。

② 为行文方便，以下分别将"有生命客体""非生命客体"统一简称为"有生客体""非生客体"。

③ ［俄］Е. В. 帕杜切娃：《词汇语义的动态模式》，蔡晖译，北京大学出版社 2011 年版，第 68 页。

④ А. Мустайоки, *Теория функционального синтаксиса: от семантических структур к языковым средствам*, М.：Языки славянской культуры, 2006, стр. 159 – 160.

⑤ Ю. С. Степанов, *Имена. Предикаты. Предложение*, М.：Наука, 1981, стр. 305.

元在整个谓词结构中语义表现的影响①。Е. В. Падучева 提出的分类范畴则更为细致，她从题元词的主题类别出发，划分出以下几个典型范畴：非离散物质（其中包括物质和集合），物质客体，活物，自然力，情景（其中包括事件、状态、过程），人，人体部分，参数，空间，机构等②。这种划分可以继续扩展下去，主要还是取决于是否有必要对其作更进一步的划分。且名词的意义繁杂、种类繁多，只要能够起到区分动词语义的作用，就没有必要无限地扩展该分类体系。

彭玉海在对动词进行整合性研究的过程中，整理并提出了一系列操作性较强的题元次语义属性，其中包括活物/非活物、具体/抽象、意志活动/非意志活动、目的/非目的性、内部客体/外部客体、局部/整体、可运作/不可运作性、对事/非对事性、工具/材料等③。这些对立范畴的划分相对于 Е. В. Падучева 的主题划分法更能发挥次语义属性层级的区分功能，且这些有限的对立范畴也比无限的主题类别具有更强的可操作性。这样一来，除少数单纯依靠对立范畴无法起到区分功能的情况外，这些对立范畴足以将次语义属性层级的区分功能最大化。下文就将针对客体题元列出一些典型的、区分性较强的对立范畴，并在这些对立范畴体系内详细论述次语义属性层级的内容。

二 客体题元的次语义属性

题元词的次语义属性在某种程度上能够决定动词的语义，而每个情景参与者对情景语义的贡献不同，相较于主体题元，客体题元的次语义属性对动词语义的影响力更大。主体题元次语义属性发生改变，动词主题类别不一定改变，而客体题元次语义属性变化常引起动词语义以及主题类别的变化。与主体题元相比，客体题元次语义属性的表现无疑要丰富得多，可以是任一具体或抽象事物、有生或非生客体、事件、行为、性质特征等，而主体题元仅在人、自然力、情感、心理或思维事物（主意、见解、决定等）的范围内变化。

---

① A. Мустайоки, *Теория функционального синтаксиса: от семантических структур к языковым средствам*, М.: Языки славянской культуры, 2006, стр. 262–276.

② ［俄］Е. В. 帕杜切娃：《词汇语义的动态模式》，蔡晖译，北京大学出版社 2011 年版，第 62—70 页。

③ 彭玉海：《俄语题元理论》，黑龙江人民出版社 2004 年版，第 123—126 页。

客体题元的次语义属性数目众多，该层级的研究任务绝不是给这些范畴列一个完整的清单，而是找出那些具有普适性、区分性、典型性的范畴。Е. В. Падучева 在研究过程中就采用了 Ю. Д. Апресян 所说的"至少需要两个动词"的条件，即为了确定一个次语义属性，至少需要拿出两个动词，并且每个动词都有明显不同的意义，意义之间的差异就在于题元词一个要求具备该次语义属性，另一个不做要求或要求具备其他次语义属性[①]。本着此原则，本书确立并提出将涉及的题元次语义属性为：（1）有生/非生性、表人/非表人性、具体/抽象性；（2）内部/外部性、可运作/不可运作性、可让渡/不可让渡性、局部/整体性、领事/属事性。其中，第（1）组为题元名词本身语义所固有的语法语义范畴属性，第（2）组为题元名词在一定组合关系或具体题元结构关系之中所表现出来的题元名词属性。下面分别展开分析和描述。

有生/非生性：指题元名词在语法语义范畴特征上的有生命性和非生命性。该对立范畴表现在主体题元上与行为是否具有意志性有关，而表现在客体题元上时则与动词的主题类别有关。首先，心智行为动词与情感行为动词的客体题元主要以有生客体为主，而在关系意义动词和实体行为动词的题元结构中则二者均可。其次，在实体行为内部还可以根据客体题元是否具有动物性作进一步的细分。例如，表示"创造""提取""填充，覆盖"等义动词的客体题元通常为非生客体，而表示"奖惩""驱逐""保护""致死"等义动词的客体题元通常情况下应为有生客体。此外，该范畴还能够区分同一动词的不同词汇语义单位。例如，бить 表示"敲打，锤，击"义时，其客体题元为非生客体（бить$_1$ молотом по наковальне/用锤子敲击铁砧），而表示"殴打，揍"时，其客体题元则为有生客体（бить$_2$ лошадь кнутом/用鞭子抽马）。

表人/非表人性：指题元名词在语法范畴属性上表现出的表人特征和非表人特征，它是有生/非生性题元次语义特征的一种变体表现方式。在一些动词的题元结构中引起动词语义变化的不是客体题元有生与无生之间的转化，而是客体题元是否为人。人会经历一定的情感反应以及心理变化，作用于人或人身体的一部分时谓词结构的语义常会区别于作用于其他

[①] ［俄］Е. В. 帕杜切娃：《词汇语义的动态模式》，蔡晖译，北京大学出版社 2011 年版，第 69 页。

客体的情况。与有生/非生性范畴一样，表人/非表人性特征也能起到区分不同词汇语义类别动词的作用。有很多施事类动词，可以作用于人或事物，但造成的结果不同。例如，一些分裂义动词作用于事物时，表示"分割，分离"（отгородить₁ **кусок леса** для строительства/隔出林中的一块地用于施工），而作用于人时表示"使脱离，使疏远"，此时动词进入了人际关系动词类别（отгородить₂ **воспитанника** от живой жизни/使学生脱离实际生活）。而有些情况下，客体题元人/非人的属性变化会引起语义角色变异。例如，一些言语动词与表人客体连用时客体题元为受事（предупредить **его**/警告他），与抽象客体连用时客体题元则为内容（предупредить **об опасности**/警告危险）。

具体/抽象性：指题元名词在语法范畴语义上的具体与抽象语类属性，相应具体客体是指具有实体性质的事物，其中包括有生和非生客体。抽象客体即无实体的概念、特征、属性、事件、过程、现象等。前者对应的题元词为具体名词，后者对应的题元词为抽象名词、动词不定式或句子。"在动词语义句法研究中如若忽略了这一次范畴特征，那么该项研究全面、实质性的进展几乎不太可能。"① 实体行为动词的客体题元以具体客体为主，而情感与心智行为的客体则大都为抽象客体，至于关系意义动词则二者均有。该范畴最重要的价值在于其与动词转义之间的密切关系，大量的实体行为动词都能够通过改变客体题元次语义属性来进行语义派生。当实体行为动词的题元结构中出现抽象客体时，要么该抽象客体词义具体化，要么动词语义抽象化，否则就会造成语义异常。而动词语义抽象化也就意味着动词主题类别要发生变化，例如，感知动词的客体题元如果是抽象事物的话，那么主体接收信息的方式就不再为通过物理器官，而是心智思维，动词也由实体行为动词变为心智行为动词（хорошо воспринять **содержание** книги/很好地理解书的内容）。"具体名词表现的是事件命题的构成要素，而抽象名词表现的是命题事件本身。"② 这也就意味着当客体题元具有抽象性时，整个命题呈现复合式命题结构，这一点当客体题元在动词发生转义后由从句表示时表现得尤为突出，例如，Справедливость

---

① 彭玉海：《俄语动词（句）语义的整合研究》，黑龙江人民出版社2001年版，第77页。
② 彭玉海：《语言语义的集成描写研究：基于MSS理论原则的句法—语义界面探索》，中国社会科学出版社2013年版，第150页。

требует заметить, что **его сочинения там, где он не увлекается сентиментальностью и говорит от души, дышат какою-то сердечною теплотою**（应该公正地指出，在他那些不是伤春悲秋而是直抒胸臆的作品中洋溢着真诚与温暖）。

以上第（1）组的有生/非生性、表人/非表人性、具体/抽象性等三个次语义属性表现的是客体题元名词本身语义所固有的属性。下面将要分析的第（2）组题元次语义属性即内部/外部性、可运作/不可运作性、可让渡/不可让渡性、局部/整体性、领事/属事性则在很大程度上与题元名词同动词的组合关系因素本身相联系，并非题元名词所固有的语法范畴特征。

内部/外部性：指客体题元在动词题元结构关系中表现出来的内部客体和外部客体属性。内部客体是指行为开始时不存在的、随着行为进行与完结出现的新事物，而外部客体则是行为开始时就业已存在的事物。二者相当于成事客体与受事客体的对立，前者是情景中酝酿出的新事物，后者则是在谓词作用下性质、特征或状态发生变化的事物。该语义属性为实体行为动词的题元词所独有，实体行为动词也能够借此次范畴化。有些实体行为动词只能与外部客体连用，例如转移动词、感知动词、破坏动词等，而有些动词则只能与内部客体连用，例如创造动词。有些实体行为动词具有语义上的双重性，能够与两种客体连用但语义有所不同，例如，许多转义表示创造义的动词，当其作为创造动词时，客体题元为内部客体，而当其作为其他语义类别的动词时，客体题元则为外部客体（рубить₁ **ветки**/砍树枝—рубить₂ **избу**/建造木屋）。表示"由……制成""用……写成""把……切分成"等义动词的题元结构中允许这两种客体题元共现，例如，сложить **дрова в поленницу**（把木柴堆成垛），сочинить **повесть из дореволюционной жизни**（将革命前的生活写成小说），разделить **их на четыре группы**（将他们分为四组）。

可运作/不可运作性：该对立范畴针对工具客体，且只体现在双客体或多客体实体行为动词的题元结构中。工具客体的可运作性是指工具在发挥功能的过程中是运动的，而不可运作性是指工具在发挥功能的过程中是静止不动的。例如，表示"磨砺"义动词的工具客体具有不可运作性，只能采用 <o>N₄ 的论元形式（точить **о камень** железный наконечник/在石头上打磨铁制的尖头）；而表示"擦拭"义动词的工具客体则二者均可，相应地也有<о>N₄与N₅两种论元形式（вытереть руку о платок/在头巾上擦手—вытереть тряпкой стол/用抹布擦桌子）。

可让渡/不可让渡性：又称可分离性/不可分离性，主要针对的是受事客体，大多体现在双客体实体行为动词的题元结构中。不可让渡性强调的是有生客体和其身体一部分之间的不可分离关系，而可让渡性则是指两个客体之间的关系具有临时的性质，可以脱离彼此独立存在。该对立范畴与配价分裂现象密切相关，一些作用于有生客体的动词的直接客体位上，既可能出现该有生客体，也可能出现直接承受行为的身体部位。例如，击打动词ударить（打，击）具有两种论元结构 N₁ Vf N₄（ударить **живот** своего родственника/击打自己亲戚的腹部）和 N₁ Vf N₄<в>N₄/<по>N₃（ударить **в живот** своего родственника/击打自己亲戚的腹部），后者是前者配价分裂的结果，其中击打的对象不再是领属结构中的领事，而是作为直接客体直属于动词，击打的部位则居于间接客体位。

局部/整体性：指题元名词在动词题元结构中表现出来的事物整体、部分的关系特征。该对立范畴主要体现在实体行为动词的题元结构中，所指的是行为所涉及的对象是事物的整体，还是只涉及其一部分。二者有时可能共现于同一动词的题元结构中，例如，表示"物理力作用于某物的表面或某一点"义动词的题元结构为双客体结构，且两个客体题元之间存在局部与整体的关系（колотить **берёзу** по **стволу**/用力敲打白桦树的树干）。客体题元的该语义属性，彭玉海将之称为"题元词度量地位特征"[①]。该语义属性在一些情况下能够区分不同词汇语义单位，例如，部分去除动词的客体题元如果为要去除的对象，则动词语义为"去除某物"，而当其客体题元为作用的事物整体时，动词语义为"使状态改变"（выбить₁ **пыль**/掸去灰尘—выбить₂ **ковёр**/把地毯拍打干净）。

领事/属事性：指题元名词在动词题元结构中所表现出来的人和事物之间或者事物彼此之间的"领有"和"属有"关系特征。该对立次语义属性范畴可以视为局部/整体性的一种广义表现形式，即动词的两个题元之间存在领属关系。这种关系不仅可以存在于两个客体题元之间，还可以存在于主体题元与客体题元之间，甚至是整个动词的情景结构中。在领属关系动词的题元结构中，主体与客体题元之间存在领属关系，例如，**Он**

[①] 彭玉海：《俄语题元理论》，黑龙江人民出版社2004年版，第56页。

имеет **прекрасный слух**（他的听力极佳），**Новый аппарат** отличается **большей разрешающей способностью**（新仪器的分辨率更高）。实体行为动词中表示"主体有意识的身体活动"动词的主体与客体之间也存在领属关系，例如，**Мать** ахала и качала **головой**（母亲一边叹气一边摇头），**Марина** в отчаянии прижала **руки** к вискам（玛琳娜在绝望中将双手贴近了太阳穴）。实体行为动词中表示"购买""贩卖""获取""夺取、窃取"等义动词的情景事件中也必然存在领属关系，否则情景无法成立。例如，**Хозяева** продали **усадьбу**（主人们将庄园卖了出去），Она украла у меня золотую цепочку（她把金链子从我这里偷走了）。其中后者还可以改写为 Она украла мою золотую цепочку（她偷走了我的金链子），这样一来，两个客体题元之间的领属关系会更加明显。在心智行为动词中该范畴为负面参数，而在情感行为动词中该范畴则是配价分裂的必要条件之一。无论是感情反应动词还是感情态度动词都可以发生配价分裂，例如，Напрасно вы стараетесь рассердить **меня своими резкими выходками**（您想要用粗鲁的行为来激怒我是徒劳无益的），Они же живут в долг и вынуждены любить **её за деньги**（他们靠举债度日，不得不因为钱而爱她）。其中两个客体题元之间存在着人与财产、行为、特征、性状之间的领属关系。

概括起来，以上第（1）组的有生/非生性、表人/非表人性、具体/抽象性等三个次语义属性为题元词本身语义所固有的属性，与任何词汇语义类别的动词搭配都不会改变这些次语义属性；而第（2）组题元次语义属性即内部/外部性、可运作/不可运作性、可让渡/不可让渡性、局部/整体性、领事/属事性则是由于题元词在谓词的约束之下相互作用而产生的，并不为题元词本身所固有，会因所进入的题元结构不同而发生改变。彭玉海称前者为"第一层级"的题元次语义特征，后者为"第二层级"的题元次语义特征或"准题元次语义特征"[1]。这里，为了凸显二者的差异，将前者命名为"静态题元次语义属性"，后者为"动态题元次语义属性"。

进一步讲，上述题元次语义属性层级最核心的功能、作用体现在它同

---

[1] 彭玉海:《语言语义的集成描写研究：基于 MSS 理论原则的句法—语义界面探索》，中国社会科学出版社 2013 年版，第 159 页。

动词语义功能、表现之间的紧密联系。动词发生隐喻派生，客体题元词常发生范畴迁移，因而 Е. В. Падучева 认为，隐喻从根源上讲就是一种"范畴错置"①。许多动词转义的情况都伴随着客体题元次语义属性的变化。客体题元次语义属性变化主要包括以下几种模式：具体客体→抽象客体（即题元名词的具体性→抽象性），例如，运动义动词表示主体进入或退出某一思维或心理虚拟空间，动词语义随之抽象化，成为心智或情感动词，Местные предприятия пока не смогли выйти **из кризиса**（当地的企业尚未摆脱经济危机的影响），Однако никак мы не доберёмся **до сути дела**（然而我们怎么都无法弄清事情的本质）；有生客体→抽象客体，例如，部分夺去生命动词的有生客体抽象化，导致动词语义随之虚化为"毁灭，摧残，危害"等义，В ребёнке убили **талант**（孩子的天赋被扼杀了），Трауберг всячески стремился отравить **сознание киноработников**（特劳贝格千方百计地试图毒化电影工作者的思想）；非表人客体→表人客体，例如，运动义动词转义表示人际关系，此时客体题元由物理空间转变为人的交际空间，Арнольд несколько отдалился **от меня**, увлёкшись новым делом（阿诺尔德沉醉在新事务中，有些疏远了我），Он не знал, как подъехать **к девушке**（他不知道该如何讨好女孩子）；非生客体→有生客体，例如，部分分裂义动词客体题元由非生客体转变为有生客体，动词语义随之转变为"使受损，使受伤"，Лар разбил **его голову**（长臂猿打伤了他的头）。

还有一些动词客体题元词的语义涵盖范围可以扩大或缩小，从而影响动词语义。语义涵盖范围缩小，又可以称为范畴专指②或专门化，即原本的题元词语义覆盖范围要比转义后更广。例如，感知动词对其客体题元的语义限制相对来说较小，既可以是有生客体也可以是非生客体，当转义表示"拜访"时，其客体题元只能为表人客体，Вот после обеда загляну **к вам**（吃过午饭后我就顺路去拜访您）。相对地，语义涵盖范围扩大所指的就是转义后题元词的语义覆盖范围要比之前更广。例如，部分言语动词

---

① Е. В. Падучева, "О роли метонимии в концептуальных структурах", в Нариньяни А. С., *Труды международного семинара Диалог' 99 по компьютерной лингвистике и её приложениям. Т. 1*, М.: Таруса, 1999, стр. 563.

② ［俄］Е. В. 帕杜切娃：《词汇语义的动态模式》，蔡晖译，北京大学出版社 2011 年版，第 313 页。

能够转义表示逻辑关系，此时客体题元不再受到"可用言语形式表达的内容"这一限制，只要具备抽象性即可，Подпись говорила **о правильности извещения**（签名说明了通知内容属实），Поисковые системы часто не отвечают **этому требованию**（检索系统经常不符合这项要求）。

除了与动词转义密切相关，该层级也具有区分同一类别不同动词的作用。例如，损害身体动词，ужалить（蜇，咬，刺），расцарапать（抓伤，抓破），поранить（使受伤）只作用于人，而исколоть（刺伤），поцарапать（抓破，划破），обварить（烫伤），изуродовать（使成残疾）作用于人的身体表面，与人、物连用均可。此外，对于一些语义较为空泛的动词，客体题元能够起到补足动词语义的作用，此时客体题元的次语义属性直接决定了动词的意义。例如，转移动词слать（寄送，发）本身语义中并不包含转移的方式，该语义主要体现在客体题元上。слать **письмо**（寄信），转移方式为邮寄；слать **телеграмму**（发电报），转移方式为发报；слать **денежный перевод**（汇款），转移方式为银行转账。创造动词делать（做）具有极为鲜明的使成意义，至于使成的对象以及使成的方式则取决于客体题元的次语义属性。被实现的可以为具体事物，也可以为事件、言语形式、逻辑推理、行为、情感等，相应地，动词的语义也有所不同。例如，делать **пирог**（做馅饼），делать **ошибку**（犯错误），делать **заявление**（发表声明），делать **сравнение**（作比较），делать **движение**（做运动），делать **большие глаза**（瞪大眼睛）。可以说，对于语义空泛的动词来说，动词的语义要依靠客体题元来具体化，此时客体题元次语义属性的作用得以充分地显现出来。

第五节　俄语客体题元的论元形式层级分析

本节有关客体题元的论元形式层级分析中，将首先对题元理论中的论元形式本身进行分析，然后在此基础上对俄语客体题元的论元形式层级内容展开具体讨论，并对客体题元论元形式和相应的论元结构在动词语义句法描写和语义区分中的功能、表现加以分析。

一 题元的论元形式

在现代语言学中，词汇语义学与句法语义学之间存在紧密的联系。动词语义研究必然会涉及动词所反映的情景事件中各个参与者在句法结构中如何发挥其功能的问题。换言之，为全面揭示动词语义，必须对其语义配价结构以及论元形式、论元结构进行细致分析，需要着重探讨深层语义结构以及表层句法结构之间的对应关系。所谓题元的论元形式，是指动词句子上升到表层结构时，其题元名词对应使用的句法形式，即动词题元在句子形式结构层面上的句法呈现方式。作为动词句子所联结的必有性句法片段，论元形式所体现的是语义题元的形态——句法特征内容或它所对应的句法题元表征。通过论元形式，题元实现同其句子结构形式成分的对接，题元的语义角色功能得以实现。

Ю. Д. Апресян 在 И. А. Мельчук 四分法的基础上提出了语义配价与句法题元对应的九种不同类型：（1）必有语义配价对应主要句法成分；（2）必有语义配价对应次要句法成分；（3）必有语义成分对应零位句法成分；（4）非必有语义配价对应主要句法成分；（5）非必有语义配价对应次要句法成分；（6）非必有语义配价对应零位句法成分；（7）零位语义配价对应主要句法成分；（8）零位语义配价对应次要句法成分；（9）零位语义配价对应零位句法成分[1]。此外，他还指出，语义配价与语义配价在句法层面的体现是逻辑上不相关联的两个层面的问题，必须加以区分。Ю. Д. Апресян 之后继续深入研究了此问题，提出了八种语义与句法结构对应关系的类型：完全对应、角色配位迁移、配价分裂、配价位移、配价融合、绝对结构、题元内包以及临时增价[2]。

А. В. Бондарко 从句法角度探讨了主客体关系中的两组核心概念：主动态/被动态与及物性/不及物性，以及主客体的界定、二者之间的关系、

---

[1] Ю. Д. Апресян, *Избранные труды, том I. Лексическая семантика: Синонимические средства языка. 2-е издание, исправленное и дополненное*, М.: Школа «Языки русской культуры», Издательская фирма «Восточная литература» РАН, 1995, стр. 155.

[2] Ю. Д. Апресян, "Типы соответствия семантических и синтаксических актантов", в В. С. Храковский, С. Ю. Дмитриенко, Н. М. Заика, ред., *Проблемы типологии и общей лингвистики*, СПб.: Общество с ограниченной ответственностью "Нестор-История", 2006, 15 – 27.

句法表达形式等问题①。他明确指出，概括语义常项主体、谓词、客体的物质载体正是表达这些范畴的句法构造，句法形式本身是这些范畴概括性的基础，而由词汇以及上下文带来的语义多变性决定了主客体关系在表达方式上的多样性和变异性②。此外，主体题元与客体题元作为整个谓词结构的核心成分，有各自的惯常句法位，主体具有句法上的优先权，惯常占据主语位，而对于客体来说，主语位具有边缘性，客体常占据补语位，确切地说是直接补语位。

E. B. Падучева 在对动词语义进行研究时，虽然并没有将论元形式作为一个独立的层级提出来，而是将研究的重心放在了动词的角色配位模式上。但她所研究的角色配位在界定上较为宽泛，题元在句法上的表达形式及其变体形式也被纳入其范畴。"语义角色可能不完全独立于它的句法位，即角色有其惯常处于的句法位。"③ 换言之，无论是主体题元还是客体题元，甚至是其他副题元，都有其惯常的、基本的论元表达方式，脱离形式去谈深层语义格是片面的。在 E. B. Падучева 的研究中，通过角色配位迁移展现出来的动词语义衍生变化规律要以对动词的基本论元结构为参照。

彭玉海在构建客体题元层级分析构架时，将论元形式作为一个独立的层级提了出来。"进入论旨关系的客体题元总有自己具有一般规定性的论元位置，并以特定形态—句法方式占据该句法空位，就论元形式和论元选择而言，保障客体语义，进而也使整个动词情景语义得到准确、细致的展现是其存在的依据。"④ 他还强调了该层级在辨析动词语义衍变方面的独特作用。客体题元一旦舍弃其典型论元形式，那么此种"有标记的"论元形式必然要反映出整个谓词结构语义上的某种变异，有时这种变异是十分细微的，有时则会形成多义词的不同义项。

动词描述的是某种情景事件，情景事件中必然含有一个或多个参与

---

① A. B. Бондарко, *Теория значения в системе функциональной грамматики: На материале русского языка*, М.: Языки славянской культуры, 2002, стр. 621 – 662.

② A. B. Бондарко, *Теория значения в системе функциональной грамматики: На материале русского языка*, М.: Языки славянской культуры, 2002, стр. 623.

③ [俄] E. B. 帕杜切娃：《词汇语义的动态模式》，蔡晖译，北京大学出版社 2011 年版，第 43 页。

④ 彭玉海：《俄语题元理论》，黑龙江人民出版社 2004 年版，第 130 页。

者，这些情景参与者在表层句法结构中体现为数量固定的"空位"，这些空位又要由相应的句法形式进行填充。在俄语中，动词的同一个语义配价在句子层面上可能拥有多种论元形式，其中包括各种格形式以及"前—名"结构，甚至还包括具有潜在命题意义的动词不定式，以及具有命题意义的句子或句子的凝缩形式。而"不同语义类别的动词以及同一类别内部各次范畴之间的题元数目有可能相同，但它们可能在配价形式或句法题元方面有所不同"①。论元形式层级着重研究的正是由于表达方式不同造成的动词细微语义差异、多义动词不同义项以及不同主题类别动词之间论元结构上的不同。这里需要说明的是，该层级主要针对的是纯粹由于受到句法形式本身影响而导致的语义变化。至于那些由于深层语义结构与表层句法结构不同构或交际焦点迁移造成的语义变化，虽然也体现在句法形式上，其深层原因却又不限于此，因此将这些情况划归角色配位层级。

二　客体题元的论元形式

客体题元的第一句法位置是直接补语位，论元形式为不带前置词的第四格形式。该形式反映出的是行为在一定程度上指向特定的物体，对其产生影响，并将其纳入作用范围内②。不带前置词的第四格是最能集中体现客体语义特征的论元形式，因此狭义上的客体题元仅指占据直接补语位的客体题元，在 А. В. Бондарко 的句法语义学研究中甚至直接将客体题元与动词及物性关联起来③。

然而，句法题元、交际地位、深层语义角色这三者之间并没有直接联系。主体、客体的交际地位并不是绝对的，主体、客体的句法表达形式也并非仅限于第一格和第四格。即便是针对同一个动词也不能说语义角色被固定赋予了某一个句法位置。以下就以俄语中较为常见的单客体结构、双客体结构、多客体结构为例，列举一些常见的客体题元论元形式。

首先，单客体结构是最为常见的动词语义配价结构类型，在各个词汇语义类别的动词中都占有较大的比重。其中唯一客体题元的论元形式首选

---

① 彭玉海：《俄语动词（句）语义的整合研究》，黑龙江人民出版社2001年版，第72页。
② А. В. Бондарко, *Теория значения в системе функциональной грамматики*: На материале русского языка, М.: Языки славянской культуры, 2002, стр. 610.
③ А. В. Бондарко, *Теория значения в системе функциональной грамматики*: На материале русского языка, М.: Языки славянской культуры, 2002, стр. 608 – 620.

不带前置词的第四格形式，这也是所有及物动词客体题元的首选论元形式，对应的论元结构为 $N_1 Vf N_4$。具有该论元结构的动词非常之多，实体行为动词中表示"创造""生产，制造""感知""捕捉""采摘，栽种""收拾，整理""开关""喂养""吃喝""破坏""偷窃""按压""弄脏""容盛""致死"等义的动词，心智行为动词中表示"判定""检验""决断"等义的动词，情感行为动词中的感情态度动词和感情反应动词，以及大多数的关系意义动词均在此列。

单客体结构中客体题元的论元形式不限于第四格形式，间接格形式也较为常见。论元结构 $N_1 VfN_2$，常见于表示"接触，触及"义的实体行为动词，表示"期待""请求，想要"义的心智行为动词，以及表示"害怕，恐惧""腼腆，拘束""可耻"义的情感行为动词。例如，Жду трамвая（我在等电车），Прошу прощения（请原谅），Волки **боятся** огня（狼怕火），Девочка **стесняется** незнакомых（小姑娘怕生），Она **стыдилась** своего ужасно грубого брата（她为自己那非常粗暴的兄弟感到害臊）。论元结构 $N_1 VfN_3$，常见于表示"领属""服从"义的动词，表示"高兴""惊讶"义的非使役感情反应动词，以及部分逻辑关系动词。例如，Это учреждение **подчиняется** министерству культуры（这个机构隶属文化部），Весь город **удивился** его достижениям（整个城市都为他所取得的成就感到震惊），Слова **противоречат** действиям（言行不一）。论元结构 $N_1 VfN_5$，常见于表示"发出声响""发光""统治，管理"义的实体行为动词，表示"安慰""激动""生气""忧伤"义的非使役感情反应动词，以及部分逻辑关系动词。例如，Ветер **шелестит** травой（风把草吹得沙沙作响），Горные вершины **сияют** вечными снегами（群山的山巅闪耀着万年不化的积雪），Нельзя **управлять** автомобилем в состоянии алкогольного опьянения（醉酒的状态下不能开车），Вы умеете только **печалиться** да раздражаться слухами обо всём дурном（您只能因为听到坏消息而感到忧伤或愤怒），Замкнутость мужа **служит** причиной её беспокойства（丈夫那孤僻的性格是她不安的原因）。

单客体结构中的客体题元还可以借由各种"前—名"结构来表达。论元结构 $N_1 Vf <из/от> N_2$，常见于表示"脱离，退出"义的人际关系动词，以及部分表示"依赖""因果""包含"义的关系意义动词。例如，Еле **отвязался** от назойливого человека（他好不容易摆脱了一个纠缠不休的人），Он ото всех **уединился** и замкнулся（他离群索居，封闭了自我），Успех дела **зависит** от нас самих（事业成功与否全靠我们自己），Эти разногласия **проистекли** из нежелания понять друг друга（这种意见分歧是由于彼此不愿意理解对方），Квартира **состоит** из двух комнат（公寓由两个房间组成）。论元结构 $N_1 Vf <к> N_3$，常见于表示"到达"义的实体行为动词，表示"参加，加入"义的人际关系动词，以及部分所属关系、因果关系、方位关系动词。例如，Лодка **приблизилась** к берегу（小船靠了岸），Шлюпка не могла **подойти** к берегу из-за сильного прибоя（由于海浪过大，小艇无法靠岸），Катер **примкнул** к нашему каравану（汽艇加入了我们的商船队），К дому **примыкает** сад（公园挨着房子），Вопрос **относится** непосредственно к данной теме（这个问题与该主题直接相关）。论元结构 $N_1 Vf <в/на> N_4$，常见于表示"成为，变成"义的实体行为动词，各种运动动词，表示"相信"义的心智行为动词，表示"影响"义的关系意义动词以及部分方位关系动词。例如，Тихий ропот **превратился** в ужасающий шум（悄声的低语变成了吓人的喧哗声），Войска **вошли** в город（军队进了城），Мы твёрдо **верим** в победу коммунизма（我们坚信共产主义的胜利），Его спокойствие благотворно **влияет** на окружающих（他的冷静对周围的人产生了良好的影响），Эта улица **выходит** на площадь（这条街通往广场）。论元结构 $N_1 Vf <о> N_4$，常见于表示"碰撞"义的实体行为动词。例如，Птица **бьётся** о клетку（鸟儿撞击着笼子），Рыба **колотятся** об лёд（鱼在冰面上挣扎）。论元结构 $N_1 Vf <с> N_5$，常见于表示"打斗"义的实体行为动词，以及部分表示人际关系、相互关系、逻辑关系的动词。例如，Не надо **драться** с одноклассниками（不该和同学打架），Я **дружу** с этим человеком（我与这个人交好），В его понятии звук тесно **соприкасался** с формой и цветом（在他的观念中，音响是和形状与颜色有密切关系的），В представлении многих актёр **отождествился** со своим персонажем（在许多人的观念中，演员和他所扮演的角色是一样的）。论元结构 $N_1 Vf <за> N_5$，常见于表示"跟随""照看，照顾"义的实体行为动词。例如，Рыбак перестал **следить** за поплавком（渔夫不再追踪浮标），Я **ухаживала** за ней（我照顾过她）。论元结构 $N_1 Vf <над> N_5$，常见于部分意见动词以及表示成败关系的动词。例如，Он заставлял **думать** над главными проблемами бытия Земли и Человека（他不得不去思考关于地球与人类存在的问题）, Чувство долга **возобладало** над страхом（责任感战胜了恐惧）。论元结构 N₁ Vf < о > N₆ / < про > N₄，常见于各种心智行为动词，尤其是知晓与意见动词。例如，Они всё время **думают** о своей работе（他们总是在思考工作上的事），Я ещё ничего не **знала** про кино（我那时还对电影一无所知）。论元结构 N₁ Vf < из-за/от > N₂ / < за > N₄ / < на > N₄，这些表示原因的"前—名"结构均常见于非使役型感情反应动词。例如，Она очень **расстроилась** из-за вчерашнего тенора（她还在因为昨天那个男中音而感到不快），Младший из них только в это лето женился и потому очень **тревожился** за собственное жилище（他们之中年龄最小的那一个今年夏天刚结婚，因此非常忧心自己的住房问题），А писарь ещё сильнее **злится** на меня（而文书官更生我的气了）。

单客体结构中客体题元的表达形式除了间接格以及各种"前—名"结构，还可以采用不定式或句子的形式，此时客体题元在一定程度上具有命题意义。论元结构 N₁ Vf < Inf >，常见于表示"决断""选择""打算，计划"义的心智行为动词。例如，Я **решил** остаться дома（我决定待在家），Я **планирую** заняться йогой（我打算开始练瑜伽）。论元结构 N₁ Vf < P >，常见于各种心智行为动词的语义配价结构中。例如，Она никак не может **решить**, какое из двух платьев ей выбрать（她怎么都无法决定，该从这两条连衣裙中选择哪一条），Сдайся в полицию, ты должен **понимать**, как важно постараться исправить содеянное（去警局自首吧，你应该知道，努力改正自己犯下的错误是多么重要的事），Есть основания **полагать**, что эта атака продиктована политическими мотивами（有理由认为，此次袭击是出于政治上的目的）。

双客体结构的表达方式则更为灵活多变，第一客体的论元形式一般采用不带前置词的第四格形式。双客体结构在论元结构上的多变性主要体现在第二客体上，而第二客体的论元形式主要取决于动词的语义及其语义角色。双客体结构的论元结构较多，以下列举其中较为常见的几种。

论元结构 N₁ VfN₃N₄，常见于给予动词以及部分表示成败关系的动词。例如，Я рада, что судьба **дала** мне эту возможность（我很高兴命运给了我这个机会），Королева **вручит** ему награду за огромный вклад в развитие британской киноиндустрии（鉴于他为英国电影业发展做出的巨

大贡献，女王予以嘉奖)，Я **проиграл** ему 2 партии в шахматы（我输给他两盘棋）。

论元结构 $N_1 VfN_4 N_5$，常见于表示"填充""覆盖""缠绕""供给，保障""切割"义的实体行为动词，部分意见动词以及表示"称呼，命名"义的动词。例如，Люди, которые заказывали и проектировали это здание, **обеспечили** его современными машиноместами（设计师为这栋大楼预留了充足的现代化车位），Она **наполнила** чайник водой（她将水壶注满了水），Сапёры начали **резать** проволоку большими ножницами（工兵开始用大剪刀剪钢丝），Дарвин **назвал** глаз «органом необычайного совершенства и сложности»（达尔文将眼睛称作"具有非凡完善性以及复杂性的器官"），Он не **считает** меня особой высокоморальной（他并不认为我是一个品格特别高尚的人）。

论元结构 $N_1 VfN_4 <из> N_2$，常见于表示"用……制成""以……为素材写成""取出，提取""驱逐""射击"义的实体行为动词，强调起点的转移动词，以及选择动词。例如，В детстве начал **вырезать** кораблики из дерева, рисовать（他从孩提时代起就开始用木头雕小船，画画），Старшие **стреляли** птиц из самодельных луков（老人们用自制的弓打鸟），Она ухитрилась **выбросить** записку из окна（她设法从窗户扔出了一张字条），Мы **выбрали** один из этих фильмов（我们从这些电影中选出了一部）。

论元结构 $N_1 VfN_4 <от> N_2$，常见于表示"清除""清洗""获取""遮挡""保护""医治"义的实体行为动词，以及表示"使脱离，使疏远"义的使役人际关系动词。例如，Потом помог убрать в кладовку детские мольберты, **вымыть** банки от краски（之后他帮忙将儿童画架收到了小仓库里，将罐子上的颜料清洗干净），Дневной крем должен **защищать** лицо от вредного ультрафиолета（日霜应该能够保护脸部免受有害紫外线的侵害），Он **лечил** их от тех же недугов（他治好了他们的病痛），Вы должны будете на время **отлучить** его от дома（您应该暂时让他离开家）。

论元结构 $N_1 VfN_4 <с> N_2$，常见于表示"复制，描摹""征收""撤职，解雇"义的实体行为动词。例如，Таня **копирует** их с японских гравюр и заботится о каждом штрихе（塔尼亚从日本版画上描摹下了这

些图案，并十分注意每一个线条），Только потом стал **требовать** выкуп с отца ребёнка（只是在这之后才开始要求从父亲那里赎回孩子），Отец грозит **уволить** его с работы（父亲威胁要开除他）。

论元结构 $N_1 VfN_4 <y> N_2$，常见于表示"夺取，索要""租赁"义的实体行为动词。例如，Она **берёт** деньги у ваших родителей（她从你们的父母那里拿钱），Предприятие **арендует** землю у субъекта Федерации（企业向联邦主体租赁土地）。

论元结构 $N_1 VfN_4 <до> N_2$，常见于表示"使……到达"义的动词，这里的到达既可以指物理空间上的，也可以是抽象意义上的。例如，Я решил **довести** его до площади Маяковского（我决定把他带到马雅可夫斯基广场上），Он **дописал** фразу до конца（他把句子写完了）。

论元结构 $N_1 VfN_4 <к> N_3$，常见于表示"使接近""使固定于""使连接上""把……运送到"义的实体行为动词，以及部分表示"使参加，使加入"义的使役人际关系动词。例如，Я наконец **подвёл** женщин к стоянке такси（我最后将女人们送到了出租车停车场），Неожиданно на помощь пришёл Рома и без согласия начальника быстренько **подключил** компьютер к монитору（罗马出乎意料地来帮忙，他不经领导同意迅速将电脑连上了显示器），В будущем выиграют страны и фирмы, которые **привлекают** работников к участию в управлении производством（未来将会占据优势地位的是那些鼓励工人们参与生产管理的国家和企业）。

论元结构 $N_1 VfN_4 <по> N_3$，常见于表示"拍打""抚摸"等表示物理力作用于某一物体表面的实体行为动词。例如，Люда изо всей силы неловко **ударила** его по лицу（柳达笨拙地用尽全力拍打他的脸），Она молчит, **гладит** её по голубым волосам（她默默地抚摸她蓝色的头发）。

论元结构 $N_1 VfN_4 <в> N_4$，常见于表示"碾成，磨成""给……穿上""把……送到"义的实体行为动词，表示物理力作用于某一点的实体行为动词，以及部分表示"使参加，使加入"义的使役人际关系动词。例如，Я **одел** героя в люрексовый пиджак и цветастую рубашку（我给英雄穿上了金银线制成的夹克和颜色花哨的衬衫），Он не стремился **вовлечь** тебя в свою жизнь и подчинить своим законам（他并未试图将你纳入自己的生活并遵从自己的原则）。

论元结构 $N_1 VfN_4 <на> N_4$，常见于表示"切分，划分""朝……投掷，扔""把……送到""将……用于"义的实体行为动词，部分判定或认定动词，以及部分迫使关系动词。例如，Владельцы мечтали **разделить** землю на кусочки（地主想要把土地分成小块），Зыбин вставал, **бросал** книгу на тумбочку（济宾起身把书扔在了床头柜上），Я тоже немало **затратил** сил на доказательство необходимости для людей политического и экономического равенства（我也耗费了不少力气去证实政治与经济上的平等对人的必要性），Они **назначили** сбор на субботу（他们将集会定于周六举行），Она **провоцировала** его — на разговор, на признания（她挑唆他开口承认）。

论元结构 $N_1 VfN_4 <$ за $> N_4$，常见于表示"责骂"义的实体行为动词以及表示奖惩关系的关系意义动词。例如，На самом деле я **ругал** себя за ссору с физиком（事实上我为自己与物理学家吵架而感到自责），**Благодарю** вас за всё, что сделано по этому делу（感谢您为这件事所做的一切）。

论元结构 $N_1 VfN_4 <$ о $> N_4$，常见于表示"磨砺""擦拭""撞击""挂破"等义的实体行为动词。例如，Он садился на ступеньку трона и **точил** нож о подошву сапога（他在宝座的台阶上坐了下来，用靴底磨刀），Я долго **вытирал** ботинки о траву и промочил их насквозь（我用草叶擦拭了鞋子好久，之后将它们完全浸湿），Он упал с велосипеда, **разбил** голову о бордюр（他从自行车上掉了下来，头磕到了路缘），Сандра **разорвала** кофточку о колючие стебли（桑德拉的上衣被带刺的枝条刮破了）。

论元结构 $N_1 VfN_4 <$ через $> N_4$，常见于由前缀 про-、пере-构成的，强调行为路径的转移动词。例如，Отец несколько раз **пропустил** бороду через кулак（父亲用手捋了几下胡须），Мы с трудом **перебросили** радиолу через забор（我们艰难地将收音机抛过了围栏）。

论元结构 $N_1 VfN_4 <$ под $> N_4$，常见于表示"搀扶"义的实体行为动词。例如，Она **вела** его под руку（她挽着他的手）。

论元结构 $N_1 VfN_4 <$ с $> N_5$，常见于表示"比较""对比"义的心智行为动词，以及部分使役人际关系动词。例如，Возьмём, например, религиозное учение о происхождении человека и **сопоставим** его с научным учением（以关于人类起源的宗教学说为例，并将此学说与相应

的科学学说作比较），Ненавижу когда моя свекровь постоянно пытается **помирить мужа с его родной тётей**（我很讨厌我的婆婆时常试图让我的丈夫与他的亲姑姑和解）。

论元结构 $N_1 VfN_4 < между > N_5$，常见于选择动词。例如，Они **выбрали** место между двумя сугробами, поставили палатку（他们在两个雪堆中选择了一个，扎好了帐篷）。

论元结构 $N_1 VfN_4 < о > N_6$，常见于表示"告知""询问""请求"义的心智行为动词。例如，Помню, кто-то из стариков **спросил** меня о чём-то（我记得其中一个老人问了我一些事），Комитеты **информируют** власти о событиях в своих общинах（委员会向当局上报自己公社里发生的事情）。

论元结构 $N_1 VfN_4 < в > N_6$，常见于表示"问罪""告发""怀疑""说服""证实""看作，当作""认出"义的心智行为动词。例如，Заключённый написал жалобу, в которой **обвинил** присяжных в продажности（囚徒写了申诉状，认为陪审员有贪赃枉法的行为），Тогда Крукс понял, что так он не **убедит** Чарли в необходимости убить медведя（克鲁克斯那时意识到这样是无法让查理明白杀死熊的必要性的），Поэтому Ленин решает **признать** ошибку в «Развитии капитализма»（因此列宁决定承认自己在"资本主义发展"方面论断的错误）。

论元结构 $N_1 VfN_3 < на > N_4$，常见于表示"发牢骚，抱怨"义的实体行为动词。例如，Он горько **жаловался** друзьям на беззаконие бога, на безжалостность его（他难过地向朋友们抱怨上天的不公和残酷）。

论元结构 $N_1 VfN_3 < о > N_6$，常见于部分言语动词。例如，Отец одной четырёхлетней девочки долго не решался **сообщить** ей о смерти мамы（作为一个四岁女孩的父亲，他很久都无法下定决心告知女儿她母亲的死讯），Мы встретились с ним на бульваре у памятника и я **доложил** ему о своих успехах（我同他在林荫道上的纪念碑旁见了面，并向他汇报了自己取得的成绩）。

论元结构 $N_1 VfN_3 < в > N_6$，常见于表示"拒绝""承认""同情""让步"义的心智行为动词。例如，Банк не вправе **отказать** клиенту в проведении операции（银行无权拒绝顾客进行此操作），Он попытался успокоить её, **признавался** ей в любви（他试图安抚她，并向她坦承自己的爱意），Иван Дмитриевич **уступил** ему в одном: согласился отпустить Фомку（伊万·德米特里耶维奇在一点上向他做了让步：同意释放福姆卡）。

论元结构 $N_1 VfN_3 <Inf>$，常见于表示"使某人做某事"的使役动词，包括表示"允许""禁止""命令""期望""建议"义的动词，例如，И отец **запретил** матери передавать свой паспорт Ивану（而父亲禁止母亲将自己的护照交给伊万），Карнаухов **предложил** Анне поехать проветриться（卡尔瑙霍夫建议安娜去散散心）。

论元结构 $N_1 VfN_5 <c> N_5$，常见于表示"交换，对比"义的实体行为动词。例如，Она в подростковом возрасте тоже **менялась** одеждой с подружкой（她在少年时代也曾与朋友交换衣服），Подумайте, прежде чем **мериться** силой с ним（在与他较量之前建议您好好考虑下）。

多客体结构指的是拥有三个及三个以上客体的语义配价结构。这种结构在俄语中并不多见，本书所涉及的多客体结构只有一个，那就是转移动词，其论元结构为 $N_1 VfN_4 <от/из> N_2 <к> N_3 / <в/на> N_4 / <до> N_2$。例如，После девяти месяцев переговоров американцы согласились лишь **переместить** её из центра в восточную часть острова（在谈判进行了九个月后，美国人只同意将其从岛的中心地带迁移到东部），Нужно было помочь им **двигать** мебель из комнаты в комнату（需要帮助他们把家具从一个房间搬到另一个房间去）。

不同词的同一语义配价可能有多种表达形式，同一表达形式在不同词的语义结构中可能对应着不同的语义配价[1]。不同动词的客体在论元层表达方式也不尽相同，而客体在表层句法结构中的表达形式有些情况下也会造成动词语义上的细微差别，例如，научиться **от кого/у кого**（从某人那里学到），вытирать руку **полотенцем/о полотенце**（用毛巾擦手/在毛巾上擦手）等[2]。论元形式的变化往往要和其他层级，尤其是语义角色与

---

[1] Ю. Д. Апресян, *Избранные труды, том I. Лексическая семантика: Синонимические средства языка. 2-е издание, исправленное и дополненное*, М.: Школа «Языки русской культуры», Издательская фирма «Восточная литература» РАН, 1995, стр. 146.

[2] 彭玉海:《俄语题元理论》，黑龙江人民出版社 2004 年版，第 130—131 页。

角色配位层级上的变化融合在一起共同作用，对整个谓词结构的语义产生或大或小的影响。纯粹由于论元形式造成的语义变化情况并不多见，但在各类动词中，尤其是在实体行为动词中也有所体现，下文就以实例来详细说明这一点。

同一动词的客体题元完全可能对应着不同的论元形式，在一些情况下，区分多义词的不同义项主要依靠的正是论元形式上的不同。实体行为动词 видеть 基本义项为"看见，看到"，论元结构为 N_1VfN_4，而当其转义表示"看作，认作"时，论元结构变为 $N_1VfN_4<в>N_6$。例如，Вчера я видел₁ **его** два раза（昨天我见到他两次），А многие видят₂ **в референдуме шанс** повернуть свою жизнь в нужное русло（而许多人将全民公投看作将自己的生活导回到所需轨道上的一次机会）。心智行为动词 просить 基本义项为"请，请求"，论元结构为 $N_1VfN_4<о>N_6/<Inf>/<P>$，而当其转义表示"替……求情"时，论元结构变为 $N_1VfN_4<за>N_4$。例如，Мама просит₁ **меня помочь** ей（妈妈请求我帮助她），В Иркутске мне не раз приходилось просить₂ **его за товарищей**（在伊尔库茨克，我不止一次不得不为了朋友们而向他求情）。

有时，这种区别不足以构成独立的义项，但仍有细微的语义差别。"前—名"结构 $<по>N_3$ 与 $<в>N_4$ 都可以表示客体意义，前者多用来指点状的目标或者移动的物体，而后者则多用来指非点状的或者静止的目标。例如，Гаишники стреляли **по убегавшим** в лес Немову и Михайлову（交警朝跑进林子里的涅莫夫和米哈伊洛夫开枪射击），Кто-то стрелял **в лосёнка** и ранил его（有人对幼年驼鹿开枪，将它打伤了）。此时，前者还有朝某一方向射击的意味，后者则强调射击的精准度。击打类动词的客体题元大多同时具有这两种论元形式，前者强调受力面，后者则强调作用点。例如，Он молчал и бил **по клавишам**（他沉默地敲击着键盘），Волны били **в берег**，словно хотели захлестнуть рыбаков（海浪拍击着海岸，似乎想要将渔夫们吞没）。在给予动词的语义配价结构中，受事和与事的论元形式也常发生变异，从而导致整个谓词结构语义上的细微变化。以 дать（给）为例，其论元结构为 $N_1VfN_3N_4$，其中受事通常采取第四格的表达形式，但在言语中常发生变异。例如，Дайте мне **воды**, у меня пересохло в горле（请给我点水吧，我的喉咙很干），其中受事由第二格表示，具有"稍微，一些"的附加意义；Бритоголовый вынул из кармана горсть сухого квадратного печенья и дал каждому **по одному**（囚犯从口袋里掏出了一把干巴巴的方形饼干，给了每个人一块），其中受事由"前—名"结构 < по > N$_3$ 表示，具有平均分配的附加意义。与事也可能发生变异，由"前—名"结构 < в/на > N$_4$ 表示，兼有位事意味，例如，Он дал объявление **в газету**（他在报纸上登载了声明）。

论元形式层级经常与次语义属性层级相互作用，具体表现在，不同的表达形式有时对进入结构中的词有一定语义上的限制，这种限制既与词汇本身的语义有关，又与表达形式本身的特点有关。换言之，论元结构会对进入其中的题元词做出一定语义属性上的要求，而反过来题元词的语义属性又能够决定论元形式的选取。以表示"磨砺"的实体行为动词为例，此类动词的语义配价结构为双客体结构，其中工具客体具有两种论元形式，N$_5$ 或 < о > N$_4$。前者表示的是具有可操作性的客体，多为小型事物，后者表示的是不具有可操作性的客体，多为大型且无法轻易移动的物体。例如，Косцы часто останавливаются, точат их **брусками**（割草人时常停下来，用磨刀石打磨它们），Я взял у папы с письменного стола его синий разрезальный нож из пластмассы и целый день точил его **о плиту**（我从爸爸的书桌上拿了他塑料制的蓝色切刀，一整天都在铁板上打磨这把刀）。这里需要说明的一点是，这里所指出的可操作性/不可操作性具有一定的主观性，有时采用 < о > N$_4$ 形式是由于主体主观上认为不可或不需要移动的工具客体，例如，Иголка только одна, и мы попеременно точим её **о разбитую тарелку**（针只有一根，我们轮流用打碎的盘子打磨它）。

第六节　俄语客体题元的角色配位层级分析

本节有关客体题元的角色配位层级分析中，将首先对题元理论中的角色配位本身进行一定的分析，进而对俄语客体题元的角色配位层级内容展开具体讨论，同时对客体题元的角色配位关系、配位模式及其在俄语动词语义区分和描写中的独特价值、功能进行相应的分析。

一　题元的角色配位

角色配位（диатеза）这一术语来自法语词汇"diathese"，起初被当作态（залог）的同义词来使用。И. А. Мельчук、А. А. Холодович 于 20

世纪 70 年代在对态进行广义解读时专门提出了这一概念①。《语言学百科词典》中将角色配位的解读为"动词词位的语义角色及其句法表现形式之间的对应关系"②，即动词词位题元的语义角色和句法功能身份、句法题元之间存在的一般或者基本的对应表现关系，本质上是语言的形式—意义关系实质在题元单位实体身上的一种反映。题元角色配位的核心点在于它所包含的对题元语义功能和句法身份的调整性和转换能力特性。由于句子动态环境的影响，特定词位往往需要题元的语义和句法成素基本对应方式发生改变，以适应交际行为的现实需求，形成角色配位方式的调换（диатетический сдвиг），这意味着扮演同一语义角色的题元在形式层面上执行了不同的句法角色功能。动词的不同角色配位不仅可以通过传统意义上的语法主动态与被动态表现出来（Бойцы построили дамбы против наводнений/战士们修筑起抗洪大堤—Дамбы против наводнений была построена солдатами/抗洪大堤是战士们修筑的），也极可能蕴含于同一动词的不同表义方式当中。例如，Садовник брызжет воду на цветы（园丁往花上浇水）—Садовник брызжет цветы водой（园丁给花浇满了水），Девочка намазала масло на хлеб（女孩往面包上涂黄油）—Девочка намазала хлеб маслом（女孩把面包涂满黄油）。相比于语法态中的配位关系，角色配位概念涵盖范围更广，任何一个动词都至少拥有一种角色配位形式。

角色配位理论兴起于 20 世纪 60 年代末。А. А. Холодович 与 В. С. Храковский 为角色配位理论的奠基人③。角色配位概念起源于对动词态的分析，态属性通常被视为固着于动词语义中的一种语法上的角色配位。L. Tesniere 就从该属性出发划分出四种角色配位结构：主动配位结构（активная диатеза），被动配位结构（пассивная диатеза），反身配位结构

---

① И. А. Мельчук, А. А. Холодович, "К теории грамматического залога", *Народы Азии и Африки*, No. 4, 1970, стр. 111–124.

② В. Н. Ярцева, ред., *Лингвистический энциклопедический словарь*, М.: Советская энциклопедия, 1990, стр. 135.

③ В. Н. Ярцева, ред., *Лингвистический энциклопедический словарь*, М.: Советская энциклопедия, 1990, стр. 135.

（возвратная диатеза），相互配位结构（взаимная диатеза）①。然而在之后的研究中，角色配位概念在很大程度上冲破了态的界限，不局限于分析态的句法功能以及表现形式，甚至将动词的语义结构、句法结构、交际结构都纳入其视域。

由于出发点以及研究目的不同，不同学科、不同学者对角色配位概念的解读有所差异。在传统形态学与句法学中，角色配位概念对应的仍然是动词的支配模式（модель управления），主要功能是在句法层面上反映出各种不同的谓词结构。与之相关的概念很多，例如，及物/不及物、主动态/被动态、人称/无人称、使役/非使役等。

在《俄语详解组合搭配词典》中，角色配位被解读为谓词的语义题元与其深层句法题元的对应关系②。这种解读方式主要是出于词典编纂的需要。而其他关于角色配位的研究中，则并不着意去区分深层句法结构与表层句法结构。该词典关注的主要是语义题元、深层句法题元、表层句法题元三者之间的转换关系。具体来说，即立足于某一个词汇语义单位，建立起该情景事件中语义、深层句法、表层句法结构之间的转换关系。角色配位在这里只起到一个媒介的作用，并未得到深入的研究与探讨。

Е. В. Падучева 对角色配位的解读则更偏重于谓词结构的交际层面③。在她看来，角色配位反映的是人所选取的某种视角（perspective）。而所谓的角色配位模式，即能够在同一个句子中共现的、从属于同一个动词的语义格在句法上的排布方式。动词的每一种配位方式都反映了人们观察并认识由动词激活的语义场景的某种特定透视域，而说话人可以根据交际的实际需要对关注焦点进行迁移，从而导致整个配位结构发生变化。

根据角色配位的定义，一个动词至少拥有一种角色配位，而又不限于一个角色配位。许多动词同时拥有多个角色配位，对于这样的动词来说，这些角色配位中必然有一个最为典型的，称为直接配位结构，其他则称为间接配位结构。直接配位结构是指每个情景参与者在句子中都有对应的、相适宜的题元，每个由一定句法形式表达出来的题元都有对应的情景参与

---

① Л. Теньер, *Основы структурного синтаксиса*: Пер. с франц. Редкол.: Г. В. Степанов (пред.) и др.; Вступ. ст. и общ. ред. В. Г. Гака, М.: Прогресс, 1988, стр. 255.
② 张家骅：《建构详解组合词典的相关语言学概念再阐释》，《外语学刊》2014 年第 6 期。
③ ［俄］Е. В. 帕杜切娃：《词汇语义的动态模式》，蔡晖译，北京大学出版社 2011 年版，第 35—36 页。

者，且参与者的语义角色与惯常由该形式表达的语义角色相重合。所谓间接配位结构即是在某种程度上与直接配位结构相偏离的配位模式。

动词与其从属成分之间的格关系属于低层次语义，而动词配位方式所构成的意义关系属于高层次语义。角色配位不同造成的语义差别、句式义差别属于高层次语义差别。切换角色配位模式可能导致语义配价分裂、合并，语义角色变化，次语义属性迁移等其他层级上的变化。角色配位研究的价值主要体现在揭示不同角色配位模式之间的差异上，且角色配位层级的变化与其他层级关联密切，既是其他层级上变化的总括，也是其升华。

角色配位变化，或角色配位迁移，Е. В. Падучева 对此现象展开了系统性研究①。她以感知动词、知晓动词、情感动词、决断动词、声响动词为例，分析了不同语义类别动词角色配位模式之间的异同，以及同一语义类别动词的角色配位迁移情况。在她看来，"角色配位的交替是一种重组，重组过程中情景参与者可以改变交际等级，即主位凸显等级中的位置：从核心位转换到边缘或者相反，退居话语外；发生裂解，共存于同一个句法题元中等"②。在这一点上，最直观的例子莫过于题元在情景前景与背景之间相互切换，这里不妨以客体题元内包现象为例。客体题元内包是一种客体题元交际等级上的下降，由核心语义格变为边缘语义格，例如，Она **считает** безошибочно（她能正确无误地数数）。此时，动词表示"能力"意义，客体题元退居话语外，不再是交际的核心。

Е. В. Падучева 还将角色配位迁移分为两种类型：纯等级迁移和非纯等级迁移。纯等级迁移指的是"词的角色和意义不变，发生变化的只是参项的等级"③，非纯等级迁移指的是那些迁移后导致动词主题类别、题元语义角色、题元次语义属性发生变化的情况。非纯等级迁移对于研究多义词义项之间角色配位的变化具有非常重要的意义，换言之，角色配位模式是分析和识别多义词不同义项的重要参数。

在 Ю. Д. Апресян 的研究中，关于句法转换（синтаксические

---

① [俄] Е. В. 帕杜切娃：《词汇语义的动态模式》，蔡晖译，北京大学出版社 2011 年版，第 35—36 页。

② [俄] Е. В. 帕杜切娃：《词汇语义的动态模式》，蔡晖译，北京大学出版社 2011 年版，第 313 页。

③ [俄] Е. В. 帕杜切娃：《词汇语义的动态模式》，蔡晖译，北京大学出版社 2011 年版，第 46 页。

преобразования）的内容实质上也属于角色配位范畴①。直接配位结构对应的是核心结构（ядерная конструкция），间接配位结构对应的是逆换结构（конверсная трансформация），而句式的转化实际上就是角色配位迁移的一种类型。不过，Ю. Д. Апресян 所界定的句法转换较为宽泛，不仅包含同义转换（равнозначные преобразования），还包含隐含义转换（импликативные преобразования）②。其中的转换手段也十分丰富，不仅包含纯句法手段、同义词，还包括词汇函数、转换词等。本书立足于某一个特定的词汇或词汇语义单位来展开研究，因而主要关注的是在谓词不变的前提下，通过纯语法手段构成的不同角色配位模式之间的异同。

二 客体题元的角色配位

客体题元作为动词题元结构中十分重要的语义常项，它在整个角色配位结构中占据的位置不亚于甚至高于主体题元。尤其是在角色配位结构发生变化的情况下，客体题元的改变往往是动词语义及其所属主题类别变化的外显标志。因而，需要对同一动词、不同类别动词以及多义动词不同义项客体题元的角色配位结构进行系统化分析以及对比研究。

本书关注的客体题元角色配位变化主要包括两个方面的内容：动词基本语义角色构成不变的前提下，通过重新组配语义角色对应的句法位置，从而改变整个谓词结构的配位模式；某一个或多个客体题元在情景事件的前景与背景之间交替，该题元交际等级升高或降低，通常情况下会对动词语义造成一定的影响，有时甚至会构成新的义项。其中，前者包含 Е. В. Падучева 所说的纯等级迁移，此时动词的语义以及语义角色构成均维持不变，也包含部分由于角色配位迁移造成的动词语义细微差异以及发生题元重合的现象。而后者的研究价值则更多地体现在对多义词不同义项配位模式进行对比分析上。下文将就这两个方面的内容具体展开探讨。

纯等级迁移，即角色配位结构变化前后，动词语义与语义角色构成均

---

① Ю. Д. Апресян, *Избранные труды*, *том I. Лексическая семантика*: *Синонимические средства языка*. 2-е издание, исправленное и дополненное, М.: Школа «Языки русской культуры», Издательская фирма «Восточная литература» РАН, 1995, стр. 316 – 345.

② Ю. Д. Апресян, *Избранные труды*, *том I. Лексическая семантика*: *Синонимические средства языка*. 2-е издание, исправленное и дополненное, М.: Школа «Языки русской культуры», Издательская фирма «Восточная литература» РАН, 1995, стр. 324 – 334.

不发生变化。例如，实体行为动词中表示"由……制成""用……写成""由……组建成"等义的动词均为双客体动词，两个客体题元分别为材料与成事，二者均可以占据直接客体位，从而形成两种不同的配位模式，对应的论元结构分别为 $N_1 VfN_4 <из> N_2$（Мама делала **салат из овощей**/妈妈用蔬菜做了沙拉）与 $N_1 VfN_4 <в> N_4$（Мама делала **овощи в салат**/妈妈将蔬菜做成了沙拉）。

除此之外，领属短语的分解，即配价分裂，显然也是一种纯等级迁移[①]。例如，表示"表扬，谴责"义的动词，受事题元可以占据直接客体位，也可以作为具体原因的领事包含在领属短语之中，对应的论元结构分别为 $N_1 VfN_4 <за> N_4$（Отец хвалит **сына за смелость**/父亲因儿子的勇敢而表扬他）与 $N_1 VfN_4 N_2$（Отец хвалит **смелость сына**/父亲表扬儿子的勇敢）。表示"夺取""医治""击打"等义动词的题元结构中都存在类似的角色配位迁移情况。情感行为动词的角色配位迁移也属于配价分裂范畴，只是要比实体行为动词更为复杂。感情反应动词与感情态度动词都能够发生角色配位迁移，本质上都是施感者或归咎者交际地位的提升，导致反应或态度的真正原因交际地位下降。例如，Люди уважают **его честность**（人们敬重他的诚实），Люди уважают его **за честность**（人们因他的诚实而敬重他）。

Е. В. Падучева 对纯等级迁移的界定是较为严格的[②]，按照她的观点，多数角色配位迁移都属于非纯等级迁移。一些表示"填充，覆盖"义的动词具备两种配位模式，对应的论元结构分别为 $N_1 VfN_4 <в/на> N_4$（Дядя загрузил **картошки в подвал**/叔叔将土豆装进地窖里）与 $N_1 VfN_4 N_5$（Дядя загрузил **подвал картошкой**/叔叔将地窖塞满了土豆）。前者语义配价结构为施事—谓词—受事—位事，后者则为施事—谓词—位事—受事。第二种配位结构中，位事具备了一定的受事意味，而受事则在一定程度上接近于材料。纯等级迁移的情况自不必说，相同的语义角色能够被赋予不同的句法位，非纯等级迁移中，同一题元词语义角色、论元形式的变

[①] [俄] Е. В. 帕杜切娃：《词汇语义的动态模式》，蔡晖译，北京大学出版社 2011 年版，第 52 页。

[②] [俄] Е. В. 帕杜切娃：《词汇语义的动态模式》，蔡晖译，北京大学出版社 2011 年版，第 46—50 页。

化是其句法位发生变化而导致的结果。第二种配位结构中，语义角色上的"偏移"是由句法位置变化直接导致的，所增加的受事与材料意味是由新的句法位置赋予的。因而，这种语义角色上的变化并不能作为判定纯等级迁移与非纯等级迁移的依据，这种配位结构变化仍应视为"角色相同，功能相异"的一种次类。将这种配位结构迁移归入非纯等级迁移的决定性依据，是谓词结构语义上的变化，第二种配位结构赋予了其完整效应的附加语义，即增加了"填满，充满"之义。

表示"保障，供给"义的动词也具有类似的角色配位迁移模式，对应的论元结构分别为 N_1 Vf N_4 N_5（Правительство обеспечивает **людей жильём**/政府给人们提供充足的住房）与 N_1 VfN_4 N_3（Правительство обеспечивает **жильё людям**/政府将住房提供给人们）。前者语义配价结构为施事—谓词—受事—材料，在间接配位结构中受事占据间接客体位，获得了一定的与事意义，而材料占据直接客体位，成为交际的中心，获得了一定的受事意义。此外，直接配位结构含有"充足供应"的意义，该意义在间接配位结构中被取消，谓词所描述的情景更接近于给予行为。

非纯等级迁移中，除上文提到的由于句法位置重新组配造成"语义角色偏移，谓词语义变异"的情况之外，还有一种类型也较为典型，那就是主客体题元换位，即客体题元上升为主体题元，主体题元则替换到客体位置，但也有可能维持不变。这种类型的角色配位迁移常见于关系义动词。此类动词的主要特征就是语义较为抽象，且多为单客体动词，客体题元表现形式单一化，较难实现实体行为动词中那些丰富的角色配位迁移类型。对于此类动词来说，角色配位迁移主要表现在客体题元占据主体位这种情况上。相互关系动词以及部分表示人际关系、方位关系、逻辑关系的动词都能够具备该类角色配位迁移模式。例如，Они дружат с **директором**（他们与经理交好），**Директор** дружит с ними（经理与他们交好），Они и **директор** дружат（他们和经理关系好）。在此类动词所描述的情景事件中，主体题元与客体题元处于协同配合的状态，它们在情景中所扮演的角色大体上相同，这就为主客体题元互换创造了条件。主客体题元句法位置互换实际上是说话人视角的转换，原客体题元成了交际的起点，而原主体题元则成了交际的重心。二者甚至可能共同占据主体位，此时交际的重心集中在谓词上。

角色配位概念本身在起源上与动词的态范畴就有千丝万缕的联系，因而态的转换也是一种典型的配位模式迁移。主动态转换为被动态，即客体题元占据主体位，毫无疑问属于角色配位层级研究的范畴。客体题元占据主体位主要依靠的是被动态动词，而后者主要是借助尾缀-ся或被动形动词短尾形式构成。除个别受到词汇语义限制的情况之外，大多实体行为动词都能构成被动态形式。在被动结构中，客体位受到抑制，客体题元因而只能占据主体位，主体题元或隐去不出现，或以其他副题元的形式出现在论元结构中。以"缠绕"义动词为例，主动态与被动态对应的论元结构分别为 $N_1 VfN_4 N_5 / <на> N_4$（**Маша** накрутила на голову **платок**/玛莎将头巾戴在头上）与 $N_1 Vf_{-ся} N_5 N_5 / <на> N_4$（**Платок** накрутился **Машой** на голову/头巾被玛莎戴在了头上）。间接客体即位事的语义角色与论元形式不变，直接客体即受事占据主体位，而主体题元即施事则以带有施事意味的修饰语的方式出现，交际等级随之下降。这种角色配位迁移可以视为纯等级迁移，动词的语义角色构成不变，动词语义以及所描述的情景也大体相同。感知动词也能发生态的转换，由"感知"转而表示"被感知"，论元结构由 $N_1 VfN_4$（Я вижу **кусты**/我看见了一片灌木丛）变为 $N_1 Vf_{-ся}$（**Кусты** видятся/能看到一片灌木丛）。被动态结构中，主体题元即感事退居观察者位置，而客体题元即被感知的事物占据主体位。转化为被动结构后，整个句子的交际意义发生了变化，谓词结构增添了"存在/消失"的意味，因而只能归入非纯等级迁移。

　　态的转换中还有一类较为特殊的情况——主动态反身意义动词。在此类角色配位变化中，客体位同样也要受到抑制，客体题元占据主体位，主体题元隐去或以其他形式出现。但与典型被动态不同的是，此时主、客体题元的语义角色要随之发生变化。客体题元要由原本的受事变为当事、行事或自事主体[①]。这也就意味着此类角色配位变化均属于非纯等级迁移。许多使役型与非使役型感情反应动词之间具有构词关系，能够将其视为角色配位迁移的一种类型。以表"惊讶"义动词为例，使役型论元结构为 $N_1 VfN_4 N_5$（Сын удивил **родителей своим поступком**/儿子的行为令父母感到讶异），非使役型论元结构变为 $N_1 VfN_3 <за> N_4$（Родители удивились **сыну за его поступок**/父母惊讶于儿子的行为）。原本题元结构中占据客体位的感事（受感者）占据主体位，转变为经事或自事主体

―――――
　　① 彭玉海：《俄语题元理论》，黑龙江人民出版社2004年版，第356页。

题元，而原本占据主体位的施感者（归咎者）占据客体位，转变为情感指向或针对的对象，诱因的论元形式也由 N_5 转变为 <за> N_4。转化前后词汇意义也发生了变化，由突出导致感情反应的原因，转变为突出受感者做出的情感反应。

从对态的广义理解角度来讲，功能性结构也属于态转换的一种。同主动态反身动词一样，此类转换也属于非纯等级迁移。动词由表示有意识的可控行为，转而表示无意识的性能特征。行为的工具占据主体位，成为交际的出发点，而情景的其他参与者则隐去不出现。例如，**Ножницы** не режут（这把剪刀不好使）。施事主体、行为结果均退居情景背景，工具上升至主体位置，动词表示性能意义。

除通过句法手段对语义角色的句法位置进行重新组配之外，角色配位迁移还有很重要的一个方面，那就是通过将语义角色在情景前景、背景之间切换来调整谓词结构的配位模式。该类型的角色配位迁移大量表现在多义动词不同义项的对应角色配位结构之间。其中比较典型的就是客体题元内包，即自足用法。客体题元对动词语义来说大多是不可或缺的，但在一些动词的题元结构中，客体题元缺失并不会造成语义异常。此类动词主要表示人的社会、职业活动以及能力、性质特征意义。例如，Отец **преподаёт**（父亲在大学任教），Ребёнок уже **ходит**（孩子已经会走路了）。此时动词具有泛时性质，描述的并非某一个确定的行为，而是在相对较长时间范围内呈现出的一种稳定状态。

一些多义动词属于多客体动词，某一个客体题元切换至背景之后，可能会导致留存的客体题元发生语义角色变化。以分裂义动词为例，部分分割动词能够转义用作言语动词，此时工具退至情景背景，而原受事题元由于受到新情景事件结构的影响，转变为言语内容。论元结构也由 $N_1 VfN_4 N_5$（Он отрезал₁ **ножом ломтик сыра**/他用刀切下了一小片干酪）变为 $N_1 VfN_4$（— **Я с ними жить не буду**，— отрезал₂ он/"我是不会和他生活在一起的"，他断然回绝道）。

还有一些多义动词能够通过将隐含在动词语义之中的语义角色由背景切换至前景，从而派生出新的义项。例如，部分单价运动动词能够将隐含在情景中的运动起点、终点或路径等参与者切换到情景前景中，动词的语义也随之发生变异。论元结构由 $N_1 Vf$（Солдаты идут гуськом/战士们一个跟一个地走着）变为 $N_1 Vf$ <в/на/через> N_4/ <к> N_3（Документы идут на подпись **к начальнику**/文件送交首长签字）。部分感知动词能够派生出心智思维意义，表示"对待，看待"，动词的配位结构中出现了新的情景参与者即评事。论元结构由 N_1VfN_4（Она находилась в тёмной комнате, никто не мог видеть₁ её/她处在一个黑暗的房间里，谁也无法看见她）变为 $N_1VfN_4N_5/<в>N_6$（Российский читатель любит обращаться к газете, он всегда видит₂ **в ней собеседника**/俄罗斯读者喜欢阅读报纸，且一直把它当成自己的交流对象）。

  角色配位是谓词结构语义与句法层面关系的集中反映，它不仅记录着此关系，也是将这二者之间关系模式化的形式化操作手段。作为一个与动词态范畴有着密不可分关系的概念，角色配位在客体题元层级化体系以及在整个题元理论中所发挥的作用绝不仅在于明确态的概念上。对动词反映的情景事件中的参与者——进行语义角色界定是使用题元理论分析动词语义不可或缺的一环，然而语义角色本身与句法位置是彼此分离的，即由参与者的语义角色不能直接推断出其句法位置，只能预测其惯常句法位，例如，主体惯常占据主语位，客体惯常占据补语位等。而角色配位就是将这两个不同层级关联起来的桥梁，它所反映的是语义角色与其对应句法位置之间的关系以及整个谓词结构的句法配置方式。从交际层面来讲，角色配位是说话人对话语中的各个组成部分进行"操作"以突出交际重心、弱化已知部分的方法和途径。Е. В. Падучева 所提到的"交际等级"（коммуникативный ранг）所指的就是说话人通过调整句法结构赋予谓词结构各个部分的交际价值[①]。

  而对角色配位层级的研究，最有价值的就是将同一动词的直接与间接配位结构，以及同一动词不同义项对应的配位结构加以对比分析，并从中梳理出动词语义变异的表现方式和规律。"角色配位的变化实际上就是等级的重新配置，即各个情景参与者交际价值的重新分配。"[②] 通过此层级的分析，能够得出不同谓词结构之间的语义差异及其交际实质。角色配位是动词语义的重要参数，它不仅能够区分不同语义类别的动词，同时也是

  [①] ［俄］Е. В. 帕杜切娃：《词汇语义的动态模式》，蔡晖译，北京大学出版社 2011 年版，第 42 页。

  [②] ［俄］Е. В. 帕杜切娃：《词汇语义的动态模式》，蔡晖译，北京大学出版社 2011 年版，第 44 页。

多义词语义衍生的外显标志，甚至能够鉴别语义相近的不同的词。因而，"即便参项交际等级变化不是改变动词句法上下文的唯一结果时，也应该考虑到它"①。

本章小结

本章的核心任务是建立起俄语客体题元层级化研究的理论架构。我们首先提出俄语客体题元层级化体系的建构，并对该层级框架的结构组成加以概要性分析，然后逐层对客体题元各层级展开具体论述和分析，在此基础上建立起俄语客体题元的层级化分析理论构架。

客体题元层级化构架的建立主要是为了将与客体题元有关的内容尽量整合到一个框架内，力求借助这一分析手段解决涉及客体题元的复杂的、多层面的语义、句法问题。该层级化分析系统共分为五个层级：概括题元层级、语义角色层级、次语义属性层级、论元形式层级和角色配位层级。

概括题元层级即客体题元数目层级，该层级探讨的是题元结构中客体题元数目的问题。在俄语中较为常见的是单客体结构和双客体结构，创造动词、感知动词、言语动词等的题元结构均为单客体结构，给予动词、击打动词、选择动词等的题元结构则均为双客体结构。包含三个以及三个以上客体题元的题元结构称为多客体结构，较为典型的有转移动词、分割动词等。

语义角色层级探讨的问题是客体题元在题元结构中所发挥的具体语义功能。该层级需要深入动词的词汇语义内部，揭示某一具体词汇语义类别动词的客体在其语义配价结构中所承载的语义内涵以及与其他语义成素之间的逻辑关系。由于语义角色分类系统数量众多且各有不同，本书针对客体题元划分出 26 个语义角色，其中包括受事、成事、与事、对事、内容、位事、从事、共事等。

次语义属性层级或题元词语义特征层级，该层级表现的是客体题元名词在语义—句法上的分类类别和范畴特征，即客体题元语词在语法语义上所属的类别。该层级与动词分类以及语义变化、语义派生均有密切关系，

---

① ［俄］Е. В. 帕杜切娃：《词汇语义的动态模式》，蔡晖译，北京大学出版社 2011 年版，第 56 页。

在客体题元层级化架构中发挥着至关重要的作用。本书所涉及的客体题元次语义属性包括具体/抽象、有生/无生、人/非人、局部/整体、可让渡/不可让渡、内部/外部等。

　　论元形式层级探讨的是客体题元的句法表达形式对谓词结构语义的影响。俄语客体题元在句法表达上表现得十分丰富，间接格形式以及各种"前—名"结构均可以作为客体题元的论元形式。有些动词只拥有一种客体题元表达式，而有些动词则拥有多种客体题元表达式，且不同的表达式之间往往存在一定程度的语义差异。论元形式层级着重探讨的是后一种情况。

　　角色配位层级探讨的是客体题元语义结构与句法结构之间的对应关系。不同类型的客体题元在句法占位上也有所偏重，例如，受事客体经常占据直接客体位，与事客体经常占据间接客体位等。然而，语义结构与句法结构之间在很多情况下并不是一一对应的，句法占位情况的不同会对谓词结构语义产生一定的影响。角色配位层级所要解决的是在论元层级中尚未完全得到解决的问题。很多动词都有双重角色配位模式，有些不同配位模式之间的差异是细微的，而有些则是与动词语义派生有关，角色配位层级的研究任务就是解释此类语义变异中所蕴含的客体题元发挥作用的语义句法特点和机制。

　　总言之，客体题元层级化构架中的五个层级并不是孤立的，它们相互关联、作用，从各自角度体现出客体题元在动词题元结构的语义、句法功能和整体特点。客体题元的语义类别区分功能和多义区分描写功能都需要借助其在多个层级上的参数变化才能得以实现。

　　本章所建立的客体题元层级化分析理论框架可运用于俄语动词语义范畴和多义动词语义问题的研究。下文将运用该理论体系和方法分别对俄语不同语义类别动词和动词多义性问题展开讨论，同时也会通过实证分析进一步揭示客体题元层级化架构各个层级的功能、语义价值和作用以及各层级在语义研究中的功能作用关系和模式，并在实例分析中阐释这些题元层级在语言语义研究中各自发挥的作用，展示和验证客体题元强大的语言揭示和描写能力。

第四章

俄语动词语义类别客体题元的层级化分析

客体题元与动词语义类别之间的关系，从宏观上讲就是不同语义类别的动词对应不同类别的客体题元。为了深入揭示二者之间的关系，必须逐层审视客体题元在各个语义类别动词题元结构中的表现，并将不同语义类别动词客体题元的语义特征加以比对分析。本章将以实体行为类动词、心智行为类动词、情感行为类动词、关系意义类动词为研究对象，深入探讨这四类动词客体题元的语义性质（类型）和语义特征，并选取各个类别中具有典型性的若干次类，进一步讨论各个次类中客体题元的语义表现。本章各节的分析思路和步骤是：首先，从语义内涵界定、语义特征分析着手，对各语义类别动词加以阐释；其次，对各语义类别动词的客体题元层级关系进行分析和描述；最后，针对各语义类别中的次语义类动词典型和实例展开客体题元层级化研究方面的具体分析和讨论。

第一节 实体行为类动词客体题元层级化分析

一 实体行为动词语义界定

实体行为动词，或称为物理行为动词（глагол физического действия），是整个动词体系之中最为典型，但同时也是包含次语义类别、语义信息最庞杂的一类动词。实体行为动词是指由动物性主体（通常为人）发出的、有目的性的、针对实体性客体的具体作用。О. Н. Селиверстова 对实体行为动词的描述则较为具体①。她指出，实体行为类动词描述的是动态行为，随行为过程的推进会造成时间积累性的变化，并且为维持这种变化必然有一个稳定的能量源头。在时间轴上，实体行为动词有一个准确的定位，描述实际的、瞬时的、可重复的、持续一段时间的行为，而行为的结果即施加作用力导致的后果在某一个时间点出现。彭玉海对该类动词的认识则要更为宽泛，他将实体行为动词界定为"反映事物（含人、物、自然力）自身的活动（包括物理、生理、感知，以及含有体力因素的其他一些相关活动）以及事物之间的相互作用、一事物作用于他事物这样一些现实情景的动词，其中包含了人—物、物—人、人—人、物—物等逻辑语义关系"②。

对实体行为动词的定义，无论是狭义上的还是广义上的，本质上并无太大差别。由于此类动词语义过于庞杂，其定义只能紧扣一些此类动词共有的基本语义特征。首先是耗能性，即行为需要克服某种来自外部或内部的力，或者说"只有在不断有新的动力源供给的条件下行为方能持续"③。其次是现实性，即行为在时间轴上的可定位性。与关系意义动词不同，实体行为动词所表示的行为占据特定的时间（时间点或时间段），具有一定的时效性，能够被重复、开始、中断或停止。最后是变化性，即行为（有意识或无意识）能够引起客体在特征、性质、状态等方面的特定变化，但这种变化不一定就是行为的目的。

需要强调的是，这种对实体行为动词的界定具有一定的原型性质，不同语义次类的实体行为动词将在不同程度上凸显或削弱某些特征。该类动词也是转义极其丰富的一类动词，在发生转义之后，甚至有可能完全抑制该类动词的某些典型语义特征，从而使动词转入其他词汇语义类别。

实体行为动词对客体实施的作用力通常由特定方式或工具来完成，例如击打动词 бить（打）及其派生词（**пробить** стену/凿穿墙壁，**выбить** дверь/把门卸掉，**обить** снег с обуви/把鞋上的雪掸掉）。作用的方式或

---

① О. Н. Селиверстова, "Второй вариант классификационной сетки и описание некоторых предикатных типов русского языка", в О. Н. Селиверстова, ред. . *Семантические типы предикатов*, М.：Наука, 1982，стр. 91.

② 彭玉海：《俄语动词（句）语义的整合研究》，黑龙江人民出版社 2001 年版，第 154 页。

③ B. Comrie, *Aspect Cambridge*, Cambridge：CUP, 1976, p.49, 转引自彭玉海《俄语动词（句）语义的整合研究》，黑龙江人民出版社 2001 年版，第 154 页。

工具可以理解为该类动词所共有的语义义素。例如，жать（压）/давить（按）类动词共同的义素为"施加压力"，тереть（擦拭）类动词共同的义素为"通过摩擦的方式"，резать（切，割）类动词共同的义素为"使用尖锐的工具"等。因此，可以把行为方式或工具作为划分实体行为动词类别的线索之一，在这些类别中，不带前缀的动词为核心词，而其他带前缀的动词是通过特定行为方式对不同类别客体实施作用所产生的变体形式。

彭玉海（2001）根据过程性、意志活动性、集合或次数三个分类参数对实体行为动词进行了抽象概括层次的横向切分，将实体行为动词划分成过程性意志活动类集合动词、过程性意志活动类非集合动词、过程性非意志活动类集合动词等 13 个次范畴[①]。这种概括性质的分类方式更便于对实体行为动词整体的配价模式、句法转换功能进行研究。

Л. Г. Бабенко 和 Н. Ю. Шведова 对实体行为动词的划分则是主题性质的。Л. Г. Бабенко 划分出了运动动词、转移动词、放置动词、击打动词、按压动词、接触动词、清洗动词、划分动词、毁灭动词等诸多语义类别[②]。Н. Ю. Шведова 的分类系统则更为细致，她划分出了创建、数量变化、划分、改善、增强、使受损、尝试、选择、寻找、模仿、获取、保存、包含、填充、毁灭等语义相对更为具体的实体行为动词类别[③]。

建立动词的语义分类系统，即对动词进行次范畴化是众多语义学家的研究课题。但迄今为止，尚不存在唯一、完整且详尽的动词语义分类系统，尤其是对于实体行为动词这样语义复杂程度较高的动词来说，很难做到兼顾完整性与具体性。本书对实体行为动词的划分更偏重于动词行为方式义素，同时在一定程度上兼顾动词主题分类，着重突出给予动词、击打动词、转移动词、创造动词这四大类动词，旨在参照典型语义类别实体行为动词的配价结构，构建实体行为动词的客体题元层级化分析系统。

实体行为动词首要的语义特征就是其主动性，针对客体实施行为，客体受到行为的作用发生某种变化。Н. Н. Болдырев 指出，实体行为动词所

[①] 彭玉海:《俄语动词（句）语义的整合研究》，黑龙江人民出版社 2001 年版，第 166 页。

[②] Л. Г. Бабенко, И. М. Волчкова и др., *Толковый словарь русских глаголов: Идеографическое описание*, М.: АСТ-ПРЕСС КНИГА, 2009, стр. 27 – 272.

[③] Н. Ю. Шведова, Е. С. Копорская, К. В. Габучан и др., *Русский семантический словарь том Ⅳ глагол*, М.: РАН Ин-т рус. яз., 2007, 155 – 229.

描述的事件是具体的主体——施事完成某个具体的、具有目的性的行为，行为指向的是具体的客体——受事，并且要使客体发生特定的性质特征变化①。实体行为动词客体题元变化的类型大致可以分为：毁坏性改变，创造性改变，改变客体性状（前两种为其极端形式）。其中，客体的性状又可以分为：客体的特征（物理特征、化学特征等），客体的形状（外在轮廓、外观形式等），客体的参数（容量、体积、大小、强度等）。行为改变的也可能是客体的潜在特征，这是该类动词转义的基础。

实体行为动词的典型语义结构为 X что делает с Y，X 将 Y 纳入其行为作用的范围内，从而建立起主客体之间的关系。其中的客体题元又可以大体分为三种不同的类型：领属客体，表示领属权发生改变的动词的客体，如 дарить（给予），лишать（剥夺），делиться（分享），брать（拿，取），получить（得到）；内部客体，创造或消灭类动词的客体，客体次语义属性容易发生迁移，从而导致动词转义，如 формировать **характер**（培养性格），убивать **чувства**（抑制情感），разбить **сердце**（使心碎），выбросить **мысль** из головы（抛开脑海中的想法）；变化客体，即外部客体，受动词结果影响发生量变或质变的客体，如 бить **девочку**（殴打小姑娘），жать **лимон**（榨柠檬汁），печь **картошку**（烤土豆），бросить **камень**（扔石头）。

与实体行为动词的语义内涵和事件语义特点相关，其客体题元具有相应的层级化特征。下面对这一题元层级关系展开分析和描述。

二 实体行为动词客体题元层级关系

（一）实体行为动词客体题元概括层级

实体行为动词以及物动词为主，语义结构中存在一个主体施加力作用的对象，从而引发各种变化。这意味着大量实体行为动词为单客体结构，例如，运动动词（$N_1 Vf < в/на > N_4$），创造动词（$N_1 VfN_4$），接触动词（$N_1 VfN_2$），破坏动词（$N_1 VfN_4$），遗失动词（$N_1 VfN_4$），发出声响动词（$N_1 VfN_5$），领导支配动词（$N_1 VfN_5$）以及各种表示物理性变化的动词（$N_1 VfN_4$）等。

实体行为动词中也存在许多双客体动词，例如，用原料制成动词

---

① Н. Н. Болдырев，*Когнитивная лингвистика*，Берлин：директ Медиа，2016，стр. 228.

（N₁VfN₄ < из > N₂），使变形以制成动词（N₁VfN₄ < из > N₂），使具有某种性状动词（N₁VfN₄N₅），划分动词（N₁VfN₄ < на > N₄），去除动词（N₁VfN₄ < от > N₂），提取动词（N₁VfN₄ < из > N₂），给予动词（N₁VfN₃N₄），搀扶动词（N₁VfN₄ < под > N₄）等。包含三个或三个以上客体的结构则相对较少，例如，转移动词（N₁VfN₄ < из/с > N₂ < в/на > N₄）。

（二）实体行为动词客体题元语义角色层级

在语义角色层级上，由于实体行为动词强调客体的变化性和补足性，最为常见的就是受事客体，大量的单客体结构中出现的都是受事客体，表示被主体改变的人或事物。双客体结构中除受事客体之外，常出现的有：工具客体，表示主体施加力时所借助的事物；材料客体，行为过程中被消耗的事物；与事客体，行为中受益或受损的一方；位事客体，各种空间位移行为中运动的起点、终点、路径等。此外，实体行为动词中还涉及两类特殊的客体题元：成事与对事。成事客体，即行为创造出的新事物，涉及的动词主要是创造动词；对事客体，不受行为影响、不发生任何变化的客体，涉及的动词主要是接触动词（прикасаться **моей руки**/碰触到我的手），遗失动词（терять **ключ**/遗失钥匙）。部分实体行为动词表示不可控行为，此时工具或自然力等非表人名词占据主语位，客体题元变为客事，例如，卷走（ветер гонит **тучи**/风吹散乌云），容、盛（шкаф вмещал **все книги**/书架装下了所有的书），发光（окна блестят **огоньками**/窗户被火焰照亮）等。

（三）实体行为动词客体题元次语义属性层级

在次语义属性层级上，实体行为动词客体题元涉及的主要对立范畴为：内部客体/外部客体，即受事客体/成事客体；可让渡客体/不可让渡客体，即客体是否为人身体不可分割的一部分，例如，搀扶动词（вести старуху **под руку**/搀扶老妇人）；可运作客体/不可运作客体，即工具在发挥功能时处于静止还是移动状态，碰撞类动词工具通常具有不可运作性，例如，точить нож **о камень**（在石头上磨刀），擦拭类动词工具二者皆可，例如，вытирать руки **полотенцем**/о **полотенце**（用毛巾擦手/在毛巾上擦手）；领事客体/属事客体，即两个客体题元之间存在领属关系，此关系与题元词本身意义无关，是题元词进入谓词题元结构后相互作用产生的结果，彭玉海将之称为"准题元次语义特征"①，例如，拍打、抚摸动词（гладить мальчика **по волосам**/抚摸小男孩的头发），物理力作用于物体的表面或某一点（колоть его **в руку**/扎他的手，ударить собаку **по голове**/打狗的头）。

实体行为动词的受事客体基本都为具体事物，如人造物品、自然物质、人体部位等，部分行为作用对象为人或动物，如责骂动词、奖惩动词、喂养动词等。位事客体为各种空间处所、组织机构等，与事客体一般为人或动物，也可以用组织机构名称来表示。

（四）实体行为动词客体题元论元形式层级

在论元形式层级上，实体行为动词的受事客体是最为典型的客体，常占据直接补语位，即采用不带前置词的第四格形式。而对于不及物动词，受事客体也可以用其他形式来表示，例如，运动动词（$N_1 Vf <в/на> N_4$），发出声响动词（$N_1 VfN_5$），领导支配动词（$N_1 VfN_5$），接触动词（$N_1 VfN_2$）等。成事客体也常占据直接补语位，例如，修建动词（$N_1 VfN_4$），生产制造动词（$N_1 VfN_4$）；但也不限于此，例如，切分动词（$N_1 VfN_4 <на> N_4$）。对事客体可以占据直接补语或间接补语位，由第四格或其他间接格表示，例如，遗失动词（$N_1 VfN_4$），接触动词（$N_1 VfN_2$）。与事客体要分给予与获取两种情况，给予动词中与事客体由第三格表示，获取动词中与事客体由"前—名"结构表达，例如，夺取动词（$N_1 VfN_4 <у> N_2$），征收动词（$N_1 VfN_4 <с> N_2$）。除占据主体位的工具客体外，可运作工具由第五格表示，不可运作工具由"前—名"结构表示，例如，摩擦动词（$N_1 VfN_4 <о> N_4$），擦拭动词（$N_1 VfN_4 <о> N_4$ 或 $N_1 VfN_4 N_5$），缠绕动词（$N_1 VfN_4 N_5$），覆盖动词（$N_1 VfN_4 N_5$）。材料客体通常由"前—名"结构 $<из> N_2$ 表示，例如，原料制成动词（$N_1 VfN_4 <из> N_2$），组建动词（$N_1 VfN_4 <из> N_2$）。位事客体表达方式较为丰富，可以由各种"前—名"结构表达，例如 $<в> N_4$，$<на> N_4$，$<к> N_3$，$<по> N_3$，$<из> N_2$，$<с> N_2$ 等。由于派生意义较多，实体行为动词的论元形式也极为丰富，难以由一种或几种论元结构来进行概括。同一类动词的论元结构具有一定的同一性，但也难以避免例外情况，同一个动词也可能有几种不同的论元

---

① 彭玉海：《语言语义的集成描写研究：基于 MSS 理论原则的句法—语义界面探索》，中国社会科学出版社 2013 年版，第 159 页。

结构可供选择。因而，有必要深入每一个语义次类中探讨实体行为动词的论元结构。

实体行为动词客体题元的论元形式极其丰富，即便是在同一语义配价结构中的同一个客体，在论元结构中也可能会有不同的论元形式可供选择，其中有些可能会造成语义上细微的不同。以如下两类典型情景为例详细说明。

表示"磨砺""擦拭"义的动词，例如，точить（磨快，磨平），вытереть（擦干，擦掉）等，其语义配价结构中的工具具有多种论元形式。以 точить 为例，其论元结构为 $N_1 VfN_4 <o> N_4$ 或 $N_1 VfN_4 N_5$，二者之间的区别在于，前者中的工具客体不具备可运作性，而后者中的工具客体则具备可运作性。例如，Она наклонилась и стала точить нож **о боковую стенку** крыльца（她俯下身子，开始在台阶的侧面磨刀），Парчевский внимательно точил ногти **металлической пилочкой**（帕尔切夫斯基用一把金属制的小锉刀仔细地磨指甲）。动词 вытереть 也是如此，其论元结构为 $N_1 VfN_4 <o> N_4 / <на> N_6$ 或 $N_1 VfN_4 N_5$，它们之间的区别在于，前两种工具的表达方式不具备可运作性，最后一种则具备此特征。例如，Он спрыгивает на снег，вытирает руки **о рабочие брюки**（他跳到了雪地上，在工作裤上擦拭着双手），Люда вытирала варенье **мокрым полотенцем**（柳达用湿毛巾擦去了果酱）。

表示"给……穿上"义的动词，例如，одеть（给……穿上），запеленать（裹住，包住），закутать（包住，围住），нарядить（给……穿上），обуть（给……穿鞋）等，其论元结构为 $N_1 VfN_4 <в> N_4$ 或 $N_1 VfN_4 N_5$。二者的区别是比较细微的，前者第二客体题元具有位事意义，后者则具有工具意义。例如，Сегодня он одел сестричку **в синие джинсовые шортики и оранжевую майку**（今天他给妹妹穿的是蓝色的牛仔短裤和橙色的针织背心），Потом они одели нас **мантиями жёлтого цвета**（之后他们给我们穿上了黄色的长袍）。

（五）实体行为动词客体题元角色配位层级

实体行为动词是各类动词中配位结构最富于变化的一类。典型的单客体实体行为动词配位模式为主体—谓词—受事（$N_1 VfN_4$），相对可变性不强。实体行为动词角色配位的丰富性着重体现在双客体与多客体结构之中。如上文所述，实体行为动词的语义极其丰富，难以对其进行穷尽性研究，这里以典型的配位模式为例，力图阐释实体行为动词客体题元在角色配位上的多变性。

表示"填充，占据"义的动词，例如，забить（塞满，堵住），загрузить（装载），заложить（放满，堆满），залить（淹没，浸满），засыпать（填满，填平），набить（装满），навалить（堆放，装满），наложить（放满，装满），наполнить（装满，使充满）等，具备两种配位模式，论元结构分别为 $N_1 VfN_4 N_5$ 和 $N_1 VfN_4 <в> N_4$。前者占据直接客体位的是所填充的空间，即受事，后者占据直接客体位的是填充的内容物，即材料，空间在这里兼含方位意义，语义角色为受事—位事。二者在语义上也有所差异，前者有"充满，装满"的意义，而后者没有。例如，Надо загрузить₁ **теплушки песком，камнями，железом**（应该将取暖货车装满沙子、石子和铁），Надо загрузить₂ **песок，камни，железо в теплушки**（应该将沙子、石子和铁装到取暖货车上）。

表示"缠绕"义的动词，例如，намотать（缠在，绕在），увить（缠上，裹上），закрутить（卷上，围上），вязать（捆，系）等，有两种配位模式，论元结构分别为 $N_1 VfN_4 N_5$ 和 $N_1 VfN_4 <на> N_4$。前者占据直接客体位的是受事，即被缠绕的人或事物，后者占据直接客体位的是缠绕所使用的材料或工具，受事则退居次要位置，且此时受事多为人体部位或小型事物。两种配位模式之间存在细微的语义上的差异，即居于话语关注焦点的是被缠绕的事物还是缠绕所使用的材料或工具，例如，Он накрутил **руку волосами**（他把头发往手上缠），Он накрутил **волосы на руку**（他将头发缠在手上）。这种角色配位上的迁移要受到一定的限制，当工具不具备可运作性时，第二种配位模式无法构成，例如，Волосы Валя тщательно вымыла и даже накрутила **концы щипцами**（瓦利亚仔细地梳洗了自己的头发，甚至用烫发钳将发梢烫卷了）。

表示"夺取，偷盗"义的动词，例如，воровать（偷窃），выкрасть（窃出，偷去），красть（盗窃），выманить（骗取），награбить（抢劫）等，论元结构为 $N_1 VfN_4 <y> N_2$，其中与事论元形式为 $<y> N_2$。与事除用"前一名"结构表达外，还可以作为领属关系中的领事，用来修饰受事，论元结构转变为 $N_1 VfN_4 N_2$，在这种情况下，与事的交际地位下降，不再直接从属于谓词，与此同时，其与受事的领属关系得到了凸显。例如，Они крадут детёнышей **у пингвинов**（他们从企鹅那里偷取它们的幼崽），

Они крадут детёнышей **пингвинов**（他们偷取企鹅的幼崽）。

表示"表扬，谴责"义的动词，例如，хвалить（称赞，赞扬），поощрять（鼓励，表扬），критиковать（批评，批判），осуждать（谴责，指责）等，论元结构为 $N_1 VfN_4 <за> N_4$，其中，原因语义要素论元形式为 $<за> N_4$。除用"前—名"结构表达外，原因语义要素也可能上升至直接客体位，成为话语的焦点，而表扬或谴责的直接对象则相对地退至边缘位，以原因的附属成分出现，不再直接从属于谓词，论元结构变为 $N_1 VfN_4 N_2$。例如，Педагоги в один голос хвалили книгу **за доступность изложения**（教育学家们都一致称赞这本书在叙述上通俗易懂），Педагоги в один голос хвалили **доступность изложения книги**（教育学家们都一致称赞这本书叙述上的通俗易懂）。其中，表示"表扬，称赞"动词语义配价结构中的受事还可能由"前—名"结构 $<в> N_6$ 表达，兼含某种属性特征的来源意味，例如，Ландау всячески поощрял юмор **в коллегах**（朗道不遗余力地称赞同事们的幽默）。

表示"医治"义的动词，例如，вылечить（治好，治愈），излечить（医好，治好），лечить（医治，治疗）等，论元结构为 $N_1 VfN_4 <от> N_2$，其中所治好的病症为离事，由"前—名"结构 $<от> N_2$ 表达。除上述表达方式外，离事的交际地位可以得到提升，变为直接客体，而医治的对象，即受事客体则退居次要位置，论元结构从而变为 $N_1 VfN_4 N_2$ 或 $N_1 VfN_4 <у> N_2$。例如，Он мечтает вылечить человечество **от рака**（他梦想能够找到使人类免受癌症之苦的办法），Он мечтает вылечить **рак человечества**（他梦想能够找到治疗人类癌症的办法）。

表示"卷，吹，压"义的动词，例如，мести（吹起，刮起），унести（刮走，卷走），валить（刮倒），качать（摇动），крутить（转动），трясти（摇动，晃动）等，本身为典型的单客体实体行为动词，论元结构为 $N_1 VfN_4$。但当其施力主体为某种自然力时，其配位模式会发生变化，主体交际地位下降，由第五格表示，而直接客体虽然论元形式不变，语序上却被提升至句首，成为话语的起点。例如，**Лодку** унесло течением（小船被水流冲走了），**Листья** мечет ветром（叶子被风卷了起来）。

实体行为动词中还有一类较为特殊的，表示"相互行为"义的动词，例如，целоваться（亲吻），встретиться（会面），обниматься（拥抱），

драться（打架）、ссориться（吵嘴）、перемигиваться（使眼色）、меняться（互换）等，论元结构均为 $N_1 VfN_4 <c> N_5$，其中 $<c> N_5$ 表示协同完成此行为的共事题元。其中，主体与共事可以互换句法位置，不影响谓词所反映的情景事件本身，只是二者的交际地位会发生变化。例如，**Брат** целовался **с Галиной**（哥哥亲吻了加琳娜），**Галина** целовалась **с братом**（加琳娜亲吻了哥哥）。其中，共事还可能直接上升至主体位，交际等级上升，此时共事原本的从动意义不复存在，与主体并列共同完成此行为[1]。例如，Он обнимался **с коротко остриженной девушкой**（他拥抱了一位短发姑娘），Он **и коротко остриженная девушка** обнимались（他与一位短发姑娘拥抱了）。

下面针对俄语实体行为动词的典型次语义类动词实例展开客体题元层级化研究的具体分析和讨论。

三　实体行为动词客体题元层级结构分析

（一）给予动词客体题元层级结构分析

Л. Г. Бабенко 对该类动词的释义为：将某物（金钱、财物、贵重物品等）转让给某人，以供其使用、支配，使其获得临时或永久的所有权[2]。原型给予情景的基本特征包括：主体拥有某个物质性客体；主体对客体施加某种物理作用，同时与客体相接触；客体在空间中移动，起点为主体，终点为与事；主体丧失对客体的领属权；与事将客体纳入自己的领属范围内。

给予动词的核心词为 дать（给），基本情景为"使某人拥有某物"，语义配价结构为主体—谓词—与事—受事，是典型的双客体结构。其中受事是领属权被转让的事物，是连接主体与与事的环，既是行为的原因也是行为的结果。与事可以是人或由人组成的组织、团体、机构等。使役性谓词的题元具有语义多样性，可能是事物性的，也可能是抽象的或事件性质的[3]。给予动词的受事语义覆盖面较广，既可以是动物也可以是非动物，

---

[1] 彭玉海：《俄语动词（句）语义的整合研究》，黑龙江人民出版社 2001 年版，第 190 页。

[2] Л. Г. Бабенко, И. М. Волчкова и др., *Толковый словарь русских глаголов: Идеографическое описание*, М.: АСТ-ПРЕСС КНИГА, 2009, стр. 587.

[3] Н. Д. Арутюнова, *Предложение и его смысл*, М.: Наука, 1976, стр. 167.

第四章　俄语动词语义类别客体题元的层级化分析　　155

但通常情况下不能是人，既可以是具体事物也可以是抽象概念。受事的次语义属性直接决定了给予的方式和途径，例如，дать **книгу**（给书）（直接给予），дать **квартиру**（转让房屋）（以书面文件的形式间接给予），дать **орден**（授予勋章）（含有奖励意义的给予行为）。论元结构主要表现为 X дать Y-у Z。常见变体形式主要有：X дать Y-у Z-a，表示行为及于客体的一部分；X дать Y-у по Z，表示平均分配意义，与事为多个不同客体；X дать Z для Y-а/на Y，间接给予行为，行为需要一个中间人，突出强调行为的目的；X дать Z куда，与事不是一个具体的人，而是一个机构或团体，куда 的意义介于与事和位事之间。

　　дать（给予）：$N_1 VfN_3 N_4$

　　典型的双客体结构；两个客体题元分别为与事、受事；与事为人或组织机构，受事语义范围较广，既可以是具体事物、物质，甚至可以是事件、行为，此时动词意义抽象化为"允许，让"；句法上，与事由第三格表达，受事采取不带前置词的第四格形式。

　　Дай-ка мне на минуту **твой карандаш.** 把你的铅笔借我用一下。

　　Кто дал вам право так разговаривать с людьми? 是谁给他权力这样同人说话的？

　　Ему не дали **говорить.** 他被禁言了。

　　一些给予动词强调与事要对受事事物进行支配、使用，例如，выдать（发放），обеспечить（保障），одолжить（借给），снабдить（供给），предоставить（提供），вооружить（装备），обмундировать（供给制服）等。

　　одолжить（借）：$N_1 VfN_3 N_4 / N_1 Vf <у> N_2 N_4$

　　两种结构均为双客体结构；两个客体题元分别为与事、受事；与事为人或组织机构，受事为具体事物；句法上，与事由第三格表达，受事为第四格形式，而间接角色配位结构中的与事则由"前一名"结构 $<у> N_2$ 表示，配位结构的变化标志着主体视角和身份的转换。

　　Одолжи мне сто рублей! 借我一百卢布！

　　Для вечерней поездки пришлось одолжить **бушлат у товарища.** 为了夜间的旅途他不得不向同伴借了件短呢衣。

　　表示"供给，保障"义的动词虽然宏观上说也属于给予动词范畴，但其论元结构上较之一般给予动词会有些许不同。此类动词具备直接与间接两种配位结构，论元结构分别为 $N_1\,VfN_4\,N_5$ 与 $N_1\,VfN_4\,N_3$，二者在语义上也有所不同，前者有"充足供应"的意义，而后者没有该附加语义。例如，Из-за повышения пошлин он не сможет **обеспечить**₁ Москву продуктами питания（由于关税上涨，他无法再向莫斯科供应充足的食物），Из-за повышения пошлин он не сможет **обеспечить**₂ продукты питания Москве（由于关税上涨，他无法再向莫斯科供应食物）。实际上是双客体动词由于两个客体题元句法占位不同而导致的细微语义差别。在直接配位结构中，占据直接客体位的是受事，供给的内容为材料，而在间接配位结构中，占据直接客体位的则是材料，兼含受事意味，而真正的受事则退居间接位置，兼含与事意义。

表示"派发"义的动词也属于一般给予行为，例如 слать（寄），выслать（寄出），дослать（补寄），наслать（寄送），переслать（转寄），прислать（寄来）等。

слать（寄）：$N_1\,VfN_3\,N_4 / N_1\,VfN_4\,куда$

双客体结构；第一种语义配价结构中，两个客体题元分别为与事、受事，在第二种语义配价结构中分别为受事、与事—位事；与事为人或组织机构，受事为具体事物或人，行为表示间接给予，即必然有中间人参与，受事必然是能够以某种方式移动的客体，有些题元词本身就蕴含了移动的方式，例如 письмо（书信），телеграмма（电报），бандероль（印刷品），денежный перевод（汇款）等；受事由不带前置词的第四格表示，与事则一般由第三格表示，也可能由"前—名"结构表达，此时兼含位事意义。

Шлю **тебе книги**. 我给你寄了些书。

Шлите **его ко мне**. 请把他派到我这里来。

支付类动词也属于给予动词范畴，受事事物为支付的资金，主体以支付的方式补偿与事，例如 платить（支付），выплатить（付出），доплатить（补付），оплатить（付清），переплатить（多付），приплатить（补缴），расплатить（付清），рассчитаться（清算），обсчитать（总计），уплатить（缴纳）等。

платить（支付）：$N_1\,VfN_3\,N_4 / N_1\,VfN_3 <за> N_4 / N_1\,VfN_5 <за> N_4$

双客体结构；第一个语义配价结构中两个客体题元分别为与事、受事，第二个语义配价结构中分别为与事、目的，第三个语义配价结构中分别为受事—材料、目的；与事为人或组织机构，受事为支付方式，包括金钱、证券、股权等，目的为具体事物或抽象概念，主体行为的目的是得到与事拥有的事物、提供的服务等；句法上，与事由第三格表达，受事由第四格或第五格表达，目的由"前—名"结构 < за > N₄ 表示。

Сколько вы платите **за квартиру**? 你们买这套房花了多少钱？

Анна платила **ей двести пятьдесят долларов** в месяц. 安娜每月付给她250美金。

（二）击打动词客体题元层级结构分析

击打动词的基本意义是对客体的破坏、使客体发生形变。在主体施加的力的作用下，客体发生不同程度上的变化，其整体性全部或部分遭到破坏，性质特征也可能发生变化。该类动词共同的语义义素为"通过击打的方式"实施对客体的作用，核心词为бить（打）。此类动词语义较为丰富，既包括击打、敲击类动词，也包括表示砍、砸、钉、撞、射击等强调击打方式的动词。

从语义配价结构出发，可以将击打动词大体上分为3类：（1）纯击打类动词，бить（打），ударить（击打），избить（殴打），колотить（敲打），отлупить（痛打一顿）等；（2）强调行为工具的击打动词，долбить（凿），хлестать（抽打），лягнуть（踢），рубить（砍、劈），сечь（砍、剁），стрелять（射击），гвоздить（乱打）等；（3）强调行为位移结果的击打动词，сбить（打下），выбить（打落），смахнуть（掸掉），вбить（钉进），пришить（缝上）等，此类动词核心语义为"使脱离""使脱离并获取客体"或"使进入"，即通过击打方式改变客体的初始空间位置。（1）类动词语义配价结构最简单，仅有一个受事客体题元；（2）、（3）两类动词为双客体动词，（2）类动词两个客体题元分别为受事、工具，（3）类动词两个客体题元分别为受事、位事。此外，还有部分动词同时强调行为工具以及受事客体的空间位移，此时动词语义配价结构为主体—谓词—受事—工具—位事，例如，表示"敲下"和"钉入"的动词（сбить/打下，вбить/钉进）。

在题元次语义属性层面，击打动词的受事客体语义覆盖面较工具、位事来说更广，具体事物类名词几乎都可以充当受事题元词。部分击打动词的受事客体可以为有生客体，其中典型的有表示"打""揍""踢""撞""射击"等义的动词，例如，стрелять **уток**（打野鸭），пинать **собаку**

（踢狗），бить лошадь（打马），наехать на прохожего（撞到行人）。工具一般为坚硬或锋利物体，例如，бить молотком（用锤子钉），сечь саблей（用马刀砍），колоть штыком（用刺刀刺），долбить долотом（用凿子凿），рубить топором（用斧子劈），或其他专门用来击打的工具，例如，хлестать кнутом（用鞭子抽），бить веслом（用桨打），стрелять из ружья（开枪）。有些击打动词的工具具有不可让渡性，即为人身体的一部分，例如，пинать ногой（用脚踢），стучать рукой（用手敲）。位事由具体事物名词充当，事物本身可能并不含有处所意义，仅作为行为的参照物或表示受损的客体，例如，сбить яблоко с дерева（把苹果从树上打下来），выбить мяч из рук（把球从手上打下来），сколоть ломом лёд с тротуара（用铁棍把人行道上的冰敲下来），вколотить кол в землю（把橛子钉进地里）。

在论元结构上，该类动词的表现也较为多样化。首先，(1) 类击打动词常见的论元结构为 $N_1 VfN_4 / <в>N_4 / <по>N_3$，受事客体一般用不带前置词的第四格形式表示，但当强调行为作用于某一个具体的点时，受事客体也可以由"前—名"结构来表达，例如，стучать в дверь（敲门），колотить по доске（敲黑板），бить в барабан（击鼓），наскочить на столб（撞到柱子上），ударить кого по голове（打某人的头）。对于 (2) 类击打动词来说，常用论元结构为 $N_1 VfN_5$，工具格由第五格表示，例如，бить кулаком（用拳头打），стегать ремнём（用皮带抽）。其中射击类动词的工具格比较特殊，由"前—名"结构 $<из>N_2$ 表达，例如，стрелять из пушки（开炮）。(3) 类击打动词论元结构则最为多变，位事可以由各种表示方位的"前—名"结构来表达，常见的有 $<с>N_2$、$<из>N_2$、$<в>N_4$、$<на>N_4$、$<к>N_3$ 等。例如，смахнуть со стола на пол стакан（把桌上的玻璃杯打落到地板上），сбить замок с двери（把门上的锁敲下来），вбить гвоздь в стену（往墙上钉钉子）。

击打类动词除了可能产生位移结果，还可能对客体造成负面影响，其中包括引起疼痛、使处于不利状态、夺去生命等。例如，разбить（打碎，打破），убить（打死），исколотить（刺伤），избить（撞坏，碰坏），колоть（宰杀），перебить（打断，折断），зашибить（碰伤），рубить（砍杀），расколотить（砸碎），застрелить（击毙）等。值得注意的是，有一些击打动词能够与成事客体连用，表示"创造，使成"义。例如，

第四章　俄语动词语义类别客体题元的层级化分析　　159

бить масло из бобов（榨豆油）, выдолбить трубку（凿制烟斗）, разбить грядки（开出几畦地）, сбить ящик из досок（用木板钉一个箱子）, выломать каменную плиту（拆出一个石头底座）, рубить избу（建造木屋）等。此时在词汇内部形成了对立词义, 由破坏意义转而表示创造意义, 客体题元也由受事变为成事, 行为的目的与方式也发生了变异, 两种意义的差异关键在于客体的语义特征以及对主体的价值。

除了语义角色变化, 击打动词的配位结构也可能发生迁移, 即工具或自然力等非表人名词占据主语位, 突出行为的不可控性, 强调行为结果。例如, Его сбила машина（他被车撞了）。此时, 动词的语义配价结构转变为行事—谓词—客事。主体的语义角色发生变化, 客体语义角色也随之变化, 整个情景的性质特征也完全不同了。有此种用法的主要是：敲击类击打动词, 例如, Дождь стучит в стекло（雨点敲打着玻璃）；砸夯类击打动词, 例如, Снаряды дробили лёд（炮弹把冰炸碎了）；碰撞类击打动词, 例如, Машина наехала на прохожего（车撞倒了行人）。

бить：（打, 击打）$N_1 VfN_5 <по> N_3 / <в> N_4$；（殴打, 揍）$N_1 VfN_4$

第一种语义配价结构为双客体结构, 第二种为单客体结构；前者两个客体分别为工具、受事, 后者客体为受事；前者工具为具体事物名词, 通常为坚硬或尖锐的物体, 可以为不可让渡客体, 受事可以为具体事物或有生客体, 后者受事为表人客体；前者工具由第五格表示, 受事承受击打的具体着力点由"前—名"结构 $<по> N_3$ 或 $<в> N_4$ 表达, 后者受事客体由不带前置词的第四格表示, 有时会发生裂价, 承受行为的人为第四格, 受力部位由"前—名"结构 $<по> N_3$ 或 $<в> N_4$ 表达。

Мальчик изо всех сил бил молотком по гвоздю. 男孩竭力用锤子钉钉子。

Коля, не смей бить девочку! 科利亚, 你怎么敢打女孩子!

выбить：（打落, 打掉）$N_1 VfN_4 <из> N_2$；（拍打干净）$N_1 VfN_4$；（打成, 锤出）$N_1 VfN_4$

第一种语义配价结构为双客体结构, 后两种为单客体结构；第一种语义配价结构中两个客体分别为受事、位事, 第二种中两客体为受事, 第三种中两客体为成事；第一种语义配价结构中受事为具体事物或有生客体, 当受事为人时, 动词义为"驱逐, 逐出", 位事为具体事物, 第二种中受事为具体事物，第三种中成事为各种金属人工制品；第一种语义配价结构中受事由第四格表示，位事由"前—名"结构 < из > N₂ 表达，第二种中受事客体由第四格表示，第三种中成事客体也由第四格表示；第一与第二配位结构之间存在配位迁移的关系，例如，выбить пыль из ковра（掸掉地毯里的灰尘），同 выбить ковёр（把地毯敲打干净）相比，用不被需要的次要客体代替行为直接作用的对象转移了主体的关注焦点。

Профессор рогами выбил у него **из рук шпагу**. 教授用号角打下了他手中的长剑。

— Я доверила тебе генеральную уборку всей квартиры, трижды позволила вымыть посуду и выбить **ковёр**！我委托你进行整个公寓的大扫除工作，还再三叮嘱你洗碗、打扫地毯！

В память столетия полков выбили **медаль**。为了庆祝部队的一百周年纪念日锻造了纪念章。

表示"钉"义的击打动词强调行为直接作用的对象，语义配价结构中必然含有两个客体，一个是直接客体，另一个是间接客体，即主体通过直接客体间接接触的对象。

вбить（钉入）：N₁ VfN₄ < в > N₄

双客体结构；两个客体题元分别为受事、位事；受事为钉子、楔子、桩子、橛子等尖锐物体，位事为墙面、地面等坚硬的平面；受事由不带前置词的第四格表示，位事由"前—名"结构 < в > N₄ 表达。

И если хочешь вбить **гвоздь в их стенку**, нужно сначала спросить **разрешения**. 如果想往他们的墙上钉钉子，必须首先征得他们同意。

表示"碰撞"义的动词也属于击打动词范畴，所描述的情景为"两个物体通过撞击的方式发生接触"。此类动词内部还可以分为两类：带-ся 动词（биться/碰撞, бодаться/顶, запинаться/拌, ушибиться/碰伤, удариться/碰撞, колотиться/碰撞, разбиться/破碎, стукаться/碰一下等），不带-ся 动词（наскочить/撞上, толкнуть/推, сшибить/撞倒, наехать/撞上, своротить/撞坏等）。语义配价结构也有两种：第一种为当事/行事—谓词—客事，行为不可控，主体为人、自然力或具体事物，而客体题元也随之变异为客事；第二种语义配价结构为施事—谓词—受事—工具，此时动词为使役动词。部分该类动词语义配价结构中可能有位事的参与，如 пробиться（挤过）等。

биться（碰撞）：N₁Vf<o>N₄

单客体结构；客体题元客事；客事为墙、地面、石头、门等坚硬的物体；客事由"前—名"结构<o>N₄表达。

Море глухо роптало, волны бились **о берег** бешено и гневно. 大海低声絮语，浪花猛烈、汹涌地拍击着海岸。

Муха бьётся **о стекло**. 苍蝇撞到了玻璃上。

表示"碰撞"义的击打动词，当撞击的物体为人体的一部分时，可以通过配位迁移来调整客体题元的交际等级。例如，Он сильно ушибся о тротуар **лбом**（他的额头碰到了人行道上，碰得很痛），У него **лоб** сильно ушибся о тротуар（他的额头碰到了人行道上，碰得很痛）。两种配位结构的差异主要在于受伤部位 лоб（额头）的交际地位不同：第一个句子中 он（他）处于主语位，而 лоб（额头）处于客体位；第二个句子中客体题元 лоб（额头）上升到了主语位，同时 он（他）退至边缘位。表示"打""拍打"义的动词也是一样，例如，Алексей ласково треплет её **по плечу**（阿列克谢亲切地拍了拍她的肩膀），Алексей ласково треплет её **плечо**（阿列克谢亲切地拍了拍她的肩膀）。后者通过改变 плечо（肩膀）的句法地位，提升了拍打直接作用部位的交际等级，同时肩膀的主人则退居次要位置。

射击义动词语义配价结构为双客体结构，二者分别为受事和行为工具。有时工具意义隐含在动词词汇语义之中，工具格在论元结构中常以题元内包的形式缺位体现，例如，бомбардировать（轰炸），застрелить（击毙）等。此外，许多该类动词强调使客体受损或死亡的行为结果，例如，застрелить（用枪打死），подстрелить（射伤），пристрелить（枪杀）等。

стрелять（射击）：N₁VfN₄/ <в>N₄/ <по>N₃ <из>N₂/N₅

双客体结构；两个客体题元分别为受事、工具；受事为具体事物或有生客体，工具为各种火器或子弹；论元形式变化较多，受事通常由不带前置词的第四格表示，当强调击打的目标及精准度时，可以用"前—名"结构<в>N₄或<по>N₃表达，这两种结构也有区别，前者强调击打的目标处于静止状态，后者则处于移动中，工具由"前—名"结构<из>N₂或第五格形式表达，前者工具为火器，且兼含位事意义，后者为各种子弹。

Старшие ловили и ели собак, кошек. Стреляли **птиц из самодельных луков.** 大人们捕捉并食用猫狗，用自制的弓箭打鸟。

Ведь его детище могло стрелять не только **снарядами**, но и **ракетами**. 要知道他的孩子不仅会打炮弹，还会发射火箭弹。

（三）转移动词客体题元层级结构分析

转移动词的共同义素为"使某物的空间位置发生改变"。原型转移动词情景包括：主体与受事事物发生接触；主体对受事事物施加作用力；在力的作用下受事事物开始运动；受事事物空间位置发生变化；运动的起点为主体所在位置，运动的终点即为主体所要达到的点。该类动词与运动动词紧密相关[①]，Л. Г. Бабенко 按照运动的路径将转移动词分为五类：相对于起点终点的单向运动，相对于起点的单向运动，相对于终点的单向运动，相对于中间点的单向运动，非单向性运动（环形、往复运动）[②]。

转移动词的核心词为 переместить（挪动，使迁移），纯转移动词，无其他附加意义，表示"将某物从一个位置转移到另一个位置"，语义配价结构为施事—谓词—受事—起点—终点，对应的论元结构为 $N_1 VfN_4 < из/с > N_2 < в/на > N_4$。其中受事为具体事物，可以为小型事物，也可以是房屋、建筑设施、车辆等大型事物；既可以是非生客体，也可以是有生客体，但必须具备可移动性，例如，переместить **книгу** с полки в шкаф（把书从书架上移到柜子里），переместить **жильцов** в другую комнату（把居民们转移到其他房间去）。起点和终点为具有处所意义的具体事物。当位移并不发生在物理空间，而是在心理或功能空间时，动词语义随之虚化。例如，переместить бригаду **на другой участок работы**（将小组调到其他工作地点），此时位事表示一个虚拟的地点，动词语义衍变为"调职，调任"。下文将在 4 种典型的转移情景中分析转移动词的客体题元。

与核心动词 переместить 一样，大量的转移动词表示使某个物体从一个点转移到另外一个点，语义的重心在于移动过程本身。语义配价结构上为三客体结构，描述一个完整的移动过程。三客体转移动词主要包括：бросить（抛，扔），везти（搬运），гнать（赶），двигать（搬动），

[①] 运动动词为主体自身移动，转移动词为客体移动。

[②] Л. Г. Бабенко, И. М. Волчкова и др., *Толковый словарь русских глаголов*：*Идеографическое описание*, М. : АСТ-ПРЕСС КНИГА, 2009, стр. 71－113.

катить（滚），кинуть（扔，投），нести（拿），тащить（拖），толкнуть（推），тянуть（拉）等。

двигать（搬动，挪动）：$N_1 VfN_4 <из/с/от> N_2 <в/на> N_4/ <к> N_3$

三客体结构；三个客体分别为受事、起点、终点；受事为具体事物，既可以是小型事物也可以是必须借助工具才能移动的大型事物，起点和终点为具有处所意义的具体事物或作为行为参照点的人；论元结构中受事由不带前置词的第四格形式表达①，由于 двигать 本身无附加意义，语义上、句法上限制较小，起点和终点的表达方式也较为丰富，"前—名"结构 <из/с/от> N_2 用来表达起点，"前—名"结构 <в/на> N_4 或 <к> N_3 则用来表达终点。

Уродец покачался, двигая **большой головой из стороны в сторону**, как качается тяжёлый подсолнух, потом повернулся молча и ушёл куда-то. 驼子摇晃了一阵，将自己的大头左右摆动，就像沉重的葵花一样，然后默默地转过身走掉了。

Высокий, широкоплечий человек, лет тридцати, старательно двигал **с места на место тяжёлую мебель**. 一个30岁上下、高大、宽肩的人努力地把沉重的家具从一个地方挪到另一个地方。

бросить（抛，扔）：$N_1 VfN_4/N_5 <из/с> N_2 <в/на/за> N_4$

三客体结构；三个客体分别为受事、起点、终点；受事为具体事物，且重量在人能承受的范围内，受事为人时，词义虚化为"抛弃"，起点和终点为具有处所意义的具体事物；论元结构中受事由不带前置词的第四格或第五格（兼有工具意义）形式表达，起点由"前—名"结构 <из/с> N_2 表达，终点则由"前—名"结构 <в/на/за> N_4 表达。

Марина нехотя достала из кармана куртки стрекочущий аппарат и бросила **его из прихожей в комнату**, на кровать. 玛琳娜不情愿地从上衣口袋中取出了嘀嗒作响的装置，把它从门厅扔到了房间的床上。

Петя, это ты бросил **снежком в окно**? 别佳，是你朝着窗户扔雪球吗？

这里需要说明的一点是，转移动词较少发生配位迁移，客体题元的变化多限制在论元形式层级上。然而其中表示"抛，扔""投掷""转动"

---

① 当受事为不可让渡客体时，一般由第五格表示。

等义的动词（бросать/抛，扔；кидать/抛，投；метать/投掷；швырять/抛，扔；вертеть/转动；вращать/转等）却属例外。该类动词直接客体有两种表达方式 N_4 和 N_5，具体形式的选择取决于第一客体，即受事客体的交际等级。在直接补语位上毫无疑问其交际地位会在最大限度上得以凸显，用第五格表示则会使其兼具工具意义，语义角色为受事—工具，交际地位在一定程度上有所下降，不过仍高于位事。

当语义中"使某物不再处于某处"义素占据主导位置时，主体更关注的是移动的起点，相对的行为的终点就被归入情景的背景。在语义配价结构上，该类转移动词具有双客体结构，语义角色表现为施事—谓词—受事—位事（起点）。值得注意的是，虽然强调行为的起点，但起点常以主体自身作为参照物，在表达上属于不言自明的信息，因此在言语中该类动词经常表现为单客体动词，即只有一个受事客体。俄语中强调起点的单向移动动词主要包括带有前缀 вы-、от-、у-、из-的动词，例如 выбросить（抛出），выгнать（逐出），вылить（倒出），выпустить（放出），вынести（搬出），выронить（掉落），выставить（挪出），высыпать（撒出），вытащить（拉出），изгнать（驱逐），отбросить（抛开），отдалить（移远），отстранить（推开），отмести（扫开），оттолкнуть（推开），оттащить（拖开），скинуть（扔下），столкнуть（推下），удалить（移远），унести（带走）等。

выбросить（抛出，扔掉）：$N_1 \text{Vf} N_4 <\text{из}/\text{с}> N_2$

双客体动词；两个客体分别为受事、起点；受事为具体的小型事物，必须是人能够抓起的事物，如书本、文件、食物、小器皿等，起点为具有处所意义的具体事物；论元结构中受事由不带前置词的第四格形式表达，起点由"前—名"结构 $<\text{из}/\text{с}> N_2$ 表达。

Выброси, пожалуйста, **этот мусор**. 请扔掉这些垃圾。

— Я **тебя** сейчас выброшу **из машины**, — пообещал Глеб. "我现在就把你从车上扔下去。"格列布警告道。

大多数该类动词的受事客体都是主体不再需要的事物，但也不尽然。部分该类动词能够表示"获取主体所需事物"义，例如，выпустить（生产，制造），вывести（培养，培育），вылить（铸造），вынести（获得，取得），снять（收割，采摘）等。当表示"获取"义时，这些动词能够与成事客体连用，成为单客体动词。

выпустить：（放出，放走）$N_1 VfN_4 <$ из $> N_2$；（生产，制造）$N_1 VfN_4$。

第一种语义配价结构为双客体结构，第二种为单客体结构；前者两个客体题元分别为受事、起点，后者客体题元为成事；前者受事为有生客体，起点为具有地点意义的具体事物，后者成事为人造事物（家具、车辆、衣物等）；论元结构中受事与成事由不带前置词的第四格形式表达，起点由"前—名"结构 < из > N_2 表达。

Мальчик выпустил **птицу из клетки**. 小男孩把鸟从笼子里放了出去。

Коллектив нашего цеха обязался выпускать **продукцию** высшего качества. 我们车间全体成员的职责就是生产高质量的产品。

当动词语义结构中"使某物向目标点移动"占主导地位时，移动的起点退居边缘位。在语义配价结构上，该类转移动词也具有双客体结构，语义角色表现为施事—谓词—受事—位事（终点）。俄语中强调终点的单向移动动词数量较多，主要包括带前缀 в-、воз-、за-、о-、под-、при-、с-的动词，例如 вкатить（推入，滚入），влить（倒入），внести（拿进，搬进），вознести（高高抬起），опустить（放下），поднять（拾起，抬起），поднести（拿近），привлечь（拉到），пригнать（赶到），приложить（使贴近），продвинуть（推进），свести（领到，送到），сблизить（使接近）等。

внести（拿进，搬进）：$N_1 VfN_4 <$ в/на $> N_4$

双客体动词；两个客体分别为受事、终点；受事为人能够搬动的有生或非生客体，如孩子、书本、文件、家具等，终点为具有处所意义的具体事物，当文本形式的事物（杂志、报纸、合同等）充当位事客体时，动词词义虚化为"记入，列入"；论元结构中受事由不带前置词的第四格形式表达，终点由"前—名"结构 < в/на > N_4 表达。

Она осторожно внесла **спящего ребёнка в комнату**. 她小心地把熟睡的孩子抱到了房间里。

除上述两类变体之外，还有一些转移动词强调主体对受事的移动过程中通过、穿过了某一个点，而这个点就是主体关注的重心。俄语中该类动词主要指带前缀 пере-、про-的转移动词，例如 перевести（领过去），перенести（搬过，拿过），перебросить（扔过），протянуть（拉过），провезти（运过去）等。此类动词既可以作为一般转移动词使用，带前缀 пере-的动词语义配价结构同第一类转移动词，带前缀 про-的同第三类转移动词，也可以专门作为表示相对于中间点的转移动词使用，语义配价结构为施事—谓词—受事—位事（路径）。

провести（引过，领过）：N₁ VfN₄ < в/на > N₄ / < к > N₃；N₁ VfN₄ < мимо > N₂ / < через > N₄

两种语义配价结构均为双客体结构；前者两个客体分别为受事、位事（终点），此时动词为一般转移动词，后者两个客体分别为受事、位事（路径）；受事为具有可移动性的具体事物或人，位事为具有处所意义的具体事物或作为行为参照点的人；论元结构中受事由不带前置词的第四格形式表达，终点由"前—名"结构 < в/на > N₄ 或 < к > N₃ 表达，路径则由"前—名"结构 < мимо > N₂ 或 < через > N₄ 表达。

Мальчик провёл **отряд через болото**. 男孩带领部队穿过了沼泽。

Проведите，пожалуйста，**к директору**. 请带我去见经理。

（四）创造动词客体题元层级结构分析

变化性是客体题元的典型特征之一，进入一个谓词结构的客体题元会在主体的作用下产生各种变化，而被创造与被毁灭是处于变化的两个极端的情况。在这两种情况下，客体题元都能够最大限度地参与到情景当中，发挥其决定性作用。被创造或者被毁灭的事物相比于主体更大程度上决定了行为的性质①。

创造动词最突出的语义特征就是能够与成事客体连用。Е. В. Падучева 曾专门研究过能够与成事客体连用的动词②。包含成事题元的动词中，最典型的是建造类动词（строить/建造），但也不限于此类动词。Е. В. Падучева 分析了四类通常并不被视为创造动词但语义配价结构中也可能包含成事客体的动词：选择动词，阶段动词，心理影响动词，创造思想产物动词。Л. Г. Бабенко 在对动词进行分类时，专门将创造活动动词列为一个次类，其中包括通过各种劳动活动（物理、心智）创造客体、烹饪、筹备、收集、传达书面信息、使客体恢复到原有的状态这些不同语

---

① В. Г. Гак，"К проблеме семантической синтагматики"，в Шаумян С. К.，ред.，*Проблемы структурной лингвистики*，М.：Наука，1972，стр. 390.

② ［俄］Е. В. 帕杜切娃：《词汇语义的动态模式》，蔡晖译，北京大学出版社 2011 年版，第 474—482 页。

义类别的动词①。本书中所提到的创造动词专指作为实体行为一个次类、创造物质客体的动词。

许多创造动词都具有双重用法，既可以与受事客体连用，也可以与成事客体连用，动词的语义会有一定程度上的变化，增添了"使成"的意味。例如，варить₁ **картошку**（煮土豆）—варить₂ **суп**（煲汤）。双重用法是语义衍生的结果，"成事意义在结果参项过渡到强交际位——客体位置之后产生"②。Ю. Д. Апресян 在研究多义动词语义结构时发现，附加"使成"意义也是一种积极语义衍生模式③，例如，以某种方式使发生形变→以某种方式使成，**бурить**₁ землю（钻土）—**бурить**₂ скважину（钻井）；以某种方式进行加工→以某种方式使成，**вышить**₁ подушку（缝枕头）—**вышить**₂ цветы на подушке（在枕头上绣花）；以某种方式进行加工→以某种方式提取出，**выжать**₁ лимон（榨柠檬汁）—**выжать**₂ сок（榨果汁）。这些动词都具有双重用法，由此可见创造动词的数量之庞大。

至于无双重用法的纯创造类动词，则大都为派生词。"在成事动词中，语义上属非派生性的动词占少数，成事动词主要通过方式动词构成，有时通过前缀构成。"④ 这里所说的前缀主要是指 вы-，还包括 от-，у-，на-，с-等。

创造类动词的核心词为 делать，纯创造动词。其客体题元语义涵盖范围极广，主要包括：物理客体，物理力作用下产生的事物，如 чай（茶），машина（车），бельё（内衣、布品），копия（副本）；有生客体，специалист（专家），отличник（优等生），учёный（学者）；非物理客体，表示事件的实现、事件的物理表征，如 карьера（事业），ошибка（错误），игра（游戏），история（历史），подарок（礼物），пауза（停顿），остановка（间断），свадьба（婚礼），реклама（广告）；语言表现

---

① Л. Г. Бабенко, И. М. Волчкова и др., *Толковый словарь русских глаголов: Идеографическое описание*, М.: АСТ-ПРЕСС КНИГА, 2009, стр. 272 – 303.

② [俄] Е. В. 帕杜切娃：《词汇语义的动态模式》，蔡晖译，北京大学出版社 2011 年版，第 476 页。

③ Ю. Д. Апресян, *Избранные труды, том I. Лексическая семантика: Синонимические средства языка. 2-е издание, исправленное и дополненное*, М.: Школа «Языки русской культуры», Издательская фирма «Восточная литература» РАН, 1995, стр. 208 – 209.

④ [俄] Е. В. 帕杜切娃：《词汇语义的动态模式》，蔡晖译，北京大学出版社 2011 年版，第 475 页。

形式，如 оговорка（补充说明），заявление（声明），замечание（评论），прогноз（预报）；推理活动，如 сравнение（对比），анализ（分析），план（计划），расчёт（结算）；物理行为，表示行为的实施，如 жест（手势），зарядка（体操），движение（移动），шаг（步伐）；面部表情，感受，如 удивлённые глаза（惊诧的眼光），боль（疼痛）。除了物理力作用下产生新事物外，其他情景中动词都要发生语义虚化，表示"使成为，使变为……"

делать 的几种论元结构：$N_1 VfN_4$；$N_1 VfN_4 <из> N_2$；$N_1 VfN_4 Adj_5$；$N_1 VfN_4 N_5$。后两种论元结构中，结果兼评事的 Adj_5、N_5（оценимое）分别为表意重心，相应地它们与修饰成分不同，为动词语义中的必有成分。该结构能够表达的意义也较为丰富——改变非动物客体的内部结构，动物客体的物理特征、情感状态、地位、角色、功能、评价、认知信息等。第二种与第三种论元结构中，成事与受事客体争夺第四格直接补语位。第二种结构中，成事处于核心位，受事退居材料位置，而在第三种结构中，受事处于核心位，成事退居工具位置。以上三种结构大都表示抽象性质的行为，结构中都需要补足成分揭示改变的性质。而作为纯实体行为动词的 делать 是语义自足的，主要使用论元结构 $N_1 VfN_4$。例如，делать **мебель**（打家具），делать **стол**（做桌子），делать **игрушки**（做玩具）等。有时为了强调改变客体的物理性状，也可以使用其他论元结构即 $N_1 VfN_4 Adj_5$；$N_1 VfN_4 N_5$。例如，делать **комнату чистой**（把房间打扫干净），делать **её красавицей**（使她成为美人）等。

俄语中大量表示各种劳动活动的动词都包括了创造语义义素（如 строить/建造，производить/生产，создать/创造，соорудить/建造，изготовить/制成等），以及各种表示对客体进行加工处理的动词，例如，切割（резать/雕刻；вырезать/削成，雕成；строгать/刨制），挖掘（копать/挖到；рыть/刨出，挖出，прокопать/挖出），钻探（буравить/钻孔，сверлить/凿眼），编织（вязать/编织，нашить/缝制，плести/编织），锻造（ковать/锻造，прожечь/烧出），砍凿（отрубить/砍下；прорубить/砍出；рубить/建造；выдолбить/凿出，凿成；высечь/刻出；выточить/旋出，车出），提取（извлечь/提炼出，выжать/榨出），敲击（выколотить/打出，敲出；выстукать/敲击出），固定（сколотить/钉成，сбить/钉成）等。在与成事客体连用时，它们的意义为"用原料将某物做成、改制成"。纯创造动词只能与成事客体连用,而有附加意义的创造动词则体现出鲜明的双重用法。但由于受到句法位的限制,受事与成事不能共现于直接客体位,当成事客体被凸显时,受事客体要么退居材料位,要么退至边缘位,即情景的背景之中。

创造动词大都属于单客体动词,但其中有一部分动词,当其语义中材料语义成素被凸显出来时,动词表示"用……制成",并由此转为双客体动词。此类创造动词主要包括:"用某种原材料制成",例如,валять(滚成,搓成)、варить(熬制)、готовить(做饭)、печь(烤制)、связать(捆成,织成)等;"使物体形变以做成",例如,вертеть(卷成)、вить(捻成)、вязать(编织)、крутить(搓成,捻成)等;"以……为素材写成",例如,сочинить(创作,谱写)、сложить(编出,创作出)等;"由……组建成",例如,образовать(形成,构成)、набрать(编成)、организовать(组织,成立)、составить(组建)、формировать(组织,组建)等。此类动词具备直接与间接两种配位模式,论元结构分别为 $N_1 VfN_4 <из> N_2$ 和 $N_1 VfN_4 <в> N_4$,二者的区别在于两个客体题元之间的主次。在直接配位模式中占据第一客体位置的是成事,第二客体为材料,在间接配位模式中,第一客体则为材料,第二客体为成事。配位结构的变化实质上是说话人出于交际目的做出的语义上的微调。例如,готовить **суп из картошки**(用土豆煲汤),готовить **картошку в суп**(把土豆做成汤)。

строить(修建):$N_1 VfN_4$

单客体结构;客体题元为成事;成事为具体事物,包括房屋、工厂、桥梁等各种建筑物以及各种道路交通设施,如果成事由思维活动产物充当,则动词要发生语义虚化;成事客体占据直接客体位,由不带前置词的第四格表示。

В прошлом году в нашем городе построили **новый завод**. 去年我们市建了一所新工厂。

резать(切,割):$N_1 VfN_4$;$N_1 VfN_4 <из> N_2$

第一种语义配价结构为单客体结构,第二种为双客体结构;前者客体为受事,后者客体分别为成事、受事—材料,此时动词语义变为"刻出,雕成";受事为坚硬的具体事物,成事为表示人工制品的具体事物,受事—材料为金属、木料、玻璃等可以用作原材料的具体事物;前者受事成功地挤掉了成事占据直接客体位,成事可以以"前—名"结构 $<на> N_4$

的形式出现，后者成事占据核心位置，受事—材料由"前—名"结构＜из＞N_2表达。

Ихние дамы **все лоскутки** так и режут на мелкие части, настоящую лапшу делают. 他们的太太把所有的碎皮子切成了小块，做成正宗的面条。

Поначалу шили хозяйственные и пляжные сумки, пользовавшиеся большим спросом; резали **шахматы из дерева**. 起初是缝制需求量很大的购物袋和浴场包，用木头雕刻象棋。

烹饪类的动词也属于创造类动词。除核心动词 готовить（做饭）之外，还包括各种强调烹饪方式的动词及其派生词，例如，варить（煮）、печь（烤）、жарить（炸）、мариновать（醋渍）、солить（腌制）、тушить（焖、炖）、заварить（用沸水烫）、наварить（熬制）、напечь（烤制）、напарить（蒸熟）等。该类动词也具有双重用法，受事或成事均可以占据直接客体位。

печь（烤）：$N_1 V f N_4$；$N_1 V f N_4$ ＜из＞ N_2

第一种语义配价结构为单客体结构，第二种为双客体结构；前者客体为受事，后者客体分别为成事、受事—材料，此时动词语义变为"烤制"；受事为具体事物，包括各种蔬菜水果等可食用物质，成事为人为加工制成的食品，受事—材料为各种蔬菜水果等天然可食用物质；前者受事成功地挤掉了成事占据直接客体位，成事退居情景背景，后者成事占据核心位置，受事由"前—名"结构 ＜из＞ N_2 表达。

Там можно купаться, загорать, печь **картошку** на костре и жарить шашлычок. 在那里可以洗海水澡、晒太阳，在篝火里烤土豆、烤肉串。

К весне выдачу продуктов по карточкам вовсе прекратили, рекомендовали собирать траву, грибы, **хлеб** печь **из рапса**. 临近春天，食物的凭票发放完全停止了，建议采集野草、蘑菇，用油菜烤制面包。

第二节　心智行为类动词客体题元层级化分析

一　心智义动词语义界定

心智行为动词（глагол интеллектуальной деятельности）是描述人的各种思维活动的动词。语言最重要的功能就是表达人的思维过程或结果，因而该类动词在语言中占有非常重要的地位。Н. Ю. Шведова 在对俄语动词进行语义分类时指出，心智行为动词整体上反映的是人类接受、认识、理解周遭世界各种内在关系，以及在思维中对现实进行重构的能力①。心智行为动词表达的是人对现实的阐释，其中包含说话人的态度、评价等主观信息，因此，心智行为动词也可以称为认知谓词②。心智行为动词与实体行为动词在语义配价结构上决定性的差异就在于，前者支配的是命题客体，而后者支配的是物质客体。

心智行为动词同实体行为动词一样，是语义较为复杂的一类动词，其内部分类也较为繁杂。Н. Ю. Шведова 主要将其分为信念、意见、知晓三大类，每一大类下又有各自的次类③。Л. Г. Бабенко 将其分为理解、知晓、意见、对比、选择、决定、假定、判定、检验动词④。其中知晓动词与意见动词分别反映"知道"与"认为"这两个情景，这两个次类的心智行为动词是众多语义学家研究的对象⑤。

以表示"知道"和"认为"情景为代表，心智行为动词客体题元最为突出的特征就是命题性。"知识与意见、信念等心理要素共同参与命题态度的形成，后者必然要引入命题这一逻辑语义范畴，并获得判断的结构形式，因为心智——理性的内容总是命题化的。"⑥ 在对这两类动词进行研究时，张家骅也指出："它们连接认知状态主体和命题，描写同一认知状态——认知状态主体在其意识中有命题 P，在语义结构中包含客体命题配

---

① Н. Ю. Шведова, Е. С. Копорская, К. В. Габучан и др., *Русский семантический словарь том* Ⅳ *глагол*, М. : РАН Ин-т рус. яз., 2007, стр. 230.

② ［俄］И. Б. 沙图诺夫斯基：《句子语义与非指称词 意义·交际域·语用》，薛恩奎译，北京大学出版社 2011 年版，第 230 页。

③ Н. Ю. Шведова, Е. С. Копорская, К. В. Габучан и др., *Русский семантический словарь том* Ⅳ *глагол*, М. : РАН Ин-т рус. яз., 2007, стр. 230.

④ Л. Г. Бабенко, И. М. Волчкова и др., *Толковый словарь русских глаголов：Идеографическое описание*, М. : АСТ-ПРЕСС КНИГА, 2009, стр. 303 – 349.

⑤ 参见 Ю. Д. Апресян, *Избранные труды, том* Ⅱ. *Интегральное описание языка и системная лексикография*, М. : Школа «Языки русской культуры», 1995, стр. 389 – 434；Е. В. Падучева, *Динамические модели в семантике лексики*, М. : Языки славянской культуры, 2004, стр. 256 – 273；彭玉海、李恒仁《语言语义探微》，黑龙江人民出版社 2006 年版，第 185—199 页；张家骅《俄罗斯语义学：理论与研究》，中国社会科学出版社 2011 年版，第 101—121 页。

⑥ 彭玉海、李恒仁：《语言语义探微》，黑龙江人民出版社 2006 年版，第 187 页。

价,语法结构上支配表达客体命题配价的小句宾语,是典型的命题态度谓词。"① 客体题元的命题性是心智行为动词的重要特征,但此特征也并不是必需的,许多心智行为动词的客体也可能具有实体性,例如,считать кого каким(认为某人怎样)等。在句法上,心智行为动词的客体题元表达方式也较为多样,既可以采用间接格形式或"前一名"结构,也可以使用 что 引导的说明从属句或间接疑问从属句。

与心智义动词的语义内涵和事件语义特点相关,其客体题元具有相应的层级化特征。下面对这一题元层级关系加以分析和描述。

二 心智义动词客体题元层级关系

（一）心智义动词客体题元概括层级

心智行为动词以单客体动词为主,知晓动词、意见动词、决断动词、推断动词、意愿动词等典型心智活动动词都是单客体动词。在单客体结构中,客体题元的语义内涵为揭示主体知晓、思考、决定、推测或渴求的具体内容。

心智行为动词中也不乏双客体动词,其中比较典型的当属选择动词和比较动词。跟上述几类心智行为动词比起来,选择动词的语义要更为复杂,情景中的必要参与者也更多。为了充分揭示选择的情景,选择的集合与选取的实体缺一不可。比较动词也是一样,比较情景一定要有至少两个客体,即被比较的事物参与才能成立。此外,部分意见动词也存在双客体结构,这种结构是直接配位结构的一种变体形式②,即除对事之外,增加评事这一语义角色。例如,считать что-либо своей обязанностью（视某事为自己的责任）。部分判定动词也需要双客体结构来揭示其语义内涵,例如,назначить заседание на среду（会议定于周三召开）。

（二）心智义动词客体题元语义角色层级

相较于实体行为动词,心智行为动词客体题元的语义角色有一定的模糊性,即便是在单客体结构中也不能将其简单地划归为受事。心智行为动词客体题元大多数情况下揭示的是主体知晓、思考、言语、推断、决断等

---

① 张家骅:《俄罗斯语义学:理论与研究》,中国社会科学出版社 2011 年版,第 101 页。

② [俄] Ю. Д. 阿普列相:《语言整合性描写与体系性词典学（下）》,杜桂枝译,北京大学出版社 2011 年版,第 395 页。

思维行为的具体内容，在这种情况下，谓词的客体题元为内容。例如，言语动词，говорить **о работе**（谈论工作）；意见动词，думать **о будущем**（思考未来）。但在与命题性客体题元连用，表达主体的主观评价、态度时，客体题元的语义角色又可以进一步地细化为实事、意事。例如，Говорят, что **он уехал**（据说他已经走了）（意事），Я знаю, **зачем ты пришёл ко мне**（我知道你为什么来找我）（实事），Думаю, что **он не прав**（我认为他是不对的）（意事）。此时客体题元语义角色的不同，反映出的其实是其谓词语义上的差异。

除内容、实事、意事之外，在心智行为动词语义配价结构中常出现的客体语义角色还有准对事。受事是实体行为动词客体题元的典型语义角色，而心智行为动词对客体题元施加的"力"是无形的、抽象的，对客体事物本身造成的影响很多情况下是微乎其微的。甚至在很多时候谓词根本不以对客体事物造成影响作为其根本目的，例如，знать **жизнь**（了解生活），понимать **законы природы**（理解自然法则），верить **в светлое будущее**（相信光明的未来），хотеть **чаю**（想要喝点茶）等。因而，在心智行为动词的语义配价结构中，较少出现受事客体。只有部分语义上与实体行为动词有一定关联性的判定动词、检验动词以及选择动词的客体题元会受到动词作用的潜在影响，居于对事客体与受事客体之间，称为准对事。例如，ориентировать **книгу** на широкого читателя（使书面向广大读者），назначить **дом** к продаже（指定变卖房屋），решить **проблему**（解决问题），выбрать **кого** президентом（选某人为总统）等。

（三）心智义动词客体题元次语义属性层级

在次语义属性层级上，心智行为动词客体题元的表现远不如实体行为动词客体题元丰富。许多客体题元的语义对立范畴，例如，外部客体/内部客体、可让渡客体/不可让渡客体、可运作客体/不可运作客体针对的主要是实体行为动词，而心智行为动词客体题元的次语义属性则要更为单一化、规则化。

在具体客体/抽象客体对立范畴上，毫无疑问，抽象性是心智行为动词客体题元的典型特征。大多数心智行为动词的客体题元都是抽象客体，有些甚至是以动词不定式、从句形式表达的带有命题意义的客体。例如，决断动词，решить **созвать собрание**（决定召开会议）；假定动词，Предположим, что **ты прав**（假设你是对的）；意愿动词，Желаю, чтобы ты вернулся（我希望你能回来）等。当然，部分心智行为动词也能够以具体客体为对象。例如，判定动词，оценить **товар**（给商品估价）；检验动词，опробовать **новую машину**（检验新机器）；选择动词，выбрать **книгу** для чтения（选一本书来读）；意愿动词，хотеть **конфетку**（想要吃糖）等。

其次，在成事客体/非成事客体对立范畴上，部分心智行为动词的语义配价结构中可能包含成事客体。成事客体反映的是谓词语义中包含"创造，使成"的义素，Е. В. Падучева就专门将包含成事客体的心智行为动词命名为创造精神产品的动词（глагол создания интеллектуального объекта），只是她所定义的成事要更为宽泛①。本书中，心智行为动词的成事客体是指主体在精神世界中创造出来的，抽象的主意、观点、思想、推断等。能支配成事客体的主要是部分包含"创造"义的决断动词和假定动词，例如，придумать **новое средство**（想出新方法），сочинить **пьесу**（编写剧本），утвердить **правила** управления（确定管理规则），вообразить **картину** южной ночи（想象南方的夜景）等。

（四）心智义动词客体题元论元形式层级

在论元形式层级上，心智行为动词客体题元首选的形式就是从句形式。心智行为动词描述的是各种思维活动，表现的是人类对周遭的人、物、事件、现象等的主观认识。此核心语义就决定了此类动词的客体题元常以命题形式出现。此时，客体具有事件意义，且谓词的语义配价结构通常为单客体结构，关注的焦点为该命题性客体。该类语义配价结构在心智行为动词中极为常见，例如：意见动词，Я не думала, что **это важно**（我并不认为这很重要）；决断动词，Я решила, что **вместе с ним больше не выйду на сцену никогда**（我决定永不再与他同台演出）；假定动词，Вообразим, что **мы на Северном полюсе**（设想我们现在在北极）；意愿动词，Хочу, чтобы **было всё в порядке**（我希望一切都能顺利）等。

其次，和实体行为动词一样，不少心智行为动词客体题元能够由不带前置词的第四格来表达。例如，选择动词，выбрать **профессию**（选择职

---

① [俄] Е. В. 帕杜切娃：《词汇语义的动态模式》，蔡晖译，北京大学出版社2011年版，第479页。

业);决断动词,решить **загадку**(解开谜题);判定或认定动词,определить **расстояние**(测定距离);检验动词,проверить **билеты**(检票)等。部分单客体心智行为动词的客体题元以及双客体心智行为动词中的第二客体题元可以借助"前—名"结构来表达。例如,知晓动词,знать **о чьей болезни**(了解某人的病情);意见动词,думать **над проблемой**(思考问题);думать **о работе**(思考关于工作的事);选择动词,выбрать цитаты **из классиков**(从经典作家的著作中选出引文);比较动词,сравнить славянские языки **с балтийскими**(对比斯拉夫语族与波罗的语族);相信动词,верить **в свои силы**(相信自己的力量)等。

此外,不定式也是心智行为动词客体题元的一种重要表达方式。动词不定式在这种情况下表示的是主体主观上想要进行或即将进行的行为,本质上仍然是命题性客体题元,只是与从句形式不同,人称、时态等以潜在的方式体现在上下文中①。能够支配不定式客体的主要是决断动词与意愿动词,例如,решить **остаться** дома(决定留在家),мечтать **стать** лётчиком(梦想当一名飞行员),хотеть **учиться**(想要学习)等。

(五)心智义动词客体题元角色配位层级

E. B. Падучева 在研究心智活动动词时,格外关注动词能否支配间接疑问从属句的问题②。"所谓间接疑问句从形式上看就是指间接引语中的疑问代词提问句或有指代性质的疑问句子,其疑问意义跟直接疑问意义稍有不同。"③ E. B. Падучева 在研究心智行为动词的角色配位时,将支配间接疑问从属句的情况独立出来,专门作为一种角色配位来看待④。从这个角度审视心智行为动词的客体题元表现,它们支配的间接问题从属句所充当的客体题元都可有两种配位结构方式,其中,决断动词、言语动词、知晓动词的客体题元反映最为典型。例如,А теперь давайте решим, **когда вы принесёте мне товар**(现在让我们来决定你们给我送货的时间),

---

① Г. А. Золотова, *Коммуникативные аспекты русского синтаксиса*, М.:Наука,1982, стр. 255.

② [俄]Е. В. 帕杜切娃:《词汇语义的动态模式》,蔡晖译,北京大学出版社 2011 年版,第 243—246 页。

③ 彭玉海、李恒仁:《语言语义探微》,黑龙江人民出版社 2006 年版,第 191 页。

④ [俄]Е. В. 帕杜切娃:《词汇语义的动态模式》,蔡晖译,北京大学出版社 2011 年版,第 293—301 页。

Петров сообщил Шварцу, **зачем он приехал в Кронштадт**（彼得罗夫告诉了施瓦茨他为什么要来喀琅施塔得），Не знаю, **как сказать**（不知道该怎么说）等。但与此同时，这种角色配位在语义上会受到一定限制，"所有带间接问题的谓词的共同属性是'知晓'要素处于陈说的地位，否定语境时则为'非知晓'要素"①。简单地说，只有当语句交际重心落在谓词而不是客体题元语义内容上面，并且此时谓词结构不出现语义异常时，该谓词才能够支配间接疑问从属句。

相对于单客体结构，双客体结构是较不稳定的一种结构。说话人会对两个客体题元的交际等级作出调整，从而使其符合当前的交际目的。从论元形式上看，二者都具备占据直接客体位的潜能，当直接客体位被其中之一占据时，另一个客体题元则只能占据次要位置或干脆不出现在话语之中。因此，许多双客体结构都有两种配位结构，双客体心智行为动词也不例外。例如，选择动词，выбрать **его союзником**（选他为同盟者），выбрать **делегатов**（选出代表团成员）；判定或认定动词，назначить **заседание на пятницу**（会议定于周五召开），назначить **место встречи**（指定会面的时间）；比较动词，сравнить **две величины**（比较两个数值），сравнить **железо со сталью** по некоторым свойствам（将铁与钢的一些性质加以比较）等。

下面针对俄语心智义动词的典型次语义类动词实例，展开客体题元层级化研究的分析和讨论。具体分析中，我们将主要参考 Л. Г. Бабенко 与 И. М. Волчкова 等对该类动词所作的动词语义次范畴划分②，选取其中几类具有代表性的心智行为动词作为描写对象。

三 心智义动词客体题元层级结构分析

（一）知晓动词客体题元层级结构分析

知晓动词（фактивный глагол）即表达获知某物的意义或内涵、某人

---

① ［俄］Е. В. 帕杜切娃：《词汇语义的动态模式》，蔡晖译，北京大学出版社 2011 年版，第 245 页。

② Л. Г. Бабенко, И. М. Волчкова и др., *Толковый словарь русских глаголов*: *Идеографическое описание*, М. : АСТ-ПРЕСС КНИГА, 2009, стр. 311 – 346.

或某物的概念，汲取知识等义的动词①。简单地说，知晓动词描述的是人有意或无意地将某种知识或信息纳入或剔除出自己的认知、记忆体系的过程或结果。此类动词主要包括 знать（知道，了解），признать（承认），узнать（得知），вспомнить（回忆起），напомнить（提醒），забыть（忘记），выспросить（询问出），выведать（打听出），опознать（认出），познать（认识，了解），сознать（意识到），понимать（理解），постичь（理解，了解）等。

知晓动词和许多心智行为动词一样是单客体动词，其客体题元揭示知晓的事件、过程、情景等信息，语义角色为实事。作为典型的心智活动动词，知晓动词的客体题元具有鲜明的命题性。"知晓动词接受名词短语做宾语，在这个句法位置上，它们的意义多相当于命题，语义笼统，相当于代名化小句。"② 即便是在由名词、代词性成分或"前—名"结构充当客体题元词的情况下，仍应将客体题元作为命题解读。Ю. Д. Апресян 也认为，此时名词性补语实际上是带疑问词或带 что 和带存在动词的句子的紧缩形式③。这些相当于句子紧缩形式的，表示事件、情景、时间、地点、原因、目的等意义的名词，Н. Д. Арутюнова 称为"述谓名词"④。例如，знать о его болезни（了解他的病情），Мы знаем многое о вас（我们知道很多关于您的事），其中知晓的对象并不是具体的某个人，而是关于他的某件事。在论元形式上，知晓动词客体题元的表达形式既可以是不带前置词的第四格形式，"前—名"结构 <о>N_6，也可以以从句的方式呈现。

Е. В. Падучева 将能否支配间接疑问从属句作为考量心智行为动词的一项重要参数，并明确指出支配间接疑问从属句的能力与知晓要素有密切联系，"带间接问题的语义公式包含着'知晓'普遍含义要素"⑤。从知

---

① Л. Г. Бабенко, И. М. Волчкова и др., *Толковый словарь русских глаголов：Идеографическое описание*, М.：АСТ-ПРЕСС КНИГА，2009，стр. 316.

② 张家骅：《俄罗斯语义学：理论与研究》，中国社会科学出版社 2011 年版，第 111 页。

③ ［俄］Ю. Д. 阿普列相：《语言整合性描写与体系性词典学（下）》，杜桂枝译，北京大学出版社 2011 年版，第 418 页。

④ Н. Д. Арутюнова, *Предложение и его смысл*, М.：Наука，1976，стр. 128.

⑤ ［俄］Е. В. 帕杜切娃：《词汇语义的动态模式》，蔡晖译，北京大学出版社 2011 年版，第 244 页。

晓动词的语义上说，此类动词的表达重心落在主体意识中有或没有某项信息上，而这项信息的具体内容则处于交际的焦点之外，因而其客体题元才可以采用名词、不定代词第四格形式或"前—名"结构来表达。间接疑问句包含可供选择的几个答案，但在说话人或信源主体的头脑中，其中必有一个为真，因而"知晓动词语义上跟间接问题从属命题语义内核相吻合，从而可以支配间接疑问从属句"①。此外，由于涉及是否有信息空白部分的问题，Е. В. Падучева 主张将支配间接疑问从属句的情况视为一种独立角色配位，能够支配间接疑问从属句的心智行为动词至少拥有两种配位结构，其客体题元论元形式分别为说明从句和间接疑问题②。

знать（知道，了解）：$N_1 VfN_4/ <o> N_6/ <P_1>$③

单客体结构；客体题元语义角色为对事或实事；客体题元词为述谓名词或代词时，语义上几乎没有限制，而 что 引导的从属句则在语义上不能为毫无疑问的、众所周知的命题内容，否则句子无法提供任何新知内容和信息价值，造成语义异常④（＊Я знаю, что у меня болит голова）；客体题元表达形式较多，不带前置词的第四格，"前—名"结构 $<o> N_6$ 或 что 引导的说明从属句以及无连接词从属句都可以占据这一客体位置。

Я хорошо знаю **его** по совместной работе в университете. 由于一起在大学工作，我和他很熟。

Я ничего не знаю **о нём**. 他的事我一点也不知道。

Мы знаем, что **кавказцы гостеприимны**. 我们知道高加索人都很热情好客。

Я знаю, **старики любят поговорить**. 我知道老人们都喜欢聊天。

знать（知道，了解）：$N_1 Vf <P_2>$

单客体结构；客体题元为内容；内容为疑问代词或副词 кто，какой，где，куда，откуда，когда，почему，зачем 等或疑问语气词 ли 引导的从

---

① 彭玉海、李恒仁：《语言语义探微》，黑龙江人民出版社 2006 年版，第 73 页。

② [俄] Е. В. 帕杜切娃：《词汇语义的动态模式》，蔡晖译，北京大学出版社 2011 年版，第 249 页。

③ 尖括号内的 P_1 表示由 что 引导的说明从句客体或（较少）无连接词从句客体，后文出现的 P_2 代表的是间接疑问从属句客体。

④ [俄] И. Б. 沙图诺夫斯基：《句子语义与非指称词 意义·交际域·语用》，薛恩奎译，北京大学出版社 2011 年版，第 237—238 页。

句；与第一种角色配位相比，从属句中存在"信息留白"，从而进一步将关注的焦点集中在谓词本身。

Я знаю, **зачем ты пришёл ко мне**. 我知道你为什么来找我。

Не знаю, **ответил ли я на ваш вопрос**. 我不知道我是否回答了你们的问题。

забыть（忘记，忘却）：$N_1 VfN_4/ <o>N_6/ <про>N_4/ <Inf>/<P_1>$

单客体结构；客体题元语义角色与论元形式有关，由 N_4 表达的为对事或实事①，$<o>N_6$、$<про>N_4$、$<P_1>$ 为实事，$<Inf>$ 则为准从事②；客体题元词为述谓名词、代词、不定式或从句；客体题元表达形式比 знать 要更为丰富，除了不带前置词的第四格，"前—名"结构 $<o>N_6$ 或 $<про>N_4$，что 引导的说明从属句、无连接词从属句之外，动词不定式也能够占据客体位充当客体题元词，但不是所有的知晓动词都具备这种句法结构，例如 знать 只有在转义表示"学会，掌握"时才能支配动词不定式。

Вы совсем **нас** забыли. 您完全把我们忘了。

Я совсем забыл **о вашей просьбе**. 我完全忘了您的请求。

Забыла **взять** что-нибудь запивать — пошла в ванную и запивала водой прямо из-под крана. 她忘记带喝的东西了，跑到了浴室里，直接喝了些水龙头里的水。

Она как будто забыла, что **Елена Николаевна вообще здесь сидит**. 她好像忘记了，叶莲娜·尼古拉耶芙娜还坐在这里。

забыть（忘记，忘却）：$N_1 Vf <P_2>$

单客体结构；客体题元为内容；内容为疑问代词或副词 кто, какой, где, куда, откуда, когда, почему, зачем 等或疑问语气词 ли 引导的从句；同第一种角色配位相比，进一步把关注的焦点转移到谓词上。

Да я умирать буду, не забуду, **как он целовал меня**. 我至死都不会忘记，他吻过我。

---

① 此时语义角色的判定与题元次语义属性有关，当题元词表示具体的人或事物时，客体题元为对事，否则为实事。

② 从事为计划或打算实施的行为，这里行为本应实施但实际并未实施，因而应该认定为准从事。

Я забыл, **переночевал ли Шахурин в своей квартире**. 我忘了沙胡林是不是在自己的公寓里面过的夜。

понимать（了解，理解）：$N_1 Vf N_4$ / < P_1 >

单客体结构；客体题元为实事或对事；客体题元词为述谓名词、代词或从句；客体题元表达形式相对上面的两个词来说较少，只能支配不带前置词的第四格，或 что 引导的说明从属句。

Вы **меня** не так поняли. 你对我的意思了解得不对。

С сожалением понимаю, что **это мой последний год в ВУЗе**. 带着些许遗憾，我了解到这是我在大学里的最后一年了。

понимать（了解，理解）：$N_1 Vf$ < P_2 >

单客体结构；客体题元为内容；内容为疑问代词或副词 кто，какой，где，куда，откуда，когда，почему，зачем 等或疑问语气词 ли 引导的从句；借助"信息留白"将关注焦点朝谓词转移。

Не понимаю, **о каких делах идёт речь**. 我不明白这是在说什么事。

Меня охватила жгучая боль — я не понимал, **болит ли сердце или сразило чувство стыда**. 我感到一股灼热的疼痛，我不知道是心脏作痛还是羞耻感使然。

（二）意见动词客体题元层级结构分析

意见动词（путативный глагол）描述的是对某一事件、现象进行思考的过程，进而在思维中创建出对现实最高级别的反映形式——人类的各种思想、观点①。此类动词主要包括：думать（思考），считать（认为），полагать（认为），мыслить（思考），раздумать（周密思索），сообразить（琢磨出），обдумать（考虑，思量），рассуждать（思索，认为），размыслить（斟酌，权衡）等。

许多学者对意见动词与知晓动词进行对比研究主要是从事实谓词、非事实谓词的角度出发②。抛开命题性客体成分的真值不谈，这两类动词的客体题元本身也有着较大的差异。从动词语义本身来讲，知晓动词描述

---

① Л. Г. Бабенко, И. М. Волчкова и др., *Толковый словарь русских глаголов*: *Идеографическое описание*, М.: АСТ-ПРЕСС КНИГА, 2009, стр. 322.

② [俄] Е. В. 帕杜切娃：《词汇语义的动态模式》，蔡晖译，北京大学出版社 2011 年版，第 242 页；张家骅：《俄罗斯语义学：理论与研究》，中国社会科学出版社 2011 年版，第 102—106 页。

的是人的意识中是否存在某一信息，而意见动词描述的是人的意识中是否存在某一观点、思想。知晓动词关注的是信息存在与否的状态，而意见动词则包含两种可能，既可以表达思考的过程，也可以表达思想的具体内容。语义上的差异直接导致了二者的客体题元无论是在句法形式上，还是在角色配位上都存在一定的差异。

以意见动词 думать 为例，它和知晓动词一样也是单客体动词。和大多数意见动词一样，думать 有描述思考过程和思考具体内容两种用法，相应地，也就存在两种角色配位。

думать（想，思考）：$N_1 Vf <o> N_6 / <над> N_5 / <P_2>$

单客体动词；客体题元为对事或内容；和知晓动词一样，客体题元词为述谓名词、代词或从句形式；客体题元的论元形式多数情况下为"前—名"结构 $<o> N_6$ 或 $<над> N_5$，和知晓动词一样，这里客体题元可以展开为间接疑问从属句，表示人的意识中切分出来的一个片段，通常以直接或间接引语的形式呈现；此时关注的焦点在于思考的过程，而思考的结果则在话语之外。

Я очень много видел фильмов про войну. Я редко думаю **о войне**. 我看过许多关于战争的电影，然而却很少去思考战争。

Я постоянно думаю **над этими словами**, они изменили всю мою жизнь. 我时常想起这些话，它们改变了我的全部生活。

Снял ружьё и думаю — **не пора ли мне застрелиться**? 取下了枪，我在想我是不是该饮弹自尽了？

— Мы пять месяцев не получаем ни зарплату, ни премиальные, и нам надо думать, **как спасаться**. 我们已经5个月既没有工资也没有奖金了，我们应该想想该如何自救了。

这里要说明的是，许多学者都提到过，意见动词不接受名词以及间接疑问从属句作为客体成分[1]。此观点针对的是作为命题态度动词的意见动词，当表示思维活动过程时，意见动词并不是命题态度动词。此时意见动词就能够和知晓动词一样，支配名词或代词性成分，甚至是间接疑问从

---

[1] 彭玉海：《俄语题元理论》，黑龙江人民出版社2004年版，第149页；[俄] И. Б. 沙图诺夫斯基：《句子语义与非指称词 意义·交际域·语用》，薛恩奎译，北京大学出版社2011年版，第238页。

属句。

думать（认为，以为）：$N_1 Vf < P_1 >$

单客体动词；客体题元为意事；客体题元由 что 引导的说明从属句表达，在疑问句中表示询问某人对某事的看法时，也能用"前—名"结构 $< o > N_6$ 来表达；此时关注的焦点在于思想、观点的具体内容，而思考的过程则位于话语之外。

Т. е. если учишься в универе, то думаешь, что **в школе лучше**, и **наоборот**. 也就是说，如果在大学的话，那么你就会认为在中学比较好，反之亦然。

мыслить（思考，思索）：$N_1 Vf < o > N_6 / < P_2 >$

单客体动词；客体题元为对事或内容；客体题元词为述谓名词、代词或从句形式；客体题元的论元形式多数情况下为"前—名"结构 $< o > N_6$，但也能够展开为间接问题；关注的焦点在于思考的过程，而思考的结果则在话语之外。

Всякий раз, как я принимаюсь читать Пушкина, мне кажется, будто этот поэт мыслил **о женской красоте** лишь эстетически. 每次当我开始读普希金的作品时，我都觉得这位诗人是单纯地从美学的角度去审视女性之美。

— Видно, так, — вздохнул Пыльников. — Надо мыслить, **где достать денег**. "很显然，"贝利尼科夫长出了一口气道，"应该想想哪里能弄到钱。"

мыслить（认为，以为）：$N_1 Vf < P_1 >$

单客体动词；客体题元为意事；客体题元由 что 引导的说明从属句表达；此时关注的焦点在于思想、观点的具体内容，而思考的过程则位于话语之外。

Я отвернулся, зажмурил глаза и полез копать боковой тоннель, утешая себя мыслью, что **у меня ничего не получалось потому что я крив и кос**. 我转过身去，眯起了眼睛，爬去挖掘侧向的管道，安慰自己道：我之所以一事无成，是因为我瞎了一只眼而且还斜视。

считать（认为，以为）：$N_1 Vf < P_1 >$

单客体动词；客体题元为意事；客体题元由 что 引导的说明从属句表达；与 думать 不同，считать 与 полагать 不用来表示思维过程，因而没有

думать 的第一种角色配位，即关注的焦点只能在思考的内容上。

Я считаю, что **портал мы создали вместе**. 我认为，大门是我们一同建起来的。

считать（认为是，当作是）：$N_1 VfN_4 N_5/Adj_5$

双客体动词；客体题元分别为对事、评事；对事语义几乎不受限，可以为具体的人或事物，也可以为抽象概念，评事为具有评价意义的名词或形容词；对事由不带前置词的第四格表示，而评事则由名词或形容词的第五格形式表达；считать 与 полагать 都具有此种不同于 думать 的角色配位，实际上该结构是将人对某人或某事做出某种判断这一命题以凝缩的形式展现出来。

Он не считает даже **нужным отвечать**. 他甚至不认为有回答的必要。

То есть задавая этот вопрос, вы считаете **себя добытчицей** в семье. 也就是说，在提出这个问题时，您就把自己当成这个家里赚钱的人了。

在 считать 与 полагать 的第二种角色配位中，评事语义角色成分又可以称为跟格题元（сопроводительный актант）[1]，即意见命题态度动词后的客体题元不是由从句，而是由名词或形容词表示的。Ю. Д. Апресян 也详细分析了这种结构，并指出，在评事的次语义属性上，считать 能够支配表示性能或情态意义的形容词或名词，而 полагать 则只能够支配 нужный（必需的），необходимый（必不可少的），обязательный（必需的）等情态形容词[2]。除能否支配间接疑问从属句外，这种包含双客体成分的角色配位也是区分知晓动词和意见动词的重要参数之一。由于知晓动词表达的重心在于信息存在与否，因此也就无须跟格题元来指明信息的具体内容，而作为命题态度动词的意见动词则一定要将某种看法、观点予以阐明，因此，跟格题元的存在在特定结构中是必不可少的。

（三）选择动词客体题元层级结构分析

选择动词（глагол выбора）即描述以某一预先确定的事物特征作为标准，根据实际的需要，从事物的集合中选取其中一个或几个行为的动

---

[1] 彭玉海：《俄语题元理论》，黑龙江人民出版社 2004 年版，第 150 页。

[2] ［俄］Ю. Д. 阿普列相：《语言整合性描写与体系性词典学（下）》，杜桂枝译，北京大学出版社 2011 年版，第 396 页。

词①。选择动词的典型范例就是 выбрать（选择）及其同根动词。

　　Е. В. Падучева 指出，выбрать 情景中的必有参与者包括问题情景、选择集合、选择的实体，其中选择集合具有多种体现方式（列举可能性、类别名词或情景的某一参数），而问题情景则一般不出现在情景前景中②。выбрать 属于双客体动词，两个客体题元分别为选择集合以及所选择的实体。在次语义属性上，具体与抽象事物，有生与非生客体均可以成为选取的对象，选取的集合通常是表示某一类别事物的类指名词。在 Е. В. Падучева 看来，虽然选取的集合应该是参数名词，但原则上几乎所有的类指名词都能扮演未被满足需求的角色，并不限于参数名词，普通名词也是一样，例如，лошадь（马），дача（别墅），пистолет（手枪）等③。和许多双客体动词一样，выбрать 有两种配位结构，选取的集合与选择的实体二者均可以占据直接客体位，相应的论元结构也有所不同。这即是 Е. В. Падучева 所说的关注焦点重新分配的问题④，换言之，就是交际等级上凸显度的不同，处于直接客体位的客体题元必然要比处于间接客体位的交际等级要高。下文将详细分析 выбрать 的这两种配位结构。

　　выбрать（选取，选择）：$N_1 VfN_4 <между> N_5 / <из> N_2/N_5$

　　双客体结构；两个客体题元分别为准对事与范围；准对事语义几乎不受限制，既可以为具体的人或事物，也可以为抽象概念，范围为多个同类事物的集合、类指名词或参数名词；准对事由不带前置词的第四格表示，范围的表达方式较为丰富，"前—名"结构 $<между> N_5$、$<из> N_2$ 以及第五格形式都可以作为其表达方式，其中工具格表示的多为时间、地点上的参数；准对事，即选择的结果为说话人关注的焦点，选取的集合则处于边缘位置。

---

① Л. Г. Бабенко, И. М. Волчкова и др., *Толковый словарь русских глаголов: Идеографическое описание*, М.: АСТ-ПРЕСС КНИГА, 2009, стр. 326.

② ［俄］Е. В. 帕杜切娃：《词汇语义的动态模式》，蔡晖译，北京大学出版社 2011 年版，第 301 页。

③ ［俄］Е. В. 帕杜切娃：《词汇语义的动态模式》，蔡晖译，北京大学出版社 2011 年版，第 305 页。

④ ［俄］Е. В. 帕杜切娃：《词汇语义的动态模式》，蔡晖译，北京大学出版社 2011 年版，第 305 页。

Имеешь право также выбрать **между горстками гороха и фасоли**. 你有权在一小把豌豆与四季豆之间做个选择。

Окончив школу, она поступила на филфак и рассказывала, что там надо выбрать **одно из направлений** — лингвистику или литературоведение. 中学毕业之后，她进入了语文系，据她说，必须选择一个研究方向——语言学或文艺学。

Только несколько десятков тысяч выбрали **Россию местом** своего отдыха. 只有几万人选择俄罗斯作为自己的度假地点。

выбрать（选取，选择）：$N_1 VfN_4$

单客体结构；客体题元为成事；成事为类指名词，多为表示身份、地位、职业等意义的词语；成事由不带前置词的第四格表示；选取的集合，即选择形成的新事况占据直接客体位，成为说话人关注的焦点，而选取的真正结果，即选取的实体退居话语外，不再出现在论元结构中，可能是选择的结果尚不明确或说话人有意避开不谈。

В среду на первом заседании Законодательного собрания Петербурга парламентарии пытались выбрать **председателя**. 在周三的圣彼得堡立法委员会第一次会议上，议员们试图确定委员会主席人选。

和知晓动词一样，выбрать 也能够支配间接疑问从属句，但仅限于在第二种配位结构中。在 выбрать 的间接配位结构中，占据直接客体位的是选取的集合，此时，客体题元词无定指。在该配位结构中，占据直接客体位的名词能够展开为间接疑问从属句[1]。例如，Когда мы решили переехать из Лондона, то никак не могли выбрать, **где поселиться**（我们决定搬离伦敦后，却无论如何也无法选出今后定居的地点），Ты сам выберешь, **как нам тебя обследовать**（你自己来选择，我们该如何对你进行调查），На следующий день она чуть не опоздала в школу — не могла выбрать, **что надеть**（第二天她上学差点就迟到了，因为她选不出来该穿的衣服）。

同类动词具有类似的语义配价结构，以 избрать 为例，它也同 выбрать 一样有两种配位结构。

---

[1] [俄] Е. В. 帕杜切娃：《词汇语义的动态模式》，蔡晖译，北京大学出版社 2011 年版，第 308 页。

избрать（选择，选举）：$N_1 VfN_4 <$ между $> N_5 / <$ из $> N_2/N_5$

双客体结构；两个客体题元分别为准对事与范围；准对事为具体的人、事物或抽象概念，范围为多个同类事物集合、类指名词或参数名词；准对事由不带前置词的第四格表示，范围由"前—名"结构 < между > N_5、< из > N_2 或第五格表达，其中工具格表示的多为身份、职业、社会地位上的参数；准对事，即选择的结果为说话人关注的焦点，选取的集合处于边缘位置。

Он избрал **своей специальностью филологию**. 他选择了语文学专业。

Ты понимаешь, что **тебя** не случайно избрали **из толпы**. 你应该清楚，从众多人中选中你并不是偶然的。

избрать（选择，选举）：$N_1 VfN_4$

单客体结构；客体题元为成事；成事为表示身份、地位、职业等意义的词语；成事由不带前置词的第四格表示；选取的集合，即新事况占据直接客体位，为说话人关注的焦点，而选取的直接结果，即选取的实体则位于话语外。

8 сентября жители Саратовской области изберут **депутатов** регионального парламента. 九月八日萨拉托夫州的居民选出了地方议会的议员。

但并非所有选择类动词都有两种配位结构。以 предпочесть 为例，它仅有一个配位结构，即占据直接客体位的只能是选择的实体。换言之，在 предпочесть 的语义配价结构中，选取的集合不能处于关注的焦点位置上，只能处在边缘位置上。Е. В. Падучева 将此种同类动词在配位结构上的缺位现象称为角色配位的不完整性[1]。

предпочесть（更喜欢，认为比……好）：$N_1 VfN_4 N_3$

双客体结构；两个客体题元分别为准对事和比事；准对事语义几乎无限制，具体事物与抽象概念都可以成为选取的结果，比事为准对事的同类事物，既可以是单个事物也可以是多个事物的集合；准对事由不带前置词的第四格表示，比事由第三格或 чем 引导的比较从属句表示；配位结构

---

[1] ［俄］Е. В. 帕杜切娃：《词汇语义的动态模式》，蔡晖译，北京大学出版社 2011 年版，第 309 页。

выбрать 的直接配位结构相同，选择的结果为说话人关注的焦点，选取的集合则位于边缘位置。

Многие на Севере предпочитают **лошадей тракторам и мотоблокам**. 许多北方人比起拖拉机与手扶拖拉机更加钟爱马。

Я более предпочёл бы **слушать, чем говорить**. 比起说，我更喜欢倾听。

（四）决断动词客体题元层级结构分析

决断动词（глагол решения）即为表达经过思考、斟酌之后做出关于某事的决定或得出某种结论的动词①。Е. В. Падучева 界定的决断动词范围要更广，只要语义上包含理智、意愿、可选情景、决策要素的动词就可以划归到决断动词的范畴中②。而 Л. Г. Бабенко 所列出的决断动词专指那些表达"下结论""决定做某事"意义的动词③，例如，решить（决定），готовить（准备），намереваться（打算），собираться（准备好，打定主意），рассчитать（打算），придумать（想出，找到），надумать（拿定主意，决意），замыслить（企图，打算）等。下文所研究的决断动词主要是指 Л. Г. Бабенко 列出的这些动词。

"决断的标准语境是出现问题情景，它要求（或允许）主体实施某种行为，同时人还要明白，在这种情况下什么样的行为是理智的、合理的。"④ 决断动词表示的是人在一个可选择的情景中，出于自身或外在的各种要求做出一个合乎其理智判断的决定。与倾向于与名词连用的选择动词不同，决断动词更倾向于与动词不定式连用，表示人想要进行但尚未进行的行为，在这一点上，决断动词与意愿动词相近。以最典型的决断动词 решить（决定，拿定主意）为例，решить 是单客体动词，客体题元表示的是决定行为的对象或结果，其语义角色为准对事或从事。充当客体题元

---

① Л. Г. Бабенко, И. М. Волчкова и др., *Толковый словарь русских глаголов：Идеографическое описание*, М.：АСТ-ПРЕСС КНИГА, 2009, стр. 328.

② ［俄］Е. В. 帕杜切娃：《词汇语义的动态模式》，蔡晖译，北京大学出版社2011年版，第289页。

③ Л. Г. Бабенко, И. М. Волчкова и др., *Толковый словарь русских глаголов：Идеографическое описание*, М.：АСТ-ПРЕСС КНИГА, 2009, стр. 328–333.

④ ［俄］Е. В. 帕杜切娃：《词汇语义的动态模式》，蔡晖译，北京大学出版社2011年版，第290页。

词的为抽象名词、动词不定式或从句形式。其中，从句形式包括 что 引导的说明从属句以及间接疑问从属句。Е. В. Падучева 将支配间接疑问从属句的情况视为另一种角色配位模式①，主要是因为在这种情况下语义有所不同，并没有明确地给出决定的结果，而只是对问题情景进行描述。深层原因可能是决断行为尚未达到结果，或者是说话人并不知道决断的结果。下文将详细分析 решить 的这两种配位结构。

решить（决定，拿定主意）：$N_1 VfN_4 / <Inf> / <P_1>$

单客体结构；客体题元的语义角色与其论元形式有关，由名词表示的客体题元为解决的对象，即为准对事，不定式或从句表达的是主体下一步要实施的行为，为从事；充当客体题元词的名词为抽象名词，例如，вопрос（问题），задача（任务），проблема（问题）等，多具有信息属性；客体题元的论元形式较为多样，既可以为不带前置词的第四格形式，也可以为动词不定式或 что 引导的从句形式。

В министерстве решили **вопрос** о строительстве. 部里解决了关于建筑工程的问题。

Учёный совет решил **представить** монографии к печати. 学术委员会决定将一些专著送交印刷。

Решил, что **спешить некуда**. 他认定没什么着急需要去的地方。

решить（决定，拿定主意）：$N_1 Vf <P_2>$

单客体结构；客体题元的语义角色为内容；客体题元在论元形式上体现为各种疑问词引导的间接疑问从属句；与直接配位结构相比，说话人关注的焦点由决断的结果转移到决断的对象，即问题情景上。

Попробуй реши, **как поступить в этом случае**. 不妨试着决定在这种情况下该如何做。

此外，动词 решить 也可以通过被动形动词短尾形式或对应的带-ся 动词实现角色配位迁移，即将客体题元置于主语位上。例如，**Поездка** на юг уже решена（去南方的旅程已经定下来了），Завтра решится **вопрос** о пособии（明天我们再来决定关于补助的事情）。此时，做出决断的施事者退居话语外，不再出现在论元结构中，说话人的关注焦点在于被解决的

---

① ［俄］Е. В. 帕杜切娃：《词汇语义的动态模式》，蔡晖译，北京大学出版社 2011 年版，第 293—301 页。

问题本身。值得注意的是，решиться 除以上用法外，也有和 решить 类似的语义配价结构。

решиться（决定，下决心）：N_1 Vf < на > N_4 / < Inf >

单客体结构；客体题元为从事；与 решить 不同，客体题元词若为名词，表示的并不是解决的对象，而是主体即将付诸实施的行为，因此题元词只能是具有行为意义的名词、动名词或动词；客体题元的论元形式也没有 решить 多样，只能是"前—名"结构 < на > N_4 或不定式形式；主体决断的结果占据客体位，处于关注的焦点。

Командир решился **на штурм**. 指挥官决定发起进攻。

Без колебаний решился **отказаться** от премии. 他毫不犹豫地拒绝了奖金。

решиться（决定，下决心）：N_1 Vf

单客体结构；客体题元为准对事；客体题元词为具有信息属性的抽象名词；客体占据主语位，由第一格表示；施事者与其决断的结果退居话语外，解决的对象占据主语位，其语义角色不变，但成了话语的起点。

Судьба проекта решилась голосованием. 这个项目的命运是由投票的方式决定的。

既可以支配名词，也可以支配动词不定式或从句形式是决断动词的共同特征。然而决断动词的客体题元更倾向于表示行为意义，不定式是典型的表示潜在行为的方式，有些决断动词甚至丧失了支配其他形式客体题元的能力。

собраться（准备好，打定主意）：N_1 Vf < в/на > N_4 / < Inf >

单客体结构；客体题元为位事或从事；客体题元词为动词不定式或具有空间意义的名词；客体的论元形式有两种，动词不定式和"前—名"结构 < в/на > N_4，后者本质上仍表示主体潜在的行为，即朝向某个指定地点的运动，可以将其视为运动动词省略的凝缩形式。

Ирина собралась **в Москву** не с пустыми руками. 伊琳娜不打算空着手去莫斯科。

Она тоже собиралась **учиться**, но в конце концов поступила на завод. 她也想过要去上学，但最终还是进了工厂。

（五）判定动词客体题元层级结构分析

判定动词（глагол определения）是描述人以某种形式对某人或某物

的性质、特征、数量、结果等进行确定、认定的动词①。判定动词是整个心智行为动词中语义最为繁杂的一个次类，它既包括那些表示计数、测量意义的动词，也包括各种表示下定义、品评、鉴定、规定、指定等意义的动词。典型的判定动词有 определить（确定，测定），аттестовать（鉴定，评定），мерить（测量），вычислить（计算出），замерить（计量），идентифицировать（把……等同起来），исчислить（计算，算出），квалифицировать（评定），классифицировать（分类），назначить（指定），ограничить（限定），недооценить（估计不足），оправдать（认为……正确），ориентировать（定位），отмерить（量出），оценить（估价），подытожить（总计，结算），предназначить（预先指定），различить（区分开），установить（规定，制定），утвердить（确立，确定），характеризовать（评定，鉴定）等。

与知晓动词、意见动词不同，判定动词更倾向于支配名词、代词性客体题元，甚至有许多判定动词并不具备与命题性客体题元连用的能力，例如 мерить（测量），квалифицировать（评定），равнять（使相等）等。判定动词以单客体动词为主，其中的客体题元为判定的对象，至于判定的结果或具体内容则蕴含在谓词语义或上下文中。其中的客体题元为对事或准对事，通常为具体的人或事物，部分动词也可以由抽象概念充当判定对象，例如 определить（确定），классифицировать（分类），ограничить（限定），назначить（指定）等。在论元形式上，客体题元首选的表达方式为不带前置词的第四格形式。判定动词组成较为复杂，其中不乏双客体结构谓词，例如 назначить（指定），назвать（命名），приравнять（使相等）等。其中，第二客体的语义角色与论元形式则要在具体结构中进行分析。下文就以若干典型判定动词为例，具体分析其客体题元的语义特征。

определить（确定，断定）：$N_1 VfN_4 / <P_1>$

单客体结构；客体题元为准对事，当由从属句形式揭示判定的具体结果时，客体题元为意事；客体题元为非生客体，具体或抽象事物都可以成为判定的对象；客体题元首先由不带前置词的第四格表示，其次也接受从

---

① Л. Г. Бабенко, И. М. Волчкова и др., *Толковый словарь русских глаголов: Идеографическое описание*, М.: АСТ-ПРЕСС КНИГА, 2009, стр. 336.

句形式。

Врач осмотрел его ноги и определил **болезнь**. 医生检查了他的双腿，确诊了他的病情。

По предварительной информации, сторонам удалось договориться и определить **состав кабинета**. 根据预先得到的信息，双方成功地达成了协议并确定了工作室成员。

При этом ваш товарищ, ничем не пользуясь, сразу определил, **что пилочка намагничена**. 此时，您的同志什么工具都没有用就确定了小锉刀已经被磁化了。

определить（确定，断定）：$N_1 Vf < P_2 >$

单客体结构；客体题元为内容；同知晓动词一样，客体题元可以展开为间接疑问从属句；同直接角色配位结构相比，说话人关注的焦点向判定的对象偏移，判定的具体结果隐藏在情景背景之中。

Сначала надо определить, **какую функцию должен выполнять в государстве тот или иной орган**. 首先应该确定，某个部门在国家里应该执行什么职能。

ориентировать（测定，确定……的方位）：$N_1 VfN_4$

单客体结构；客体题元为准对事；客体题元为有生或非生客体；客体题元由不带前置词的第四格表示。

Он шёл не вслепую. Компас и карта точно ориентировали **его**. 他不是猜度着走，指南针和地图为他准确地指示了方向。

Они стали, не торопясь, ориентировать **карту** на местности, делая на ней отметки карандашом. 他们开始不慌不忙地实地测绘起来，并在地图上用铅笔做上记号。

ориентировать（使以……为方针，使朝某个方向发展）：$N_1 VfN_4 <$ на $> N_4$

双客体结构；客体题元分别为准对事、目的一位事；准对事语义几乎无限制，有生或非生客体，具体或抽象事物都可以充当其题元词，目的一位事一般为抽象概念，也可能为主体所针对的具体有生或非生客体；准对事由不带前置词的第四格表示，目的一位事由"前一名"结构 $<$ на $> N_4$ 表示；语义衍生过程中，角色配位也发生了迁移，目的语义要素来到了情景前景。

Как жаль, что официальная педагогика не ориентирует **учителей на возрождение** народных традиций. 令人遗憾的是，官方的教学法并没有将复兴传统文化视为教师的任务之一。

Однако представители компании утверждают, что готовы справиться с этой задачей, поскольку новую **Tiida** в большей степени ориентируют **на жителей** больших городов в возрасте 30–45 лет. 然而公司的代表确信，他们能够应对这个任务，因为新款的骐达汽车在很大程度上面向的是30—45岁的大城市居民。

动词 назначить 的情况则与以上几个动词均有所不同，它表示"某人具有足够权力做出决定——某个情景（事件、事物的状态等）将会发生或具有一定的参数"①。语义上，назначить 既包含选择语义要素，也包含决断语义要素，但从本质上说，强调的是人或事物的某一项特征参数，因此，从广义上将其纳入判定动词范畴。与 ориентировать 不同，назначить 更倾向于选取双客体结构作为直接配位结构，但其也有单客体配位结构，下文将详细分析 назначить 的两种配位结构。

назначить（指定，规定）：$N_1 VfN_4 <в> N_6 / <на> N_4$

双客体结构；第一客体为准对事，第二客体的语义角色与题元词语义有关，可能为日期、位事、用途等；准对事通常为即将发生的事件，为抽象情景事件，第二客体的题元词为具有时间或地点意义的具体名词时，表示时间或地点上的参数值，语义角色为日期或位事，题元词为其他具体或抽象事物时，语义角色为用途；准对事由不带前置词的第四格表示，第二客体题元由"前—名"结构 $<в> N_6$ 或 $<на> N_4$ 表达；即将发生的事件、某项参数、参数的具体取值在论元结构中都得到了体现。

Заседание кафедры назначили **на четверг**. 教研室会议定于周四召开。

Назначил президент **выборы в Чечне**, теперь некоторые даже склонны считать его ответственным за теракты. 总统将选举活动定在车臣举行，现在一些人甚至倾向于认为他应该为恐怖袭击负责。

Эту сумму назначили **на покупку** книг. 指定用这笔款项买书。

---

① [俄] Е. В. 帕杜切娃：《词汇语义的动态模式》，蔡晖译，北京大学出版社2011年版，第313页。

该角色配位模式存在多种变体形式：$N_1 VfN_3 N_4$，事件的参数以及参数值均退居话语外，此时谓词语义上包含的给予义素被凸显出来，并增添了与事客体题元，例如，Она назначила **мне** встречу（她约好要与我会面）①；$N_1 VfN_4 N_5$，即将发生的事件退居边缘位置，被指定的参数与参数值共现于论元结构中，例如，Суд по просьбе братьев твоих назначил **местом** съезда **вашу деревушку**（法院考虑到你兄弟们的请求，将大会的地点指定在你们村），当动词表示"委任，任命"义时也采取相同的配位结构，例如，Королёв назначает **одного из своих заместителей научным консультантом** будущего фильма（科罗廖夫指定自己的一位助手担任这部即将拍摄电影的科学顾问）。

назначить（指定，规定）：$N_1 VfN_4$

单客体结构；客体题元准对事；客体题元词为表示时间、地点、条件、价格等具有参数意义的名词；准对事由不带前置词的第四格表示；不同于上一种配位结构，此时即将发生的事件、指定的结果全部退居边缘位置，关注的焦点在参数上，此时参数名词代表的是简化的问题②。

Счастливые родители назначили **день свадьбы** и заказали стол в одном из самых дорогих ресторанов Москвы. 沉浸在幸福中的父母定好了婚礼的日期，并在莫斯科最贵的饭店之一预定了酒席。

这种角色配位也有变异形式：$N_1 VfN_3 N_4 <в> N_4$，包含给予意义，并增添与事客体题元，参数与参数值共现，即将发生的事件退居话语外，且用法受限，只能表示金钱、财物等的给予，例如，Ему назначили **пенсию в 200 рублей**（决定给他二百卢布的养老金）；$N_1 VfN_4$，在表示"委任，委派"义时，可以只体现参数，即具体职务，参数值与事件退居话语外，例如，В школу назначили **нового директора**（中学里选出了新一任校长）；此外，仅在间接配位结构中，客体题元能够被展开为间接疑问从属句，例如，Назначьте, **когда вам угодно будет выступить**（请指定您方

---

① ［俄］Е. В. 帕杜切娃：《词汇语义的动态模式》，蔡晖译，北京大学出版社 2011 年版，第 315 页。

② ［俄］Е. В. 帕杜切娃：《词汇语义的动态模式》，蔡晖译，北京大学出版社 2011 年版，第 318 页。

便演出的日期)①。

第三节　情感行为类动词客体题元层级化分析

一　情感义动词语义界定

情感义动词（глагол эмоциональной деятельности）是描述人各种情感状态的动词，Л. Г. Бабенко 将其视为性质状态动词的一个次类②。对情感义动词的研究由来已久，Е. В. Падучева 就曾指出："情感动词作为具有典型语言运作特点的独立类别，比别的动词更早为人们接受。动词参项的语义角色与其句法地位之间的复杂对应关系也更早地得到了揭示。"③ 由于情感本身难以直接观察到，人们多是通过其外在表现形式对其进行描述，因而许多其他类别的动词可以派生出情感义，例如，болеть（担心），стонать（埋怨），дрожать（害怕），вздыхать（伤心）等。然而"纯粹从语言层面出发，对情感动词的研究与探讨，应该将隐喻以及分析性质的'感情动词功能性述体'排除在外"④。本书所要揭示的是某一类动词词汇语义类别内部客体题元语义句法表现的内在规律，因而将此类具有情感派生语义的动词排除在情感义动词范畴之外。

情感所出现的深层原因是人对客观现实是否符合其主观意愿做出评价，而表示情感出现原因的事件随即决定了情感状态的正面或负面。从情感状态领有者的主观态度出发，情感义动词可以分为正面、负面、中性三大类⑤。正面情感义动词所描述的情景符合主体的利益，受他/她喜欢或为他/她所在的社会群体所接受，例如 радоваться（高兴），гордиться（骄傲）；负面情感义动词所描述的情景则不符合主体的利益，遭到他/她的厌恶或不为他/她所在的社会群体所接受，例如，раздражаться（生

---

① ［俄］Е. В. 帕杜切娃：《词汇语义的动态模式》，蔡晖译，北京大学出版社 2011 年版，第 318 页。

② Л. Г. Бабенко, И. М. Волчкова и др., *Толковый словарь русских глаголов: Идеографическое описание*, М.: АСТ-ПРЕСС КНИГА, 2009, стр. 518.

③ ［俄］Е. В. 帕杜切娃：《词汇语义的动态模式》，蔡晖译，北京大学出版社 2011 年版，第 253 页。

④ 彭玉海：《俄语题元理论》，黑龙江人民出版社 2004 年版，第 192 页。

⑤ Н. Ю. Шведова, Е. С. Копорская, К. В. Габучан и др., *Русский семантический словарь том IV глагол*, М.: РАН Ин-т рус. яз., 2007, стр. 255.

气），сердиться（愤怒）、стыдиться（羞耻）、презирать（鄙视）；至于其他语义中未直接表明评价态度的动词则归入中性情感义动词类别，例如，волноваться（激动）、удивиться（惊讶）。从语义顺应原则出发，客体题元词语义之中也要蕴含相应的情感评价态度信息。

彭玉海对 Л. М. Васильев 提出的俄语感情动词三分法做了进一步的完善，从动词的语义配价结构出发将情感义动词划分为三大类：感情状态动词、感情反应动词以及感情态度动词①。值得一提的是，Л. Г. Бабенко 在编纂俄语动词词典时，将情感义动词所描述的情景分为三类：主体处于某种情感状态，使成某种情感状态，主体进入某种情感状态②。该分类体系与彭玉海提出的分类系统一样，都是对之前二分法的进一步完善，分出了使役与非使役型情感动词，不过却并没有将感情状态和感情态度区分开来。下文将以彭玉海提出的三分法为基础，以后两类情感动词为重心③，力图揭示情感义动词语义配价结构中客体的语义句法特征。

"情感动词有两个必备参项：情感体验者和诱发物，后者是情感产生的原因和内容。"④ 情感义动词的客体题元即为情感诱发物，从广义上讲，应将其界定为原因语义成素，它在不同语义次类情感义动词的语义配价结构中表现也有所不同⑤。感情状态动词的语义配价结构中客体缺位，部分能够兼容理由（мотив）语义成素，该成素为产生该情感状态的主观或客观上的理由，例如，Она волнуется за сына（她替儿子着急）。在感情反应动词的语义配价结构中，客体表现为诱因（каузатор），是导致该情感状态的内部或外部刺激因素，且常为客观因素，例如，Меня больше всего злила **его бесцеремонность**（最使我恼怒的是他的放肆无礼）。而在感情态度动词的语义配价结构中，客体表现为狭义上的原因（причина），是主体产生某种感情评价态度的客观⑥原因，是在较长一段时间范围内积

---

① 彭玉海：《俄语动词（句）语义的整合研究》，黑龙江人民出版社 2001 年版，第 228—253 页。

② Л. Г. Бабенко, И. М. Волчкова и др., *Толковый словарь русских глаголов：Идеографическое описание*, М.：АСТ-ПРЕСС КНИГА, 2009, стр. 518–554.

③ 感情状态动词为单价动词，题元结构中不含客体题元，故不在本书研究之列。

④ ［俄］Е. В. 帕杜切娃：《词汇语义的动态模式》，蔡晖译，北京大学出版社 2011 年版，第 258 页。

⑤ 彭玉海：《俄语题元理论》，黑龙江人民出版社 2004 年版，第 192—194 页。

⑥ 这里所说的"客观"指的是相对的客观，存在上的客观，情感判断本身永远是主观的。

淀形成的被判定事物的性质特征，例如，Одним словом, он любил **его высокую государственность**（总之，他爱他崇高的国家观念）。

与情感义动词的语义内涵和事件语义特点相关，其客体题元具有相应的层级化特征。下面对这一题元层级关系展开分析。

二 情感义动词客体题元层级关系

（一）情感义动词客体题元概括层级

在三类情感义动词之中，感情状态动词属于单价动词，其语义配价结构中客体缺位，"感情状态是单方面行为，是主体自身内部的一种心理感情状况，没有情感指向，无须涉及感情客体"[①]。因而此类动词并不是本书研究的重点，本书着重探讨的是有情感指向、语义配价结构中存在客体的感情反应动词与感情态度动词。

这里要阐明的一点是，感情反应动词与感情态度动词的语义配价结构中均仅有一个客体，该客体揭示的不仅是情感的原因还包括情感的内容，例如，Она, в отличие от мужа, восхищалась **героизмом** народа（与丈夫不同，她欣赏人民的英雄主义情结）。至于使役型感情反应动词，Н. Д. Арутюнова 把抽象事件名词占据主体位型句子看作该类动词第一性的句子[②]，而 Е. В. Падучева 则把表人名词占据主体位型句子视为第一性，将抽象名词占据主体位视为角色配位迁移的一种，即方式提升[③]。在使役型感情反应动词的语义配价结构中，感事占据补语位，而客体占据主语位，是典型的"客体事件"。该事件"表示的是人或情感主体同施感事件之间的关系，即诱因或刺激素是动词深层结构中必不可少的，至于说表人名词可正常占据 N_1 位并相应出现 N_5 词形，那是表层结构语言选择的问题，可以将其理解为是从诱因语义位中分解，即由题元裂变得来的"[④]。换言之，Е. В. Падучева 所提到的 Он рассердил меня своей невнимательностью（他的粗心大意令我生气）以及 Я рассердился на него за невнимательность（我对

[①] 彭玉海：《俄语题元理论》，黑龙江人民出版社 2004 年版，第 194 页。
[②] 彭玉海：《俄语题元理论》，黑龙江人民出版社 2004 年版，第 196 页。
[③] ［俄］Е. В. 帕杜切娃：《词汇语义的动态模式》，蔡晖译，北京大学出版社 2011 年版，第 264 页。
[④] 彭玉海：《俄语题元理论》，黑龙江人民出版社 2004 年版，第 196—197 页。

他的粗心大意感到生气)①这类例子，在深层语义结构上仍然是单客体结构，只不过客体题元进入论元结构时，发生了题元裂变。前者是使役感情反应动词主语位的客体题元裂变，而后者则是非使役感情反应动词补语位的客体题元裂变。它们所描述的情景与 Меня рассердила его невнимательность（他的粗心大意令我生气）与 Я рассердился на его невнимательность（我对他的粗心大意感到生气）并没有实质上的差异。此外，使役型感情反应动词之所以倾向于采取题元裂变的表达方式，是因为人本能地倾向于寻找造成自己感情反应的"归咎者"，尽管真正带来此反应的并不是"归咎者"本身而是其言语、行为、性质、特征等因素。

（二）情感义动词客体题元语义角色层级

在不同类别情感义动词语义配价结构中，客体的语义角色也不尽相同，其中最为复杂的是感情反应动词的客体题元。从情景结构出发，感情反应动词的客体题元是引发情感事件的施感者或诱因②，整个情景展现的就是诱因同受感者，即感情反应领有者之间的关系，整个事件情景属于"客体事件"。Е. В. Падучева 将使役与非使役感情反应动词分开审视，认为非使役感情反应动词的角色配位为"体验者—主体，内容—客体"，而使役感情反应动词的角色配位为"原因/内容—主体，受事/体验者—客体"③。首先，需要明确的一点是，Е. В. Падучева 这里提到的主体与客体无疑是句法上的，即主语与补语位，而并非语义上的概念。使役与非使役感情反应动词反映的情景事件本身是相同的，只是在表层结构中句法占位不同，二者之间的关系属于角色配位迁移。其次，感情反应动词与感情态度动词的客体题元都是"超题元"④，这一点是毋庸置疑的。内容是思维与言语动词客体题元的典型语义角色，尽管客体在感情动词的语义配价结构中确实起到了揭示情感内容的作用，但这并不意味着这两种客体题元能够被划归同一语义角色范畴。同理，物理行为动词客体题元的典型语义角色受事也不应该出现在情感义动词的语义配价结构中。"从施感事件或时

---

① ［俄］Е. В. 帕杜切娃：《词汇语义的动态模式》，蔡晖译，北京大学出版社 2011 年版，第 253 页。

② 彭玉海：《俄语题元理论》，黑龙江人民出版社 2004 年版，第 308 页。

③ ［俄］Е. В. 帕杜切娃：《词汇语义的动态模式》，蔡晖译，北京大学出版社 2011 年版，第 262 页。

④ 彭玉海：《俄语题元理论》，黑龙江人民出版社 2004 年版，第 205 页。

态层次上看，感情反应动词的主体保留了受事的含义，而从情感体验或论旨层次作分析，无疑很大程度上又超越了受事。"① Е. В. Падучева 自己也承认，"原因以及受事的角色似乎是次要的，它们是参项的句法位置强加的"②。准确地说，感情反应动词客体题元的语义角色应该是诱因（施感者）—对事，前者是从情景结构出发的，后者是从客体题元本身的语义性质出发的。诱因与施感者在表层结构中可能分离，例如，**Его зловещий румянец на щеках** пугал меня（他双颊上不祥的红晕使我很担心），**Учитель** смутил Яшу **похвалой**（老师的夸奖让雅沙感到不好意思）。前者的语义配价结构为施感者/诱因—谓词—受感者，后者为施感者—谓词—受感者—诱因。这里的受感者即感事，施感者的语义角色明确地说应为准施事—准对事。

感情态度动词客体题元也属于"超题元"，其语义角色为原因—对事。该类动词的客体题元虽然属于感情态度所指向的对象，但并不因其态度而发生变化，并同时解释了主体产生该态度的原因，例如，Я ненавидела **его высокомерие，его презрительность**（我厌恶他的高傲以及瞧不起人的态度）。

感情反应动词与感情态度动词的客体题元都是含有原因义素的超题元，其中感情态度动词所指向的一定是经过一段时间积淀形成的、相对客观的客体事物的性质特征，动词反映的情景不具备当下性，因此客体题元毫无疑问属于对事。至于具有时间指向性的感情反应动词，其客体题元"是否为对事这一点不能过于绝对化，施感的同时难免也会经历一些心理—情感变化"③。例如，Поступок сына опечалил её сердце（儿子的行为伤了她的心）。其中 сын（儿子）为施感者，儿子的某种行为为事件诱因，而她的内心则是施感对象以及行为主体。一旦施感行为结果达成，那么她会受到影响，变得伤心。同样地，儿子一方也可能因该感情反应而受到影响，其行为、言语或内心可能产生某种变化。因此，这里将感情反应动词与感情态度动词的客体题元均界定为对事，但二者之间又是有所差

---

① 张家骅、彭玉海、孙淑芳、李红儒：《俄罗斯当代语义学》，商务印书馆 2005 年版，第 252 页。

② [俄] Е. В. 帕杜切娃：《词汇语义的动态模式》，蔡晖译，北京大学出版社 2011 年版，第 262 页。

③ 彭玉海：《俄语题元理论》，黑龙江人民出版社 2004 年版，第 205 页。

异的。

（三）情感义动词客体题元次语义属性层级

情感义动词的客体题元反映出的是情感事件的原因要素，无论是对感情反应动词还是对感情态度动词来说均是如此，因此，客体题元词在大多数情况下具有抽象性。

对于感情反应动词而言，无论是使役型还是非使役型，其客体题元词都只能是抽象名词，表示行为、言语、过程、性质、特征等义，例如，Несмотря на трагичность ситуации, Гришка не мог не восхититься **кровожадностью** Марсика（尽管情形十分凄惨，格里沙仍不得不对马尔西科的残暴表示欣赏）。即便有些时候表人或表具体事物的名词出现在客体位上，仍应对其作抽象解读，否则句子将无法理解[1]。例如，Он способен лишь восхищаться **героем**, любить **его**, радоваться **ему**（他只能赞美英雄、爱他、为他感到高兴），**Мальчик** часто сердил мать（男孩时常惹母亲生气）。高兴与生气真正的原因应该是人的某种行为、言语或特征而非人本身。尤其在使役型感情反应动词的语义配价结构中，这一点尤为明显，例如，**Мальчик** часто сердил мать **своей бестолковостью**（男孩不懂事，常惹母亲生气）。由第五格揭示出的才是产生情感反应真正的刺激因素，мальчик（男孩）在这里起到的只是"归咎者"的作用。如果对这种领属关系予以还原的话，那么句子就变成了 **Бестолковость мальчика** сердила мать（男孩的不懂事令母亲生气）。

感情态度动词的客体题元词则要自由得多，尽管揭示情感态度的深层原因这一功能主要还是由抽象名词行使，例如，Я завидую **его успехам**（我羡慕他的成功）。但表示人和具体事物的名词也能够充当感情态度动词的客体题元词，且与感情反应动词不同，无须对其进行抽象解读，即感情态度动词客体题元词的具体化并不会造成句子语义异常。例如，Настоящая мать должна слепо обожать **своё дитя**（真正的母亲应该盲目地爱着自己的孩子），Мы можем изменить свою диету, начать уважать **стариков**, но вот со своими генами мы ничего поделать не можем（我们可以改变自己的饮食习惯、尊重老人，但自己的基因我们是无论如何也改变不了的）。甚至可以用特有的换喻词 нужды（需求）, интересы（利

---

[1] 彭玉海：《俄语题元理论》，黑龙江人民出版社 2004 年版，第 201 页。

益），имя（名字），репутация（名誉）等替换表人名词①。例如，Мы не требуем какого-то особого места, мы просто исходим из того, что все участники международного общения должны уважать **интересы** друг друга（我们不需要某种特殊地位，我们仅秉承着一个出发点，那就是国际交流中的每一个参与者都应该尊重彼此的利益）。这主要是由于与感情反应动词不同，感情态度动词所反映出的主观态度是主体在相对较长的一段时间内形成的，不具有时间上的即时性，其主要语义性能是"表示主体的一种品质及异质行为集合等"②。

从语义顺应角度出发，情感动词客体题元词中所包含的评价义素要与情感动词中所包含的评价义素相顺应，即正面情感义动词客体题元词包含正面评价义素，负面情感义动词客体题元词包含负面评价义素。"客体题元有双重属性，一是事物本身固有的客观特性，二是评价主体所赋予的评价特性。"③ 客体题元词所包含的评价义素属于后者，是由感情动词的主体主观上赋予的评价信息。有时这种评价义素与普遍认知是相同的，例如，Появляются общие интересы и цели, мы вместе радуемся **победам** и переживаем неудачные выступления（有着共同的利益和目标，我们一同为胜利感到喜悦，为不成功的演出而感到苦恼），А мы ничего о ней не знаем и сердимся **на трудности** быта（而我们对她一无所知，并对这种艰难的生活方式感到愤怒）。而有时客体题元词本身可能并不包含任何正面或负面的评价信息，评价义素完全来自主体自身，例如，Я очень горжусь **дочкой**（我十分为女儿感到骄傲），Уже начал он презирать **свою жизнь** и старался искать смерти（他已经开始憎恶自己的生活，并尝试寻短见）。有时，尤其是对感情态度动词而言，客体题元词所包含的评价信息是与大众的认知相悖的。例如，Андрей завидует **чужой славе**（安德烈妒忌他人所获得的荣誉）④。将他人所获得的荣誉归为正面的是说话人、公众，而将其归为负面的是主体 Андрей，因此，从谓词结构本身来看，客体题元词与动词所包含的评价义素仍是一致的。

---

① 彭玉海：《俄语题元理论》，黑龙江人民出版社 2004 年版，第 204 页。
② 彭玉海：《俄语题元理论》，黑龙江人民出版社 2004 年版，第 204 页。
③ 彭玉海：《俄语题元理论》，黑龙江人民出版社 2004 年版，第 139 页。
④ 彭玉海：《俄语题元理论》，黑龙江人民出版社 2004 年版，第 145 页。

（四）情感义动词客体题元论元形式层级

感情态度动词客体题元的论元形式较为单一，大多采取不带前置词的第四格形式。例如，Я обожаю **шампанское**（我十分喜爱香槟），Солдаты любили **своего командира**（战士们敬爱自己的指挥官），Добрый человек всегда жалеет **бездомных животных**（善良的人总会可怜那些无家可归的动物）。其中部分语义次类的动词选取第三格、第五格、"前一名"结构等其他方式作为客体题元的论元形式。例如，Нужно жить и работать так，чтобы **нами** гордилась Родина（应该以一种使祖国为我们自豪的方式去工作和生活），Не надо заботиться ни **об одежде**，ни **о питании**（既不用愁穿，也不用愁吃），Люди всегда симпатизируют **дружеским намерениям**（人们总是喜欢友善的意图），Я **им** брезгаю（我讨厌他）。

感情反应动词客体题元的论元形式则相对来说要更为复杂。使役感情反应动词的客体题元常占据主体位，除部分受到自身语义限制的抽象名词不能占据主语位置的动词之外，客体题元均以第一格的方式体现。例如，**Твоя бестолковость** просто сердит（你的毫无条理真令人生气），**Шум** беспокоит старушку（噪声惊扰了老太太），Меня восторгает **твоё спокойствие**（你的平静令我感到高兴）。至于那些抽象名词不能占据主语位置的使役型感情反应动词则只能采取题元裂变的形式表达其客体题元，例如，**Учитель** стыдил его **за лень**（老师指出了他的懒惰，这让他感到羞愧）。

非使役感情反应动词客体题元的表达方式并不固定，有第三格、第五格或不表达出来①。彭玉海将感情反应反身动词的逆换分成六个次类②，主要区别在于客体题元在发生转换后的论元形式不同。使役型感情反应动词变为非使役型之后，客体题元占据补语位，名词第二格、第三格、第五格以及"前一名"结构 <из-за> N_2、<от> N_2、<за> N_4、<на> N_4 等均可以作为其论元形式，具体形式的选取与动词语义有关。例如，

---

① ［俄］Е. В. 帕杜切娃：《词汇语义的动态模式》，蔡晖译，北京大学出版社 2011 年版，第 270 页。

② 彭玉海：《俄语动词（句）语义的整合研究》，黑龙江人民出版社 2001 年版，第 277—278 页。

Мышей и собак смертельно боюсь（我简直怕死了老鼠和狗），Искренне радуюсь **вашему счастью**（我衷心地为你们的幸福感到高兴），Она всегда охвачена беспокойством. Надеюсь, она сможет не воспринимать всё слишком серьёзно и наслаждаться **жизнью**（她总是忧心忡忡的。我希望她能想开点，愉快地生活），Бабушка рассердилась **на внука**（奶奶生孙子的气了），Мать скучилась **о сыне**（母亲想念儿子），Не надо волноваться **из-за пустяков**（不要因小事而感到焦虑），Она слушала, молча глядя ему прямо в глаза, и Безайс смущался **от этого взгляда**, точно он лгал（她听着，沉默地注视着他的眼睛，而别扎伊斯在这样的目光下感到困窘，就好像他在撒谎一样），Я напрасно беспокоился **за него**（我白为他担心了）。

（五）情感义动词客体题元角色配位层级

情感义动词描述的是主体的情感状态，其中包含各种主观评价信息。而角色配位层级实质上反映的是评价主体看待情感事件的角度以及方式，不同的角色配位之间在一定程度上存在语义以及交际等级上的不同。

在该层级上，情感义动词的表现尤为丰富多变，其中以感情反应动词最为典型。感情反应动词可分为使役和非使役两类，其中不少都成对出现，且二者之间存在构词关系。例如，злиться－злить（生气—使生气），удивиться－удивить（惊讶—使惊讶），восхититься－восхитить（赞叹—使赞叹），смутиться－смутить（困窘—使困窘），вдохновиться－вдохновить（振奋—使振奋），возбудиться－возбудить（激动—使激动），возмутиться－возмутить（愤怒—使愤怒），воодушевиться－воодушевить（振作—使振作）等。二者实际上构成了使役上的对立范畴，其中前者描述的是某种状态，而后者指的也是相同的状态，不过是使役化的该状态。

在使役感情反应动词所反映的情景中，句法上的主语对应的是使某人处于某种特定情感状态的某些行为或特征，即语义上的刺激因素，而句法上的补语对应的则是处于某种特定情感状态的人，即语义上的主体（感事）。与非使役感情反应动词相比，使役感情反应动词仅改变了情景参与者的句法占位，即说话人对情景的阐释方式，而情景本身并没有发生实质性的变化。按照Ю. Д. Апресян 的定义①，成对的使役与非使役感情动词应该被视为转换词（конверсивы）。作为转换词，二者拥有互逆的语义配价结构，换言之，相同的情感情景能够由两种的不同视角进行阐述，且不影响句子的深层语义结构。因而这两类感情反应动词的配位结构互为对方的角色配位迁移方式。Е. В. Падучева 也提出："俄语中许多使役性情感动词可以构成带-ся 的逆向使役性动词，使役性动词及其逆向使役性动词间的相互关系是典型的角色配位迁移。"②

该迁移模式在感情反应动词中具有较强的复制性，几乎所有该类动词均有此模式的转换，例如表示"生气""高兴""激动不安""陶醉迷恋""吃惊""害怕恐惧""抑郁苦闷""宽慰放心""腼腆拘束""感动""委屈"等语义次类的动词。仅有少数次类的部分成员由于构词或语义的原因无法构成相对应的动词，如，нравиться（喜爱），стыдить（使羞愧），жаловаться（抱怨）等。例如，Я удивился странному её костюму（我对她的奇装异服感到惊讶），Странный её костюм удивил меня（她的奇装异服使我感到惊讶）。在第一个句子中，感情状态的主体与语法上的主语相重合，导致情感状态的原因为语法上的补语，而在第二个句子中则恰好相反，语法上的主语由原因充当，而情感状态的主体则屈居补语位。但无论在使役还是非使役感情反应动词的语义配价结构中，处于中心地位的都是情感状态的主体，即感事。Е. В. Падучева 将使役感情反应动词看作第一性的，并指出非使役的角色配位仅改变了参项等级，"情感原因/内容离开主体位置，退居边缘"③。实际上，无论将二者之中哪一个视为第一性的，所得到的结果都是一样的，使役与非使役感情反应动词之间的差异就在于处在交际焦点的是使成反应的原因还是领有该反应的人。此外，这两种谓词结构所反映出的语言外情景观念化不同，"使役性动词将体验者状态的变化完全归于诱因的影响，而去使役化动词表现的是体验者有某种

---

① Ю. Д. Апресян, *Избранные труды*, *том I. Лексическая семантика*： *Синонимические средства языка 2-е издание*, *исправленное и дополненное*, М. : Школа «Языки русской культуры», Издательская фирма «Восточная литература» РАН, 1995, стр. 256 – 263.

② ［俄］Е. В. 帕杜切娃：《词汇语义的动态模式》，蔡晖译，北京大学出版社 2011 年版，第 259 页。

③ ［俄］Е. В. 帕杜切娃：《词汇语义的动态模式》，蔡晖译，北京大学出版社 2011 年版，第 259 页。

选择的自由，他可以对所发生的事情承担部分责任"①。

深入使役与非使役感情反应动词内部，它们各自又能够发生局部的角色配位迁移。

首先，使役感情反应动词的主语位常会发生题元裂变，即原因语义成素裂解为施感者与诱因（导致感情反应的真正原因）两部分。例如，И в церковь ходила, но церковь **её** возмутила **полным равнодушием** к её состоянию（她走进了教会，但教会对她现状的冷漠态度令她感到愤怒），Словом，**он** очаровал меня **своими поступками**（简言之，他的行为令我着迷），Так **я** его сильно обидела **своими подозрениями**（我的怀疑令他感到十分委屈）。值得注意的是，此时施感者与诱因之间的领属关系可能是让渡性的，也可能是非让渡性的，甚至可能是临时性的、人为赋予的，例如，**Взрослые** надеялись утешить мальчика **религией**, исходя из своего понимания его состояния（基于对他状况的理解，大人们希望借由宗教宽慰他）。该迁移模式适用于大多数使役感情反应动词，例如表示（使）"生气发怒""高兴""激动不安""陶醉迷恋""吃惊""害怕恐惧""欺辱""阴郁苦闷""宽慰放心""腼腆拘束""感动""喜欢""厌恶"等义的感情反应动词。少数该类动词由于受到自身语义的限制，抽象名词无法占据主语位，因而无法构成该模式的转换。例如，застыдить（使羞愧），устыдить（使惭愧）等。这些动词只能采用客体题元裂变的形式，没有初始形式，即原因成素占据主语位的形式，例如，**Сей юноша** устыдил отца **своим великодушием**（这名少年的宽宏大量令父亲感到羞愧）。此外，在该迁移模式中，如果原因成素所表示的属性、行为的显现完全不取决于施感者的主观意志，一般不能发生类似的角色配位迁移，不能说 Жена тревожит меня своей болезнью（妻子的病令我担忧）②。

其次，非使役感情反应动词的客体位也可能发生题元裂变，即原因语义成素裂解为施感者与诱因（导致感情反应的真正原因）两部分。例如，Штрум и Соколов рассердились на **Савостьянова** за это высказывание

---

① ［俄］Е. В. 帕杜切娃：《词汇语义的动态模式》，蔡晖译，北京大学出版社 2011 年版，第 262 页。

② 彭玉海：《俄语动词（句）语义的整合研究》，黑龙江人民出版社 2001 年版，第 283 页。

（什特鲁姆和索科洛夫对萨沃斯季亚诺夫的发言感到气愤），Тамара боится меня за контрреволюционные речи（塔玛拉害怕我的反革命言论）。同使役型动词相比，非使役型感情反应动词客体题元的裂解则较为少见，即更倾向于直接将原因成素置于补语位。此类配位迁移常见于负面的、倾向归因于归咎者的感情反应，例如表示"生气""愤怒""害怕""羞愧"等义的动词。此外，该类配位迁移还要求动词本身能够兼容原因义副题元。Е. В. Падучева指出，表示"生气，愤怒"语义次类的情感义动词，若其客体题元未发生裂解，那么"用前置词 за 的结构是错误的，只能用 на кого за что"①，即动词的主要客体必须外显在论元结构中，次要客体不能脱离主客体单独出现，不能说 Я рассердился за его невнимательность（我因他的粗心大意而感到生气）。

  除去上述两类角色配位迁移模式，感情反应动词还有一种更为少见的无人称型迁移模式，该模式仅限于表示"厌烦，厌恶"义的感情反应动词。例如，Мне очень надоело от беспрестанной езды（我十分厌倦一成不变的行程），Порою мне претит от соприкосновения с такими фактами（有时我很讨厌面对这样的事实）。发生角色配位迁移后，客体题元由超题元变为纯原因语义成素，其交际等级下降，动词此时更接近于感情状态动词。

  同感情反应动词一样，感情态度动词的客体题元也可能发生裂变，即原因语义成素在论元结构中分裂为归咎者与深层原因两个部分。例如，Одни любят Францию за вино，другие за пейзажи，третьи — за женщин（一些人爱法国的葡萄酒，另一些人爱法国的美景，还有一些人爱法国的女人），Он даже уважает их за смелость（他甚至很敬重他们的勇敢）。这种角色配位迁移模式也必须以动词能够兼容共现表示原因成素的副题元为前提，实质上是通过降低深层原因、提升归咎者交际等级，从而调整整个句子的交际结构信息分布。感情态度动词中，表示"爱""尊敬""喜欢""鄙视""眷恋""吃醋"等义的动词适用于此类角色配位迁移模式。

  下面以感情反应和感情态度语义次类动词为典型，对俄语情感义动词

---

① ［俄］Е. В. 帕杜切娃：《词汇语义的动态模式》，蔡晖译，北京大学出版社2011年版，第274页。

展开客体题元层级化研究的具体分析和讨论。

三 情感义动词客体题元层级结构分析

(一) 感情反应动词客体题元层级结构分析

感情反应动词（глагол эмоциональной реакции）是指"感情主体受自身或他人行为、举止这一确定外界诱因的直接刺激而不由自主地产生的一种情感反应"①。感情反应动词又可以分为两个次类：使役型（злить/使愤怒，веселить/使高兴，беспокоить/使担忧，восхитить/使赞叹，изумить/使惊讶，удивить/使惊讶，пугать/使害怕，утешить/安慰，обидеть/欺辱等）与非使役型（радоваться/高兴，бояться/害怕，беспокоиться/担忧，стыдиться/惭愧，жаловаться/抱怨，восхититься/赞叹，сердиться/生气等），前者表示"使主体产生某种感情反应"，而后者表示"主体做出某种感情反应"。二者互为转换词关系，即参项角色原则上相同，而动词赋予参与者的句法（和交际）等级不同②。大部分使役与非使役感情反应动词之间存在构词关系，例如，восхитить - восхититься（使赞叹—赞叹），удивить - удивиться（使惊讶—惊讶），беспокоить - беспокоиться（使担忧—担忧）。但二者之间并不存在一一对应的转换关系③，许多感情反应动词由于构词或词汇意义的关系无法构成对应的形式，例如，бояться（害怕），пугать（使害怕），жаловаться（抱怨），застыдить（使惭愧），стыдиться（羞愧），нравиться（喜爱）等。

使役感情反应动词（以下简称使役型动词）是该类动词的主要组成部分，这一点恰好与感情状态动词相反，后者以反身动词为主。使役型动词表示的"不是心理状态，而是对心理的作用/影响"④。在论元结构中主体占据补语位，客体占据主语位，形成了一种倒置结构，通过客体来描写主体所做出的感情反应，构成了所谓的"客体事件"。使役型动词为二价

---

① 彭玉海：《俄语题元理论》，黑龙江人民出版社2004年版，第193页。

② [俄] Е.В. 帕杜切娃：《词汇语义的动态模式》，蔡晖译，北京大学出版社2011年版，第261页。

③ 彭玉海：《俄语感情动词的整合研究》，《当代语言学》2001年第3期。

④ [俄] Е.В. 帕杜切娃：《词汇语义的动态模式》，蔡晖译，北京大学出版社2011年版，第256页。

动词，单客体结构，其客体题元语义角色为刺激因素，广义上说，为原因语义成素。在次语义属性上该类动词的客体题元语义覆盖面较广，大体上说，"属于理想范围，但也可能是言语的，甚至是物理行为"①，行为、过程、事件、特征、言语等均可以充当客体题元。客体题元占据主语位这也就意味着第一格是其最为典型的论元形式。在角色配位上，最常见反而是间接配位结构：施感者—谓词—受感者（感事）—刺激因素。这一情况也不难理解，从语言选择角度出发，一方面间接配位结构"能指出施感者感情使役的有意识性，另一方面人们总是倾向于要找出感情上发泄不满的负面行为负责者"②。而直接配位结构刺激因素—谓词—感事则不如直接配位结构来得直截了当，因而它常让位于间接配位结构。此外，两种配位模式的交际意义也有所差异，前者通过领属关系的分裂提升了归咎者的交际等级，后者则将刺激因素置于交际的核心地位。下文将在实例中对使役型动词的客体题元进行层级化分析。

возмутить（使生气，使气愤）：$N_1 VfN_4$（$N_1 VfN_4 N_5$）

单客体结构；客体题元为诱因—对事；诱因为抽象行为、言语、事件、过程、性质、特征等；客体题元占据主语位，由第一格形式表示；通过题元裂变，产生间接配位结构，对应的论元结构为 $N_1 VfN_4 N_5$，诱因中的领属关系被分割开，其中领有者交际地位上升，真正的原因则退居次要客体，表示负面感情使役反应的动词更倾向于使用间接配位结构，以凸显归咎者的交际地位。

Его возмутила **беспечность** сына. 儿子满不在乎的态度使他很气愤。

Он возмутил Плеханова **своим отказом** писать статью о Белинском. 他拒绝写关于别林斯基的文章激怒了普列汉诺夫。

утешить（安慰，宽慰）：$N_1 VfN_4$（$N_1 VfN_4 N_5$）

单客体结构；客体题元为诱因—对事；诱因为抽象行为、言语、事件、过程、性质、特征等；客体题元占据主语位，由第一格形式表示；通过题元裂变，产生间接配位结构，论元结构为 $N_1 VfN_4 N_5$，使役者提升，原因成素退居边缘。

---

① ［俄］Е. В. 帕杜切娃：《词汇语义的动态模式》，蔡晖译，北京大学出版社 2011 年版，第 282 页。

② 彭玉海：《俄语题元理论》，黑龙江人民出版社 2004 年版，第 203 页。

Вы меня очень утешили **этим известием**. 您的这个消息让我备感安慰。

Известие утешило бедную женщину. 消息宽慰了这个可怜的女人。

стыдить（使惭愧）：$N_1 VfN_4 < за > N_4$

双客体结构；客体题元分别为施感者（准施事—准对事），诱因；施感者为有生客体，诱因为抽象行为、言语、事件、过程、性质、特征等；施感者由第一格形式表示，诱因由"前—名"结构 $< за > N_4$ 表达；由于自身语义的限制，抽象概念无法占据其主语位，因而只有间接配位结构，且不用第五格，而采取"前—名"结构 $< за > N_4$ 的形式，表示"害羞，窘迫，差耻"义的使役型动词均采用此结构。

Она стыдила маму **за воинственную хулу**, но мама в ответ лишь посмеивалась украдкой. 她对母亲气势汹汹辱骂行为的指责令母亲感到羞愧，然而作为回应，母亲只是微微一笑。

非使役感情反应动词（以下简称为非使役型动词）虽然是该类动词的次要组成部分，但作为使役型的配位迁移形式，其客体题元的语义性质也不可忽略。与使役型相比，非使役型动词表现出的是正常的主体—客体结构，主体占据主语位，客体占据补语位。非使役型动词同样也是二价动词，单客体结构，在语义角色上和次语义属性上均与使役型相同，二者的差异主要体现在论元形式以及角色配位上。在论元形式上，非使役型动词客体题元的表达形式较为丰富，第二格、第三格、第五格等间接格形式以及"前—名"结构 $< из-за > N_2$、$< от > N_2$、$< за > N_4$、$< на > N_4$ 等均能够作为其客体题元的论元形式。在角色配位上，非使役型动词的配位模式为感事—谓词—诱因，其中客体题元也能够发生题元裂变，导致配位模式变为感事（受感者）—谓词—施感者—诱因。同使役型动词一样，这种通过题元裂变达成的配位模式迁移实质上是对归咎者交际地位的提升。下文将在实例中对非使役型动词的客体题元进行层级化分析。

рассердиться（生气，愤怒）：$N_1 Vf < на > N_4$（$N_1 Vf < на > N_4 < за > N_4/ < из-за/от > N_2$）

不同于一般的去使役化过程，感情反应动词去使役化后，客体仍保留在其语义配价结构中，谓词呈现单客体结构；客体题元为诱因—对事；诱因为抽象行为、言语、事件、过程、性质、特征等，虽然客体题元常由表人名词充当，但此时也仍应对其作抽象解读，真正将人激怒的原因应该是某种行为、言语、特征等，而不是这个人本身；客体题元由"前—名"结构＜на＞N₄表示；通过题元裂变产生间接配位结构，对应的论元结构为 N₁Vf＜на＞N₄＜за＞N₄／＜из-за/от＞N₂，诱因中的领属关系被分割开，领有者交际等级上升，深层原因下降。在表示"生气，发怒"义非使役型动词的间接配位结构中，第二客体也可以由表人名词充当，此时要对其作抽象化理解，而生气的深层原因则蕴含在话语之中，例如，Отец рассердился на учителя из-за сына（父亲因为儿子生老师的气）①。

Ты рассердился **на меня**? Я ведь говорю тебе, что шучу. 你生我的气了吗？我不是跟你说，我是闹着玩的嘛。

Костик замолчал. Наверное, рассердился **на мои слова**. 科斯季克默不作声，可能是因为我的话感到生气了吧。

Я не рассердился **на вас за неоткровенность**. 我并没有因为你们的不坦诚而感到生气。

беспокоиться（担心，不放心）：N₁Vf＜о＞N₆ （N₁Vf＜о＞N₆＜за＞N₄／＜из-за/от＞N₂）

单客体结构；客体题元为诱因—对事；诱因为抽象行为、言语、事件、过程、性质、特征等，具体的人或事物做客体题元词时，其语义被抽象化；客体题元由"前—名"结构＜о＞N₆表示；通过题元裂变产生间接配位结构，论元结构为 N₁Vf＜о＞N₆＜за＞N₄／＜от＞N₂，领有者交际等级上升，深层原因下降。

Борис Николаевич беспокоится **о твоём здоровье**. 鲍里斯·尼古拉耶维奇担心你的身体状况。

Такой её взгляд поймал Давенант, но, думая, что она беспокоится **о нём из-за утренней сцены**, улыбнулся. 达维南特觉察到了她的那种目光，但他认为她是因为早上的事情担心他，他笑了笑。

радоваться（高兴）：N₁VfN₃ （N₁VfN₃＜за＞N₄／＜от＞N₂）

介于感情状态动词与感情反应动词之间，当做感情反应动词时谓词呈现单客体结构；客体题元为诱因—对事；诱因为抽象行为、言语、事件、过程、性质、特征等，具体的人或事物做客体题元词时，其语义被抽象

---

① 彭玉海：《俄语动词（句）语义的整合研究》，黑龙江人民出版社 2001 年版，第 267 页。

化；客体题元由第三格表示；通过题元裂变产生间接配位结构，论元结构为 $N_1\ VfN_3 < за > N_4 / < от > N_2$，施感者上升为第一客体，诱因为第二客体。

С тех пор постоянно слежу за его карьерой и радуюсь **многочисленным успехам**. 从那时起我逐渐开始关注他的事业，并为他取得的不计其数的成绩而感到高兴。

Бабушка радовалась **внуку за его приход**. 奶奶对孙子的到来感到高兴。

（二）感情态度动词客体题元层级结构分析

感情态度动词（глагол эмоционального отношения）是指"感情主体基于长期积淀的感情经验所形成的有关感情客体的感情评价，并主动积极地经历的一种感情变化"[1]。此类动词在数量上要远小于感情反应动词，因此，Е. В. Падучева 将其视为情感类动词的边缘范畴[2]。然而实际上，此类动词客体题元的语义性质与表现同感情反应动词是截然不同的，有必要将其作为情感义动词不可分割的一部分纳入研究范围之内。

首先，与感情反应动词不同，感情态度动词无使役与非使役之分。其描述的情景是主体由于客体事物在较长一段时间内表现出的性质、特征等做出的主观判断，代表的是一种固化的情景。"主体在这个过程中拥有较大的自由性，因而这类词的使役化不是通过动词述体本身来完成，而是须借助使役述体加上分析型句式方能实现。"[3] 感情态度动词的该语义性质也就决定了其客体题元的句法位置与论元形式较为单一，即一般占据补语位，采用第四格表达形式。

其次，虽然同为单客体动词，但与感情反应动词不同，客体在感情态度动词的语义配价结构中表现为原因而非诱因，这也是由动词本身的观念性、静态性所决定的。

最后，感情反应动词的配位结构为感事—谓词—原因，部分动词可能拥有间接配位结构，即感事—谓词—归咎者—原因。下文将在实例中详细

---

[1] 彭玉海：《俄语题元理论》，黑龙江人民出版社 2004 年版，第 193 页。

[2] ［俄］Е. В. 帕杜切娃：《词汇语义的动态模式》，蔡晖译，北京大学出版社 2011 年版，第 256 页。

[3] 张家骅、彭玉海、孙淑芳、李红儒：《俄罗斯当代语义学》，商务印书馆 2005 年版，第 260 页。

对感情态度动词的客体题元作层级化分析。

любить（爱）：$N_1 VfN_4$（$N_1 VfN_4 <за> N_4$）

单客体结构；客体题元为原因—对事；客体题元语义受限程度较低，具体的人或事物，抽象行为、言语、事件、过程、性质、特征等均可以作为其题元词，与感情反应动词不同的是，当具体名词做客体时，无须对其作抽象化解读，因为感情态度动词反映的是概括性的、泛时性的主观态度，既可以针对抽象概念，也可以指向具体的人或事物；客体题元由第四格表示；通过题元裂变产生间接配位结构，论元结构为 $N_1 VfN_4 <за> N_4$，原因中的领属关系被凸显出来，领有者，即归咎者交际等级上升，而真正的原因成素退居边缘位，以第二客体的形式出现在论元结构中，且此时第二客体题元作为深层原因通常具有抽象性。

Люблю **свою профессию**, люблю **школу**, люблю **детей**! 我热爱我的职业，爱学校，爱孩子们！

Я не любил **чаек за их прожорливость**, **крикливость**. 我不喜欢海鸥，因为它们贪食而且聒噪。

ревновать（吃醋）：$N_1 VfN_4$（$N_1 VfN_4 <к> N_3$）

单客体结构；客体题元为原因—对事；客体题元语义受限程度较低，具体的人或事物，抽象行为、言语、事件、过程、性质、特征等均可以作为其题元词；客体题元由第四格表示；通过题元裂变产生间接配位结构，论元结构为 $N_1 VfN_4 <к> N_3$，该论元结构仅限于表示"吃醋"义的感情态度动词，其中归咎者交际等级上升，而真正的原因成素则退居边缘位，且此时第一、第二客体可以都是具体的人，表示"因某人过于接近某人而吃醋"。

Он ревнует **Алевтину** самым элементарным образом, ревнует и исподволь злится... 他用最肤浅的方式妒忌阿列夫京娜，一直这样妒忌着，直到感到愤慨……

Моя дочурка ревнует **меня к её сестрёнке**. 我的女儿因为我爱她的小妹妹而嫉妒。

Они ревновали**его к умению** любить и быть любимым, **к его внутренней силе, мужеству, страстной жажде** свободы и справедливости. 他们妒忌他能够去爱并且被爱，妒忌他内心的力量，妒忌他的勇气，妒忌他极度地渴望自由与公正。

расположить（喜爱）：$N_1 VfN_4$（$N_1 VfN_4 N_5$）

单客体结构，表示"眷恋，有好感"义的感情态度动词拥有大多数该类动词都不具备的"使役型"语义结构，但主体主动积极地经历情感的语义内核并没有变，因此仍属于感情态度动词范畴①；客体题元为原因—对事；客体题元语义受限程度较低，具体的人或事物，抽象行为、言语、事件、过程、性质、特征等均可以充当其题元词；客体题元占据主语位，由第一格表示；通过题元裂变产生间接配位结构，论元结构为 $N_1VfN_4N_5$，归咎者交际等级得以提升，而真正的原因成素则退居边缘位。

Он расположил к себе **всех сослуживцев**. 他博得了所有同事的好感。

Проект создания виртуального музея биологических объектов сразу расположил **меня своей гуманностью**. 建立生物学研究对象虚拟博物馆这一项目中蕴含的人道主义精神给我留下了正面印象。

Он расположил **сослуживцев комплиментом**. 他的恭维话博得了同事们的青睐。

第四节　关系意义类动词客体题元层级化分析

一　关系义动词语义界定

关系义动词（глагол отношений）是动词体系中较为特殊的一个语义次类。关于关系义动词是否能够作为一个独立的动词词汇语义类别的问题至今在语言学界仍存在一定的争议。将此类动词划为一个独立类别的学者主要是 Э. В. Кузнецова（1989）②、Л. Г. Бабенко и др.（2009）③、彭玉海（2004）④ 等，他们将关系义动词视为一个内部能够进一步划分的动词词汇语义范畴。

无论在现实还是虚拟的世界，都存在各种相互交织的关系，从语义实质上讲，谓词结构反映的是人与人、事物与事物、人与事物、事件与事件、人与事件等之间的关系。关系义动词的语义也较为特殊，"它既非行

---

① 彭玉海：《俄语动词（句）语义的整合研究》，黑龙江人民出版社2001年版，第300页。
② Э. В. Кузнецова, *Лексикология русского языка: Учеб. пособие для филол. фак. ун-тов.*, М.: Высшая школа, 1989, стр. 214.
③ Л. Г. Бабенко, И. М. Волчкова и др., *Толковый словарь русских глаголов: Идеографическое описание*, М.: АСТ-ПРЕСС КНИГА, 2009, стр. 557–638.
④ 彭玉海：《俄语题元理论》，黑龙江人民出版社2004年版，第219—239页。

为，也不是状态，而是介于二者之间，它跟物理、心理、认知、评价，意义交织在一起，因而物理、感情、心理方面的东西可能影响着我们对关系的判断，并导致关系语义述体既跟物理行为述体搭边，又同感情语义述体接近"①。这也解释了许多语义词典中，关系动词包含许多其他语义类别的动词，当这些动词语义中的关系义素被凸显时即转义进入关系义动词范畴，例如心智动词、创造动词、感情状态动词、存在动词等均可转义表示人际关系，而转移动词、处所动词、物理影响动词等均可转义表示社会关系。

关系动词的内部包含许多语义次类，广义上可以将其分为描写人与人、事件与事件、人或事物与事件、事物与事物、空间关系五类②，或者从其词汇语义出发将其分为相互关系、社会关系、人际关系、方位关系、逻辑关系等。А. Мустайоки 对关系动词的界定则更为宽泛，将心智关系与情感关系也纳入关系意义动词范畴③。

关系义动词的客体题元即为借助关系与主体发生联系的人、事物或事件。由于关系义动词不同于实体行为动词或情感行为动词，并不能表示客体题元受到某种力（物理力或情感力）的作用，只是表示人主观或客观对现实世界的某种认识。因此，关系义动词的客体题元在某种程度上游离于谓词结构之外，并不会受到谓词作用而发生任何变化，甚至可能只是一个"局外人"，连关系的存在都并不知情，例如，**Панда относится к классу млекопитающих**（熊猫属于哺乳纲动物）。这也就意味着关系义动词的客体题元受到谓词结构或其主体的约束相对较小，同时此类动词的客体题元在概括题元、语义角色、论元形式以及角色配位上都表现得较为单一。

与关系义动词的语义内涵和事件语义特点相关，其客体题元具有相应的层级化特征。下面对这一层级关系加以分析、描述。

二　关系义动词客体题元层级关系

（一）关系义动词客体题元概括层级

关系义动词以单客体动词为主，方位关系、逻辑关系、相互关系、逻

---

① 张家骅、彭玉海、孙淑芳、李红儒：《俄罗斯当代语义学》，商务印书馆 2005 年版，第 234 页。

② 彭玉海：《俄语题元理论》，黑龙江人民出版社 2004 年版，第 219 页。

③ А. Мустайоки, *Теория функционального синтаксиса: от семантических структур к языковым средствам*, М.: Языки славянской культуры, 2006, стр. 187 – 188.

辑关系以及人际关系动词绝大多数成员都属于单客体动词。例如，Цены зависят **от спроса и предложения**（价格由需求和供给决定），Впрочем, всякий путешественник, взаимодействуя **с пространством**, воздействует на него, оставляет след（不过，每一个旅行者都处于和空间相互作用的关系之中，对其产生影响，留下自己的足迹），**Всем**, что имеет Родина, сообща народ владеет（祖国的一切都是人民所共有的），Живёт уединённо, ни **с кем** не общается（他离群索居，不和任何人来往）。

但也有部分关系动词为双客体动词，这些动词所反映的情景较于单客体动词要更为复杂，关系事件中不再只有主体、客体两个参与者。例如，迫使关系动词，Шум заставил **зверька спрятаться**（嘈杂声迫使小兽躲了起来），Крутой подъём вынудил **отряд идти** в обход（陡峭的上坡路迫使部队选择绕行），Наши истребители отучили **их от налётов** на наш город（我们的战斗机打得他们不敢再来袭击我们的城市了）；奖惩关系动词，От всей души благодарю **вас за помощь**（我由衷地感谢您的帮助），Ава встретилась взглядом с профессором и **невольной улыбкой** отплатила **незнакомцу** за внимание（阿娃的视线与教授交会，下意识地对这位陌生人的注视报以微笑），Многие из нас при этом уверены, что за поход в бассейн следует наградить **себя чипсами**（我们中的许多人都相信，去游泳池锻炼之后应该奖励自己些薯片）；部分使役型人际关系动词，Но, клянусь, он никогда не пытался приобщить **студента к своим увлечениям**（但我可以发誓，他绝对不会试图让学生了解自己的兴趣爱好），Зачем ты ввязал **меня в это дело**（你为什么要把我牵扯到这件事上），Выходить из фронта нельзя, это обособит **его от остальных**（退伍是不可能的，那会使他被周围的人孤立）。这些动词均在一定程度上脱离了纯关系动词的范畴，语义上接近于实体行为动词或心智行为动词。

（二）关系义动词客体题元语义角色层级

关系义动词的语义角色可以笼统地称为系事，在不同类型的语义次类中系事又可以进一步细化。例如，方位关系动词客体题元表现为位事，С одной стороны **к даче** примыкает гараж（车库与别墅的一侧相连），Лестница на аршин не доходит **до окна**（梯子差一俄尺才能够到窗子）；因果关系动词客体题元表现为因事或终事，Тело растянуто неестественно —

любое движение причиняет **нестерпимую боль**（身体被不自然地拉长，任何一个动作都会引起难以忍受的疼痛），Ложь **к добру** не ведёт（撒谎是不会有好处的）；比较关系动词客体题元表现为比事，Сравним **алмаз и графит** по физическим свойствам（让我们来比较一下金刚石与石墨的物理性质）。

从与谓词的关系角度出发，关系义动词的客体题元都是对事。A. Мустайоки 在谈到关系动词时，明确指出关系动词的语义配价结构中不存在施事、受事等对实体行为动词来说典型的语义角色，而应将其称为不能被行为所左右的对事（нейтрал）①。更准确地说，关系动词客体题元的语义角色应为系事—对事，前者是从动词语义出发的，而后者着重关注的是其客体在整个谓词结构中所处的地位。

对于那些双客体关系义动词而言，其客体题元的语义角色则更为多样化，有时会更接近于实体行为动词或心智行为动词的客体题元。例如，奖惩关系动词的语义配价结构为主体—谓词—准对事—原因，Пусть меня моя социалистическая страна судит и воздаст **должное за мои преступления**（就让我的社会主义国家来审判我并给予我应得的惩罚吧）。含有使役关系的迫使关系以及部分人际关系动词的语义配价结构为主体（使役者）—谓词—受事（准施事，使役对象）—准从事，Мать велела **ему вернуться** домой пораньше（母亲吩咐他早些回家），Поэтому она вынуждена провоцировать **человека на злобу, агрессию и ненависть**（因此，她被迫挑起人的仇恨、侵略欲以及嫉妒心）。

（三）关系义动词客体题元次语义属性层级

纯关系义动词要求进入该关系的题元词在次语义属性上要相互协调一致，即主体与客体之间要有相似性、可比性。纯关系义动词反映的是人与人、事物与事物、事件与事件之间的关系，例如相互关联、依附、从属、亲属、胜负、敌友、因果、比较、制约等。在这些关系之中，"题元之间可能是性质上的可比、同一，突出功能—性质上的相似、相关，也可能是一种依存、制约，这样的语义性质同一性、相关性反映在题元次语义属性

---

① А. Мустайоки, *Теория функционального синтаксиса: от семантических структур к языковым средствам*, М.：Языки славянской культуры, 2006, стр. 181.

上，便是动词述体左、右翼的题元，要么均为具体名词，要么均为抽象名词"①。以人际关系动词为例，关系的两端都必须是表人名词，即便客体位上出现非表人名词也应作拟人化解读。例如，Помню, мы обедали в гостинице вместе с Андреем Мироновым — отец дружил **с его родителями**（我记得我们和安德烈·米罗诺夫一起在饭店吃过饭，父亲同他的父母是朋友），Именно потому они не контактируют **с правительствами и учёными**（正因如此，他们才没有同政府和学者接触），Да и мужики недружелюбно сторонились **от него**（甚至农夫都会不友好地避开他），Она уже вчера объявила мне, что должна будет раззнакомиться **с вами**（她昨天已经告诉我，她要和你们断绝关系）。逻辑关系动词则更是如此，客体与主体题元必须保持次语义属性上的协调一致，如果不一致，则其中一方应作抽象化或具体化解读。例如，Леса и болота препятствовали **продвижению** вперёд（森林和沼泽阻碍了前进的脚步），Погода в этом году способствовала **урожаю**（今年的天气对收成有利），Кивок головы значит **согласие**（点头意味着同意），Такая позиция противоречит **общественному мнению**（这样的观点与大众的意见相左）。

至于那些语义上更为接近实体行为与心智行为动词的非纯关系义动词，它们的语义配价结构更为复杂。这导致了其客体题元在次语义属性上的表现也更为多样化，不一定与主体题元保持协调一致。以奖惩关系动词为例，奖励的第一客体为有生客体，第二客体即原因则具有抽象性。例如，Благодарю **всех за активное обсуждение**（我对大家的积极参与探讨表示感谢），Наказали **даму за злоупотребление** полномочиями, повлекшее тяжкие последствия（女子因滥用职权带来的恶劣后果而受到了惩罚）。在允许与禁止关系动词的语义配价结构中，第一客体为允许或禁止的直接对象，通常为人，第二客体为抽象事件、行为、过程等。例如，Врачи разрешили **больному встать** с постели（医生允许病人下床），Врачи запретили **больному курить**（医生禁止病人吸烟）。

（四）关系义动词客体题元论元形式层级

由于关系义动词以单客体动词为主，其客体题元的论元形式相较于论

---

① 彭玉海：《俄语题元理论》，黑龙江人民出版社2004年版，第305页。

第四章　俄语动词语义类别客体题元的层级化分析　　217

元形式富于变化的实体行为动词，表现要单调得多，大多以不带前置词的第四格形式为首选表达形式。例如，Встреча определила **дальнейшую судьбу** ребёнка（这次会面决定了孩子今后的命运），Комната имеет **три окна**（房间有三个窗户），Факты подтвердили **догадки，сомнения**（事实印证了猜想和怀疑），Трудно оправдать **его поступок**（很难替他的行为辩护）。

但较于心智行为动词，关系义动词客体题元的论元形式又具有一定的可变性。部分双客体关系义动词即便在同一语义次类的关系义动词内部，其客体题元的论元形式也不拘泥于同一种。除第三格、第五格之外，"前—名"结构 < от > N₂、< до > N₂、< из > N₂、< к > N₃、< за > N₄、< с > N₅、< над > N₅、< на > N₆ 等均可能出现在关系义动词的客体位上。例如，Я **вам** это не позволяю（我不允许您这样做），Комитеты в парламенте подчиняются только **парламенту**（议会委员会只从属于议会），Россия обладает **огромными природными ресурсами**（俄罗斯拥有大量的自然资源），Морозная зима скажется **на будущем урожае**（酷寒的冬天会影响将来的收成），Какой вывод **из этого** следует（由此可以得出什么结论），**Над страхом** возобладало чувство（感情战胜了恐惧），Коссович уединился **от всех**，не занимался университетским ученьем，не ходил почти на лекции（科索维奇不与任何人交往，荒废了大学学业，几乎不去上课），В первые же дни Илья сблизился **с соседом** по комнате（在最初的日子里，伊利亚与室友关系密切），Но я благодарю ВАС **за ВАШИ мысли**，которые ВЫ высказали по моей теме（但我还是要感谢您向我提供了关于我题目的一些见解），Его по праву причислили **к семи чудесам** света（它确实应该列入世界七大奇迹）。

（五）关系义动词客体题元角色配位层级

关系义动词的语义高度抽象化，其配位结构变化较少，仅有部分动词可以通过主客体题元互换句法位置来实现角色配位迁移。例如，相互关系动词，Хлор взаимодействует **с водородом**（氯气和氢气会发生反应）—**Водород** взаимодействует с хлором（氢气和氯气会发生反应）。部分人际关系动词，Катя развелась **с мужем** через год после рождения Леночки（在列娜出生一年之后，卡佳与丈夫离婚了）—**Муж** развелся с Катей через год после рождения Леночки（在列娜出生一年之后，丈夫与卡佳离婚了），Ведь я соприкасался **с ним** вплотную（要知道，我与他的关系十分密切）—Ведь **он** соприкасался со мной вплотную（要知道，他与我的关系十分密切），Мы дружили **с его женой**（我们同他的妻子交好）—Его **жена** дружила с нами（他的妻子同我们交好）。部分表示距离远近的方位动词，Сад примыкал **к дому**（公园临近房屋）—**Дом** примыкал к саду（房屋临近公园），Ветви ивы касаются **воды**（柳枝触及水面）—**Вода** касается ветвей ивы（水面触及柳枝）。部分逻辑关系动词，Дочь напоминала **мать**（女儿与母亲长得像）—**Мать** напоминала дочь（母亲与女儿长得像），Звание полковника в армии равняется **званию капитана** первого ранга во флоте（陆军上校与海军一级舰长的军衔相同）—**Звание капитана** первого ранга во флоте равняется званию полковника в армии（海军一级舰长与陆军上校的军衔相同），Слова гармонируют **с поступками**（言语与行为一致）—**Поступки** гармонируют со словами（行为与言语一致）。

此类角色配位迁移仅限于部分关系义动词，在它们的语义配价结构中，主体与客体呈现协同、一致的关系，例如表示"接触""交往""友好""敌对""临近""远离""相互关联""彼此协调""相似""类同""一致"等关系的动词。且即便是在这些动词的语义配价结构中，交换主客体句法位置也会在一定程度上导致整个谓词结构语义的变化，最低限度也会导致说话人话语的起点或关注焦点的不同，甚至可能会导致语义异常。例如，Ваша просьба равняется для меня приказу（您的请求对我来说等同于命令）。这种主体、客体在交际上有着彼此分工、所承担的交际位阶相差较多的情况下就不能发生主客体换位的角色配位迁移，否则会造成语义异常。

下面以人际关系和逻辑关系次语义类动词为典型，对俄语关系义动词展开客体题元层级化研究的具体分析和讨论。

三 关系义动词客体题元层级结构分析

（一）人际关系动词客体题元层级结构分析

人际关系动词（глагол межличностных отношений）即为反映人与人之间相互联系的动词。人际关系是人进行社会交往活动的主要途径，且该途径并非主要取决于人的社会角色与地位，而是建立在其情感态度的基

第四章 俄语动词语义类别客体题元的层级化分析 219

础之上。因此，从广义上讲，感情态度动词也属于人际关系动词范畴（例如，обожать／热爱，любить／爱，завидовать／羡慕，ненавидеть／憎恨，презирать／鄙视等）。本书着重探讨的是纯人际关系动词，从语义上出发，可以将其分为3类：（1）关系的维系，встречаться（相识），знать（认识，了解）；（2）关系的建立，связаться（建立联系），соединиться（团结起来），приобщиться（参加，加入），вовлечь（使参加），ввязать（牵连），вмешать（牵扯）；（3）关系的终止，развестись（断绝关系，离婚），отгородиться（断绝往来），удалиться（避开），обособить（孤立），отлучить（隔离），раздружить（使绝交）[1]。其中（1）类表示静态关系，（2）、（3）两类为状态变化，且其中又可分为使役型与非使役型两类。

（1）类人际关系动词语义配价结构相对比较简单，均为单客体动词，客体为主体维系关系的对象，大都由表人名词表示。且主客体处于一种协同参与关系事件的状态，因此，可以互换句法位置。下文将在实例中详细分析此类动词客体题元在各层级的表现。

дружить（交好，相好）：$N_1 Vf <c> N_5$

单客体结构；客体题元语义角色为共事；客体题元词通常为表人名词，若次语义属性发生变化，则谓词语义相应地也会受影响；客体题元由"前一名"结构$<c> N_5$表达，该结构也是人际关系动词最典型的客体题元论元形式；主客体题元可以互换句法位，由于主客体之间存在协同关系，在关系事件中无绝对的主次之分，换位并不会影响情景事件本身，但会影响谓词结构的交际意义，交际的焦点会发生迁移。

Я дружил **с дочкой** хозяина и в этом качестве оказался за столом. 我与主人的女儿交好，并因此出现在席间。

Сын не дружит **с математикой**. 儿子不喜欢数学。

（2）类人际关系动词由于有使役型、非使役型之分，二者在语义配价结构上的表现也有所不同。前者为单客体动词，后者则为双客体动词，语义结构中增添了使役对象语义角色，同时语义上更接近于心智行为动词。此外，二者的客体题元在论元形式上也有所不同，前者以"前一名"

---

[1] Н. Ю. Шведова，Е. С. Копорская，К. В. Габучан и др.，*Русский семантический словарь том IV глагол*，М.：РАН Ин-т рус. яз.，2007，стр. 399.

结构 < c > N$_5$、< к > N$_3$ 为典型，后者的第一客体由第四格表示，第二客体典型论元形式则为"前—名"结构 < в/на > N$_4$、< к > N$_3$。至于角色配位迁移，在使役型中受到抑制，因为主客体题元地位不同，在非使役型中也有一定局限。下文将在实例中详细分析此类动词客体题元在各层级的表现。

примкнуть（参加，加入）：N$_1$Vf < к > N$_3$

单客体动词；客体题元语义角色为目的—位事；客体题元词通常为组织机构名称，若客体题元语义抽象化，则动词语义也应作抽象解读；客体题元由"前—名"结构 < к > N$_3$ 表示；主客体题元并非协同参与关系事件，无法发生配位迁移。

Надо разведать, где больше платят и примкнуть **к продавцам или производителям**. 应该打听下哪里赚的钱多，然后再决定是去当销售员还是作业员。

Ещё в семинарии Митя примкнул **к кружку** самых беспокойных учеников, писал под псевдонимом сатирические заметки в журнал. 还在宗教学校学习的时候，米加就加入了由最不安分的学生组成的小组，匿名在杂志上发表讽刺性短文。

приобщить（使参与，使了解）：N$_1$VfN$_4$ < к > N$_3$

双客体动词；客体题元语义角色分别为受事、目的—位事；受事题元词通常为表人名词，目的—位事则为抽象概念、进程等；受事由不带前置词的第四格表示，目的—位事则由"前—名"结构 < к > N$_3$ 表示；主客体题元并非协同参与关系事件，同样也无法发生配位迁移。

С другой стороны, родители стремятся, в той или иной мере, приобщить **детей к еврейской культуре**. 从另一方面来看，父母在某种程度上力求孩子们了解犹太文化。

（3）类人际关系动词同（2）类一样，也有使役型、非使役型的区分。前者为单客体动词，后者则为双客体动词。前者的客体题元以"前—名"结构 < c > N$_5$、< от > N$_2$ 为典型论元形式，后者的第一客体由第四格表示，第二客体典型论元形式则为"前—名"结构 < c > N$_5$、< от > N$_2$。至于角色配位迁移，仅限于在非使役型中体现。下文将在实例中详细分析此类动词客体题元在各层级的表现。

отвязаться（摆脱）：N$_1$Vf < от > N$_2$

单客体动词；客体题元语义角色为离事，即主体脱离的对象；客体题元词通常为表人名词，若客体题元语义抽象化，则动词语义也应作抽象解读；客体题元由"前—名"结构 < от > N_2 表示；主客体题元能够互换句法位置，谓词反映的情景从本质上不发生变换，只切换了说话人的视角，改变了主客体的交际地位。

Отвязаться **от Бычковых** не было никакой возможности. 根本没有可能与贝奇科夫断绝往来。

И он не мог отвязаться **от противных мыслей**. 况且他无法摆脱对立思想的影响。

разлучить（使离别，使分开）：$N_1 VfN_4$ < c > N_5

双客体动词；客体题元语义角色分别为受事、离事；受事与离事题元词通常为表人名词，离事语义抽象化时，动词语义也要随之作抽象解读；受事由不带前置词的第四格表示，离事则由"前—名"结构 < c > N_5 表示；主客体题元并非协同参与关系事件，无法发生配位迁移。

Но нельзя же разлучить **девочку с родной матерью**. 但也不能将女孩同亲生母亲分开。

Ведь разлучить **Солженицына с родною культурою** не удалось всё равно. 要知道在任何情况下都不可能将索尔仁尼琴同祖国的文化相割裂。

（二）逻辑关系动词客体题元层级结构分析

逻辑关系动词（глагол логических отношений）即指出两个事物或事件之间逻辑关系的动词。此类动词反映的是人对客观现实世界思考、判断的结果，语义是关系义动词中最为抽象的一类，其中主要包括表示因果关系、制约关系、包含关系、特性关系、矛盾关系、证明关系、肯定否定关系、比较关系、相似关系、协调关系、依赖关系等义的动词[①]。此类动词语义十分丰富，内部划分也较为复杂，难以作穷尽性的研究，本书只以其中几个语义次类中的典型范例为代表，考察其语义配价结构中客体的语义特征。

逻辑关系动词基本都是单客体动词。客体题元的语义角色可以笼统地概括为系事—对事，在不同的语义次类中能够进一步细化。例如，在因果关系事件中客体题元为因事/终事—对事，在属性关系事件中客体题元为属事—对事，在比较关系事件中客体题元为比事—对事。逻辑关系动词客

---

① 彭玉海：《俄语题元理论》，黑龙江人民出版社 2004 年版，第 227—233 页。

体题元在次语义属性上应与主体保持一致，或二者均为事件（因果关系、制约关系、矛盾关系等），或二者均为事物（包含关系、种属关系等）。其中属性关系较为特殊，客体为抽象特征，主体为抽象或具体事物，例如，Эта машина **характеризуется** большой мощностью（这台机器的特点是功率大）。在论元形式上，逻辑关系动词客体题元的表现十分多样化，第三格、第四格、第五格，"前—名"结构 < от > N_2、< из > N_2、< к > N_3、< на > N_4、< с > N_5、< о > N_6 均可以作为其论元形式。在角色配位层面，逻辑关系动词语义高度抽象化，反映出事物与事物、事件与事件之间的抽象关系，客体题元与主体题元在绝大多数情况下不可句法位置换。角色配位迁移仅在部分矛盾关系、比较关系、相似关系、协调关系动词的语义配价结构中方能实现。下文将在实例中详细分析此类动词客体题元在各层级的表现。

причинить（致使，引起）：$N_1 VfN_4$

单客体动词；客体题元语义角色为终事；客体题元词为抽象的行为、事件、状态等；客体题元由不带前置词的第四格表示；受自身与语义限制，无法发生主客体句法位置换。

Лично обогатившись, они причинили **страшный ущерб** экономике России, её бюджету, авторитету в мире. 他们自己富裕起来了，但却给俄罗斯的经济、财政以及在世界上的威信带来了巨大的损害。

Мне не приходилось заставлять ребёнка что-то делать — только причинять ему **боль** своими манипуляциями. 我不必强迫孩子做什么，只需要借助自己高明的手段就能给他带来痛苦。

содержать（包含，含有）：$N_1 VfN_4$

单客体动词；客体题元语义角色为局部；客体题元词为具体事物或抽象的行为、事件、特征、状态等，在次语义属性上，大多数情况下需要与主体题元保持一致；客体题元由不带前置词的第四格表示；受自身语义限制，无法发生主客体换位。

Черная смородина содержит **большое количество витамина**. 黑豆包含大量的维生素。

Справочник содержит **много интересного**. 手册上有许多有意思的事。

зависеть（取决于）：$N_1 Vf < $ от $ > N_2$

单客体动词；客体题元语义角色为导事；客体题元词为具体事物或抽象的行为、事件、特征、状态等，在次语义属性上，大多数情况下需要与主体题元保持一致；客体题元由"前—名"结构 $<$ от $> N_2$ 表示；受自身与语义限制，无法发生主客体句法位置换。

Наша судьба зависит **от случая**. 我们的命运取决于机遇。

Цвет зависит **от сорта**, но прежде всего- от способа приготовления. 颜色由品种决定，但首先还是取决于烹饪方式。

отождествиться（等同于）：$N_1 Vf < $ с $ > N_5$

单客体动词；客体题元语义角色为比事；客体题元词为具体事物或抽象的行为、事件、特征、状态等，在次语义属性上需要与主体题元保持一致；客体题元由"前—名"结构 $<$ с $> N_5$ 表示；比较关系中，只有等同关系可以发生主客体换位，角色配位迁移后主客体之间的关系不变，改变的仅是句子的交际意义以及说话人关注的焦点，此外，作为相互关系中的一种，等同关系动词题元结构中主客体题元可以发生题元合并，即主客体合并为一个题元共同占据主语位，此时主客体题元的交际地位再无主次之分。

В темноте шаровая молния отождествилась **с летающей тарелкой**. 在黑暗之中球形闪电好似飞行的盘子。

В моём сознании **эти образы** отождествились. 在我的意识中这些形象重合在了一起。

本章小结

本章选取实体行为动词、心智行为动词、情感行为动词、关系意义动词中较为典型的次范畴语义类分析对象，对动词语义类别的客体题元展开了层级化研究。我们首先从语义内涵界定、语义特征分析着手，对各语义类别动词加以阐释；其次，对各语义类别动词的客体题元层级关系进行分析和描述；最后，针对各语义类别中的次语义类动词典型和实例展开客体题元层级的逐级分析和刻画。

在概括题元层级上，实体行为动词次类众多、语义丰富，包含各种单客体、双客体以及多客体动词。心智行为动词、关系意义动词则以单客体动词为主，个别次类为双客体动词。至于情感行为动词则结构较为单一，感情反应与感情态度动词均为单客体动词。

在语义角色层级上，实体行为动词的客体题元表现得最为丰富，受事、成事、与事、对事、位事、客事、工具、材料等可能成为其客体。心智行为动词客体题元的语义角色表现也较为丰富，相关语义角色主要包括内容、对事、准对事、范围等。情感行为动词客体题元的语义角色表现相对单一，客体题元为原因或诱因。关系意义动词的客体题元由于语义过于抽象，难以归入具体的语义角色，可以将其统称为系事，在具体的语义配价结构中可以将其细化为比事、类事、止事等。

在次语义属性层级上，实体行为动词的客体题元多为具体事物，内部/外部、整体/局部、可让渡/不可让渡、可运作/不可运作等对立范畴涉及的也主要是该类动词。心智行为动词客体题元大多具有抽象性，部分甚至具有一定的命题性质，由从句形式表达。情感行为动词的客体题元也具有抽象性质，其中感情反应动词的客体题元词表示抽象事件，感情态度动词的客体题元词则相对较为自由，事件、特征、性质或具体的人、物均可充当客体题元词。关系意义动词客体题元的表现较为特殊，在次语义属性上需要与主体题元保持一致，或均为具体的人或事物，或均具有抽象性质。

在论元形式层级上，实体行为动词客体题元最为典型的表达式为不带前置词的第四格形式。由于实体行为动词客体题元语义内涵丰富，其论元形式也各有不同，与事客体通常由第三格形式表达，工具、材料客体通常由第五格形式表达，位事客体通常要借助"前—名"结构表达等。心智行为动词客体题元首选表达式为从句形式，揭示主体思考或言语表达的具体内容。其中决断动词与意愿动词的客体题元常由动词不定式表达，选择动词与判定动词的客体题元由不带前置词的第四格形式表达。情感行为动词的客体题元则要看动词所属的次类。其中，感情态度动词的客体题元表达式为不带前置词的第四格形式，感情反应动词则要分使役与非使役两种情况，前者的客体题元占据主体位，采用第一格形式，后者采用第三格、第五格等间接格形式表达。关系意义动词的客体题元主要采取不带前置词的第四格形式，一些情况下也可能出现间接格或"前—名"结构。

在角色配位层级上，许多实体行为动词拥有多种角色配位，不同的角色配位之间往往具有一定语义上的差异。尤其是对于表示"缠绕""装载""保障""覆盖"等义的双客体结构来说，直接客体与间接客体的句法占位不同会导致谓词结构语义上的变化。心智行为动词中拥有多个角色配位的动词并不多见，部分意见动词、选择动词、判定动词拥有间接角色配位，且间接角色配位大多局限在该次类的部分成员上。情感行为动词则可以借助配价分裂突出情景中的表人客体，即所谓的归咎者。感情态度与感情反应动词均可以发生配价分裂，只不过前者发生在客体位上，后者发生在主体位上。关系意义动词在该层级上表现较为单一，除部分相互关系动词之外，均只有一种角色配位结构。

综上所述，在这四类动词中，实体行为动词的语义最为具体，次范畴语义类型最多，客体题元语义角色表现也最为丰富。其余三类动词均为抽象义动词，其中关系意义动词语义最为抽象，多表现为单客体结构，客体题元在语义角色与论元形式上表现较为单一，少有角色配位迁移的情况。心智行为动词以单客体结构为主，最突出的特点在于客体题元典型论元形式为动词不定式或从句形式，其中部分次类居于心智行为与实体行为动词之间，题元结构为双客体结构，具有直接与间接两种配位结构。情感行为动词的表现较为特殊，其中感情反应和感情态度动词的题元结构中包含客体题元，这两个次类中，动词客体题元的语义抽象程度以及句法位置均有所不同。

第 五 章

俄语多义动词客体题元的层级化分析

客体题元与动词多义之间存在千丝万缕的联系。动词语义衍变中，客体题元的语义、句法表现和语言语义特征发挥了重要作用，其不同层级的各种变化直接带来了动词多义语义关系的产生。一方面，客体题元的这些变化成为区分和描写多义动词不同义项的重要方面，以及考察动词多义语义衍生问题的重要分析参数；另一方面，动词多义的语义关系、动词多义义项成为分析和探讨客体题元层级化的重要载体和操作对象。本章将以运动义多义动词、言说义多义动词、感知义多义动词、分裂义多义动词的义项和语义关系为代表，对客体题元各个层级在动词语义衍变过程中的参数化功能和表现展开讨论。具体分析思路是：首先，分别对运动义、言说义、感知义和分裂义多义动词义位及其客体题元进行相关描述；其次，对不同类别动词多义义位关系下的客体题元层级展开总体化分析和描写，以形成对该类动词多义义位客体题元层级关系的总体认识；最后，分别选取四类动词中的典型多义动词为对象，在其多义义位关系中展开客体题元层级化分析的实证研究。

第一节 运动义多义动词客体题元层级化分析

一 运动义多义动词义位及其客体题元

运动动词（глагол движения）是实体行为动词的一个分支，描述人、动物或可以移动的物体在空间中的运动轨迹。运动动词是十分独特的一个词汇语义类别，对运动动词的界定有狭义和广义之分。狭义上，它主要包括 14 对不带前缀、无体对应形式的未完成体运动动词以及它们的派生词；广义上，"只要动词含有运动要素，不管该语义要素在词义结构中处于何

第五章 俄语多义动词客体题元的层级化分析

种位置,都是运动动词"①。广义上的运动动词包括击打动词、接触动词、移动动词、放置动词等。为凸显运动动词作为一个词汇语义类别的一体化特征,本书所研究的运动动词主要指狭义上的运动动词以及语义中运动义素占主导地位的动词。

从语义特征和语义配价结构出发,可以将运动动词大体上分为四个类别:(1)不强调运动方向的运动动词;(2)相对于起点的单向运动动词;(3)相对于终点的单向运动动词;(4)不同方向、无序运动动词②。其中(1)、(4)以单价动词为主,运动的方向或路径以副题元形式体现,(2)、(3)以单客体动词为主,运动的起点或终点被凸显。需要说明的一点是,跟随动词(гнаться/追逐,преследовать/跟随)均为二价动词,跟随的对象为跟事题元,为便于分析,将跟事题元视为相对的行为终点,并纳入(3)类别。

运动动词的客体题元主要是指位事题元,在次语义属性上位事题元的题元词为具体事物名词,表示物理上的各种具体空间位置,例如建筑物、街道、城市、国家、山脉、海洋、湖泊等,语义涵盖范围相对较广。在论元形式上,位事题元的表达形式丰富多变,主要以"前—名"结构为主,例如 <в/на/через> N_4、<к> N_3、<от/с/из/вокруг> N_2 等。运动动词的转义,尤其是具体/抽象范畴的语义变异非常积极,这一点在客体题元上得到了充分体现。当动词的目的意义被凸显时,客体题元次语义属性发生变化,介于位事与目的语义要素之间,下文将详加分析。

二 运动义多义动词义位客体题元层级关系

(一)运动义多义动词义位客体题元概括层级

题元数目变化有增价和减价之分,其中增价主要体现在(1)、(4)两个类别的运动动词中,随着动词语义变化,动词也随之由单价动词变为二价动词。例如,В футболе быстр не тот, кто *бежит* **стометровку** за тринадцать секунд③(能在三十秒内跑完一百米的人在足球比赛中并不算

---

① 蔡晖:《俄语运动动词的静态语义衍生》,《解放军外国语学院学报》2011 年第 6 期。

② Л. Г. Бабенко, И. М. Волчкова и др., *Толковый словарь русских глаголов: Идеографическое описание*, М.: АСТ-ПРЕСС КНИГА, 2009, стр. 27–71.

③ 本章为了清晰地显示出动词多义语义与客体题元层级表现之间的关系,将用斜体和加粗字体分别对俄语多义动词和客体题元加以凸显。

速度快的），Они *осели* **на севере** Галлии, закрепились и оттуда в XI веке завоевали Англию（他们在高卢北部定居，在此设防，并于 11 世纪占领了英格兰），Я *тону* **в делах**（我陷入了诸多事务中），Все *плавали* **в блаженстве**（大家都沉浸在幸福中），Когда отец был здоров, они *ползали* **перед ним** по земле（当父亲的身体还健朗时，他们对他卑躬屈膝），Люблю открытое кино, когда человек судит о фильме, исходя из собственных представлений о жизни, а не *идёт* **за предложенными ему формулировками**（我钟爱开放式电影，人们能够根据自己的生活阅历对它进行判断，而不是受制于电影本身蕴含的思维定式），Но я ещё не созрел для того, чтобы совсем бросить пить и *разойтись* **с ней**（然而我还没成熟到能够彻底戒酒并同她断绝关系），Перестань срамиться, тебе ль **с ним** *возиться*（得了，别出丑了，难道你是他的对手），Я *дрожал* **перед ним**, как кролик перед удавом（我害怕他，就像兔子见到蛇一样），Поэтому мы — и только мы — *трясёмся* **за свою копеечную жизнь**（因此我们，也只有我们，爱惜自己廉价的生命）。增加的客体题元可以为原本处于情景背景的位事，也可以为受事甚至是感事，此时动词的语义应作抽象化解读。

减价主要体现在（2）、（3）两个类别的运动动词中，随着动词语义衍变，动词也随之由二价动词变为单价动词，相对于增价来说较为少见。例如，На её глазах *выступили* крупные слёзы（她的眼眶里滚出了大颗大颗的泪珠），Книга *выйдет* на будущей неделе（书将在下周出版），Пятна сразу *отошли*, затерлись（污点立刻消失了，被擦掉了），Деньги *уплыли*（钱花完了），Любовь *придёт* — сейчас слишком рано（爱情总会来的，现在还为时尚早），Помидоры *дошли* на солнце（西红柿已经晒熟了），*Вскочил* прыщ（突然生了个疖子），*Набежали* слёзы（眼泪流了出来），Луна *поднялась* высоко（月亮高高地升起来了）。这种情况下动词多表示存在或消失的意义，运动的起点或终点不再居于情景的核心。

（二）运动义多义动词义位客体题元语义角色层级

运动动词在发生语义变异时，极为常见的一种模式就是丧失其动态意义，转而表示静态关系或状态。"从词义聚合体的结构来看，很多静态动词其实是运动动词的语义派生词。"① 运动动词表示静态意义意味着它转义后进入了其他的动词词汇语义类别，客体题元的语义角色也相应地发生了变化。客体题元语义角色变化主要在动词转义表示关系、心智两种意义时表现得尤为突出。

运动动词可以表示方位、因果、包含、相似等各种关系意义。例如，Как же они *уберутся* **в такую коробку**（怎么可能把它们都放进这样的盒子里），Столько вещей **в чемодан** не *влезет*（这么多东西行李箱里可放不下），Теперь и мы *приблизились* **к западным стандартам**（现在我们也快达到西方的标准了），Вышитый воротничок *подойдёт* **к платью**（绣花的领子与连衣裙十分相配），В древности подобная «хоровая музыка» не раз *нагоняла* **страх** на врагов（古时候类似的"合唱乐曲"不止一次引起了敌人的恐慌），Дом *отошёл* **к племяннику**（房子已经归侄子所有了）。在表示方位关系的句子中，客体题元为位事②；在表示比较关系的句子中，客体题元为比事；在表示相似关系的句子中，客体题元为类事；在表示因果关系的句子中，客体题元为因事或终事；在表示所属关系的句子中，客体题元为属事。

许多运动动词能够转义表示各种思维活动、情感反应。在个别动词的情景结构中，甚至可以将思维或情感当作一种可以脱离人独立存在的事物来进行描写，此时运动动词接近于感知动词，而思维即为所感知的事物。此类句子的语义角色难以判定，主语与谓词结合成一个述谓单位，类似于成语性结构。从逻辑语义上讲，人在句子中为知事或品事，客体题元则是思考的内容（содержание）或主题（тема）。例如，Мне никто этого не говорил, и *дошёл* **до всего** я сам（谁也没有同我说过这件事，我是自己领悟到所有这一切的），Наконец *добрались* **до истины**（终于弄清了真相），Владик *вылез* **с бестактным вопросом**（弗拉季克冒失地提了一个没有分寸的问题），Никто его не спрашивал, он сам *выскочил* **со своим неудачным советом**（谁也没有问他，是他自己说出了他那不甚高明的主

---

① 蔡晖：《俄语运动动词的静态语义衍生》，《解放军外国语学院学报》2011年第6期。
② 此处所谓的"位事"与作为运动动词客体题元典型语义角色的位事不能混为一谈，前者是系事的一种，表示的是一种静态关系，后者是与系事并列的一种语义角色，表示的是运动的起点、终点或方向。

意）。

转义表示情感反应时，主体题元为施感者，客体题元为受感者。例如，Он так ласково *подъехал* **к своей тётушке**, что она дала ему денег на покупку велосипеда（他那样温存地讨得了姑母的欢心，因而姑母给了他买自行车的钱）。转义表示情感态度时，主体题元为感事，客体题元为原因—对事。例如，Тогда я был нищий студент и *трясся* **над каждой копейкой**（那时候我还是个穷学生，吝惜自己的每一分钱），Просто я устал *дрожать* **за свою шкуру** — как будет, так и будет（我只不过疲于为自己的小命担忧了，该来的就让它来吧）。但当情感状态占据主语位时，感事题元可能以位事或其他题元的形式体现出来，甚至有可能退居情景背景，在这种情况下，占据主语位置的客体题元为情感内容。例如，**Любовь** *сошла* в его грудь（一种爱慕的感情在他心中油然而生），Но вот **улыбка** *соскользнула* с лица, снова морщина свела брови, губы плотно сжались（但是那笑意一闪而过，她又皱起了眉头，咬紧了双唇），В сердце матери *вползла* **тревога**（一阵忧虑不安的情绪涌上母亲的心头）。

（三）运动义多义动词义位客体题元次语义属性层级

次语义属性是审视动词转义现象的一项独特指标，尤其是具体→抽象模式的语义衍生几乎渗透进每个次类的实体行为动词之中。作为实体行为动词的一个典型分支，许多运动动词都可以借由该模式向抽象意义过渡，而这种过渡必然会在客体题元上有所体现。

（2）类运动动词核心语义为"离开某地，从某地出发"，语义抽象化后可以用来表示"脱离，退出，停止从事某项活动，停止发挥功能"等义。此时，客体题元词具有一定的特定活动意义，一般为组织机构名称、活动名称或以典型活动地点代指该项活动。例如，Они *выпали* **из игры**（他们退出了比赛），Я несколько *отдалился* **от темы**（我有些离题了），Грин получил травму ноги, *выбыл* **из строя**（格林腿部受了伤，退伍了），Он *удалился* **от должности**（他辞职了），Самое большое, на что я способен, — *сбежать* **с работы** и пойти в кино на дневной сеанс（我能做的最了不得的事儿就是翘班去看日场电影），Когда я *сошёл* **с больших экранов**, журналисты меня какое-то время доставали, пытались развести на скандал — не получилось（当我从大银幕上隐退之后，有段时间记者们让我非常厌倦，他们试图制造丑闻，不过最终并没有成功），

Аня решила *уйти* **из института** и поступить работать на фабрику（阿尼娅决定从大学退学进工厂工作）。

运动动词（2）还可能进一步抽象化，表示"摆脱，摒弃"，客体题元彻底丧失空间意义，题元词为思维、情感、状态等各种抽象事物。例如，Мы должны ему помочь *вылезти* **из беды**（我们应该帮助他脱离困境），Трудно было *отойти* **от традиционного взгляда**（很难摆脱传统观点的桎梏），Хочется *убежать* подальше **от домашних забот**（想要从这些家庭琐事中逃离），Здесь следует *оттолкнуться* **от целей**, которые указаны в нашем уставе（这里应该摒弃我们章程条例中制定的那些目标），А молодёжь перестанет бухать на улицах, да и вообще алкоголь у студентов начнёт *выходить* **из моды**（年轻人将不会在大街上横冲直撞，并且酒精在学生群体中将不再受欢迎）。

（3）类运动动词核心语义为"到达，抵达"，语义抽象化后，到达的目的地不再是物理上的空间，而是各种抽象意义上的空间，即思维、意识、心理等方面的空间。例如，**К этой теме** мы ещё *вернёмся*（我们还会重新回到这个问题上来的），И моя жизнь пошла в разные стороны, и я *докатился* **до тюрьмы** и сумы и много путешествовал（我的生活走向发生了彻底的转变，沦落到了坐牢、乞讨为生、四处为家的地步），Развитие современной техники *достигло* **высшего уровня**（现代科技的发展已经达到了一个相当高的水平），Эти слова *дошли* **до моего сердца**（这些话语触动了我的内心），Специалисты нашей фирмы со всей ответственностью *подошли* **к изучению Вашего предложения**（我们公司的专家们开始非常尽职地着手研究你们的提案），И зачем ты *влез* **в эту историю**（你为什么要介入这个事件），Арабы *поднялись* **на борьбу** с колониализмом（阿拉伯人奋起反抗殖民主义）。

（1）、（4）类运动动词在增价的前提下也能发生类似的语义抽象化。例如，Ибо студенты *шли* **на этот факультет** сами и были готовы к великой и трудной работе（因为所有的学生都是自己选择了这个专业，都已经做好了投身崇高且艰巨工作的准备），Но все эти мелкие огорчения от службы *тонули* **в счастье**, происходившем от любви его к Настеньке（然而，所有这些微不足道的由工作带来的不快都淹没在对娜丝佳的爱带给他的幸福之中），У меня сестры, **через их счастье** я не *могу переступить*（我有姐妹，我不能不顾她们的幸福），Она *лезет* **в их жизнь**（她总是干预他们的生活）。

除具体→抽象外，非人→人也是一种非常积极的次语义属性迁移模式。在运动动词语义类别中，该模式主要体现在类别（2）中。该类别运动动词可以通过将客体题元词转化为表人名词，发生语义抽象化，表示"疏远，断绝关系"义。例如，К этому времени он уже *отдалился* **от президента**（此时他已经疏远了总统），Все *отступили* **от него**（大家都不与他来往了），Быков в последнее время *отошёл* **от политики** и занялся исключительно бизнесом（贝科夫最近一段时间远离了政治生活，专心从事商业活动），Я не понимаю таких женщин, которые готовы *убежать* **от мужа**, едва их поманят пальцем（我不能理解那些只要别人勾下手指就抛弃自己丈夫的女人），Я не допускал мысли, что можно *отшатнуться* **от женщины**, которую я накануне целова（我连想都不敢想自己能够与前一天刚刚亲吻的女人断绝往来），Я *удалился* **от женщин и ядов**. *Удалился* и **от злых людей**（我远离女人和毒药，远离那些恶人）。

（3）类运动动词客体题元词也可能为表人名词，语义多为"与某人关系密切"等正面意义。例如，Хочу **к нему** *подкатиться* насчёт займа（我想为了借款的事去巴结巴结他），Журналисту удалось *подойти* даже **к капризной актрисе**（记者甚至成功地接近了这个爱耍脾气的女演员），Как ты *обращаешься* **со старшими**（你怎么能这样对待老人），Он не знал, как *подъехать* **к девушке**（他不知道用什么办法去讨好姑娘）。

（四）运动义多义动词义位客体题元论元形式层级

多数情况下，论元形式变化都是题元数目、语义角色、次语义属性、角色配位变化导致的结果，例如上文中提到的增价必然会导致客体题元论元形式的变化。纯粹的论元形式变化并不多见，但在一些结构中，论元形式的变化是整个谓词结构语义衍变的主要标志。例如，Чего ты **ко мне** *лезешь*（你干吗缠着我）（<в/на>N_4→<к>N_3），Александр отказался *следовать* **русскому обычаю**（亚历山大拒绝遵循俄罗斯的风俗习惯）（<за>N_5→N_3），Он *выехал* **на неосведомленности собеседника**（他钻了对话者不了解情况的空子）（<из>N_2→<на>N_6），Но полковнику было не до солнечных ванн, он *выступил* **с краткой речью**（然而上校没有时间去做日光浴,他作了简短的汇报发言)(<из>N_2→<c>N_5),A в Америке она 4 года. Замуж там *вышла* **за одессита**(她在美国待了四年,在那里她嫁了个敖德萨人)(<из>N_2→<за>N_4),Она *отступит* только **перед риском**(只有面临风险时她才会退缩)(<от>N_2→<перед>N_5),Гимназия *отошла* **под казармы**(中学被当作营房用了)(<от>N_2→<под>N_4),Он *сошёл* **за настоящего актёра**(他被当成了真正的演员)(<c>N_2→<за>N_4),Деревья *убрались* **инеем**(树木披上了银装)(<из>N_2→N_5),Он ещё не умеет *обращаться* **с пистолетом**(他还不会使用手枪)(<к>N_3→<c>N_5)。

(五)运动义多义动词义位客体题元角色配位层级

角色配位作为整个客体题元层级化架构中至关重要的一环,在多义动词语义描写的过程中显得尤为关键。可以说,角色配位层级贯穿着多义词客体题元层级化分析的始终。上文提到的增价与减价正是情景结构中前景、背景相互切换的结果。此外,运动动词转化为心智行为或情感行为动词时,感情状态或思维内容能够占据主语位置,而原本的主体退居客体位,甚至可能不出现在表层句法结构中,这正是角色配位对句法结构调控功能的体现。在很多情况下,论元形式的变化在根源上正是角色配位迁移带来的结果。

(1)、(4)两类动词原则上均为单价动词,运动的起点、终点、路径等居于情景背景之中。通过增价,以上这些情景构成要素都可能上升到表层句法结构中,主要以位事的形式充实谓词结构,并由此改变其语义。例如,Французская пехота *тонула* **в грязи**(一个法国步兵陷入泥里),Те, кого вызвали, застегивают бушлаты на все пуговицы, *шагают* **через порог** и исчезают навсегда(那些被点到名的人扣上短呢衣所有的扣子,跨过门槛,永远地消失了),Городок *плавал* **в предрассветной серой дымке**(小镇笼罩在黎明前灰色的烟雾中),Такие поэты сейчас тоже *идут* **в партию** «Единая Россия»(那些诗人现在也加入了"统一俄罗斯"党),Тропинка *ползла* **на гору**(小径蜿蜒曲折通往山上),Нередко *вращались* **в этом кругу** и местные художники, артисты драматического театра и, конечно же, вездесущие журналисты(时常往来于这个圈子的有当地的艺术家、话剧院的演员,当然,还有无处不在的记者)。

(2)、(3) 两类运动动词均为二价动词，属于单客体结构。上文提到的这两类动词减价变为一价动词的情况实际上是通过角色配位变化实现的，即运动的起点或终点退居情景背景，不再出现在表层句法结构中，整个谓词结构增加了"存在/消失"的意义。此外，许多(2)类运动动词能够表达"时间流逝"的意义，该义的实现也是通过运动起点退居背景实现的。例如，Ночь *уйдёт* и даст место светлому дню（黑夜即将过去，白昼即将来临），*Улетело* счастливое время（幸福的时光消逝了），*Умчалась* юность（青春时光转瞬即逝），Годы *унеслись*（几年过去了），Ночь *уплыла* с восходом солнца（随着太阳升起，夜晚过去了）。相对地，(3) 类运动动词能够表达"降临，到来"的意义，此时运动终点退居情景背景。例如，*Подступила* осень（秋天来临了），Скоро *подойдёт* август（很快就到八月了），*Приблизилась* пора дождей（雨季到来了），Незаметно *подкралась* зима（不知不觉到了冬天），Сроки *придвинулись*（期限临近了），*Пришло* время обедать（到了吃午餐的时间）。

除增减价的情况外，情景结构构成要素可能在前景、背景之间相互切换。(2) 类运动动词语义结构中被凸显的是运动的起点，此情景要素可能被切换到情景背景中，而原本处于情景背景的运动终点进入到前景。此时谓词结构也要发生语义变异，由"不再处于某一位置"变为"开始处于某一位置"。例如，Мы *выехали* **в этот прекрасный старинный русский город**（我们来到了这个美丽而又古老的俄罗斯城市），Через год, в ноябре, я снова *вылетела* **в Аргентину**（隔年十一月，我又来到了阿根廷），Я *выскочил* **в фойе** и увидел Таню（我急忙跑到了休息室，在那里我见到了塔尼亚），Приходилось торопиться с едой, чтобы отдохнуть немного, а на заре снова *выступить* **в путь**（为了能稍事休息，他们不得不狼吞虎咽，因为黎明就又要动身上路），Я помню, как я с этим ощущением странной новизны *вышла* **в коридор**（我记得当时自己怀着奇异的新鲜感来到了走廊上），Конь *ушёл* **в воду** по шею（马进入水中后，水没过了它的脖子），Я боялась даже, что не *выберусь* **в театр**（我甚至担心会没有机会看剧），Потом мальчику дали тяжёлый топор, велели ему *слезть* **в подвал** и разбивать там лёд（之后有人给了男孩一把沉重的斧子，并吩咐他下到地窖去，把冰敲碎），— Что может стрястись с кавалером за те пять минут, когда дама *удалилась* **в туалет**（女士离开

去洗手间的五分钟里，男伴会遇到什么事）。此时如果位事题元词的次语义属性发生迁移，导致整个谓词结构语义抽象化，那么位事客体可能转变为成事或转事客体。例如，Простой мужик, плотник по профессии, нежданно-негаданно *выскочил* **в художники**（平平无奇的男人，一个木匠，出乎意料地成了一名艺术家），Эта "помощь" *вылилась* **в экономическое закабаление**（这种"援助"变成了经济上的奴役）。

以上分析厘清了运动义多义动词义位关系下的客体题元层级关系，下面选取其中的典型多义动词 идти, выйти, прийти 为对象，分别对其多义义位中的客体题元层级结构展开具体分析。

三 运动义多义动词义位客体题元层级结构分析

（一）идти 多义语义变化的客体题元层级结构分析

（1）动词 идти 基本意义为"走，步行"（N₁Vf）。此时，它原则上为单价动词，语义配价结构中客体缺位。例如，Солдаты идут гуськом（战士们鱼贯而入）。下文对 идти 多义义项中客体题元的表现作层级化分析。

（2）去，动身，出发（N₁Vf <в/на> N₄/ <к> N₃）。此时，动词的语义配价结构为单客体结构；客体的语义角色为位事；位事为具体的空间、处所，行为意义相当于 пойти（走去，前往）；位事由"前—名"结构 <в/на> N₄ 或 <к> N₃ 表达；原本处于情景背景的行为终点被提到了关注的焦点，整个谓词结构的语义也发生了变化。例如，Когда он болел, мама сидела рядом на стуле до утра, а утром шла **на работу**（他生病的时候，妈妈在旁边的椅子上一直坐到早上，然后再去上班）。

（3）前进，发展（N₁Vf <в/на> N₄/ <к> N₃）。此时，动词的语义配价结构为单客体结构；客体的语义角色为转事；转事为抽象的既定目标；客体题元由"前—名"结构 <в/на> N₄ 或 <к> N₃ 来表达；行为的终点被提到了前景，且伴随有具体→抽象次语义属性迁移。例如，Всё идёт **к лучшему**（一切都会变好的）。

（4）加入，进入，去当，去做……样的人，成为……人（N₁Vf <в> N₄）。此时，动词的语义配价结构为单客体结构；客体的语义角色为位事—目的或成事；客体为组织、机构或具有特定职业、技能的某一类人；客体题元由"前—名"结构 <в> N₄ 来表达；行为终点被提到前景，且伴随有具体→抽象、非人→人的次语义属性迁移。例如，Юноши шли **в солдаты**，девушки выходили замуж за местных парней（男孩子们去当兵了，而女孩子们嫁给了当地的小伙子），Молодежь идёт **в науку** неохотно, особенно в мегаполисах（年轻人投身科研工作实非所愿，尤其在大城市更是如此）。

（5）跟随，追随（$N_1 Vf <$ за $> N_5$）。此时，动词的语义配价结构为单客体结构；客体的语义角色为跟事；跟事为人或其他有生客体；客体题元由"前一名"结构 $<$ за $> N_5$来表达；行为终点被提到前景，谓词转变为跟随动词，并获得了相应的论元结构。例如，Другие шли **за ним** безропотно（其他人毫无怨言地跟在他身后）。

（6）（烟、气等）冒出，散发出；（液体）流出；（声音、流言、消息等）传出，流传（$N_1 Vf <$ от/из $> N_2$）。此时，动词的语义配价结构为单客体结构；当行为表示烟、气味、液体、声音扩散出来的时候，客体题元为来源，表示主体的源头，主体转变为行事；客体题元为人或具体事物；客体题元由"前一名"结构 $<$ от/из $> N_2$来表达；行为起点被提到前景，谓词整个情景结构都发生了变化。例如，**Из трубы** идёт дым（烟囱里冒出了烟）。

（7）穿过，伸展（$N_1 Vf <$ в/на/через $> N_4$）。此时，动词的语义配价结构为单客体结构；客体的语义角色为位事；客体为具体的物理空间、处所、方位；客体题元由"前一名"结构 $<$ в/на/через $> N_4$来表达；行为终点或路径被提到前景，且谓词转变为关系动词，丧失其运动意义。例如，Улица идёт **через весь город**（街道贯穿了整个城市）。

（8）用于，用作，花费，花去（$N_1 Vf <$ в/на/под $> N_4$）。此时，动词的语义配价结构为单客体结构；客体的语义角色为用途；用途语义覆盖范围较广，可以是具体事物，也可以是抽象概念；客体题元由"前一名"结构 $<$ в/на/под $> N_4$来表达；行为的用途语义要素被凸显，且谓词丧失其运动意义。例如，Ягоды идут **на варенье**（浆果被用来做果酱），Масса времени идёт **на подготовку** к работе（大量的时间都用在准备工作上）。

（9）适合，适宜（$N_1 Vf <$ к $> N_3$）。此时，动词的语义配价结构为单客体结构；客体的语义角色为比事；客体为人；客体题元由"前一名"结构 $<$ к $> N_3$来表达；谓词转变为比较关系动词，且丧失其运动意义。例如，Шляпа **тебе** не идёт（这项帽子不适合你）。

(10)（谈话、争论的）内容是……（N₁Vf＜o＞N₆）。此时，动词的语义配价结构为单客体结构；客体的语义角色为内容；内容为抽象概念；内容由"前—名"结构＜o＞N₆来表达；谓词表示言语或思维的内容，且丧失其运动意义。例如，Речь идёт **о правильном использовании оборудования**（我们讨论的是设备正确使用的问题）。

(11)（容易地穿、打、钉）进去（N₁Vf＜в/на＞N₄）。此时，动词的语义配价结构为单客体结构；客体的语义角色为止事（起止关系事件客体）；止事为具体事物；客体题元由"前—名"结构＜в/на＞N₄来表达；行为终点被提到了前景，且谓词丧失其运动意义，转变为关系动词。例如，Гвоздь легко идёт **в доску**（钉子很轻易地就钉进了木板里）。

(12) 出（牌），走（棋）（N₁Vf＜с＞N₂/N₅）。此时，动词的语义配价结构为单客体结构；客体的语义角色为受事或受事—方式；客体为扑克牌或棋子；客体题元由"前—名"结构＜с＞N₂或第五格来表达；谓词新增语义角色受事，语义上接近于移动动词。例如，Другая прямо говорит: иди **с козыря**（另一个人直接说道，"先出王牌"）。

(13) 同意，准备做（N₁Vf＜на＞N₄）。此时，动词的语义配价结构为单客体结构；客体的语义角色为从事；客体为抽象行为；客体题元由"前—名"结构＜на＞N₄来表达；行为目的语义要素被凸显，且谓词语义抽象化。例如，Они идут **на переговоры**（他们同意进行谈判）。

(14) 出嫁（N₁Vf＜за＞N₄）。此时，动词的语义配价结构为单客体结构；客体的语义角色为对事；客体为人；客体题元由"前—名"结构＜за＞N₄来表达；新增语义角色对事，谓词语义抽象化。例如，Их вынуждают идти замуж **за нелюбимых**（她们被强迫嫁给了自己不爱的人）。

归纳起来，运动动词 идти 发生转义后的各个义项均体现出客体题元数目变化，且均为增价；(3)、(4)、(5)、(6)、(7)、(8)、(9)、(10)、(11)、(12)、(13)、(14) 体现出语义角色的变异；(3)、(4)、(5)、(8)、(9)、(10)、(12)、(13)、(14) 体现出次语义属性的变化；(5)、(6)、(10)、(12)、(14) 体现出论元形式的变化；而角色配位的变化体现在 (2)、(3)、(4)、(5)、(6)、(7)、(11) 之中。

（二）выйти 多义语义变化的客体题元层级结构分析

（1）выйти 基本动作意义为"走出，出来，出去"（N₁ Vf < из > N₂）。此时，动词的语义配价结构为单客体结构；客体的语义角色为位事；位事为具体的空间、处所；位事由"前—名"结构 < из > N₂来表达。例如，Когда я вышла **из кабинета**, меня тут же окружили сотрудницы（一从办公室里走出来，我马上就被女同事包围了）。下文对 выйти 多义义项中客体题元的表现作层级化分析。

（2）脱离，退出，不再参与（N₁ Vf < из > N₂）。此时，动词的语义配价结构为单客体结构；客体的语义角色为离事；离事为具体的组织机构或抽象的活动；离事由"前—名"结构 < из > N₂来表达；谓词语义抽象化，客体题元次语义属性迁移。例如，Я заплакала и быстро вышла **из игры**（我哭了出来，并马上退出了比赛）。

（3）走到，来到，出现在（N₁ Vf < в/на > N₄）。此时，动词的语义配价结构为单客体结构；客体的语义角色为位事；位事为具体的空间、处所；位事由"前—名"结构 < в/на > N₄来表达；运动的起点退居背景，原本处于背景的终点被提升至前景，成为关注焦点。例如，Он вышел **на сцену** под гром аплодисментов（他在雷鸣般的掌声中走上了舞台）。

（4）（苗）破土，抽芽（N₁ Vf）。此时，动词为单价动词，语义配价结构中客体缺位，运动的起点退居背景。例如，Уже вышла зелёная травка（小绿草已经长出来了）。

（5）脱离，摆脱，不再处于（N₁ Vf < из/из-под > N₂）。此时，动词的语义配价结构为单客体结构；客体的语义角色为离事；离事为抽象的状态；离事由"前—名"结构 < из/из-под > N₂来表达；谓词语义抽象化，客体题元次语义属性迁移。例如，Я вышла **из затруднения**, постелив на стол белоснежную канвовую простыню（我摆脱了困境，给桌子铺上了雪白的十字刺绣桌布）。

（6）达成，开始处于，成为（N₁ Vf < в/на > N₄/N₅）。此时，动词的语义配价结构为单客体结构；客体的语义角色为位事—目的或成事；客体题元为抽象的概念或特定的某一类人；位事由"前—名"结构 < в/на > N₄来表达；运动的起点退居背景，行为目的成为关注的焦点，且谓词语义抽象化，客体题元次语义属性迁移。例如，Он вышел **победителем** в соревнованиях（他成了比赛的胜利者）。此时，成事可能占据主语位，

第五章　俄语多义动词客体题元的层级化分析　　239

主体被下放到客体题元位置，从而进一步提升至成事的交际地位。例如，Из него вышел **хороший разведчик**（他成了一个出色的侦察兵）。

（7）结果是……（N₁VfAdj₅）。此时，动词的语义配价结构为单客体结构；客体的语义角色为评事；客体题元为带有评价意义的特征；客体题元由形容词第五格形式来表达；运动的起点退居背景，谓词语义抽象化，客体题元次语义属性迁移。例如，Статья вышла **удачной**（文章获得了成功）。

（8）出版，发行（N₁Vf）。此时，动词为单价动词，语义配价结构中客体缺位，运动的起点退居背景。例如，Вышел первый номер журнала（杂志的第一期出版发行了）。

（9）发生，产生（N₁Vf）。此时，动词为单价动词，语义配价结构中客体缺位，运动的起点退居背景。例如，Вышла неприятность（发生了不愉快的事）。

（10）出身于，来源于，起源于（N₁Vf＜из＞N₂）。此时，动词的语义配价结构为单客体结构；客体的语义角色为来源；来源为具体的空间处所或抽象的概念；位事由"前—名"结构＜из＞N₂来表达；谓词语义抽象化，客体题元次语义属性迁移。例如，Его учение вышло **из учения Фейербаха**（他的学说来自费尔巴哈）。

（11）用尽，花光，用完（N₁Vf）。此时，动词为单价动词，语义配价结构中客体缺位，运动的起点退居背景。例如，На продукты за месяц вышло триста рублей（一个月的食物花了三百卢布）。

（12）找到，接触到（N₁Vf＜на＞N₄）。此时，动词的语义配价结构为单客体结构；客体的语义角色为对事；对事为具体的组织结构或人；位事由"前—名"结构＜на＞N₄来表达；运动起点退居背景，且新增语义角色对事，行为丧失运动意义。例如，Мы вышли **на автора** письма（我们找到了写信人）。

（13）嫁给（N₁Vf＜за＞N₄）。此时，动词的语义配价结构为单客体结构；客体的语义角色为对事；客体为人；客体题元由"前—名"结构＜за＞N₄来表达；运动起点退居背景，且新增语义角色对事，行为丧失运动意义。例如，Оля тем временем собирается выйти замуж **за Колю**（奥利娅那个时候打算嫁给科利亚）。

归纳起来，运动动词 выйти 发生转义后的各个义项之中，（4）、(8)、

(9)、(11)体现出客体题元数目变化,且均为减价;(2)、(5)、(6)、(7)、(10)、(12)、(13)体现出语义角色的变异;(2)、(5)、(6)、(7)、(10)、(12)、(13)体现出次语义属性的变化;(3)、(6)、(7)、(12)、(13)体现出论元形式的变化;而角色配位的变化体现在(3)、(4)、(6)、(7)、(8)、(9)、(11)、(12)、(13)之中。

(三)прийти 多义语义变化的客体题元层级结构分析

(1)прийти 等到达意义动词的语义中包含目的义素,为了做某事(其中包括与某人接触)而到达某地。прийти 基本动作意义为"走来,来到"($N_1 Vf <в/на> N_4/ <к> N_3$)。此时,动词的语义配价结构为单客体结构;客体的语义角色为位事;位事为具体的空间、处所或人;位事由"前—名"结构$<в/на> N_4$或$<к> N_3$来表达。例如,Он часто приходит **к нам**(他常到我们这里来)。下文对прийти 多义义项中客体题元的表现作层级化分析。

(2)参加,加入,开始从事($N_1 Vf <в/на> N_4$)。此时,动词的语义配价结构为单客体结构;客体的语义角色为位事—目的;客体为组织机构、进行某种活动的典型地点或抽象的概念;客体题元由"前—名"结构$<в/на> N_4$来表达;谓词语义抽象化,客体题元次语义属性迁移。例如,И от того, что они читают, зависит, кто придёт завтра **в науку, культуру, экономику, политику**(未来他们是从事科研工作,还是进入文化、经济、政治类行业,取决于他们所阅读的东西)。

(3)(水、雾)迫近,逼近,到来($N_1 Vf$)。此时,动词语义配价结构中客体缺位;运动的终点退居情景背景,不再是关注的焦点。例如,С запада пришёл туман(从西面飘来了雾气)。

(4)延伸,通到($N_1 Vf <в/на> N_4/ <к> N_3$)。此时,动词的语义配价结构为单客体结构;客体的语义角色为位事;客体题元为具体的空间处所或方位;位事由"前—名"结构$<в/на> N_4$或$<к> N_3$来表达;谓词转化为关系动词,丧失其运动意义。例如,Тропа пришла **к дому**(小径通往家的方向)。

(5)(寄、运、送)来($N_1 Vf$)。此时,动词语义配价结构中客体缺位;运动的终点退居情景背景,不再是关注的焦点,说话人关注的是到来的状态本身。例如,Вчера пришла телеграмма(昨天到了一封电报)。

(6)到来,降临($N_1 Vf$)。此时,动词语义配价结构中客体缺位;运动的终点退居情景背景，不再是关注的焦点。例如，Час расставания пришёл（分离的时刻到了）。

（7）出现，产生（N₁Vf）。此时，动词语义配价结构中客体缺位；运动的终点退居情景背景，不再是关注的焦点。例如，Счастье пришло（幸福到来了）。

（8）感到，陷入（N₁Vf＜в＞N₄）。此时，动词的语义配价结构为单客体结构；客体题元与谓词融为一体，共同说明主体所处的某种情感状态，语义角色难以判定；客体题元为抽象的情感状态；对事由"前—名"结构＜в＞N₄来表达；谓词语义抽象化，客体题元次语义属性迁移。例如，Я надела легкомысленное платье на бретельках, и мой муж пришёл **в ужас**（我穿上了奇怪的带背带的连衣裙，我的丈夫吓坏了）。

（9）达到，达成，得出（N₁Vf＜к＞N₃）。此时，动词的语义配价结构为单客体结构；客体的语义角色为成事—位事；成事—位事为抽象的概念；成事—位事由"前—名"结构＜к＞N₃来表达；谓词语义抽象化，客体题元次语义属性迁移。例如，И надеюсь, что моя партия придёт **к власти** и реализует свою программу в интересах всего народа（我希望由我所在的党派执政，为了全体人民的利益实现自己的政治纲领）。

（10）遭受到，落到……头上（N₁Vf＜к＞N₃／＜на＞N₄）。此时，动词的语义配价结构为单客体结构；同（8）一样，客体题元与谓词语义融为一体，用以表明某种情景事件的实现，客体题元的语义角色难以判定；客体题元为抽象情景、事件等；客体题元由第一格来表达；谓词语义抽象化，客体题元次语义属性迁移。例如，Заводили иногда разговор о том, откуда **к нему** пришло богатство（有时会谈起他是如何发的财）。

归纳起来，运动动词 прийти 发生转义后的各个义项中，(3)、(5)、(6)、(7)体现出客体题元数目变化，且均为减价；(2)、(4)、(8)、(9)、(10)体现出语义角色的变异；(2)、(8)、(9)、(10)体现出次语义属性的变化；而角色配位的变化体现在(3)、(5)、(6)、(7)之中。

第二节　言说义多义动词客体题元层级化分析

一　言说义多义动词义位及其客体题元

言语动词（глагол говорения）是指称谓言语活动或言说行为过程的

一类动词。将此类动词视为一个独立词汇语义类别的语义依据是共同义素——言说或言语活动义素。该类别动词都是从不同的侧面（声音、信息、交际等）对言语概念进行描述。言语动词的核心词包括 говорить（说话），рассказывать（讲述），разговаривать（谈话）等。它们对言语活动过程进行描述，且并无任何其他附加义。

言语动词在各种语言中都得到了充分的关注，诸多学者对该类动词进行了研究①。尽管如此，对言语动词的界定还是存在一定的模糊性。义素"发出清晰的声音，产生口头的话语"是言语动词的共同语义特征，同时也是将该语义类别同其他语义类别区分开的语义标志。由于言语过程渗透进了人类其他活动的各个方面，因而，言语动词与大量其他词汇语义类别的动词有着密不可分的联系。例如，口头言语表达是思维和情感的主要表达方式，思维活动与言语活动都不能不依托于彼此而存在，因而言语动词与思维动词和情感动词紧密相关；口头言语是对他人施加影响的基本手段之一，因而言语动词与命令、心理影响动词紧密相关；口头言语必须借助声音，因而言语动词与声响动词也存在一定的关联性。以上这些不同类别动词之间的内在联系也为言语动词的语义衍生创造了条件，在语义衍生的过程中言语动词的客体题元也势必要发生相应的参数变化。

从言语动词的语义出发，可以将其分为发声言语动词、告知言语动词、交际言语动词、称谓言语动词、影响言语动词5 类②。不同类别言语动词的语义配价结构会有所不同。首先从客体数目上讲，发声言语动词中许多都属于无客体动词，例如，бредить（说胡话，呓语），заикаться（说话结巴），ругаться（骂人），заговорить（说起话来，开始说），орать（大声喊叫）等；交际言语动词则以单客体动词为主，例如，

---

① 参见 С. М. Антонова, *Глаголы говорения - динамическая модель языковой картины мира：опыт когнитивной интерпретации*, Гродно：ГрГУ, 2003；В. П. Бахтина, "К семантической характеристике глаголов речи в русском языке", в В. И. Собинникова, ред., *Материалы по русскому и славянскому языкознанию*, Воронеж：Изд-во Воронежского ун-та, 1963；Л. М. Васильев, "Семантические классы глаголов чувства, мысли и речи", в Л. М. Васильев, ред., *Очерки по семантике русского глагола*, Уфа：Изд-во Башкирского госуниверситета, 1971；М. Я. Гловинская, "Русские речевые акты и вид глагола", в Н. Д. Арутюнова, ред., *Логический анализ языка. Модели действия*, М.：Наука, 1992.

② Л. Г. Бабенко, И. М. Волчкова и др., *Толковый словарь русских глаголов：Идеографическое описание*, М.：АСТ-ПРЕСС КНИГА, 2009, стр. 349 – 380.

отозваться（回答，响应）、перекликнуться（彼此呼唤）、противоречить（反驳）、проститься（告别）、согласиться（赞同）、спорить（争论）等；而告知言语动词、称谓言语动词以及影响言语动词则以双客体动词为主，例如，сообщить（告知）、передать（转告）、назвать（称为，命名为）、отговорить（劝阻）、уговорить（说服）、приказать（命令，吩咐）等。从语义角色上来讲，言语动词客体题元涉及的语义角色主要包括内容、与事、对事、准从事、共事等。在次语义属性上，言语动词，作为心智行为动词的次类，其客体题元具有鲜明的抽象性。言语的内容多以"前—名"结构或命题的形式出现，而至于言语表达针对的对象则多为有生客体或国家、机关、组织、机构等。在论元结构上，言语动词客体题元表现得较为多样，不带前置词的第四格、"前—名"结构 <o> N_6、从属句形式都能够用来表达言语内容，而言语表达针对的对象则多以第三格形式表示。

二 言说义多义动词义位客体题元层级关系

（一）言说义多义动词义位客体题元概括层级

发声言语动词大多不强调言语内容，着重描述言说的过程、方式等方面，因此多为零客体结构。一些发声言语动词能够向心智、情感动词发生转义，此时动词的语义配价结构中会增加言语作用的对象。例如，После исторического полёта в космос 12 апреля 1961 года Юрия Гагарина все *бредили* **космонавтикой**（在1961年4月12日尤里·加加林具有历史意义的宇宙航行之后，所有人都痴迷于航天学），Неужели вы думаете, что я позволю вам *ругаться* **над моим другом**（难道你们认为，我会允许你们挖苦我的朋友），Так вот мы сидели в машине и нам было слышно как училка *орёт* **на детей**（我们坐在车里都能听到女教师怒斥孩子们的声音），Но тут же умолкла сразу и, сдержав себя, строго *выговорила* **обеим девушкам** за их самовольную отлучку（但是她立即沉默了下来，控制住了自己的情绪，严厉地斥责了两个姑娘的擅自离开）。

一些单客体告知言语动词与交际言语动词发生转义后，也会发生增价现象。例如，Художник *заявил* **себя как талантливый пейзажист**（这位画家声称自己是一位有才华的风景画家），Он *объявил* **себя командиром** дивизии и начал контрреволюционное выступление（他自封为师长，并

开始了反革命行动），На один миг они *огласили* **комнату криком** и снова замолкли（他们的叫喊声一瞬间充斥了整个房间，而后又归于平静），Пётр Первый *провозгласил* **себя императором** России（彼得一世宣布自己为俄国沙皇）。

单客体发声言语动词可能发生减价，变为零客体结构，转变为声响动词。例如，Чайник *бурчит*（茶壶里咕噜咕噜地响着），*Ропщет* бор（松林低声絮语），На дворе *шептал* мелкий дождик（外面细雨簌簌作响）。

单客体告知言语动词也可能发生减价，变为零客体结构，关注的焦点全部落在动词本身上。例如，Он недурно *болтает* по-французски（他法语说得不坏），Ребёнок ещё не *говорит*（孩子还不会说话）。

双客体告知言语动词、交际言语动词、称谓言语动词、影响言语动词均有可能发生减价，语义配价结构变为单客体结构。例如，Он за целый день не сделал ничего для того, чтобы *предупредить* **пожар**（他一整天没有做任何能够预防火灾的事情），В дверь постучали и *спросили* **Александра Ивановича**（有人上门来找亚历山大·伊万诺维奇），В отличие от многих людей я точно могу *назвать* **день**, когда почувствовала себя взрослой（与许多人不同，我能够准确地说出自己感觉已经长大成人的时刻），Директор *отговорил* **своё** и отошёл от витрины（经理说完自己要说的话，从橱窗旁走开了）。

（二）言说义多义动词义位客体题元语义角色层级

一些单客体发声言语动词转义表示"呵斥，斥责"义时，内容客体题元随之转变为准对事客体题元。例如，Она вошла в комнату с одеялом на руке, сердито *выговорила* **Катюше** за то, что она взяла не то одеяло（她走进房间，手上拿着毯子，生气地斥责喀秋莎拿错了毯子），Солдат *гаркнул* **на привставших в машине моих друзей**（战士立刻呵斥了在车上欠了欠身的我的朋友们）。

告知言语动词、交际言语动词与影响言语动词的转义相对来说要更为多样，语义角色的变化也更为复杂。不少言语动词都可以转义用作关系动词，客体语义角色也要随之发生变化。例如，Эта деталь полностью *отвечает* **предъявленным к ней требованиям**（这个零件完全合乎要求），Пользование этим словарём *предполагает* **знание** грамматики（使用这部辞典必须先具备语法知识），Обильная роса вечером *предсказала*

тепло и безветрие на следующий день（夜晚充沛的露水预示着第二天温暖且无风的天气），Землетрясение *объясняется* **разломом** земной коры（地震发生的原因是地壳断裂），Переутомление *отозвалось* **на здоровье**（过度疲劳影响了健康），Некоторые образы поэм Лермонтова *перекликаются* **с байроновскими**（莱蒙托夫长诗中的某些形象与拜伦创造的形象颇为相似）。笼统地说，客体语义角色都要变化为系事，具体说来，在不同的关系事件类型中，客体题元语义角色会有所不同，可为比事、导事、终事、因事、类事、止事等。

还有一些言语动词在发生语义衍生后，语义配价结构中会出现与事、对事等语义角色。例如，Горничная *огласила* **двор пронзительным криком**（侍女尖锐的喊叫声充斥了整个院子）（准对事，方式），Надо расставить силы таким образом, чтобы каждая группа рабочих *отвечала* **за работу**, за механизмы, за станки, за качество работы（必须合理分配人手，使每一班组工人都能对工作、器械、机床以及工作质量负责）（准对事），Он *посвятил* **этот роман своей жене**（他将这部小说献给了他的妻子）（准对事，与事），Самый лучший аргумент—*назвать* **аргументы оппонента «дебильными»**—и ничего доказывать не надо（最好的论据莫过于证明对方的论据是"愚蠢"的，不需要证明其他任何东西）（对事，评事）。

（三）言说义多义动词义位客体题元次语义属性层级

言语动词的客体题元多为言语内容，具有鲜明的抽象性，客体题元的题元词通常为话语、文本、思维、见解等能够通过口头形式表达出来的抽象事物。随着动词语义的衍变，言语动词客体题元的次语义属性也可能会随之发生迁移。

首先是非生客体→有生客体模式的迁移。通常情况下，言语动词不与有生客体连用，然而在发生转义之后许多该类动词都能以有生客体，尤其是人作为客体。在这种情况下，客体题元不仅要发生次语义属性迁移，语义角色也要发生变化。例如，До войны в массе своей девушки *бредили* **молодыми людьми** в военной форме, однако после войны их отношение резко изменилось（战前大多数女孩子都钟情于年轻军人，然而战后她们的态度却完全转变了），Целый день я бесновался: *орал* **на работников, на жену**, придирался ко всему（一整天我都在大发雷霆，怒斥工人们还有妻子，挑他们所有人的毛病），Власти Казахстана в тот же день *объявили* **преступника** последователем джихадизма（哈萨克斯坦政府当局于同日宣布，该犯人是圣战组织的一分子），Впрочем, приисковая работа требовала большой сноровки, и старики могли *ответить* **за молодых**（况且采矿工作需要纯熟的技巧，老员工们能够对新人负责任），Белинский первый *провозгласил* **Гоголя** гениальным художником（别林斯基是首个称果戈理为天才艺术家的人），Нижние чины *командовали* **над рабочими людьми**（下级官员时常对工人们发号施令）。动词发生转义后，行为对客体作用的方式也发生了改变，客体题元不仅要发生次语义属性迁移，语义角色也多变为对事或准对事。

其次是向其他次类的抽象事物迁移。言语动词发生转义后，客体题元词可能不再受到"能够通过口头形式表达出来"这一语义上的限制，从而使得客体题元次语义覆盖范围扩大。例如，Это был, как и сейчас, многополярный мир, где ни одно государство не могло *диктовать* **свою волю** другим（那时和现在一样是多极的世界，任何一个国家都不能把自己的意志强加于别国），Всё *говорило* **о вкусе** хозяйки дома（所有的一切都表明了房屋主人的品位），Отец *сообщил* сыну **интерес** к наукам（父亲把对科学的兴趣传给了儿子），Он не только учился, а ещё где-то работал, и это, конечно, *отозвалось* **на успеваемости**（他一边在学校上学，一边在外打工，这当然影响了他的学习成绩）。

甚至有些词的客体题元完全脱离原本所属的次范畴，由其他次类的抽象事物充当新语义配价结构中的客体。例如，На заводе *объявили* **бойкот**（厂里的抵制行动正式开始），Принц пообещал после выполнения работы *посвятить* **юного Пауэлла** в рыцари（王子许诺，在工作完成之后就封年轻的包威尔为骑士）。

（四）言说义多义动词义位客体题元论元形式层级

言语动词客体题元的常见论元形式为不带前置词的第四格、"前—名"结构 <о> N_6 或从句形式。在动词语义发生变化的前提下，随着语义角色或次语义属性的改变，客体题元的论元形式有时也会发生变化。其中比较典型的有"前—名"结构 <на> N_4。例如，Ни за что, ни про что он *накричал* **на меня**（他无缘无故地呵斥了我），Я *орала* **на неверного супруга**（我呵斥了不忠的丈夫），Они покажут расписку, будут *лгать* на меня（他们展示了收据，企图诬陷我）。

第五格形式以及包含第五格的"前—名"结构（<с/над>N₅）也常见于用于派生义言语动词的论元结构中。例如，В детстве Анжела *бредила* **лошадьми** и даже мечтала поступить в ветеринарный техникум, чтобы заниматься коневодством（在孩提时代，安吉拉就爱马成痴，甚至梦想进入兽医学校，专门研究养马学），Я ничего не понял в действительности и стал *ругаться* **над её нелепостью**（我实际上什么都没有明白，就开始挖苦她的荒谬），Попутчик *заговорил* **с ним**, но он всё молчал（旅伴想跟他攀谈，可是他却始终沉默不语），Игорь Северянин в конце жизни *шутил* **над своими глубокими морщинами** по лицу（伊戈尔·谢维里亚宁在临终的日子里还时常拿自己脸上深深的皱纹来开玩笑）。

语义衍生过程中出现的与事客体以及部分准对事客体要用第三格来表达。例如，Я не имею права *диктовать* **им** свою волю（我无权将自己的意志强加于他们），Я *выговорил* **ему** за то, что он распускает всякие вздорные слухи и вот напугал Александрину（由于他散布的各种无稽之谈吓到了亚历山德琳娜，我斥责了他）。

此外，部分言语动词在发生转义后，论元结构中会出现类似于位事的表达形式（<в>N₄/<на>N₄）。例如，Однажды Александр Маркович *накричал* **на жену**（有一天，亚历山大·马尔科维奇呵斥了自己的妻子），Все те, кто называют махновцев погромщиками, *лгут* **на них**（所有那些将马赫诺匪帮分子称为虐杀者的人都是在诬陷他们）。一些言语动词能够派生出"邀请，叫"的意义，增加的位事题元也由类似结构表达。例如，Его *требуют* **к телефону**（有电话找他），Вас *просят* **в контору**, там идёт правление（您需要去一趟管理处，那里正在进行管理委员会会议）。

（五）言说义多义动词义位客体题元角色配位层级

角色配位的变化在这5个层级之中变化方式最为多样，也最为复杂，句法位置的变化、交际层面关注焦点的变化都被纳入该层级中。首先，情景中必有参与者的数量，即题元数目上的变化就很可能会导致客体题元在情景前景与背景之间切换。对于增价的情形来说，原本处于情景背景的情景参与者进入情景前景，成了情景的必有参与者。不过受到语义衍生的影响，新增的客体题元不是作为言语内容，而是以对事、与事、共事等身份进入动词的语义配价结构。最典型的例子就是原本没有客体（零客体）的发声类言语动词转义后变为单客体动词。例如，Он и в камере всё время *бредит ею*（他在狱中也无时无刻不在疯狂地想念着她），Хотел *заговорить* **с ней**, но о чём заговорить, не знал и оттого не заговорил（他想要与她攀谈，却不知道该说什么，便作罢了）。还有一些告知或交际言语动词能够从单客体动词转变为双客体动词，从而使得原本处于情景背景的参与者进入前景，进入前景的参与者通常为评事或方式。例如，Совет Безопасности ООН *объявил* его **незаконным**（联合国安理会宣布它是不合法的），Все на минуту оцепенели, потом, единодушно *огласили* воздух **криком** изумления и восторга（所有人都呆了一下，而后，他们又惊又喜的呼喊声充斥在周遭的空气中），Но и *ответить* **ударом** на удар я не мог（但我做不到以牙还牙），Более того, многие государства, например Франция и Германия, *провозгласили* себя **социальными**（不仅如此，许多国家，例如法国和德国都宣布了自己的社会性）。

而对于减价的情况来说，则恰好相反，原本处于情景前景的参与者受到动词语义变化的影响而淡出情景前景，进入情景背景，交际地位下降。典型例子为单客体发声或告知言语动词变为零客体动词，原本的客体题元退居交际次要地位而隐现，在动词新的语义中它不再是关注的焦点。例如，В животе *бурчит*（肚子咕咕叫），Листва глухо *ропщет*（叶子发出低沉不清的声音），Ласково *шептало* море（大海轻柔地发出沙沙的声音）。还有一些双客体言语动词失去其中的一个客体题元，变为单客体动词，即其中一个客体题元由前景进入背景。例如，Считается даже, что орехи способны *предупредить* болезнь Паркинсона（有人甚至认为，坚果能够预防帕金森病），С кого надо *спросить* за это（这件事应当由谁负责），Лиза затрясла головой, пытаясь *назвать* цену, и наконец показала два пальца（丽莎晃晃头试图说出价格，最终伸出了两个手指），Ребёнок кричит, а она его никак *уговорить* не может（孩子一直在叫喊，她却怎么也不能使他安静下来）。

减价中还有一类较为特殊的情况，个别言语动词能够表示言语能力，此时动词丧失全部客体题元，变为零客体动词，表达的重心全部落在动作行为表示的性能、特性或动作事实本身上。例如，Мальчик ещё не *читает*（男孩还不识字），Он бойко *болтал* по-немецки, комментируя свои произведения（他用德语滔滔不绝地解释自己的作品），Ребёнок начинает *говорить* на втором году жизни（孩子一岁多开始说话）。

以上分析说明了言说义多义动词义位关系下的客体题元层级关系，下面选取其中的典型多义动词 говорить，ответить，просить，назвать 为对象，分别对其多义义位中的客体题元层级结构展开讨论。

三 言说义多义动词义位客体题元层级结构分析

（一）говорить 多义语义变化的客体题元层级结构分析

（1）动词 говорить 基本意义为"说，说出"（$N_1 Vf N_4/<o>N_6/<P_1>$）。动词为单客体结构；客体的语义角色为内容；内容为能够通过口头或书面方式表达出来的思维、见解等抽象信息；内容由不带前置词的第四格、"前一名"结构$<o>N_6$或从句形式来表达。例如，В своей статье автор говорит **о наболевших вопросах**（在自己的文章中作者探讨了一些亟待解决的问题），Они всегда говорят, что **время меняет вещи**，но в действительно вы должны сами их менять（他们常说，时间会改变许多事情，但实际上你们应该自己主动去改变它们）。下文对 говорить 多义义项中客体题元的表现作层级化分析。

（2）会说话（$N_1 Vf$）。此时，动词的语义配价结构为零客体结构；原本处于情景前景的言语内容退至背景之中，整个语义配价结构发生了变化，关注的焦点落在动词本身，强调其能力意义。例如，Он говорил свободно на двенадцати языках, а читал буквально на всех（他能流利地讲12种语言，也能够看懂这些语言的文字）。

（3）讨论，谈论，议论（$N_1 Vf <o>N_6$）。此时，动词的语义配价结构为单客体结构；客体的语义角色为内容；客体题元为能够通过口头方式表达出来的思维、见解等抽象信息；客体题元由"前一名结构"$<o>N_6$来表达；谓词语义发生变化的同时，客体题元的论元表达形式也受到了一定的影响，不带前置词的第四格以及从句形式受到了抑制。例如，Весь город говорит **о нём**（全城都在议论他的事）。

（4）交谈，攀谈（$N_1 Vf<c>N_5$）。此时，动词的语义配价结构为单客体结构；客体的语义角色为共事；共事为具有言语能力的人；共事由"前一名"结构$<c>N_5$来表达；客体题元语义角色发生了变化，同时论元形式也有所不同，原本处于背景中的交谈对象进入情景前景，而交谈的内容则退至边缘位置。例如，Мы сегодня об этом достаточно подробно говорили **с коллегами** в процессе переговоров（我们今天在谈判过程中，就此事已经与同事们谈得足够详尽了）。

（5）激发感情，使感到（$N_1 Vf N_3$）。此时，动词的语义配价结构为单客体结构；客体的语义角色为诱因；诱因的语义覆盖范围较广，既可以是具体事物，也可以是抽象信息；诱因占据主语位，由第一格来表达；动词转变为感情反应动词，谓词语义发生变化的同时，句法位置重新分配，客体题元占据主语位，而作出相应情感反应的人则占据客体位。例如，Этот маленький город особенно много говорит **моему сердцу**（这座小城使我心中产生了一种特别的情感）。

（6）说明，表明，证明（$N_1 Vf <о> N_6$）。此时，动词的语义配价结构为单客体结构；客体的语义角色为系事；客体题元为抽象信息；客体题元由"前—名"结构 <о> N_6 来表达；动词由言语动词转变为关系动词，客体题元的语义角色也发生了相应的变化。例如，Данный факт говорит **о многом**（这个事实表明了许多事）。

（7）表现出（$N_1 Vf <в> N_6$）。此时，动词的语义配价结构为单客体结构；客体的语义角色为属事；客体题元为抽象特征；客体题元占据主语位，由第一格来表达；客体题元语义角色发生变化的同时，句法位置也进行了重新分配，客体题元，即主体的性质特征占据主语位，主体，即拥有该特征的人（领事）占据客体位。例如，**В тебе** говорит гордость, самолюбие, тщеславие（在你身上表现出了骄傲、自尊以及虚荣）。

归纳起来，动词 говорить 发生转义后的各个义项中，（2）体现出客体题元数目的变化；（4）、（5）、（6）、（7）体现出语义角色的变异；（4）、（5）、（6）、（7）体现出次语义属性的变化；（3）、（4）、（5）、（7）体现出论元形式的变化；而角色配位的变化体现在（2）、（4）、（5）、（7）之中。

（二）ответить 多义语义变化的客体题元层级结构分析

（1）动词 ответить 基本意义为"回答"（$N_1 Vf N_4$ / <на> N_4/N_5 / <P_1> / <P_2>）。动词为单客体结构；客体的语义角色因其论元形式而有所不同，由不带前置词的第四格以及"前—名"结构 <на> N_4 表达的为对事，由第五格表示的为方式，由从句表达的为内容，这三种语义角色中只有对事与方式能够共现于同一语义配价结构中；对事为话语、书信等抽象事物，方式为微笑、疑问、同意、反驳等表示说话人态度的抽象事物，内容为能够通过口头或书面方式表达出来的思维、见解等抽象信息。例如，Если спрошу, ответь, **как поступить**（如果我提出问题的话，请告诉我该如何去做），Министерство ответило **на запрос** депутата（部里对议员的询问作出了回应）。下文对 ответить 多义义项中客体题元的表现作层级化分析。

（2）响应，回应（$N_1 VfN_3 / <на> N_4/N_5$）。此时，动词的语义配价结构为单客体结构；客体的语义角色为对事或方式；对事为声响或发出声响的事物，方式为各种可以用来表示反应的抽象事物，二者能够共现于同一语义配价结构中；对事由第三格或"前—名"结构 $<на> N_4$ 来表达，方式由第五格表达；谓词语义受到限制，表示对声音作出回应，对事语义覆盖范围缩小，同时论元形式也发生了些微变化。例如，Пропел петух, **ему** ответили другие（一只公鸡叫起来，其他的也会呼应它）。

（3）回报，报以（$N_1 VfN_5 <на> N_4$）。此时，动词的语义配价结构为双客体结构；两个客体题元的语义角色分别为方式、对事；方式和对事均为态度、言语、举止等抽象事物；方式由第五格表达，对事由"前—名"结构 $<на> N_4$ 来表达；谓词转变为双客体动词，本质上是一种交际地位的提升，方式与对事本来是能够共存于谓词语义配价结构中的两个情景参与者，在谓词发生语义变化后，同时作为必有情景参与者成为交际的重心。例如，Я ответил **улыбкой на улыбку** и стал излагать свою точку зрения（在对他人的笑容报以微笑后，我开始陈述自己的观点）。

（4）负责（$N_1 Vf <за> N_4$）。此时，动词的语义配价结构为单客体结构；客体题元的语义角色为准对事；准对事语义覆盖范围较广，既可以是具体事物或有生客体，也可以是抽象事物；准对事由"前—名"结构 $<за> N_4$ 表达；客体题元语义覆盖范围扩大，同时论元形式发生变化。例如，Я сам отвечу **за все свои неправедные дела**（我会为自己犯下的所有罪行负责）。

（5）符合，适合（$N_1 VfN_3$）。此时，动词的语义配价结构为单客体结构；客体题元的语义角色为比事；比事为条件、要求、目的等抽象事物；比事由第三格表达；谓词转变为关系动词，客体题元语义角色以及论元形式均要发生变化。例如，Целая армия понадобится, чтобы ответить всем нуждам（整个军队必须满足所有的需求）。

归纳起来，动词 ответить 发生转义后的各个义项中，(3) 体现出客体题元数目变化；(4)、(5) 体现出语义角色的变异；(2)、(4)、(5) 体现出次语义属性的变化；(2)、(4)、(5) 体现出论元形式的变化；而角色配位的变化体现在 (3) 中。

（三）просить 多义语义变化的客体题元层级结构分析

(1) 动词 просить 基本意义为 "请，请求"（$N_1 VfN_4/N_2/ <Inf>/<P_1>$）。动词为单客体结构；客体的语义角色较为复杂，与题元词的语义有关，可能为对象/配动者（请求的对象）、准对事（索取的事物）、准从事（请求对方实施的行为）或内容（请求的具体内容），其中配动者与从事共现于同一语义配价结构中，例如，просить друзей помочь（求朋友帮忙）；配动者为人，准对事为具体事物，准从事为行为，内容则以命题形式呈现；配动者由不带前置词的第四格表达，准对事常由第二格表示，准从事由动词不定式表达，内容由从句形式表达。例如，Она просила доктора, чтобы он её выписал из больницы на работу（她请求大夫准许她出院去上班）。下文对 просить 多义义项中客体题元的表现作层级化分析。

(2) 需要（$N_1 VfN_2$）。此时，动词的语义配价结构为单客体结构；客体题元的语义角色为系事；客体题元语义覆盖范围较广，既可以是具体事物或有生客体，也可以是抽象事物；客体题元由第二格表达；动词转变为关系动词，客体题元语义角色与论元形式均发生了一定变化。例如，Земля просит дождя（大地需要雨水）。

(3) 替……向……求情（$N_1 VfN_4 <за> N_4$）。此时，动词的语义配价结构为双客体结构；两个客体题元的语义角色分别为配动者、目的；配动者与目的均为人或团体、组织、机构等；配动者由不带前置词的第四格表达，目的由"前一名"结构 $<за> N_4$ 表达；配动者与目的同时进入情景前景成为必需参与者，且目的的表达方式受限。例如，Подумай хорошенько, за кого ты меня просишь（好好想想，你是在替谁跟我求情）。

(4) 邀请（$N_1 VfN_4 <в/на> N_4/ <к> N_3$）。此时，动词的语义配价结构为双客体结构；两个客体题元的语义角色分别为准对事、位事；准对事为有生客体，位事为空间地点或作为参照物的人；准对事由不带前置词的第四格表达，位事由"前—名"结构 < в/на > N_4 或 < к > N_3 表达；动词具有一定的使动意义，位事进入情景前景，且对事语义覆盖范围缩小，动词语义上相当于пригласить。例如，Прошу **ко мне** часам к пяти（请五点左右到我这里来）。

(5) 要价（$N_1 VfN_4 < за > N_4$）。此时，动词的语义配价结构为双客体结构；客体题元的语义角色分别为价格、准对事—理由；价格为金钱、财物等或其具体数额，准对事—理由为所要购买的物品，为具体事物；价格由不带前置词的第四格表达，准对事—理由由"前—名"结构 < за > N_4 表达；直接客体题元语义覆盖范围缩小，仅限于表示价格的词，且准对事—理由进入前景，成为焦点之一。例如，Сколько просишь **за дачу**（这栋别墅要价多少）。

归纳起来，动词просить发生转义后的各个义项中，(3)、(4)、(5)体现出客体题元数目的变化；(2)、(4)、(5)体现出语义角色的变异；(2)、(3)、(4)、(5)体现出次语义属性的变化；(2)、(3)、(4)体现出论元形式的变化；而角色配位的变化体现在(3)、(4)、(5)之中。

(四) назвать 多义语义变化的客体题元层级结构分析

(1) 动词назвать基本意义为"起名叫，命名为"（$N_1 VfN_4 N_5$）。动词为双客体结构；两个客体题元的语义角色分别为对事、方式；对事为具体事物或有生客体，方式语义覆盖范围较广，可以为各种能够用来称谓某人或某物的具体事物或抽象概念；对事由不带前置词的第四格表达，方式由第五格形式来表达。例如，**Щенка** назвали Шарик（小狗被起名叫作沙力克）。下文对назвать多义义项中客体题元的表现作层级化分析。

(2) 视为，视作（$N_1 VfN_4 N_5$）。此时，动词为双客体结构；两个客体题元的语义角色分别为对事、评事；对事和评事语义覆盖范围均较广，可以为各种具体事物或抽象概念，只不过评事通常要包含某种评价信息，否则会造成语义异常；对事由不带前置词的第四格表达，评事由第五格形式来表达；对事语义覆盖范围扩大，谓词语义进一步抽象化。例如，Её можно назвать **Красавицей**（她可以称得上是个美人）。

(3) 说出，叫出（姓名、名称）（$N_1 VfN_4$）。此时，动词为单客体结构；客体题元的语义角色为对事；对事为有生客体的名字或无生具体事物的名称；对事由不带前置词的第四格表达；方式退至情景背景，交际的重心集中在称谓的对象上。例如，Он назвал **имя и отчество** ассистента

(他说出了助手的名字和父称)。

（4）宣布（$N_1 VfN_4$）。此时，动词为单客体结构；客体题元的语义角色为对事或准对事；对事为价格、日期、决议等各种抽象概念，准对事为候选人、中奖者等具有身份意义的具体事物；客体题元由不带前置词的第四格表达；动词由称谓言语动词转变为告知言语动词，同时评事退至情景背景。例如，Агапит публично назвал **день** своего ухода（阿加皮特公开宣布了自己离开的日期），Предлагал сначала назвать **кандидатов**, а потом их баллотировать（他提议先宣布候选人，然后再对他们进行投票选举）。

（5）邀请（$N_1 VfN_4 <$в/на$> N_4 / <$к$> N_3$）。此时，动词的语义配价结构为双客体结构；两个客体题元的语义角色分别为准对事、位事；准对事为有生客体且通常为人，位事为空间地点、方位；准对事由不带前置词的第四格表达，位事由"前—名"结构 $<$в/на$> N_4$ 或 $<$к$> N_3$ 表达；动词具有了一定的使动意义，且准对事语义覆盖范围缩小。例如，Они назвали **на свадьбу всё село**（他们邀请全村的人都来参加婚礼）。

归纳起来，动词 назвать 发生转义后的各个义项中，(3)、(4) 体现出客体题元数目的变化；(2)、(4)、(5) 体现出语义角色的变异；(2)、(4)、(5) 体现出次语义属性的变化；(5) 体现出论元形式的变化；而角色配位的变化体现在 (3)、(4) 之中。

第三节　感知义多义动词客体题元层级化分析

一　感知义多义动词义位及其客体题元

感知动词（глагол восприятия）即描述有生客体借助自身的感知器官认识周围环境的过程或结果的动词①。感知是人对外部环境产生影响的前提，人对世界的接触与认识首先是从感知开始的。基础感知动词主要分为视觉、听觉、嗅觉、触觉、味觉五个次类，以及语义中未指明感知器官的"万能感知动词"②，例如 чувствовать（感觉，感到），воспринимать

---

① Л. Г. Бабенко, И. М. Волчкова и др., *Толковый словарь русских глаголов: Идеографическое описание*, М.: АСТ-ПРЕСС КНИГА, 2009, стр. 303.
② 薛恩奎：《感知系统词汇化及其语义—句法关系分析》，《外语学刊》2014 年第 6 期。

（感知）等。"感知义素很容易包含在各种类别的动词语义中"[1]，因此有时感知动词的界限较为模糊。Е. В. Падучева[2] 在研究中提到的感知动词是一个较广的范畴，其中不仅包括基础感知动词和万能感知动词，还包括含有感知义素的部分运动动词、状态动词，以及表示发光、散发味道、发出声音的动词。她将那些情景结构中含有话语外观察者的动词也纳入了感知动词范畴。本书所指的感知动词是狭义上的感知动词，即基础感知动词和万能感知动词。

感知动词多为二价动词，单客体结构，主体为感事（экспериенсив），客体为感知对象（перцептив），语义角色上为对事。从次语义属性上来说，主体为人或其他有生客体，客体则语义较为丰富，既可以是具体的人或事物，也可以是抽象概念、事件、过程、事实等。基础感知动词的体验者在初始角色配位中以第一格形式表示，客体为不带前置词的第四格或从句形式。例如 видеть（看见），смотреть（看），слушать（听），слышать（听见），ощущать（感觉到），обонять（闻，嗅），воспринимать（感知）等。在表示想象感知意义的反身动词中，体验者用第三格来表示，客体用第一格或从句形式表示。例如，видеться（见到，看得见），послышаться（听见有），представиться（想象到），померещиться（似乎觉得），показаться（觉得好像），присниться（梦见），почудиться（觉得好像）等。

感知动词作为实体行为动词的一个分支，与该类别其他动词不同，表达的意义较为抽象。这意味着感知动词的语义派生能力较强，尤其是向心智行为动词迁移的趋势相当突出。"感觉由两个阶段组成。第一个阶段是生理阶段，感觉器官发挥相应的功能参与到情景中。第二个阶段中，视觉形象受到思维的加工，产生了分类识别，可能还要确定事物与先验描述是否等同，揭示特征，进行评价等。"[3] 换言之，感知与思维活动之间存在内在的关联性。下文将以视觉、听觉以及部分万能感知动词为典型，详细

---

[1] ［俄］Е. В. 帕杜切娃：《词汇语义的动态模式》，蔡晖译，北京大学出版社 2011 年版，第 175 页。

[2] ［俄］Е. В. 帕杜切娃：《词汇语义的动态模式》，蔡晖译，北京大学出版社 2011 年版，第 175—180 页。

[3] ［俄］Е. В. 帕杜切娃：《词汇语义的动态模式》，蔡晖译，北京大学出版社 2011 年版，第 199 页。

分析感知动词语义衍生过程中客体题元的变化规律。

二　感知义多义动词义位客体题元层级关系

（一）感知义多义动词义位客体题元概括层级

感知动词多为单客体动词，其客体题元表示的是感知的对象。当动词语义发生变化时，客体题元可能从论元结构中消失，动词也由二价动词变为一价动词。此时动词语义为"拥有某种能力"或"存在，出现"。例如，Совы *видят* ночью（猫头鹰具有夜视的能力），Из-за туч *выглянуло* солнце（太阳从乌云后面露了出来），Сквозь кусты *глядит* вечерний луч（晚霞透过灌木丛映照出来），Левое ухо совсем не *слышит*（左耳完全听不到），*Представилась* реальная опасность застрять в дороге（确实有陷在路上的危险）。

由于感知过程与思维过程之间存在相互关联性，许多感知动词都可以向心智行为动词迁移。当感知动词转义表示"对待，看待"义时，派生出一个新的客体题元，即表示品评内容和结果的"评事"。例如，Родители по-прежнему *видят* в нём только **ребёнка**（父母仍和从前一样把他当小孩），*Глядел* на жену **как на свою собственность**（他将妻子视为自己的所有物），На него *смотрели*, **как на пьяного**（大家都把他看作醉汉）。

（二）感知义多义动词义位客体题元语义角色层级

感知义动词的多义语义变化十分丰富，而这一变化在客体题元的语义角色层级有明显反映。Е. В. Падучева 在归纳感知动词特有的 10 种语义衍生模式时，首先提出由感知到心智意义的语义迁移[①]，可见向心智行为动词转义是感知动词的典型语义衍生模式。当动词发生此类语义衍生时，客体题元的语义角色要相应地发生变化，由感知对象，即对事，转变为思维或言语的内容。例如，Неужели ты не *видишь*, **с кем имеешь дело**（难道你没看出来这件事和谁有关系么），Это верно, — *заметил* он（"这是正确的"，他说道），Я успел хорошенько *разглядеть*, **что это за птица**（我看得很清楚这是一个什么样的人）。

当感知动词转义表示"关注，重视""照料，照看""检查，监督"

---

① ［俄］Е. В. 帕杜切娃：《词汇语义的动态模式》，蔡晖译，北京大学出版社 2011 年版，第 177 页。

"研究，分析"等义时，客体题元转变为对事或准对事。此类例子非常多，例如，Не стоит *глядеть* **на такие пустяки**（这些小事不值得注意），**За ходом работы** на стройке *наблюдал* сам главный инженер（总工程师亲自在工地监督工程的进展），Когда уехали все посторонние, врач ещё раз *осмотрел* **больных**, сделал им массаж и категорически запретил говорить（当旁人都离开后，医生又一次检查了病人的身体，给他们做了按摩，并且严禁他们开口说话），Врач измерил у пациента давление, *прослушал* **сердце**, а затем начал внимательно рассматривать...ладонь больного（医生给病人量了血压，听了心音，之后开始仔细端详病人的手掌），*Рассмотрим* **случай** нагревания газа при постоянном объёме（让我们来研究下当体积不变时气体受热的情况），Соседка постоянно *следит* **за мной**（邻居总是会照顾我），Врач *смотрел* **меня** три раза, но ничего не обнаружил（医生给我检查了三次，但是什么都没有发现）。

除向心智行为动词迁移外，部分视觉感知动词还可能转义为关系动词，表示两个物体空间上的关系，此时客体题元转变为位事。例如，Окна *глядят* **во двор**（窗户朝向院子），Окна *смотрят* **на юг**（窗户朝南）。少数视觉感知动词在表达人际关系意义时，客体题元可能变为目的—位事。例如，Я **к вам** *загляну* дня через два（过两天我去看你）。

（三）感知义多义动词义位客体题元次语义属性层级

客体题元词具体→抽象范畴的迁移在感知多义动词语义衍生中表现得尤为突出，其主要原因在于大量感知动词都具备向心智行为动词迁移的潜能。当感知动词转义表示"思考""认为""理解""关注"等义时，客体题元词由具体的、可感知的事物转变为抽象概念，甚至是以命题形式出现的事件，因此这些感知动词又被称为"混合命题意向"谓词[1]。例如，Иван *встретил* **трудности** при выполнении моего задания（伊万在完成我交代的任务时遇到了困难），Спокойно и уверенно *глядят* они **в будущее**（他们沉着且自信地面对未来），На его слова я *заметил*, **что**

---

[1] Н. Д. Арутюнова, "Полагать и видеть（к проблеме смешанных пропозициональных установок）", Логический анализ языка: проблемы интенсиональных и прогматических и контекстов, М.: Наука, 1989, стр. 7–30; 李红儒：《感知命题意向谓词》，《外语学刊》2003年第2期。

этим слухам нельзя верить（听了他的话，我指出，这些传言是不可信的），Крестьяне, лишь только *заслышали*, **что приехал Чапаев**, набились в избу（庄稼人一听说是夏伯阳来了，把木屋挤得满满当当），В наших деревнях можно *наблюдать* **большие изменения** во всех отношениях（在我们农村可以看到方方面面的巨大变化），Не поверишь, как приятно на душе, когда *видишь* и *осязаешь*, **что ты меня понимаешь**（你不会想到，当我察觉到你对我的理解时，我内心是如何愉悦），Он *ощутил* **ту ответственность**, какая лежит на нём за исход боя（他感到自己肩负着结束这场战争的责任），По выражению моей мамы, я настолько курнос, что через дырочки моего задранного кверху носа можно *разглядеть*, **о чём я думаю**（据我母亲所说，我的鼻子翘得如此之高，以至于透过我高高抬起的鼻孔都能看出我在想什么），Очевидно, производители выжидают и *следят* за тем, **что будет дальше с российской экономикой**（很显然，制造商们在等待时机并且时刻关注着俄罗斯经济发展的动态），Неужели не *чувствуешь*, **как матери тяжело**（难道你看不出来母亲是多么难过么），Они уже *присмотрелись* **к подобным явлениям**, их это не удивляет（他们对这类现象已经司空见惯，不以为怪了）。

需要指出的是，个别强调结果的感知动词（видеть/看见，слышать/听见，заметить/注意到等）也能支配命题性客体成分，但与当其表示思维活动时所支配的命题性客体在抽象性上有着本质的不同。试比较：*Видел*, **как произошла авария**（我目睹了事故发生的全过程），Теперь-то я *вижу*, **что он прав**（现在我才认识到他是对的）。二者的分界点在于能否用 что вы видели 提问。当动词表示思维活动时是不能用此句型进行提问的，谓词表达的意义接近于命题态度动词 знать（知道），думать（想），считать（认为）等。

感知动词客体题元次语义覆盖范围是相对较广的，既可以是具体事物也可以是各种有生客体。当感知动词转义表示"检查（身体），诊断"以及"拜访"等人际关系意义时，客体题元词必须为有生客体，且更多时候只能由表人名词充当。此时，客体题元词的语义覆盖范围就大幅缩小了。例如，В один из последних дней она решила пройтись по хутору, встретить, а может, и *заглянуть* **к кому-то** из старых подруг（在最后的日子里，她决定抽出一天在庄园里转转，可能的话去看望一下老朋友），Я застал его уже одетым и вполне готовым（我来到他那儿时，他已经穿好衣服，且一切都准备妥当了），Андрей осмотрел больного, назначил лечение, но его не отпускал（安德烈检查了病人的身体状况，确定了治疗方案，但没有放他走），Вскоре я нашёл кабанов и начал их следить（我很快就发现了野猪，并开始追踪它们），Доктор ежемесячно смотрел меня рентгеном — всё было в порядке（医生每周都会给我拍 X 光片，结果显示一切正常）。

还有少量的基础感知动词能够向万能感知动词迁移，从而使客体题元次语义覆盖范围扩大。例如，Чутьём битого фронтовика я осязал скрытую опасность（凭借一个老练前线战士的直觉，我察觉到了暗藏的危险），В покорности ягуара дрессировщик слышал угрозу（在美洲豹驯服的外表下驯兽员感觉到了危险）。此外，一个次类的基础感知动词可以向另一次类迁移，客体题元词次语义属性也要随之发生变化。例如，Кошка заслышала мясо（猫闻到了肉的味道），Где можно найти главного инженера（哪里能见到总工程师）。

（四）感知义多义动词义位客体题元论元形式层级

由感知到心智意义转变是感知动词典型的语义衍生模式，在获得心智意义后，许多感知动词也就随之获得了命题态度动词的典型句法结构——支配命题性客体题元成分。该命题性客体题元成分通常是由 что 引导的，"如果说感知动词主要通过 как 引导的从句与世界中的事态、过程发生联系，那么它们则通过 что 引出的从句与人（命题意向主体、说话人）的心智状态相联系，что 引导的从句都可以看作认知对象"[1]。例如，Как ваши родители восприняли то, что их невестка — русская（您的父母是如何看待儿媳是俄罗斯人这个事实），Хочу обозреть, что там осталось（我想调查下那里还剩下什么），Холмогоров ощутил, что с души ушла давящая тяжесть（霍尔莫戈罗夫感到心如释重负）。

当转义表示"照看，照料""留意、观察"或"监督"义时，感知动词客体题元的论元形式由不带前置词的第四格或"前一名"结构 < в/на > N_4 转变为"前一名"结构 < за > N_5。例如，Как за малым дитём

---

[1] 李红儒：《感知命题意向谓词》，《外语学刊》2003 年第 2 期。

глядеть **за ним** будем（我们会像照顾小孩子那样照顾他的）, Она не *досмотрела за ребёнком*, и он ушибся（她没有照看好小孩，导致小孩跌伤了）, **За ходом** производства *наблюдают* работники из диспетчерского пункта（工作人员从调度室里监督生产情况）, Они знаками велели женщине *смотреть* **за раненым**（他们用手势示意女人去照顾伤员）。

增价的情况也会导致客体论元形式发生变化。当感知动词转义表示"看待，对待"或"认为，认定"义时，增加的评事通常由第五格形式或副词表达。例如，Антон *встретил* их **насмешками и хихиканьем**（安东讥讽并嘲笑他们）, Я *нашла* всё это очень **странным**（我觉得所有的这一切都十分奇怪）, На людей и на жизнь мы с ней *смотрим* совершенно **различно**（我和她对人和生活抱有截然不同的看法）。видеть 转义表示"看作"义时较为特殊，除论元形式变化外，还伴随着角色配位的迁移，直接的感知对象交际地位下降，以"前—名"结构 <в>N_6或第五格形式表达，而评事则占据直接客体位，交际地位随之上升。例如，В этих фактах *вижу* **подтверждение** своей мысли（我将这些事实看作自己观点的论据）。

（五）感知义多义动词义位客体题元角色配位层级

感知动词具有鲜明的性能意义，能够用来表达泛时间性的性质特征。此时，原本的单客体结构转变为无客体结构，客体题元转移到情景背景中，不再是交际的核心。动词强调的不是行为的积极性或行为结果，而是功能、性质、状态的自然呈现。例如，В очках он хорошо *видит*（他戴上眼镜后视力很好）, Старик не *слышит*（老人什么都听不见了）。

感知动词还可以通过带-ся 动词、被动形动词以及形容词短尾等形式将客体题元提升至主语位，从而完成角色配位的切换。感知动词在意义上存在三元对立关系：感知—被感知—运用感知能力[1]。以视觉感知动词为例，表示"看见—被看到—看"的动词分别为 видеть – быть видным（кому-л.）– смотреть，它们共同构成视觉感知动词的三元对立语义聚合体。其中"被感知"语义范畴与其他两个语义范畴之间决定性的差异就在于感知对象所处的句法位置不同。在这类结构中，感知对象被提升至主

---

[1] Ю. Д. Апресян, *Избранные труды*, том II. *Интегральное описание языка и системная лексикография*, М.: Школа «Языки русской культуры», 1995, стр. 357–358.

语位,使其由表述的核心转变为交际的出发点。说话人关注的焦点是感知行为本身。与前一类角色配位迁移不同,此时不仅在一定程度上下调了感知对象的交际等级,更重要的是"体验者由于角色配位的变化而退居话语外的位置,并且在某些情况下成为观察者"①,即弱化了感知者的交际地位,使其直接进入了情景背景或以观察者的形式参与到表层句法结构中。

能够实现此类角色配位变化的感知动词较多,表达形式也较为多样。有些感知动词本身就同时具备这两种配位结构,不需要借助其他词就能实现"被感知到"的意义。例如,Из-под снега *выглянули* **проталины**（积雪融化后露出了地面）,Из дыр кофты *смотрела* **грязная вата**（短上衣的窟窿里露出了脏棉花）,**Комната** *выглядела* уютно（房间看上去很舒适）,Из его глаз *глядела* **грусть**（他的眼中流露出忧郁的神情）。此时,感知者多数情况下以观察者的形式存在于话语之外,且很多时候说话人即为观察者。застать（正巧碰上,遇见）的情况则较为特殊,当其发生转义表示"突然降临,遇到"义时,客体与主体互换句法位。例如,Ночью в горах *застала* меня буря（夜间我在山里遇上了暴风雨）。

许多带-ся 动词也能实现这种角色配位迁移。例如,**Ключи** *нашлись* в столе（钥匙在桌上找到了）,За пеленой тумана *обнаружились* **чёрные склоны**（浓雾后现出了黑色的山坡）,С этой колокольни *просматривается* **весь городок**（在这个钟楼上能够俯瞰整个城市）,С холма *проглядывалась* **вся округа**（在山丘上能够将整个周边地区尽收眼底）,**Картина** *смотрится* очень современно（这幅画看上去极具现代气息）,**Боль** уже не *чувствовалась*（已经感觉不到疼痛了）,В его словах *почувствовалась* **уверенность**（他的言语中透露出自信）,**Тревога** *ощущалась* в разговорах пассажиров（乘客们的对话中流露出恐慌）,В книге *встретились* **интересные места**（在书中发现了一些有趣的地方）,Ещё вчера *замечались* **признаки** бури（昨天就已经出现了暴风雨的前兆）。还有些带-ся 动词表示想象中的感知,感知者能够以第三格的形式出现在论元结构中。例如,Мне *видится* **моё селенье**（我眼前浮现出了故乡的景象）,Ему всюду *слышались* **какие-то голоса**（他到处都能听见

---

① [俄] Е. В. 帕杜切娃:《词汇语义的动态模式》,蔡晖译,北京大学出版社 2011 年版,第 189 页。

一些声音)。有些带-ся动词则附加有负面评价意义。例如，Это мне присмотрелось（这我都看腻了）。

其他形式，例如形动词短尾或非动词形式也能实现此类角色配位迁移。例如，Дом виден издалека（从远处就能看到房子），Следы эти не были видимы простым глазом, но их без труда обнаружили эксперты（这些足迹肉眼看不见，但对专家来说轻而易举就能发现），Звуки едва слышны（声音几不可闻），Мой жест, однако, не был замечен（然而，我的手势并未被注意到），Доброе лекарство горько навкус（良药苦口）。

此种情况对感知动词来说是最主要的，也是最积极的角色配位迁移模式。"在感知情景中有体验者和感知对象（也就是诱发参项），感知客体是诱发因素，即在某种程度上也是情景产生的使役者。"① 换言之，在感知动词的语义情景中，这种感知客体拥有交际地位上升的潜能。向关系动词迁移的感知动词本质上也是通过将客体题元提升至主语位实现其角色配位迁移的，只是增加了一个位事题元角色而已。例如，Окна гостиной смотрели в сад（客厅的窗户朝向花园）②。

除上述两类角色配位迁移之外，感知动词还能够通过转义将原本处于情景背景的参与者（评事、方式、工具等）切换到前景中，从而成为题元角色，进入论元结构中。例如，Не вижу в этом ничего особенного（这件事我看并没有什么特别之处），Когда через час я вернулся, она меня встретила сияющим взором（一个小时后我回来时，她用热切的目光迎接我），Друзья глядели на него с уважением（朋友们很尊敬他），Он нашёл доводы убедительными（他认为这些论据是具有说服力的）。

以上分析厘清了感知义多义动词义位关系下的客体题元层级关系，下面选取其中的典型多义动词смотреть, видеть, слышать为对象，分别对其多义义位中的客体题元层级结构展开具体分析和讨论。

三 感知义多义动词义位客体题元层级结构分析

（一）смотреть 多义语义变化的客体题元层级结构分析

（1）动词 смотреть 基本意义为"看，瞧"（$N_1 Vf < на/в > N_4 / < P_1 > /$

---

① [俄] Е. В. 帕杜切娃：《词汇语义的动态模式》，蔡晖译，北京大学出版社2011年版，第205页。

② 薛恩奎：《感知系统词汇化及其语义—句法关系分析》，《外语学刊》2014年第6期。

第五章 俄语多义动词客体题元的层级化分析　263

<P₂>）。此时，动词为单客体结构；客体的语义角色为对事；客体题元为具体事物、有生客体或过程等；客体题元由"前—名"结构<на/в>N₄或从句形式表达。例如，Его глаза смотрели **на меня**（他的双眼注视着我），Смотрю, **что делают дети**（我看看孩子们在做什么）。下文对 смотреть 多义义项中客体题元的表现作层级化分析。

（2）参观，观看，观摩（N₁VfN₄）。此时，动词为单客体结构；客体的语义角色为对事；对事为具体事物，其中主要包括机构、单位、建筑物等，也包括各种活动的名称，例如，展览、戏剧、电影等；客体题元由不带前置词的第四格形式来表达，论元形式发生变化，不再借助"前—名"结构；与基本意义相比，客体的交际地位有所上升，由接近于位事的、兼含方位意义的对事题元变为带有一定受事意义的对事题元，句法上也由间接客体变为直接客体。例如，Мы теперь идём смотреть **новую квартиру**（我们现在去看新公寓）。

（3）检查，诊察（N₁VfN₄）。此时，动词为单客体结构；客体的语义角色为准对事；准对事为人；准对事由不带前置词的第四格形式来表达；与（2）相比，客体题元交际地位进一步上升，语义角色上介于受事与对事之间，动词也不再是纯粹的视觉感知动词。例如，Павел продолжал работать: смотрел **больных**, оперировал（巴维尔继续工作：给病人作检查，动手术）。

（4）看待，对待（N₁Vf<на>N₄Adv/Adj₅）。此时，动词为双客体结构；客体的语义角色分别为对事、评事；对事语义基本无限制，可以为具体事物或人，也可以为抽象概念、事件等，评事为带有评价意义特征的语词；对事由"前—名"结构<на>N₄来表达，评事由副词或形容词第五格、"前—名"结构<с>N₅或副词性短语来表达；动词语义抽象化，转变为心智行为动词，评事从情景背景上升至前景，并成为交际的核心。例如，**На проблему** алкоголизма нельзя смотреть **сквозь розовые очки**（不能戴着有色眼镜去看待酗酒的问题）。

（5）照看，照料，监督（N₁Vf<за>N₅）。此时，动词为单客体结构；客体的语义角色为对事或准对事；对事为有生客体，准对事为某种特征、状态的具体显现；客体题元由"前—名"结构<за>N₅表达；动词不再属于感知动词，客体题元的语义角色与论元形式均要发生变化。例如，Ученики обязаны смотреть **за чистотой и порядком** в классах（学生有义务保持教室的干净整洁）。

（6）看样子，看上去像（$N_1 VfN_5 / Adj_5$）。此时，动词为单客体结构；客体为评事；评事为带有评价意义特征的抽象语词；评事由第五格或副词、副词性短语来表达；情景中存在话语外的观察者，且被观察的事物占据主语位，评事进入前景并成为交际核心。例如，Лука смотрел **довольным** и даже милостиво пошутил с Анисьей（卢卡看上去十分满意，甚至宽容地同阿尼西娅开起了玩笑）。

（7）想成为，想当（$N_1 Vf <в> N_4$）。此时，动词为单客体结构；客体的语义角色为成事—目的；客体为某种职业、身份、社会地位等；客体题元由"前—名"结构$<в> N_4$来表达；动词不再属于感知动词，语义抽象化，客体语义角色以及次语义属性也随之发生改变。例如，Я **в начальники** не смотрю（我并不想当领导）。

（8）用……看（$N_1 Vf <в> N_4 <в/на> N_4$）。此时，动词为双客体结构；两个客体分别为工具和对事；工具为具体事物，对事为具体事物或有生客体；工具由"前—名"结构$<в> N_4$表示，对事由"前—名"结构$<в/на> N_4$来表达；工具上升至情景前景，成为客体题元之一。例如，Не зря я столько лет смотрел **в бинокль на водное пространство**（不枉我这些年一直用望远镜眺望这片水域）。

（9）朝，向（$N_1 Vf <в/на> N_4$）。此时，动词为单客体结构；客体的语义角色为位事；位事为具体事物或方位；位事由"前—名"结构$<в/на> N_4$来表达；动词转变为关系动词，表示两个事物之间的方位关系，客体语义角色变为位事。例如，Все двухэтажные, окна смотрят **в воду**（所有二楼的窗户都朝向湖面）。

（10）出现，显露出（$N_1 Vf$）。此时，动词为零客体结构；客体题元退至情景背景，交际的核心转到主体题元上。例如，Из разрывов туч смотрели кусочки голубого неба（从乌云的缝隙可以看见一块块蓝天）。

归纳起来，视觉感知动词 смотреть 发生转义后的各个义项中，（4）、（8）、（10）体现出客体题元数目的变化；（3）、（5）、（6）、（7）、（9）体现出语义角色的变异；（2）、（3）、（4）、（5）、（7）体现出次语义属性的变化；（2）、（3）、（5）、（6）体现出论元形式的变化；而角色配位的变化体现在（4）、（6）、（8）、（10）之中。

（二）видеть 多义语义变化的客体题元层级结构分析

（1）动词 видеть 基本动作意义为"看见，看到"（$N_1 VfN_4 / <P_1> / <P_2>$）。此时，动词的语义配价结构为单客体结构；客体的语义角色为对事；对事为具体事物或有生客体，也可以为过程、事件等；客体题元由不带前置词的第四格或从句形式来表达。例如，А сейчас я видела, **как мой тринадцатилетний сын спокойно обращается с этой машиной**（而现在我看到了，我13岁的儿子是如何镇定自若地操纵这台机器的）。下文对 видеть 多义义项中客体题元的表现作层级化分析。

（2）有视力，能看见（$N_1 Vf$）。此时，动词的语义配价结构为零客体结构；客体题元退至情景背景，强调动词的功能意义。例如，Она прекрасно видит（她视力很好）。

（3）见，遇见（$N_1 VfN_4$）。此时，动词的语义配价结构为单客体结构；客体的语义角色为对事；对事为人；对事由不带前置词的第四格表达；动词转义表示人际关系意义，客体题元次语义属性发生变化。例如，Могу ли я видеть **редактора**（我能见见编辑吗）。

（4）参观，观看（$N_1 VfN_4$）。此时，动词的语义配价结构为单客体结构；客体的语义角色为对事；对事为组织机构、建筑物以及各种活动；对事由不带前置词的第四格表达；动词意义接近于 смотреть 的第二个义项，表示视觉、思维、情感上对信息的接收，客体题元次语义属性要发生变化。例如，Клим Самгин смотрит **пьесу** «На дне»（克里姆·萨姆金在观看戏剧《在底层》）。

（5）见识，经历（$N_1 VfN_4$）。此时，动词的语义配价结构为单客体结构；客体的语义角色为对事；对事为抽象的具有时间性质的概念或事件；对事由不带前置词的第四格表达；动词意义抽象化，客体题元次语义属性也随之改变。例如，Кроме работы, **ничего** в жизни не видел（除了工作我这一生中什么都没有经历过）。

（6）意识到，明白（$N_1 VfN_4 / <P_1> / <P_2>$）。此时，动词的语义配价结构为单客体结构；客体的语义角色为实事；客体题元为抽象的概念或过程、事实、事件等；客体题元由不带前置词的第四格或从句形式表达；动词意义抽象化，转义为心智行为动词，客体题元的语义角色与次语义属性也随之发生变化。例如，Сейчас и рабочие, и работницы другие, чем прежде: они уже научились видеть **несправедливости**（现在男工、女工都与从前不同：他们已经学会了正视不公正现象）。

(7) 认为，看作（$N_1 VfN_4 <в> N_6$）。此时，动词的语义配价结构为双客体结构；客体的语义角色分别为评事以及对事；对事语义基本无限制，可以为具体事物或人，也可以为抽象概念、事件等，评事为带有评价意义特征的抽象概念；对事由"前—名"结构$<в> N_6$来表达，评事由不带前置词的第四格形式来表达；动词语义抽象化，转变为心智行为动词，评事从情景背景上升至前景，并成为交际的核心，同时，对事交际地位下降，论元形式上由直接客体变为间接客体。例如，Другие видели **в нём блестящего, остроумного человека**（其他人将他看作一个杰出的、机智的人）。

归纳起来，视觉感知动词 видеть 发生转义后的各个义项中，(2)、(7) 体现出客体题元数目的变化；(6)、(7) 体现出语义角色的变异；(3)、(4)、(5)、(6) 体现出次语义属性的变化；而角色配位的变化体现在 (2)、(7) 之中。

（三）слышать 多义语义变化的客体题元层级结构分析

(1) 动词 слышать 基本动作意义为"听见，听清"（$N_1 VfN_4 / <P_1> / <P_2>$）。此时，动词的语义配价结构为单客体结构；客体的语义角色为对事；对事为能发出声音的具体事物或有生客体，也可以为过程、事件等；对事由不带前置词的第四格或从句形式来表达。例如，Вы слышали **вопрос**（你们听清楚问题了么）。下文对 слышать 多义义项中客体题元的表现作层级化分析。

(2) 能听见（$N_1 Vf$）。此时，动词的语义配价结构为零客体结构；强调动词的功能意义，客体题元退至情景背景。例如，Плохо слышу этим **ухом**（这只耳朵的听力很弱）。

(3) 听到，听说（$N_1 VfN_4 / <о> N_6 / <про> N_4 / <P_1>$）。此时，动词的语义配价结构为单客体结构；客体的语义角色为内容；客体题元为有生客体或抽象概念、事件等；客体题元由不带前置词的第四格或"前—名"结构$<о> N_6$、$<про> N_4$以及从句形式来表达；动词意义抽象化，表示信息的接收，客体题元的语义角色与次语义属性也随之发生变化。例如，**Это имя** я где-то уже слышал（我在哪里听过这个名字）。

(4) 感觉，感到（$N_1 VfN_4 / <P_1> / <P_2>$）。此时，动词的语义配价结构为单客体结构；客体的语义角色为对事；客体题元为具体事物或过程、事件等；客体题元由不带前置词的第四格或从句形式来表达；动词转义为万能感知动词，原则上不能发出声音的物体，甚至是气味、味道等其他感官才能感知到的事物也能充当客体题元词进入动词论元结构中。例如，Слышу, что **по руке ползёт муравей**（我感到有一只蚂蚁在手上爬）。

（5）嗅到（N_1VfN_4）。此时，动词的语义配价结构为单客体结构；客体的语义角色为对事；对事为具体事物或有生客体；对事由不带前置词的第四格形式来表达；动词转义为嗅觉感知动词，客体题元的次语义属性发生变化，必须为某种气味或散发出气味的具体物体。例如，Старая кошка слышит **мышей**（老猫嗅到了老鼠的气味）。

归纳起来，听觉感知动词 слышать 发生转义后的各个义项中，（2）体现出客体题元数目的变化；（3）体现出语义角色的变异；（3）、（4）、（5）体现出次语义属性的变化；（3）体现出论元形式的变化；而角色配位的变化体现在（2）中。

第四节　分裂义多义动词客体题元层级化分析

一　分裂义动词义位及其客体题元

分裂，即将整体的事物分开。分裂动词（глагол разделения）的原型情景为主体通过某种方式借助特定的工具将客体事物分为几个不同部分，从而破坏其完整性。情景的主要参与者为主体、受事客体、工具。其中，主体为有生客体，对于典型分裂动词来说，客体的语义几乎不受限制。分裂动词的客体可以是任何能够被分割开的事物，例如，纸、木料、布匹、食物等。工具则大都为尖锐的、能够用于切割的事物，例如，刀、斧头、剪刀、锯等。

原型分裂情景需要具备以下语义特征：客体性，即情景中必须存在一个主体施力的对象，这个对象就是受事客体；工具性，行为需要借助一定的工具来完成，这个工具可以是专门用来切割的工具，也可以是其他尖锐物体或有生客体身体的一部分；破坏性，分裂行为会破坏受事事物的完整性，可能使其失去一些原有的性质特征，这种对受事事物的影响通常是负面的，但也有可能是正面的，例如分隔动词；领属性，无论主体将客体分为两个还是多个部分，这些部分依然从属于受事事物，它们之间的整体与局部的关系并未遭到破坏。在不同的语义次类中，分裂义动词表现原型特征的数目和程度可能会有所不同。例如，去除动词的语义配价结构中，去除的事物不一定是客体事物不可分割的一部分，即不具备领属性；分割动词的语义配价结构中可能会派生出成事题元，即情景具有结果性，делить/разделить **на разные части**（分为不同的部分）；索取动词，分裂动词的边缘范畴，不具备工具性。

在 Л. Г. Бабенко 的动词分类体系中，分裂义动词主要被划分为两种不同的情景：分割（разделение）与分离（отделение）①。前者语义为"将具有完整性的某个人或事物分为若干独立的组成部分"，核心词为 разделить（分开，划分），делить（分，分割），后者语义为"借助某种工具，通过某种方式将一个事物与另一个事物分开"，核心词为 отделить（使分离）。二者的区别主要在于，分割动词表示将客体划分为两个不同的组成部分，行为本身产生的结果即行为的目的，强调受事事物的完整性被破坏，而分离动词表示将两个不同的客体事物分开，行为的目的是获取其中某个事物或者使二者不再处于接触状态，两个受事事物可能具有完整性也可能没有，破坏的可能仅是一种接触状态或相互关联的关系，例如索取动词，破坏的就是领属关系。这两种情景还可以被进一步细化，分割动词包括表示"切割""剪裁""撕碎""炸裂""分配""分发"等义的动词，分离动词包括"切下""打下""去除""释放""隔离""解除""索取"等义的动词。

从词汇意义出发，分裂义动词可以分为如下七个次类：（1）分割动词，借助工具将具体事物分为几个不同的部分，例如，резать（切，割），делить（分，分割），разделить（分开，划分），расчленить（分割），двоить（分成两部分），раздробить（分裂），рубить（砍，劈），сечь（剁，劈），пилить（锯），ломать（折断），разорвать（撕碎），рвать（扯破），слоить（使分层），расколоть（劈开），кусать（咬下），крошить（弄碎）等；（2）去除动词，主体将某个不必要事物从必要事物上剔除，只留下所需事物，例如，смазать（擦掉），смыть（洗去），снять（拿下），снести（拆掉），сбить（打下），свалить（推倒），

---

① Л. Г. Бабенко, И. М. Волчкова и др.,《Толковый словарь русских глаголов: Идеографическое описание》, М.: АСТ-ПРЕСС КНИГА, 2009, стр. 255–272.

открутить（拧下）, отлить（倒出）, отвернуть（扭开, 掀开）, обдуть（吹掉）, зачистить（除去, 刮去）等；(3) 分隔动词, 借助工具将一个事物或多个不同事物分为不同的部分, 划定彼此间的界限, 与分割动词不同, 行为具有可逆性, 例如, разграничить（划定界限）, городить（围上栅栏）, переделить（隔开）, отгородить（隔开）, очеркнуть（画线圈出）, загородить（围住）, отделить（划出）, изолировать（使分隔开）等；(4) 分散动词, 将多个原本聚集在一起的有生或非生客体分离开, 行为结果为个体彼此之间不再接触, 例如, рознить（分开, 拆散）, разобрать（拆解）, развеять（吹散）, разогнать（驱散）, раскрутить（捻开）, раздуть（刮散）, расфасовать（分装）, разбросить（往各处扔）, развезти（分运到）, раздать（分发）等；(5) 索取动词, 与给予动词相对, 表示人主动地将某个事物从他人处转移到自己所处的物理或心理空间内, 例如, взять（拿走）, украсть（偷走）, добыть（获得）, отнять（夺走）, грабить（掠夺）, отбить（夺回）, забрать（夺取）, отобрать（夺走）, захватить（夺取）, завладеть（占有）等；(6) 使离开动词, 使有生或非生客体从其原本所处的位置上离开, 强调受事事物空间位置上的变化, 例如, выгнать（逐出）, оттянуть（拉走）, откатить（推开）, откинуть（扔开）, отдалить（移远）, отвести（领开, 引开）, двигать（移动）, вытащить（拉出）, вытеснить（挤走）, изгнать（驱逐）, отмести（扫开）, сдвинуть（移开）等；(7) 摆脱动词, 主体使受事事物脱离原本处于同一空间（物理、心理或功能上的）的人、事物或抽象概念, 例如, освободить（放出）, вызвать（使摆脱出来）, высвободить（使摆脱）, избавить（使避免）, защитить（保护）, беречь（保藏）, спасти（解救）等。

以上七个语义次类中, 分割动词、去除动词、分隔动词、分散动词处于分裂情景的中心, 索取动词、使离开动词、摆脱动词则位于边缘情景。后文的论述中, 将着重分析探讨的对象是分割、去除、分隔以及分散类分裂义动词。

二 分裂义多义动词义位客体题元层级关系

（一）分裂义多义动词义位客体题元概括层级

分裂义动词多义的语义衍变中, 客体数目变化大体上可以分为两个方向：客体题元数目增加以及客体题元数目减少。二者均有可能对动词的语义造成一定的影响，甚至改变动词所属的词汇语义类别。

以多义义位最为丰富的分割动词为例，分割动词的典型语义配价结构为施事—谓词—受事—工具（резать мясо ножом/用刀切肉），有些分割动词的语义配价结构中还可能出现成事题元，从而表现为三客体结构（резать мясо на мелкие кусочки ножом/用刀将肉切成碎块）。分割动词常转义用作言语动词，表示突然发生的言说行为，此时语义配价结构中工具与成事题元隐去不再出现。例如，Она была неразговорчива, строга, по-своему справедлива и всем *резала* **правду** в глаза（她是个沉默寡言、严肃认真的人，有自己的处事原则，无论面对何人都会直言不讳），Не сказал, а *отрезал*（他不是陈述，而是断然回绝），Жена *пилит* **мужа**（妻子不断地埋怨丈夫）。

部分去除动词也可以转义表示心智活动，语义配价结构由施事—谓词—受事—位事（высыпать муку в мешок/把面粉倒到袋子里）变为施事—谓词—内容。例如，*Цедил* **пустые слова** о важности идеологической работы, спрашивал об обстановке в отделе（他含含糊糊地说了些有关思想工作重要性的空话，问了问局里的情况），Старуха сидела по-прежнему на лавочке, а мать *высыпала* **привезённый запас новостей**（老妇人和从前一样坐在长凳上，而母亲则竹筒倒豆子般地谈起了四处搜罗来的新鲜事儿）。

部分索取动词当动词语义抽象化时，客体数目会发生变化，由双客体结构变为单客体结构，发生语义衍变后，动词不再属于索取动词范畴。例如，Ночью его *взяли*（晚上他就被逮捕了），Впрочем, и она *получила* **рану** в плечо（不过她也受了肩伤），Организм *отторг* **трансплантированный орган**（身体对移植来的器官产生了排异反应）。

增价的情况则相对较少，分散动词рознить（拆散）语义配价结构为施事—谓词—受事（рознить ряды нападающих воинов/将进攻的军队分散开），当转义表示"不平等地对待"时，动词语义抽象化，语义配价结构变为施事—谓词—对事$_1$—对事$_2$。例如，То необъяснимое, и чудесное, что *рознит* **человека от человека**, поэта от поэта（正是那些无以名状的、奇妙的东西将人与人、诗人与诗人区分开）。

（二）分裂义多义动词义位客体题元语义角色层级

客体题元数目变化必然会导致新的语义角色进入语义配价结构或已有的语义角色退出情景前景，而客体语义角色的变化也会对动词语义产生一定影响。

分裂义动词中的"去除"类动词中，为数不少的成员都能够与成事客体连用，成事客体的出现导致整个语义配价结构的角色构成发生了变化。去除动词的基本语义配价结构为施事—谓词—受事—位事（выбить стекло из рамы/把窗框上的玻璃敲下来），成事题元代替受事题元出现在直接补语位上时，语义配价结构变为施事—谓词—成事，原受事题元可能会以位事的方式出现在语义配价结构中，也可能隐去不表。例如，В Италии выбили **русскую медаль**, продают в портах（在意大利制作的俄罗斯纪念章被放在港口贩售），Положить всё в салатник, выжать **лимонный сок**, посолить, добавить оливковое масло и хорошо перемешать（将所有材料放入碟中，榨取柠檬汁，加入盐和橄榄油并搅拌均匀）。分割类动词中也有一些能够与成事题元连用的动词，成事题元进入情景前景，从而改变动词语义。例如，Стало быть, добрая здесь земля, можно рубить **избу**（可见这里的土质非常好，可以在这里造木屋），Поэтому, наверное, режут из неё **ложки**（因此，也许可以用它雕刻勺子）。

一些分割和去除动词会派生出领属意义，即表示"给予"或"索取"义，此时动词语义配价结构的角色构成随之变为施事—谓词—受事—与事。例如，Будем делать то же самое, что и сейчас, только драть **деньги с людей**（我们还会去做和现在一样的事——只知道跟人要钱），На улице какой-то тип вырвал **у неё** из рук **сумку** и побежал прочь（在大街上，一个家伙抢了她的包，拔腿就跑）。

一些分割动词还能够转义表示生理状态（通常为负面），此时主、客体的语义角色都要发生变化，主体由施事变为行事，客体由受事变为客事，行为具有非自主性、不可控性。例如，Солнечные лучи режут **глаза**（阳光刺痛了双眼），Боль разломила **голову**（头酸痛得难受）。类似的动词还有драть（刺激得发痛），рвать（剧痛），сорвать（呕吐）等。

分隔和分散动词中也有为数不少的动词会发生类似的语义配价结构变化，由于行为由自主转向非自主，客体的语义角色也随之发生变化。分隔动词语义配价结构发生这种变化时，主体多为自然事物，行为表达的是一种静态的空间方位关系，客体为位事。例如，Горные отроги *перерезали* **обширную равнину**（山脊横穿广阔的平原），Область *пересекут* **две железные дороги**（两条铁路贯穿了这个区域），Весь угол *загородил* **вещами**（整个角落都堆满了东西）。分散动词发生类似语义配价结构变化时，主体则多为自然力或其他不可抗力，行为表达的是不可控的过程或状态，语义配价结构变为行事—谓词—客事。例如，В конце 60-х годов жизнь *разбросала* **нас** по разным углам Якутии（60年代末，生活将我们分散到了雅库特的不同地区），Ветер *разнёс* **тучи**（风驱散了乌云），Река *разлила* **свои воды**（河水泛滥）。

（三）分裂义多义动词义位客体题元次语义属性层级

次语义属性迁移中最为典型的是具体/抽象范畴属性之间的相互转化。作为实体行为动词的一个分支，分裂义动词之中的大量成员都能够向抽象范畴迁移。客体题元词的次语义属性在多数情况下是谓词情景类型的基础，可能会随着情景类型的变化而发生迁移，甚至触发这种迁移，即通过客体题元次语义的虚化，从而实现整个题元结构语义的抽象化。

许多去除动词都能转义表示"毁灭，使消失"义，客体题元随之由具体事物变为抽象概念。例如，И всё это – только для того, чтобы *смести* **последние препятствия** к мировому господству（所有的这一切都不过是为掌握世界霸权而清除最后的障碍），Кто-то ответил: «Люди *чистили* **ряды партии**…»（有人回答道："人们肃清了一些党派……"）Я вовсе не хочу с ним ссориться и *рвать* **отношения**（我完全不想与他争执，不想毁掉我们之间的关系）。

使离开动词也有类似的转义情况，大都带有负面评价意义，受事题元语义抽象化，而位事也不再是物理空间，而是施事的心智思维空间，在表层句法结构中通常以内包题元的形式出现。例如，Он всё *свалил* на свою **болезнь**（他将所有的一切都推到了自己的病上），Басманов *выбросил* **лозунг**: «Поднять всю зябь в августе»（巴斯曼诺夫提出了一个口号："在八月翻耕所有的秋耕地"），*Откинь* все свои **сомнения**（抛开自己所有的疑虑）。

分割动词中不少成员都能转义表示人际关系或心智活动，此时客体题元的次语义属性也要发生变化。例如，Я не думаю, что нравственная книга может *расколоть* **общество**；на мой взгляд, она может только соединить（我不认为合乎道德要求的书籍能够使社会分裂，在我看来，它只会让社会更团结），При нём — ни слова, он **всё** *сечёт*（在他面前无须言语，他什么都能理解），Товарищи *раскусили*, **что он — человек не простой**（伙伴们了解到他并不是一个普通人）。

一些分散动词也有类似的转义，表示言语或思维活动，客体题元词多为言语或思维作用的对象。例如，Теперь *разберём* **следующий вопрос**（现在让我们来分析下一个问题），Может ли он *рассеять* **эти слухи** раз и навсегда（他能否将这些消息彻底地散布开），Солдаты после демобилизации *разнесли* **песню** по всей стране（复员后的战士们将歌曲传唱至全国各地）。

分裂义动词的初始意义为改变物体的物理特征，破坏其完整性，客体题元语义抽象化之后，动词的语义虚化为改变精神层面的特征或改变事件的发展进程。除具体/抽象范畴外，还有两个语义对立范畴值得关注，那就是有生/非生、人/非人范畴。有很多既可以与有生客体，也可以与非生客体连用的分裂动词，但这些动词表示的行为作用于二者的结果不同，有生客体会感到疼痛并作出反应，而非生客体则不会。

许多去除、分割动词都可以转义表示"使客体受损"义，其受事客体可以是人、动物或身体的一部分。例如，Когда я *обрезал* **палец**, я не пойду к хирургу, а помажу йодом（如果我切伤了手，我不会去看医生，而是会抹一些碘酒），— Это я сам, кажется, неосторожно задел рукой за что-то и *сорвал* **кожу**（好像是我自己不小心碰到了什么，划破了皮），Лошади **его** *разбили*（马把他摔伤了），Волк *задрал* **овец**（狼咬死了羊）。

而人/非人这个范畴强调的是人作为受事客体的特殊性。人不仅有生理上的属性，能够经历、表现出各种情感上的变化，还具有一定的社会属性。当分裂动词作用的对象为情感状态、人际关系、社会属性等人所独有的特征时，整个谓词题元结构的语义都将发生变化。

去除、分割、摆脱、使离开、分隔、分散动词都可以作用于人，表示"使脱离，使疏远"等抽象意义。例如，Различие во вкусах *разделило* **бывших приятелей**（审美情趣上的差异使曾经的友人彼此疏远），Капитализм *расслоил* **крестьянство**（资本主义分化了农民阶层），Рыночная конкуренция и государственное лицензирование *отсеяли* **непрофессионалов**

(市场竞争以及国家许可制度淘汰了非专业人士), Президенту предлагается *освободить* **Грызлова** от должности (有人向总统建议将格雷兹洛夫免职), Он *вылил* **на жену** всё, что накипело на душе (他将心中积蓄的所有情绪一股脑地朝妻子发泄了出来)。

  除去上文提到的三个语义对立范畴, 客体题元词小范围的次语义属性变化也同样会引发动词语义衍变。以索取动词为例, добыть 原义为"获得, 取得", 其语义与客体题元词次语义属性直接相关。当受事客体为矿石、天然气、各种金属材料等自然资源时, 动词语义为"开采, 采掘", 例如, Как *добыть* **руду** в океане (该如何开采海洋中的矿石)。而当受事客体为动物时, 动词语义为"猎得, 捕获", 例如, Того, что достался мне, хватало, чтобы *добыть* **глухаря** или **зайца** (我弄到手的东西已经足够用来猎山鸡和野兔的了)。分割动词 снять 原义为"拿下, 取下", 当受事客体为穿戴的衣物、首饰等事物时, 动词转义为"脱下, 摘下", 例如, Кто-то *снял* с меня **часы** (有人把我的手表摘了下来)。而当受事客体为水果、蔬菜、粮食等各种农作物时, 动词转义为"采摘", 例如, Ефросин тщательно *снял* **три яблока** и отдал их игумену (叶甫罗欣小心地摘下了三个苹果并把它们交给了修道院院长)。类似的例子很多, 尤其是那些语义空泛、转义较多的动词更倾向于通过不同次语义属性的客体表现其自身的多义性。

  此外, 语义范畴的迁移在受事客体上表现得最为鲜明, 但不仅限于受事客体, 当动词语义发生变化时, 其他客体题元也可能发生次语义属性变化。比如说, 当使离开、摆脱、去除、索取动词语义抽象化, 不再属于实体行为动词范畴, 动作作用的对象也不再是具体事物时, 其语义配价结构中的位事或与事客体也要发生变化, 表示虚拟的思维、心理或社会意义上的空间。О. Н. Селиверстова 指出, 情景的动物性参与者不仅可以被解读为物理性空间, 也可以被看作心理上、精神上的实体[1]。例如, 索取动词 выбить (逼出), 当索取的内容是抽象信息时, 第二客体为信息的来源, 主体的目的为获取自己所需要的信息, 并将所获取的信息转移至自己的内在空间。信息的来源为人的内心、精神上的空间, 即多数情况下第二客体

---

[1] О. Н. Селиверстова, *Труды по семантике*, М.: Языки славянской культуры, 2004, стр. 567.

为人。试比较：выбить₁ **из свидетеля** информацию（向目击者逼问讯息）——выбить₂ лекарство **из поликлиники**（从医院那里弄到药）。

（四）分裂义多义动词义位客体题元论元形式层级

本文有关论元形式层级的变化专指表层句法表达形式的变化，句法占位以及交际层面的变化都划归到角色配位层面去讨论。纯粹的表层句法表达形式的变化并不多见，大多情况下，论元结构的变化都是由于题元数目、题元角色或题元次语义属性发生变化所带来的结果。

去除动词的典型论元结构为 $N_1 VfN_4 <с/из/от> N_2$（стащить лодку с мели／把小船从浅滩拖上来），当动词转义进入其他词汇语义类别后，客体的论元结构也要相应地发生变化。стащить（拖到，拽到）派生出了位移意义，论元结构变为 $N_1 VfN_4 <в/на> N_4$。例如，Он один *стащил* все вещи **на платформу**（他一个人把所有的东西都拖到了站台上）。стащить（偷走）进入了索取动词范畴，并获得了索取动词的典型论元结构 $N_1 VfN_4 <у> N_2$。例如，**У меня** в трамвае деньги *стащили*（我在电车上被偷了钱）。

分割动词 сечь（割）典型论元结构为 $N_1 VfN_4 N_5$（сечь косой траву／用镰刀割草），发生转义表示"理解，明白"时，进入心智活动动词范畴，论元结构变为 $N_1 VfN_4 / <в> N_6$。客体题元的两种论元形式有细微的语义差别，前者突出思维对象的受事地位，后者受事意义则有所降低，更接近于言语思维活动的内容题元。例如，Он хорошо *сечёт* **в компьютерах**（他对电脑很在行）。

一些带前缀 пере- 的分割动词既有普通的分割意义，也有前缀附加的数量意义。当数量意义被凸显成一个独立义项时，受事客体必然为多个同类事物的集合，论元形式上由名词复数形式表达，此时，受事客体的语法形式成为区分两个义项的重要标志。试比较，Он *перепилит*₁ **сук**, на котором сидит, и сковырнётся（他将自己坐在上面的树枝锯断了，然后就摔下来了），Плотники, забравшись на крышу, наскоро *перепилили*₂ **балки**（木工们爬上了房顶，很快就锯完了梁柱）。

分散动词 рознить（拆开，拆散）论元结构为 $N_1 VfN_4$（рознить комплект журнала／拆开一本杂志合订本），转义表示"有差别，不同"义时转变为关系动词，论元结构变为 $N_1 Vf <с> N_5$。例如，Этот материал *рознит* **с образцом**（这个材料与模板有所不同）。

（五）分裂义多义动词义位客体题元角色配位层级

角色配位即深层语义结构与表层句法形式之间的对应关系。除语义角色、次语义属性之外，说话人语义焦点的转换同样会导致论元结构的变化。与论元层级不同的是，该层级变化蕴含的是同一语义角色在句法占位、交际价值上的变异。Е. В. Падучева 引用了 Ю. Д. Апресян 的一个例子，来说明这种变异对整个题元结构语义的影响①。试比较 врач лечит Ивана от чего（医生治疗伊万的某种疾病）与 врач лечит что（医生治疗某种疾病）两种结构。前者受事为病人，后者受事为疾病本身，但病人作为疾病的载体仍然蕴含在动词语义中，只是不再作为说话人关注的焦点体现在论元结构中。试比较，выбить$_1$ X из Y 与 выбить$_2$ Y 两种结构。通过局部/整体的转化，将 Y 提到了受事句法位置上，原本的受事题元则退居情景背景，动词语义也由"使客体分离出来"转变为"使客体特征改变"。例如，выбить$_1$ пыль из ковра（把灰尘从地毯上掸掉）—выбить$_2$ ковёр（把地毯拍打干净）。

去除义动词，尤其是带前缀 вы-, от- 的去除动词最能鲜明地体现出 выбить 类型的角色配位迁移。例如，— Ты бы сказала проще: *отчистить* **обосранный мундир**（你最好能说得简单点：把脏兮兮的制服洗干净），— удовлетворенно заметил он, когда уже *подтерли* **пол** и поставили чайник на газ（他非常满意地发现地板已经擦干净了，水也已经烧上了）。类似的动词还有 вычистить（清理干净），выскоблить（刮净），выскрести（刷净），отфильтровать（滤净），выжать（榨干），высушить（擦净），выдавить（榨干）等。这些动词都能够通过整体/部分的关系实现角色配位迁移，即用被需要或不被需要的次要客体所处的空间整体代替行为直接作用的对象，从而转移主体的关注焦点。在语义配价结构上，由施事—谓词—受事$_1$—位事变为施事—谓词—受事$_2$，两个受事题元并不相同，前者为行为直接作用的对象，为被提取出或被去除的事物，后者为包含前者的整体事物。位事题元交际地位上升，占据直接补语位，原受事客体交际地位下降，退居情景背景，占据边缘位。说话人关注的焦点由提取出的事物转移到整个事物状态的改变上，动词的语义无疑也

---

① ［俄］Е. В. 帕杜切娃：《词汇语义的动态模式》，蔡晖译，北京大学出版社 2011 年版，第 78 页。

发生了变化。

一些去除动词转义表达"破坏，使受损"义时，语义配价结构中也会发生类似的角色配位迁移。例如，Она как-то постеснялась сказать об этом и в итоге *стерла* себе **ноги** до крови（不知为何她对此羞于启齿，最终把自己的双脚都磨出了血），То есть, если очень сильно завинчивать гайки, можно *сорвать* **резьбу**（也就是说，如果太过于用力拧螺母，可能会把螺纹拧坏）。类似的动词还有 сбить（砍坏），обрезать（割破），рвать（撕碎），содрать（蹭破）等。这些动词角色配位的迁移与 выбить 类的不同之处在于，它们强调给受事₂带来的负面影响，且受事₂有时要受到一定的语义限制，如只能是人体的一部分等。

一些分割、去除、分散以及索取动词都能够转义表示非自主行为，表示人所经历的生理或情感上的状态（通常为负面）。这种情况下，动词的角色配位结构也会发生迁移，同时语义角色也会发生变化。例如，В Донбассе женщине *оторвало* **снарядом** ногу（顿巴斯的一位妇女被炮弹炸断了一条腿），Его *терзает* **бессонница**（他为失眠所苦），Тоска *раздирает* сердце（忧心如焚），От жары его *развезло*（炎热使他疲惫不堪），Меня *забрала* **скука**（我烦闷极了），Гнев окончательно *завладел* стариком（老人心中的愤怒最终占了上风）。在这些动词的论元结构中，主体（自事或感事）由主语位退居客体位，导致生理或情感状态的诱因由工具格或"前一名"结构表示，甚至可以占据主语位。当诱因占据主语位时，说话人焦点的转换尤为鲜明地体现了出来，整个结构的重心由人或人身体一部分迁移到了导致异常状态的原因上，同时强调了行为的不可控性。

分割动词还有一种十分常见的角色配位迁移模式——功能性结构，即 Ю. Д. Апресян 所说的"абсолютивная конструкция"[①]。此类结构强调的是工具能否正常地发挥自己的功能。例如，**Этот нож** *режет* хорошо（这把刀很锋利），**Коса** не *косит*（镰刀不好使），**Пила** не *пилит*（锯不好使），Он ударяет топором по дереву — **топор** сам начинает *рубить* его

---

① Ю. Д. Апресян, И. М. Богуславский, Л. Л. Иомдин, В. З. Санников, *Теоретические проблемы русского синтаксиса: Взаимодействие грамматики и словаря*, М.: Языки славянских культур, 2010, стр. 360.

（他用斧子朝树劈过去，斧子自己就开始砍树了），Мелькают аршины, крепким кряком рвётся калёный на морозе ситец, **ножницы** стригут куски сукна（尺子上下翻飞，在严寒中散发着灼热的印花布发出一声声脆响，剪刀将呢子布剪成一片一片）。索取动词 забрать（取走，拿走）也有这种用法，例如，**Винт** забрал（螺丝拧紧了）。这样的动词相对来说较少，具有一定的专业用语性质。在功能性结构中，工具替代施事上升到了主语位，成为关注的焦点，而原施事则退居情景背景。

以上分析弄清了运动义多义动词义位关系下的客体题元层级关系，下面选取其中的典型多义动词 резать，снять，брать 为对象，分别对其多义义位中的客体题元层级结构展开实证分析。

三　分裂义多义动词义位客体题元层级结构分析

（一）резать 多义语义变化的客体题元层级结构分析

（1）动词 резать 直义意义为"切，割，剪，削"（$N_1 VfN_4 N_5 <на> N_4$）。此时，动词的语义配价从结构上看为三客体结构；三个客体题元分别为受事、工具、成事；受事为具体事物、非生客体，充当工具的不一定是专门的切割工具，也可能是边缘锐利的物体，例如 резать **алмазом** стекло（用金刚石割玻璃），резать **монетой** сумку（用硬币划包），成事为受事被分割后形成的各个部分，具体事物；受事占据直接补语位，由不带前置词的第四格表示，工具由第五格表示，专门的切割工具句法上可以不体现出来，但非专门的工具则必须以必有题元的形式体现在论元结构中，成事由"前—名"结构 $<на> N_4$ 表达，例如 резать **на части**（切成几个部分），резать **на мелкие кусочки**（切成碎片）。下文对 резать 多义义项中客体题元的表现作层级化分析。

（2）割开，剖开，开刀，动手术（$N_1 VfN_4$）。单客体结构；客体题元为受事；受事为有生或非生客体，但作用于有生客体时，行为的意义相当于 оперировать（实施手术）；受事占据直接补语位，由不带前置词的第四格表示；说话人关注的是行为造成的结果，对受事造成的影响，即破坏受事事物的完整性，行为结果以及工具包含在动词语义中。例如，**Его** сегодня режут в больнице（今天他要在医院里动手术）。

（3）好使，快（$N_1 VfN_4$）。单客体结构；客体题元为客事；客事为有生或非生客体，人或人身体的一部分，此时占据主语位的工具（行事）

为能量来源；客事由不带前置词的第四格表示；典型的功能性结构，工具占据主语位，施事退居情景背景，受事也随之变异为客事。例如，Нож не режет **металл**（刀切不动金属），Коса легко резала **траву**（镰刀割草好使）。

（4）砍死，宰杀（$N_1 VfN_4 N_5$）。双客体结构；两个客体题元分别为受事、工具；受事为有生客体，工具为尖锐物体；受事由不带前置词的第四格表示，工具由第五格表示；强调夺取受事生命的意义，成事题元隐现。例如，Волки режут **лосей**（狼群撕咬驼鹿）。

（5）划道子，破开，划破（$N_1 VfN_4 N_5$）。双客体结构；两个客体题元分别为受事、工具；受事为具体事物、光滑平面，工具为尖锐物体；受事由不带前置词的第四格表示，工具由第五格表示；强调使客体受损，破坏其完整性，保留工具题元，成事题元隐现。例如，Мальчики **коньками** режут лёд（男孩子们的冰刀在冰面上留下了一道道划痕）。

（6）通过切割的方式制作，雕刻（$N_1 VfN_4 N_5 <из> N_2$）。三客体结构；客体题元分别为成事、工具、材料；成事为人造具体事物，工具为尖锐物体，材料多为金属、木材、布料等具体事物；成事由不带前置词的第四格表示，工具由第五格表示，材料由"前—名"结构<из>N_2表示；成事成为关注焦点，占据直接补语位，原受事退居次要位置，变异为材料角色。例如，Младший сын резал **из баклуш ложки**（小儿子将粗坯刻成了勺子）。

（7）刺痛，勒痛（$N_1 VfN_4$）。单客体结构；行为具有非自主性、不可控性，施事变异为行事，受事客体变为客事；客事为有生客体或其身体的一部分；客事由不带前置词的第四格表示；成事题元隐现，工具意义包含在行事之中。例如，Рюкзак режет **плечо**（背包勒肩膀）。

（8）使痛苦，使难过（$N_1 VfN_4$）。单客体结构；行为具有非自主性、不可控性，施事变为行事，受事客体变为客事；客事为有生或其身体的一部分；客事由不带前置词的第四格表示；强调行为的不可控性时常用无人称句表达，施事意义受到了进一步的弱化，变异为原因语义角色。例如，**Уши** режет от вашей музыки（您的音乐很刺耳）。

（9）使陷入窘境（$N_1 VfN_4$）。单客体结构；客体为受事；受事客体为人；受事由不带前置词的第四格表示；动词语义抽象化，工具、成事退居情景背景。例如，Смежники просто режут **нас**（协作单位简直就是跟我们过不去)。

(10) 给不及格的分数 ($N_1 VfN_4$)。单客体结构；客体为准对事；准对事客体为人；准对事由不带前置词的第四格表示；工具、成事退居情景背景。例如，**Многих** резали на математике（许多人数学都没及格)。

(11) 不客气地说 ($N_1 VfN_4 / <P_1>$)。单客体结构；动词转义为言语动词，客体为内容；客体具有抽象性，为行为、事件等；客体由不带前置词的第四格或从句形式表示；动词语义抽象化，工具、成事退居情景背景。例如，Не бойся, так прямо ему и режь: **вы лжёте**（别怕，就这样直截了当地对他说：您在撒谎）。

切割动词 резать 的各个义项中，除 (6) 之外均体现出题元数目的变化；(3)、(7)、(8)、(10)、(11) 体现出语义角色的变异；(2)、(4)、(7)、(8)、(9)、(10)、(11) 体现出客体题元次语义属性的迁移；(6)、(11) 着重体现出论元形式的变化；而角色配位的迁移在 (2)、(3)、(4)、(5)、(6)、(7)、(9)、(10)、(11) 中都有所体现。

（二）снять 多义语义变化的客体题元层级结构分析

(1) 动词 снять 基本意义为"(从上面或表面) 拿下，取下"($N_1 VfN_4 <c> N_2$)。此时，动词的语义配价结构为双客体结构；两个客体分别为受事、位事；受事为具体事物、有生或非生客体，位事为具体事物、非生客体；受事由不带前置词的第四格表示，位事由"前—名"结构 $<c> N_2$ 表示。例如，снять книгу с полки（把书从书架上拿下来）。下文对 снять 多义义项中客体题元的表现作层级化分析。

(2) 脱下，摘下，扒下（$N_1 VfN_4 <c> N_2$）。双客体结构；两个客体分别为受事、位事；受事为衣物、鞋袜、首饰等，位事为人；受事由不带前置词的第四格表示，位事由"前—名"结构 $<c> N_2$ 表示。例如，С трудом сняла **с пальца кольцо**（她艰难地把戒指从手指上摘了下来）。

(3) 割下，切下，砍下，锯下（$N_1 VfN_4 N_5 <c> N_2$）。三客体结构；三个客体分别为受事、工具、位事；受事为具体事物，工具为尖锐物体，位事为具体事物、有生或非生客体；受事由不带前置词的第四格表示，工具由第五格表示，位事由"前—名"结构 $<c> N_2$ 表示；动词转变为分割动词，工具客体进入情景前景。例如，Охотник снял шкуры с убитых зверей ножом（猎人用刀子把皮从打死的野兽身上剥下来）。

(4) 取钱，提款（$N_1 VfN_4 <c> N_2$）。双客体结构；两个客体分别为受事、位事；受事为金钱、财物等，位事为银行、账户等现实事物或虚拟空间；受事由不带前置词的第四格表示，位事由"前—名"结构＜с＞N₂表示。例如，Он снял **пятьсот рублей со сберкнижки**（他从存折里取出了五百卢布）。

（5）收割，采摘（N₁VfN₄）。单客体结构；客体为受事；客体为具体事物、非生客体；客体由不带前置词的第四格表示；行为的起点默认为农田、果树等自然事物，退居行为背景。例如，Применять овощные теплицы не всегда удобно — часто не успевают снять **урожай** грибов к тому времени, когда приходит пора высаживать огурцы（蔬菜温室技术并非任何时候都适用的，经常会发生这种情况，蘑菇的采摘还未结束就已经到了栽种黄瓜的时节了）。

（6）解除，免除（N₁VfN₄＜с＞N₂）。双客体结构；两个客体分别为受事、离事；受事为人，离事为职业、某种社会地位或权限；受事由不带前置词的第四格表示，离事由"前—名"结构＜с＞N₂表示。例如，**Редактора** сняли **с работы**（编辑被开除了）。

（7）停止，解除，取消（N₁VfN₄＜с＞N₂）。双客体结构；两个客体分别为受事、离事；受事为抽象事物或某种活动，离事为抽象空间或表示参照物的人；受事由不带前置词的第四格表示，离事由"前—名"结构＜с＞N₂表示。例如，**Оперу** очень скоро сняли **с репертуара**（这出歌剧很快就从剧目中撤销了）。

（8）消除，消灭（N₁VfN₄）。单客体结构；客体为受事；受事为抽象事物，多具有负面意义；受事由不带前置词的第四格表示；动词转变为毁灭动词，行为起点隐现。例如，Синергетика смогла снять **противоречие** между биологической эволюцией Дарвина и физической эволюцией Больцмана（协同学能够消除达尔文提出的生物进化论和玻尔兹曼提出的物理进化论之间的矛盾）。

（9）抄下，画下，量下（N₁VfN₄＜с＞N₂）。双客体结构；两个客体分别为成事、来源；成事为副本、地图等具体事物，来源为具体事物；成事由不带前置词的第四格表示，来源由"前—名"结构＜с＞N₂表示。例如，Я подошёл к ксероксу и снял **копию с обеих сторон**（我走到打印机那里，复印了文件的正反两面）。

（10）拍摄下（N₁VfN₄）。单客体结构；客体为对事或成事；对事客体为风景、图画等事物，成事客体为照片、电影等事物；客体由不带前置词的第四格表示；动词转变为创造形象动词，位事客体退居背景。例如，Я хочу снять **фильм** о Есенине（我想要拍一部关于叶赛宁的电影）。

（11）承租，租下（N₁VfN₄）。单客体结构；客体为受事；受事为房屋、土地等具体事物；客体由不带前置词的第四格表示；动词语义抽象化，位事客体退居背景。例如，Мы поженились и сняли **комнату** в Останкине（我们结婚了，并在奥斯坦金诺租了间房子）。

去除动词 снять 的各个义项均体现出客体题元次语义属性的变化，其中，义项（3）、（5）、（8）、（10）、（11）体现出客体题元数目的变化；（6）、（7）、（9）、（10）体现出客体题元语义角色的变化；角色配位迁移在（3）、（5）、（8）、（10）、（11）中均有所体现。

（三）брать 多义语义变化的客体题元层级结构分析

（1）动词 брать 基本意义为"拿，取"（N₁VfN₄ <из/с/у/от> N₂）。此时，动词的语义配价结构为双客体结构；两个客体分别为受事、与事或来源；受事为具体事物，体积较小，与事为人或组织机构，来源通常为具体事物；受事由不带前置词的第四格表示，有时施事与受事直接接触的部分可由"前—名"结构 <за> N₄表示，例如，брать **за руку**（抓住手），与事由"前—名"结构 <у> N₂表示，来源由"前—名"结构 <из/с/от> N₂表示。下文对 брать 多义义项中客体题元的表现作层级化分析。

（2）拿走，搬走，领走（N₁VfN₄ <в/на> N₄）。双客体结构；两个客体分别为受事、位事；受事为具体事物或有生客体，位事为具体事物；受事由不带前置词的第四格表示，位事由"前—名"结构 <в/на> N₄表示；行为关注的焦点不再是行为的起点，而是终点，起点进入背景，而终点进入论元结构。例如，Больше брать **в дорогу** всё равно было **нечего**（再没有什么可以带上路的了）。

（3）承担，承办（N₁VfN₄ <в/на> N₄）。双客体结构；两个客体分别为准对事、目的—位事；准对事所受语义限制较小，可以为具体事物或抽象概念、活动等，目的—位事为具体事物或有生客体；准对事由不带前置词的第四格表示，目的—位事由表示地点的"前—名"结构 <в/на> N₄表示，当目的—位事为人时，只能用"前—名"结构 <на> N₄来表达。同（2）一样强调行为终点，只不过这个终点可能位于人的内心或精神层面。例如，**Много на себя** берёшь（你承担的东西太多了）。

（4）弄到，得到（$N_1 VfN_4 <$из/с/у/от$> N_2$）。双客体结构；两个客体分别为受事、与事或来源；受事为具体事物或有生客体，与事为人或组织机构，来源为具体事物或抽象概念；受事由不带前置词的第四格表示，与事与来源由相应"前—名"结构$<$из/с/у/от$> N_2$表示。强调领属权的转让，与（1）的区别主要体现在受事语义覆盖范围的扩大上。例如，Тебе мнoго ещё нужно брать **от подруги**（你还需要从女朋友那里弄到许多东西）。

（5）征收（$N_1 VfN_4 <$за$> N_4$）。双客体结构；两个客体分别为价格、理由；价格为钱、资金、款项等事物，理由为所要得到的事物；价格由不带前置词的第四格表示，理由由"前—名"结构$<$за$> N_4$表示；转义后获得了类似заплатить（支付）的配位模式，理由被提升到论元结构中，与事或来源则退居背景。例如，**За запись** недорого берёт（报名登记费并不贵）。

（6）采掘，汲取，吸收（$N_1 VfN_4 <$из/с/у/от$> N_2$）。双客体结构；两个客体分别为受事、与事或来源；受事为具体事物或抽象概念，与事为人或组织机构，来源为具体事物或抽象概念；受事由不带前置词的第四格表示，与事、来源由相应"前—名"结构$<$из/с/у/от$> N_2$表示。与（4）相比，受事事物的范围进一步扩大，可以为抽象概念。例如，Писатель берёт **образы из жизни**（作家从生活中撷取形象）。

（7）攻占，占领（$N_1 VfN_4$）。单客体结构；客体为受事；受事为具体事物；受事由不带前置词的第四格表示；强调行为结果，与事退居背景。例如，Смелость **города** берёт（勇能克坚）。

（8）以（某种手段）达到目的（$N_1 VfN_5$）。单客体结构；客体为方式；方式为抽象概念，表示行为手段；方式由第五格表示；行为方式成为关注的焦点，受事、与事均退居情景背景。例如，Он берёт не **числом**, а **уменьем**（他胜在本事，而不是数量）。

（9）战胜，克服（$N_1 VfN_4$）。单客体结构；客体为受事；受事为具体事物或抽象概念；受事由不带前置词的第四格表示。与（7）的区别主要在于受事事物范围的扩大。例如，— По-моему, мы лишние на этом празднике жизни, — подвела я теоретическую базу под обнаруженную неспособность брать **барьер**（"我认为，在这个生命的节日里我们显得多余"，我试图为自己无力克服阻碍寻找理论依据）。

（10）（枪炮等）射到，（刀具等）好使（N₁Vf）。单客体结构；客体为行为工具；工具为枪、炮、刀具等事物；工具占据主语位置，由第一格表示；功能性结构，工具成为关注的焦点，占据主语位，原施事、受事、与事退居边缘位。例如，**Ружьё** так далеко не берёт（枪射不到那么远）。

（11）耗费，占用（N₁VfN₄）。单客体结构；客体为系事；客体为时间、空间等度量参数；客体由不带前置词的第四格表示；动词语义抽象化，转变为关系意义动词，客体语义角色发生变化。例如，Подготовка берёт много времени（准备工作要耗费很多时间）。

索取动词 брать 的各个义项中，(7)、(8)、(9)、(10)、(11) 均体现出题元数目的变化；(2)、(3)、(5)、(8)、(10)、(11) 体现出语义角色的变异；(3)、(4)、(5)、(6)、(9)、(11) 体现出客体题元次语义属性的迁移；(5)、(8) 着重体现出论元形式的变化；而角色配位的迁移在 (2)、(3)、(5)、(7)、(8)、(9)、(10)、(11) 中均有所体现。

本章小结

本章选取运动义多义动词、感知义多义动词、分裂义多义动词、言说义多义动词为对象，对俄语多义动词客体题元的层级化问题展开研究。着重分析了这些多义动词语义衍变过程中，其客体题元在各个层级上的变化和具体表现。具体分析中，我们首先分别对运动义、言说义、感知义和分裂义多义动词多义义位关系下的客体题元层级作出了总体化分析和描写，建立起对该类动词多义义位客体题元层级关系的总体认识，进而以其中的典型多义动词为载体，在其多义义位关系中进行客体题元层级化实证分析，逐一分析动词每一义项中客体题元在各个层级的功能和表现，然后整合分析动词各个义位同其本义之间在客体题元层级结构方面的关系。

概括题元层级上，多义动词的转义主要分两种情况：增加客体题元和减少客体题元。分裂义多义动词的语义最为丰富，两种情况均有所体现，部分分割与去除动词可以通过减少一个客体题元来使动词语义抽象化，部分分散动词语义抽象化则要通过增加客体题元来实现。单价运动义多义动词在转义过程中可能转变为二价动词，即由无客体向单客体结构转变，反过来，部分二价运动义多义动词也可以转变为单价动词，即由单客体结构变为无客体结构，此时动词多表达出现或消失的意义。感知义多义动词在转义过程中可能由单客体结构变为无客体结构，动词此时具有存在或出现意义，部分感知义动词可能在转变为心智行为动词的过程中增加一个客体题元，变为双客体结构。至于言语义多义动词，部分发声言语动词语义抽象化转义表达心智、情感行为，此时其语义配价结构中增加一个客体，而减少客体的情况多体现在部分言语动词转变为声响动词的情况下。

语义角色层级上，分裂义多义动词是典型的实体行为动词，许多分割与去除动词的语义配价结构中均可能出现成事客体，从而使动词语义增添一分"使成"意味。部分分隔与分散动词可能转义表示静态空间方位，客体题元随之变异为位事。运动义多义动词则常发生语义抽象化，当其转而表示关系意义时，其客体题元变异为系事，当其转而表示心智或情感意义时，其客体题元变异为内容或原因。感知义多义动词的转义也较为丰富，当其转而表示心智思维意义时，其客体题元变异为内容，当其转而表示关系意义时，其客体题元变异为系事。部分感知动词还可以向其他次类的实体行为动词转换，其客体题元可变异为受事。部分发声言语动词可能发生语义抽象化，客体题元随之变异为受事，此外，部分言语义多义动词也可能转入关系意义动词范畴，客体题元随之变异为系事。

次语义属性层级上，在这四类多义动词中，具体/抽象范畴的迁移都表现得极为积极。分裂义多义动词作为典型的实体行为动词，其大量成员都可以发生语义抽象化，客体题元也随之由具体转为抽象。此外，部分去除、分割动词可以表示"使受损"的意义，客体题元由无生变为有生，许多分裂义多义动词可以转义表示人际关系，客体题元由非人变为表人客体。运动义多义动词也是一样，大量该类动词都可以发生语义抽象化，表示各种思维、情感以及关系意义，客体题元也随之抽象化。部分运动义多义动词也可以转义表示人际关系意义，此时客体题元由非人变为表人客体。许多感知义多义动词也可能发生语义抽象化表示心智思维意义，客体题元也要随之发生抽象化，甚至可能具有命题意义。至于言语义多义动词，该类动词本身就是抽象动词，具体/抽象范畴在其转义过程中很难发挥作用，较为积极的范畴为非人/人。部分言语义多义动词转义表示情感时，客体题元随之转变为表人客体。

论元形式层级上，纯粹的论元形式变化造成的转义并不多见，论元形式上的变化多是概括题元、语义角色、次语义属性、角色配位等其他层级的变化带来的结果。去除、分割动词语义抽象化之后常伴随着客体题元论元形式的变化。运动义、感知义、言语义多义动词也是一样，其中，感知义多义动词转义表示心智意义时，其客体题元随之获得了心智行为动词客体题元的典型表达形式，即从句形式。

角色配位层级上，同许多双客体实体行为动词一样，去除动词语义配价结构中的两个客体均可能占据直接客体位，二者之间焦点的切换会对动词的语义造成一定的影响。部分分裂义多义动词转义表示生理活动时，客体题元为造成该生理活动的原因，可能占据主体位，借此凸显行为的不可控性。部分分裂义多义动词还可能具有功能性结构，即工具客体占据主体位，其余客体题元退居边缘位。运动义多义动词则主要通过行为的起点与终点在情景前景、背景之间切换实现角色配位的迁移。部分感知义多义动词可以表示"被感知到"的意义，即具有两种配位结构，在间接配位结构中客体题元被提升至主语位。言语义多义动词同运动义多义动词类似，角色配位的迁移主要表现在言语内容以及言语作用对象可以在情景前景、背景之间切换。

归结起来，以上四类多义动词中，分裂义多义动词、运动义多义动词与感知义多义动词均属于实体行为动词范畴，语义较为具体，客体多为具体事物。这三类多义动词都会发生语义抽象化，转义表示心智、情感活动或关系事件，客体题元的语义角色、次语义属性随之发生变化，客体题元的论元形式、角色配位也可能发生变化。其中，分裂义动词语义次类最多，转义和多义义位也最为丰富，角色配位迁移现象多见于双客体结构中。感知义多义动词与其他多义动词的不同之处在于，其各个语义次类之间能够发生相互转化，同时也能向实体行为动词的其他次类转化，客体题元的次语义属性和语义角色随之发生变化。言语义多义动词属于心智行为动词范畴，语义较为抽象，在转义上表现得没有其他三类动词积极，能够通过语义衍生向心智行为动词的其他次类或关系意义类动词转化，客体题元的语义角色、次语义属性随之发生变化。

结 束 语

客体本身是一种客观的存在，从语言学的事件语义表达关系上，客体构成动词命题语义的基本要件，在动词概念语义结构中有着不可替代的作用。如果说动词蕴含一个紧缩的命题，那么客体连同主体则构成了这一命题事件结构参与事体即情景参项的基本内容。从语义关系性质上讲，动词本身表达的是一个潜在的动作情景事件和概念结构，一方面它在表层体现上预示着这些情景关系内容的构成，另一方面还在深层语义上规定着这些关系的表达形式以及关系的性质。其中客体关系的表达构成了语言事件语义中最重要的环节之一，在主体—谓词—客体关系结构中应该对客体功能单位予以充分的重视。立足于此，本书在题元理论和语义句法理论框架内对客体题元的语言语义性能、特点以及它在不同层面的语义功能进行了深入分析和描写，建立并运用客体题元层级化分析理论方法体系，对俄语动词客体题元进行了语义句法方面的一体化研究。

本书所探讨的客体题元是指概括题元层级上的、与主体题元相对应的动词命题结构和句子语义结构的组成部分。除主体题元之外，动词题元结构中的其他必需语义成素均可以纳入客体题元范畴。从这一意义上讲，客体题元所涵盖的范围较广，其同动词命题、事件相关的语义句法性能表现突出、语言功能运作性强，不仅包含传统语法理论中谈及的客体位或补语成分，也包含受事客体、（广义）对象等概念所涵盖的语义内容。从一体化分析和句法—语义界面分析的维度审视客体题元现象为客体题元层级化分析方法奠定了基础。本书研究的核心思想是建立起客体题元层级化分析的理论构架，进而从俄语动词语义类别和多义动词义位的语义句法分析入手，对俄语客体题元展开层级化的实证研究。

首先，依据题元理论和层级化理论，建立起俄语客体题元的层级化分析构架。该理论构架由5个层级组成：概括题元层级、语义角色层级、次语义属性层级、论元形式层级以及角色配位层级。概括题元层级，即题元数目层级，在该层级上主要探讨的是谓词语义配价结构中包含的客体数目。语义角色层级主要揭示的是客体题元在整个谓词情境事件结构中所发挥的语义功能以及与其他结构成素之间的语义逻辑关系。本书专门针对客体题元提出了26个语义角色，并对这些语义角色逐一进行了描写和内涵界定。次语义属性层级，即题元词语义次范畴层级，该层级主要针对的是谓词对客体题元词的语义限制内容。这种语义限制可以被类型化，其中比较典型的包括具体/抽象、有生/无生、整体/局部等。论元形式层级揭示的是客体题元的形态—句法表达形式，以及不同表达形式之间的差异。角色配位是指客体题元语义角色在句子语义结构以及句法结构中成素之间的对应关系。角色配位层级所涵盖的范围较为广泛，既包含客体题元占据主体位的情况，也包含双客体结构中直接客体与间接客体句法占位以及客体题元在情景前景与背景之间相互切换的情况。角色配位层级所要解决的是那些无法单纯通过句法分析得到处理的语义—句法—交际界面的问题。

其次，在所建立的层级化理论体系基础上，分别从横向、纵向对俄语动词语义类别和动词多义义位中的客体题元展开研究。一方面，从横向上看，客体题元能够区分不同词汇语义类别的动词，可以将其视为动词语义划分的标准之一。本书以实体行为动词、心智行为动词、情感行为动词、关系意义动词为例，在这四类动词范围内分析、探讨了客体题元在每个类别内部的不同层级化表现。并且在每个词汇语义类别内部选取若干具有代表性的语义次类，分析了不同次类动词客体题元的具体语义表现，旨在深化客体题元的语言区分功能。另一方面，从纵向上看，客体题元能够描写、鉴别同一多义动词的不同义位，客体题元在某一层级上的参数变化成为动词语义衍生的标志之一。本书以运动义多义动词、感知义多义动词、言语义多义动词、分裂义多义动词为例，分别对客体题元在多义动词语义衍变过程中各个层级上的表现和相应语义区分功能、特点进行了详细分析和探讨。

总括全书，本研究可得出如下结论：

（1）客体题元是一个在语义、句法方面涉及较广的题元范畴，具有突出、鲜明的语义句法功能，在动词情境语义建构和事件语义表现中发挥着重要的作用，在动词语义类别、语义次范畴划分中是一个重要的参数，同时在动词多义义位的区分性语义描写中扮演着重要角色，通过客体题元的层级化分析可以有效地对不同动词范畴和动词多义的不同义位进行语义刻画和阐释。客体题元的层级化分析为动词语义研究提供了一个新的视角和强有力的分析手段。

（2）客体题元层级化分析运用于俄语动词语义类别的研究表明：实体行为语义类动词在客体题元的各个层级上都有十分积极的表现；心智行为动词在概括题元层、语义角色层、次语义属性层和论元形式层的表现都较为统一，而在角色配位层上的表现不突出，整体上进行角色转换的可能性较低；情感行为动词在概括题元层、语义角色层、次语义属性层和论元形式层都会有各自不同的表现，同时在角色配位层上的表现也十分活跃；关系意义动词在概括题元层、次语义属性层和论元形式层的表现较为统一，而在语义角色层和角色配位层的表现十分活跃。这些特点和彼此间差异都从客体题元属性和功能表现方面反映出四类动词的语义句法特点。该研究方法可运用于其他语义范畴动词的研究，对于动词语义范畴化理论研究具有积极的启迪意义。

（3）客体题元层级化分析运用于俄语多义动词的研究充分表明，动词多义衍变产生的不同义位可以通过客体题元的层级分析进行行之有效的语义刻画和描写，动词不同义位总可以在客体题元的某个层级中找出相应差异：一方面，多义动词不同义位之间的语义差别总可以在客体题元层级化体系的某一层级中体现出来；另一方面，在上一层级中已经体现出差别的动词义位还可以在下一层级或后面的其他层级中进一步表现出彼此之间语义的不同。该层级化分析方法可以运用于动词之外的其他词汇语义类别，如名词、形容词等多义性词汇单位的语义研究。

（4）客体题元层级化体系中，概括题元层、语义角色层和次语义属性层所体现的是题元的语义功能关系。其中概括题元层主要发挥的是语义总括和命题框架建构的作用，在题元数目的区分上发挥积极作用，它从语义概括方面反映事件参项之间的功能关系结构特点，便于从语义总体上察看动词事件的语义关系。语义角色层反映动词情景参与者的类型化语义身份，在题元的具体语义功能角色关系上体现动词事件结构的语义关系，动词不同语义类别和多义义位在语义角色层有十分积极的表现，而由于动词语义事件和动作客观事理的复杂性，准确分析、描写和提取、定义动词语义中的客体题元角色显得十分重要，但与此同时，泾渭分明地划分和精确定位客体语义角色往往有一定的难度，因此，必须结合动词语义特点对其事件语义进行深入细致的分析，这也是句法语义理论和语义精细化描写理论所面临的一项重要研究任务。次语义属性层是从选择限制角度对客体题元名词概念化范畴语义特征的抽象和概括，同时也是动词命题结构和事件语义关系对客体题元名词的所作的语义特征要求和语义范围规定。

（5）客体题元层级体系中，论元形式层所表现和反映的属于客体题元的形式结构关系内容，该层级通过题元的形态—句法功能体现客体题元的表层形式特征。俄语客体题元的论元形式十分丰富，它在动词不同语义范畴和动词多义语义关系的形式关系区分性描写中扮演重要角色。一方面，动词语义类别的客体论元形式类别有所不同或者总会在论元形式某一句法行为中得到反映；另一方面，动词多义的不同义位在动词客体题元的形式特征区别层面有十分清晰的体现，并且由于俄语客体题元的句法表达手段发达，相应地，其论元形式差别往往还表现出一定的复杂性和多样性，由此也增强了动词多义义位差别的语义辨识度。

（6）客体题元层级体系中，角色配位层是一个较为特殊的题元关系层次。角色配位是一个多功能关系的综合体，它从语义、句法、交际功能角色的对应性和转换关系方面反映客体题元的语言功能和属性。一方面，角色配位通过客体题元的语法形态形式和句法身份功能表征的转换反映其语义功能角色的转换和对应形式；另一方面，角色配位通过动词事件结构中客体题元交际语义角色的交换和交际功能身份的显隐来反映动词语义关系的不同。凭借其独特、鲜明的句法—语义和交际功能特征，角色配位成为俄语动词语义类别和动词多义不同义位的语义分析中重要而独特的一个环节，尤其在多义动词的语义区分和描写中有着不可取代的价值。

本书以系统化视野、整体化格局和层级化手段创新性地提出并建立起俄语客体题元的层级化研究方法体系，运用该层级化理论针对俄语客体题元进行了系统化分析，这在一定程度上丰富了题元理论研究的内容，它从概括题元的有效运用、语义角色的深度分析、次语义属性的充分调动和激活、论元形式的句法行为效应以及角色配位的功能转换等方面极大地拓宽了动词题元结构的研究思路，为动词题元理论研究找到了一个新的突破口，同时为动词句子语义研究和动词事件语义的精细化描写开辟了新的路径，赋予动词多义性的研究以新的面貌，显示出本研究突出的创新意义和价值。

但由于作者资历尚浅、理论积淀有限，加之时间、精力和篇幅限制，一些问题尚未得到深入揭示，同时也留下了后续的一些相关思考：

（1）题元层级系统中，角色配位层同交际语义因素相关，是一个较为独特的层级，动词角色配位迁移的深层原因是说话人对各个语义成素交际等级的重新规划和配置，那么是否应该将与此相关的交际结构同样作为一个独立层次纳入客体题元层级化架构之中？另外，它在整个层级体系中应该处于什么位置？显然这也是题元层级分析中亟待解决的问题。

（2）本书在配价理论、题元角色、语义格理论基础上，对俄语动词情境事件中的语义角色进行了分析，但由于动词语义本身的丰富、复杂性以及语料分析深度和解读深度的制约，所提出的语义角色清单可能并不完全符合本文所分析动词的客观语义实际，也可能存在一些语义角色划分不太准确或定位不够清晰的地方。

（3）本书借助语法语义中的词汇—语法类别特征、范畴化词汇语法语义特征和题元参项分类类别（特征）对客体题元的次语义属性进行了分析，但由于该题元参数一定程度上在语法和语义之间的游离、不定性，加之笔者在文献占有、语料把握方面存在一定的局限性，对其中的一些具体次语义属性的描写、界定和对其语言实质的认识（包括对个别次语义属性之间关系的认识）以及划分、认定方面可能还有疏漏、片面的地方。

本书关于俄语客体题元层级化的研究尚存在一些不足，语言语义中客体题元的许多相关理论问题仍有待进一步深入、细致展开。

可以预期，随着句法语义、认知语义、构式语法以及界面理论研究的进一步深化和不断推进，题元理论研究将受到学界更多的关注和重视，客体题元的层级化研究相应地也会不断深入，其功能地位将会得到进一步加强，客体题元的理论研究将朝着同句法、认知、语用等方面深度融合的方向，全方位推进语义句法理论和句子语义理论的研究。

参考文献

［俄］Ю. Д. 阿普列相：《语言整合性描写与体系性词典学》，杜桂枝译，北京大学出版社 2011 年版。

蔡晖：《词汇语义的动态模式——一个值得关注的语义研究新视角》，《中国俄语教学》2007 年第 4 期。

蔡晖：《词义研究的参数化》，《外语学刊》2009 年第 1 期。

蔡晖：《试论 диатеза》，《中国俄语教学》2009 年第 1 期。

蔡晖：《试论俄语动词的主题类别》，《中国俄语教学》2010 年第 2 期。

蔡晖：《词义动态模式研究参数之一——动词的分类范畴》，《解放军外国语学院学报》2010 年第 3 期。

蔡晖：《Е. В. Падучева 词汇语义动态模式的研究特色与创新价值》，《外语学刊》2010 年第 5 期。

蔡晖：《俄语运动动词的静态语义衍生》，《解放军外国语学院学报》2011 年第 6 期。

蔡晖：《多义词研究的崭新视角——Е. В. Падучева 词义动态模式系列研究之二》，《外语学刊》2011 年第 4 期。

蔡晖：《俄罗斯词汇语义知识库——〈词典人〉语言工程》，《中国俄语教学》2012 年第 3 期。

蔡晖：《俄语覆盖类动词有规律的多义聚合体》，《外语学刊》2013 年第 3 期。

蔡晖：《俄语声响动词的规律性多义聚合体》，《解放军外国语学院学报》2013 年第 5 期。

蔡晖：《俄语情感动词的语义聚合体》，《中国俄语教学》2014 年第 4 期。

蔡晖：《试论语义衍生》，《中国俄语教学》2015 年第 4 期。

参考文献

曹火群:《题元角色:句法语义接口研究》,博士学位论文,上海外国语大学,2009年。

陈昌来:《现代汉语动词的句法语义属性研究》,学林出版社2002年版。

陈国亭:《俄、汉语SVO句中客体题元和被动意义的形态标记》,《中国俄语教学》2003年第2期。

陈国亭:《俄汉语词组合与构句》,商务印书馆2004年版。

杜桂枝:《俄语动词词汇语义组》,《中国俄语教学》1996年第3期。

杜桂枝:《俄语多义词转义过程的认知语义分析》,《解放军外国语学院学报》2002年第5期。

杜桂枝:《再论动词语义配价、支配模式与句子题元结构》,《中国俄语教学》2018年第3期。

付兴尚:《俄语动词分类系统的建构和操作》,《解放军外语学院学报》1998年第3期。

高明乐:《题元角色与题元角色理论》,《现代外语》2003年第2期。

高明乐:《题元角色的句法实现》,中国社会科学出版社2004年版。

葛晶:《整合性描写棱镜下的词汇多义性》,《中国俄语教学》2011年第1期。

顾阳:《论元结构理论介绍》,《国外语言学》1994年第1期。

郝斌:《俄语简单句的语义研究》,黑龙江人民出版社2002年版。

华劭:《语言经纬》,商务印书馆2003年版。

华劭:《当代中国俄语名家学术文库——华劭集》,黑龙江大学出版社2007年版。

华劭:《论词的搭配限制》,《中国俄语教学》2012年第2期。

胡裕树、范晓:《动词研究》,河南大学出版社1995年版。

黄正德:《汉语动词的题元结构与其句法表现》,《语言科学》2007年第4期。

[英]杰弗里·N.利奇:《语义学》,李瑞华等译,上海外语教育出版社1987年版。

[苏]库兹涅仁娃:《俄语词汇学》,倪波、王志伟译,上海外语教育出版社1988年版。

李临定:《现代汉语动词》,中国社会科学出版社1990年版。

李红儒:《俄语中的使役动词》,《中国俄语教学》1994年第4期。

李红儒：《感知命题意向谓词》，《外语学刊》2003年第2期。

李洪儒：《意见命题意向谓词语句的一般特点》，《中国俄语教学》2006年第4期。

李洪儒：《意见命题意向谓词与客体命题的类型——语言哲学系列探索之五》，《外语学刊》2006年第5期。

李洪儒：《意见命题意向谓词与命题的搭配——语言哲学系列探索之六》，《外语学刊》2007年第4期。

李侠：《配位结构、词汇语义与词典释义》，《外语学刊》2012年第6期。

李战国：《关于俄语动词的语义分类问题》，《解放军外语学院学报》1992年第3期。

鲁川、林杏光：《现代汉语语法的格关系》，《汉语学习》1989年第5期。

鲁川、张秀梅、庄奇：《谓语的语义分类和语义组合模式》，《汉语学习》1993年第4期。

鲁川、缑瑞隆、刘钦荣：《交易类四价动词及汉语谓词配价的分类系统》，《汉语学习》2000年第6期。

陆俭明：《现代汉语语法研究教程》，北京大学出版社2019年版。

吕叔湘主编：《现代汉语八百词》，商务印书馆1980年版。

吕叔湘等著，马庆株编：《语法研究入门》，商务印书馆1999年版。

孟英丽、王利众、孙晓薇：《俄语动词》，哈尔滨工业大学出版社2008年版。

宁琦：《俄语中语义与搭配的关系分析》，《外语学刊》2007年第2期。

［俄］Е. В. 帕杜切娃：《词汇语义的动态模式》，蔡晖译，北京大学出版社2011年版。

彭玉海：《论题元》，《中国俄语教学》1998年第2期。

彭玉海：《俄语动词语义结构层级性分布分析方略》，《外语学刊》1999年第3期。

彭玉海：《再论俄语动词整合研究》，《外语学刊》1999年第4期。

彭玉海：《俄语物理动词语义—句法整合描写》，《外语学刊》2000年第2期。

彭玉海：《论客体题元》，《中国俄语教学》2000年第3期。

彭玉海：《俄语动词（句）语义的整合研究》，黑龙江人民出版社2001年版。

彭玉海:《试论题元语义次范畴性质》,《四川外语学院学报》2001年第1期。
彭玉海:《整合描写理论与动词分类范畴》,《福建外语》2001年第3期。
彭玉海:《试谈配价与题元的关系》,《中国俄语教学》2001年第3期。
彭玉海:《俄语感情动词的整合研究》,《当代语言学》2001年第3期。
彭玉海:《谈动词的兼容共现性》,《四川外语学院学报》2001年第6期。
彭玉海:《俄语动词词汇信息库》,《中国俄语教学》2000年第1期。
彭玉海:《俄语动词范畴与语言理论体系》,《外语学刊》2003年第2期。
彭玉海:《题元与俄语语义理论》,《外语学刊》2003年第4期。
彭玉海:《俄语题元理论》,黑龙江人民出版社2004年版。
彭玉海:《谈语义成素的隐现问题》,《中国俄语教学》2004年第2期。
彭玉海:《俄语关系意义动词及其语义分析》,《外语与外语教学》2004年第10期。
彭玉海、李恒仁:《语言语义探微》,黑龙江人民出版社2006年版。
彭玉海:《论语义变异的理据——词汇语义的动态作用机制》,《中国外语》2007年第4期。
彭玉海:《俄罗斯语言学家 В. Г. Гак 的研究述评》,《当代语言学》2007年第4期。
彭玉海:《动宾构造的集成描写》,《外语学刊》2007年第5期。
彭玉海:《俄语语义—句法集成描写模式》,黑龙江人民出版社2008年版。
彭玉海:《论题元重合》,《中国俄语教学》2008年第3期。
彭玉海、黄东晶:《集成描写理论视野中的副题元句法语义性能考察——兼议语义信息的动态分析》,《外语学刊》2008年第4期。
彭玉海:《语义动态分析方法探索》,中国社会科学出版社2009年版。
彭玉海:《动词语义变化的多向位阐释》,《中国俄语教学》2009年第2期。
彭玉海:《语言语义的集成描写研究:基于MSS理论原则的句法——语义界面探索》,中国社会科学出版社2013年版。
彭玉海:《论动词隐喻意义的形式实现——动词多义性的集成描写》,《东北亚外语研究》2014年第1期。
彭玉海、王洪明:《动词隐喻的隐性语义错置》,《解放军外国语学院学报》2015 年第 1 期。
彭玉海：《俄语动词认知隐喻机制研究》，中国社会科学出版社 2018 年版。
[美] 乔姆斯基：《句法理论的若干问题》，黄长著、林书武、沈家煊译，中国社会科学出版社 1986 年版。
[俄] И. Б. 沙图诺夫斯基：《句子语义与非指称词 意义·交际域·语用》，薛恩奎译，北京大学出版社 2011 年版。
沈家煊：《句式和配价》，《中国语文》2000 年第 4 期。
沈家煊：《动结式"追累"的语法和语义》，《语言科学》2004 年第 6 期。
沈阳：《动词的题元结构与动词短语的同构分析》，《世界汉语教学》1997 年第 4 期。
沈阳主编：《配价理论与汉语语法研究》，语文出版社 2000 年版。
沈阳、郑定欧主编：《现代汉语配价语法研究》，北京大学出版社 1995 年版。
隋然：《现代俄语语义及语用若干问题研究》，首都师范大学出版社 2002 年版。
孙蕾：《移动动词的指示性——俄、英、汉移动动词对比分析》，《外语学刊》2003 年第 2 期。
孙敏庆：《俄语感知动词语义研究》，博士学位论文，黑龙江大学，2014 年。
孙淑芳：《俄语祈使言语行为研究》，黑龙江人民出版社 2001 年版。
孙淑芳：《言语行为动词的语义阐释》，《外语学刊》2009 年第 6 期。
孙淑芳、孙敏庆：《俄语感知动词构词语义问题探究》，《外语学刊》2013 年第 5 期。
王葆华：《动词的词汇语义与论元表达之关系——兼谈动词意义的原型效应和家族相似性》，《汉语学报》2006 年第 1 期。
王洪轩：《动词语义分类举要》，《河北大学学报》1987 年第 2 期。
王铭玉：《动词不定式与运动动词的功能语义搭配》，《解放军外语学院学报》1994 年第 3 期。
王莹：《现代汉语言语动词研究》，《南开语言学刊》2005 年第 2 期。
王振亚：《英语言语动词研究》，《外语学刊》1992 年第 1 期。
王志坚：《再论角色配位》，《外文研究》2014 年第 3 期。

文旭：《运动动词"来/去"的语用意义及其指示条件》，《外语教学与研究》2007年第2期。

吴贻翼：《俄语中动词的顺向配价和逆向配价》，《中国俄语教学》2000年第3期。

吴贻翼：《俄语的配价语法和述体中心论》，《俄罗斯文艺》2000年第S1期。

吴剑锋：《现代汉语言说动词研究概观》，《现代语文》2009年第2期。

吴剑锋：《显性施为式"我+言说动词"的构式分析》，《现代外语》2011年第2期。

吴为章：《"动词中心说"及其深远影响——〈中国文法要略〉学习札记》，《语言研究》1994年第1期。

吴哲：《现代俄语词汇的多义性研究》，商务印书馆2007年版。

伍谦光编著：《语义学导论》，湖南教育出版社1988年版。

信德麟、张会森、华劭编：《俄语语法》，外语教学与研究出版社2009年第2版。

徐峰：《汉语配价分析与实践——现代汉语三价动词探索》，学林出版社2004年版。

徐峰：《现代汉语置放类动词及其语义次范畴》，《汉语学习》1998年第2期。

徐烈炯：《语义学》，语文出版社1990年版。

徐烈炯、沈阳：《题元理论与汉语配价问题》，《当代语言学》1998年第3期。

徐盛桓：《试论英语双及物构块式》，《外语教学与研究》2001年第2期。

徐盛桓：《相邻关系视角下的双及物句再研究》，《外语教学与研究》2007年第4期。

徐英平：《俄汉语移动动词路径语义要素的多维认知》，《中国俄语教学》2012年第1期。

薛恩奎：《俄语中多义现象和语义构词》，《中国俄语教学》2009年第4期。

薛恩奎：《动词的语义范畴与句法模式》，《外语学刊》2011年第5期。

薛恩奎：《感知系统词汇化及其语义—句法关系分析》，《外语学刊》2014年第6期。

严辰松:《运动事件的词汇化模式——英汉比较研究》,《解放军外语学院学报》1998年第6期。

严辰松:《"给予"双及物结构中的转喻》,《外语学刊》2007年第2期。

易绵竹:《俄语动词性句子语义结构描写的原则》,《外语学刊》1994年第3期。

袁毓林:《论元角色的层级关系和语义特征》,《世界汉语教学》2002年第3期。

袁毓林:《语义角色的精细等级及其在信息处理中的应用》,《中文信息学报》2007年第4期。

袁毓林:《汉语配价语法研究》,商务印书馆2010年版。

袁毓林:《论元角色的层级关系和语义特征》,《世界汉语教学》2002年第3期。

袁毓林、郭锐主编:《现代汉语配价语法研究》(第二辑),北京大学出版社1998年版。

张伯江:《现代汉语的双及物结构式》,《中国语文》1999年第3期。

张伯江:《施事角色的语用属性》,《中国语文》2002年第6期。

张国宪:《有关汉语配价的几个理论问题》,《汉语学习》1994年第4期。

张家骅:《语法·语义·语用——现代俄语研究》,黑龙江人民出版社2000年版。

张家骅:《俄汉动词语义类别对比述要》,《外语学刊》2000年第2期。

张家骅:《词汇语义因素的交际功能转换》,《外语学刊》2000年第4期。

张家骅:《〈俄罗斯当代语义学〉前言》,《中国俄语教学》2003年第3期。

张家骅:《莫斯科语义学派的配价观》,《外语学刊》2003年第4期。

张家骅:《莫斯科语义学派的理论要点》,《中国外语》2006年第3期。

张家骅:《语义配价合并》,《中国俄语教学》2007年第2期。

张家骅:《俄汉语中的语义配价分裂现象》,《外语学刊》2008年第4期。

张家骅:《"知道"与"认为"句法差异的语义、语用解释》,《当代语言学》2009年第3期。

张家骅:《俄罗斯语义学:理论与研究》,中国社会科学出版社2011年版。

张家骅:《建构详解组合词典的相关语言学概念再阐释》,《外语学刊》

2014 年第 6 期。

张家骅、彭玉海、孙淑芳、李红儒:《俄罗斯当代语义学》, 商务印书馆 2005 年版。

张云秋:《现代汉语受事宾语句研究》, 学林出版社 2004 年版。

郑秋秀:《论配价、题元及句式》,《外语学刊》2011 年第 1 期。

朱德熙:《语法讲义》, 商务印书馆 1982 年版。

朱佳蕾、胡建华:《概念—句法接口处的题元系统》,《当代语言学》2015 年第 1 期。

Абрамов, В. П., "Выражение передачи глаголами, смежными с классом глаголов передачи", в Новиков, Л. А., *Лингвистическая семантика и логика*, М.: Просвещение, 1983.

Алиева, Н. В., *Индонезийский глагол. Категория переходности*, М.: Наука, 1975.

Алиева, М. П., *Типы объектных отношений и средства их выражения в современном русском языке*, М.: Наука, 1989.

АН СССР., *Русская грамматика (Том 2)*, М.: Наука, 1980.

Антонова, С. М., *Глаголы говорения-динамическая модель языковой картины мира: опыт когнитивной интерпретации*, Гродно: ГрГУ, 2003.

Апресян, Ю. Д., *Лексическая семантика: Синонимические средства языка*, М.: Наука, 1974.

Апресян, Ю. Д., "Принципы семантического описания единиц языка", в Tartu Ülikool, *Семантика и представление знаний. Труды по искусственному интеллекту II*, Тарту: ТГУ, 1980.

Апресян, Ю. Д., "Лексикографические портреты", *Научно-техническая информация*, Сер., 2, No. 3, 1992.

Апресян, Ю. Д., *Избранные труды, том I. Лексическая семантика: Синонимические средства языка. 2-е издание, исправленное и дополненное*, М.: Школа «Языки русской культуры», Издательская фирма «Восточная литература» РАН, 1995a.

Апресян, Ю. Д., *Избранные труды, том II. Интегральное описание языка и системная лексикография*, М.: Школа «Языки русской культуры», 1995b.

Апресян, Ю. Д., "Значение и употребление", *Вопросы языкознания*, No. 4, 2001.

Апресян, Ю. Д. и др., *Новый объяснительный словарь синонимов русского языка. Второе издание, исправленное и дополненное*, М.: Языки славянской культуры, 2003.

Апресян, Ю. Д., "Типы соответствия семантических и синтаксических актантов", в Российская Академия наук Институт лингвистических исследований РАН. Петербургское лингвистическое общество, *Проблемы типологии и общей лингвистики*, СПб.: Общество с ограниченной ответственностью "Нестор-История", 2006.

Апресян, Ю. Д., Богуславский И. М., Иомдин Л. Л., Санников В. З., *Теоретические проблемы русского синтаксиса: Взаимодействие грамматики и словаря*, М.: Языки славянских культур, 2010.

Арутюнова, Н. Д., *Предложение и его смысл*, М.: Наука, 1976.

Арутюнова, Н. Д., "К проблеме функциональных типов лексического значения", в Арутюнова Н. Д., А. А. Уфимцева, ред., *Аспекты семантических исследований*, М.: Наука, 1980.

Арутюнова, Н. Д., Ширяев, Е. Н., *Русское предложение. Бытийный тип*, М.: Наука, 1983.

Арутюнова, Н. Д., *Типы языковых значений: Оценка. Событие. Факт*, М.: Наука, 1988.

Арутюнова, Н. Д., *Язык и мир человека*, М.: Школа «Языки русской культуры», 1999.

Бабенко, Л. Г., Волчкова, И. М. и др., *Толковый словарь русских глаголов: Идеографическое описание*, М.: АСТ-ПРЕСС КНИГА, 2009.

Балли, Ш., *Общая лингвистика и вопросы французского языка*, М.: Издательство иностранной литературы, 1955.

Бахтина, В. П., "К семантической характеристике глаголов речи в русском языке", в Собинникова В. И., ред., *Материалы по русскому и славянскому языкознанию*, Воронеж: Изд-во Воронежского ун-та, 1963.

Белошапкова, В. А., Бабина, М. М., "К вопросу о семантическом субъекта", *Вопросы языкознания*, No. 5, 1984.

Богданов, В. В., *Семантико-синтаксическая организация предложения*, М.: Ленинград: Издательство Ленинградского Университета, 1977.

Богданов, Л. И., . *Зависимость формы актантов от семантических свойств русских глаголов*, М.: Диалог-МГУ, 1998.

Богуславский, И. М., *Исследование по синтаксической семантике*, М.: Наука, 1985.

Бондарко, А., Буланин, Л., *Русский глагол*, Л.: Просвещение, Ленинградское отделение, 1967.

Бондарко, А. В., *Теория морфологических категорий*, Л.: Наука, 1976.

Бондарко, А. В., *Функциональная грамматика*, Л.: «Наука» Ленинградское отделение, 1984.

Бондарко, А. В., *Основы функциональной грамматики. Персональность. Залоговость*, СПб.: Наука, 1991.

Бондарко, А. В., "Субъектно-предикатно-объектные ситуации", в Бондаренко, А. В., Гладров Вольфганг, Долинина, И. Б., *Теория функциональной грамматики. Субъектность. Объектность. Коммуникативная перспектива высказывания. Определённость/неопределённость*, СПб.: Наука, 1992.

Бондарко, А. В., *Проблемы грамматической семантики и русской аспектологии*, СПб: Издательство С-Петербургского университета, 1996.

Бондарко, А. В., *Теория значения в системе функциональной грамматики: На материале русского языка*, М.: Языки славянской культуры, 2002.

Булыгина, Т. В., *К построению типологии предикатов в русском языке// Семантические типы предикатов*, М.: Наука, 1982.

Булыгина, Т. В., Шмелев, А. Д., *Языковая концептуализация мира: на материале русской грамматики*, М.: Языки русской культуры, 1997.

Васильев, Л. М., "Семантические классы глаголов чувства, мысли и речи", в Васильев, Л. М., ред., *Очерки по семантике русского глагола*, Уфа: Изд-во Башкирского госуниверситета, 1971.

Васильев, Л. М., *Семантика русского глагола*, М.: Наука, 1981.

Васильев, Л. М., *Современная лингвистическая семантика*, М.:

Высшая школа, 1990.

Вендлер, З., "Причинные отношения", в Петров, В. В., ред., *Новое в зарубежной лингвистике. Вып. 18*, М.: Прогресс, 1986.

Вендлер, З., "Факты в языке", в Горский, Д. П., Петров, В. В., ред., *Философия, логика, язык*, М.: Прогресс, 1987.

Виноградов, В. В., *Русский язык*, М.: Учпедгиз, 1947.

Виноградов, В. В., *Избранные труды: лексикология и лексикография*, М.: Наука, 1977.

Гак, В. Г., "К проблеме семантической синтагматики", в Шаумян, С. К., *Проблемы структурной лингвистики*, М.: Наука, 1972.

Гак, В. Г., *Очерк функциональной грамматики французского языка*, М.: Просвещение, 1974.

Гак, В. Г., "К типологии функциональных подходов к изучению языка", в Ярцева, В. Н., *Проблемы функциональной грамматики*, М.: Наука, 1985.

Гак, В. Г., под ред. Ярцева В. Н., *Лексическое значение слова//Большой энциклопедический словарь. Языкознание*, М.: Научное Изд., Большая российская энциклопедия, 1998.

Гловинская, М. Я., "Русские речевые акты и вид глагола", в Арутюнова, Н. Д., ред., *Логический анализ языка. Модели действия*, М.: Наука, 1992.

Глейбман, Е. В., *Аспекты глагольной семантики: (На материале фр. яз.)*, Кишинев: Штиинца, 1983.

Золотова, Г. А., *Очерк функционального синтаксиса русского языка*, М.: Наука, 1973.

Золотова, Г. А., *Коммуникативные аспекты русского синтаксиса*, М.: Наука, 1982.

Золотова, Г. А., Онипенко, Н. К. и др., *Коммуникативная грамматика русского языка*, М.: Языки славянской культуры, 1998.

Иорданская, Л. Н., *Попытка лексикографического толкования группы русских слов со значением чувств//Машинный перевод и прикладная лингвистика*, М.: МГПИИЯ, 1971.

Кацнельсон, С. Д., *Типология языка и речевое мышление*, Л.: Наука, 1972.

Кацнельсон, С. Д., "К понятию типов валентности", *Вопросы языкознания*, No. 3, 1987.

Кибрик, А. Е., "Внешний посессор как результат расщепления валентности", в Иомдин, Л. Л., Крысин, Л. П., *Слово в тексте и в словаре//Сб. ст. к семидесятилетию Ю. Д. Апресяна*, М.: Языки русской культуры, 2000.

Кибрик, А. Е., *Константы и переменные языка*, СПб.: Алетейя, 2003.

Кибрик, А. Е., Брыкина, М. М., Хитров, А. Н., "Опыт фронтального корпусного исследования конструкций с внутренним и внешним посессором", в Кобозева, И. М., ред., *Компьютерная лингвистика и интеллектуальные технологии: Труды международной конференции «Диалог' 2004»*, М.: Наука, 2004.

Кобозева, И. М., *Лингвистическая семантика*, М.: Наука, 2000.

Кронгауз, М. А., *Приставки и глаголы в русском языке: Семантическая грамматика*, М.: Школа «Языки русской культуры», 1998.

Кронгауз, М. А., *Семантика*, М.: Издательский центр «Академия», 2005.

Кузнецов, С. А., ред., *Большой толковый словарь русского языка*, СПб.: Норинт, 2000.

Кузнецова, Э. В., *Лексикология русского языка: Учеб. пособие для филол. фак. ун-тов.*, М.: Высшая школа, 1989.

Мельчук, И. А., *Русский язык в модели «Смысл↔Текст»*, М.: Школа "Языки русской культуры", 1995.

Мельчук, И. А., *Опыт теории лингвистических моделей «Смысл ↔ текст»*, М.: Язык русской культуры, 1999.

Мельчук, И. А., Холодович, А. А., "К теории грамматического залога", *Народы Азии и Африки*, No. 4, 1970.

Мельчук, И. А., Жолковский, А. К., *Толково-комбинаторный словарь современного русского языка. Опыты семантико-синтаксического описания русской лексики*, Вена: Wiener Slawistischer Almanach, Sonderband 14, 1984.

Муравенко, Е. В., "О случаях нетривиального соответствия семантических и снитаксических валентностей глагола", в Успенский, В. А., ред., *Семиотика и информатика.* Вып. 36, М. : Языки русской культуры, 1988.

Мустайоки, А., *Теория функционального синтаксиса: от семантических структур к языковым средствам*, М. : Языки славянской культуры, 2006.

Мухин, А. М., "Валентность и сочетаемость глаголов", *Вопросы языкознания*, No. 6, 1987.

Новиков, Л. А., *Семантика русского языка*, М. : Высшая школа, 1982.

Новиков, Л. А., *Современный русский язык. Теоретический курс. Лексикология*, М. : Русский язык, 1987.

Падучева, Е. В., *О семантике синтаксиса*, М. : Наука, 1974.

Падучева, Е. В., *Высказывание и его соотнесенность с действительностью*, М. : Наука, 1985.

Падучева, Е. В., "О семантическом инварианте лексической деривации", *Вопросы языкознания*, No. 6, 1993.

Падучева, Е. В., *Семантические исследования*, М. : Языки русской культуры, 1996.

Падучева, Е. В., "Глаголы создания образа: лексическое значение и семантическая деривация", *Вопросы языкознания*, No. 6, 2003.

Падучева, Е. В., *Динамические модели в семантике лексики*, М. : Языки славянской культуры, 2004.

Падучева, Е. В., *О семантике синтаксиса: материалы к трансформационной грамматике русского языка*, М. : URSS, 2009.

Падучева, Е. В., *Семантические исследования*, М. : Языки славянской культуры, 2010.

Пешковский, А. М., *Русский синтаксис в научном освещении.* 7-е изд., М. : Учпедгиз, 1956.

Потаенко, Н. А., *Время в тексте. Уч. пособие по спецкурсу*, Пятигорск: ПГЛУ, 1996.

Потебня, А. А., *Из записок по русской грамматике.* том IV, М. : Издательство АН СССР, 1941.

Рахилина, Е. В., "Отношение принадлежности и способы его выражения в русском языке (дательный посессивный)", *Автоматизация обработки* текста, No. 2, 1995.

Реформатский, А. А., *Введение в языкознание*, М. : Аспект Пресс, 1998.

Розина, Р. И., "Движение в физическом и ментальном пространстве", в Арутюнова, Н. Д., Шатуновский, И. Б., *Логический анализ языка: Языки динамического мира*, М. : ИЯ РАН, 1999.

Селиверстова, О. Н., "Второй вариант классификационной сетки и описание некоторых предикатных типов русского языка", в Селиверстова, О. Н., ред., *Семантические типы предикатов*, М. : Наука, 1982.

Селиверстова, О. Н., *Труды по семантике*, М. : Языки славянской культуры, 2004.

Степанов, Ю. С., *Методы и принципы современной лингвистики*, М. : Наука, 1975.

Степанов, Ю. С., *Имена. Предикаты. Предложение*, М. : Наука, 1981.

Сусов, И. П., *Введение в языкознание*, М. : АСТ: Восток—Запад, 2007.

Теньер, Л., *Основы структурного синтаксиса: Пер. с франц. Редкол. : Г. В. Степанов (пред.) и др.; Вступ. ст. и общ. ред. В. Г. Гака*, М. : Прогресс, 1988.

Филлмор Ч., "Дело о падеже", в Звегинцева, В. А., ред., *Новое в зарубежной лингвистике. Вып. 10*, М. : Прогресс, 1981.

Филлмор, Ч., "Основные проблемы лексической семантики", в Звегинцева, В. А., ред., *Новое в зарубежной лингвистике Вып. 12*, М. : Радуга, 1983.

Холодович, В. С., *Проблемы общей русской грамматики*, М. : Наука, 1979.

Шатуновский, И. Б., *Семантика предложения и нереферентные слова*, М. : Школа «Языки славянских культур», 1996.

Шведова, Н. Ю., "О соотношении грамматической и семантической структуры предложения", в Бернштейн, С. Б. и др., ред., *Славянское языкознание*, М. : Наука, 1973.

Шведова, Н. Ю., "О соотношении грамматической и семантической структуры предложения", в Борковский, В. И. и др., ред., *Славянское языкознание*, М. : Наука, 1977.

Шведова, Н. Ю., Копорская, Е. С., Габучан, К. В. и др., *Русский семантический словарь том Ⅳ глагол*, М.: РАН Ин-т рус. яз., 2007.

Шмелёв, Д. Н., *Очерки по семасиологии русского языка*, М.: Просвещение, 1964.

Шмелёв, Д. Н., *Проблемы семантического анализа лексики*, М.: Наука, 1973.

Щерба, Л. В., *Языковая система и речевая деятельность*, М.: Едиториал УРСС, 2004.

Якобсон, Р. О., *Избранные работы. Переводы из английского, немецкого и французского языков*, М.: Прогресс, 1985.

Ярцева, В. Н., ред., *Большой энциклопедический словарь Языкознание*, М.: Научное издательство «Большая Российская энциклопедия», 1998.

Austin, J., "The Meaning of a Word", in Urmson J. O., Warnock, G. J., eds., *Philosophical Papers of J. L. Austin*, Oxford: Clarendon Press, 1961.

Chaffin, R., Herrmarm, D., "Similarity and Diversity of Semantic Relations", *Memory and Cognition*, No. 12, 1984.

Chomsky, N., *Syntactic Structure*, Cambridge, Mass.: MIT Press, 1957.

Chomsky, N., *A Minimalist Program for Linguistic Theory*, Cambridge, Mass.: MIT Press, 1992.

Cook, W. A., *Case Grammar Theory*, Washington: Georgetown University Press, 1989.

Dowty, D. R., "Thematic Proto-Roles and Argument Selection", *Language*, Vol. 67, No. 3, 1991.

Fillmore, Ch. J., *The Case for Case: Universals in Linguistic Theory*, New York: Holt, Rinehart and Winston, 1968.

Fillmore, C. J., Kay, P., O'Conner, C., "Regularity and Idiomaticity in Grammatical Constructions: The Case of Let Alone", *Language*, No. 3, 1988.

Forsyth, J., *A Grammar of Aspect: Usage and Meaning in the Russian Verb*, Cambridge: Cambridge University Press, 1970.

Goldberg, A. E., "Verbs, Constructions and Semantic Frame", in Rappaport Hovav M., Doron E., Sichel, I., eds., *Lexical Semantics, Syntax,* and Event Structure, Oxford, New York: Oxford University Press, 2010.

Grimshaw, J., Argument Structure, Cambridge, Mass.: MIT Press, 1990.

Gruber, J. S., Lexical Structure in Syntax and Semantics, Amsterdam: North Holland, 1976.

Halliday, M. A., "K. Linguistics Function and Literary Style: An Enquiry into the Language of William Golden's Inheritance", in Chatman, S., Literary Style: A Symposium, New York: Oxford University Press, 1971.

Helbig, G., Valenz. Satzglieder. Semantische. Kasus-Satzmodelle, Leipzig: Western Publishing Co., 1982.

Helbig, G., Deutsche Grammatik, Leipzi: Verlag Enzyklopidie, 1984.

Jackendoff, R., Semantic Structures, Cambridge, Mass.: MIT Press, 1990.

Jesperson, O., The Philosophy of Grammar, London: Allen & Unwin, 1951.

Johnson, M., The Body in the Mind: The Bodily Basis of Meaning, Imagination and Reason, Chicago: University of Chicago Press, 1987.

Katz, J. J., Semantic Theory, N. Y. etc.: Harper Row, 1972.

Lakoff, G., Johnson, M., Metaphors We Live By, Chicago: University of Chicago Press, 1980.

Langacker, R. W., Foundations of Congnitive Grammar Vol. II: Descripitive Application, Stanford: Stanford University Press, 1991.

Levin, B., eds., Lexical Semantics in Review: Lexicon Project Working Papers, Cambridge, Mass.: MIT Press, 1985.

Lyons, J., Introduction to Theoretical Linguistics, Cambridge: Cambridge University Press, 1968.

Miller, G. A., Johnson-Laird, Ph. N., Language and Perception, Cambridge: Cambridge University Press, 1976.

Palmer, F. R., Semantics, Cambridge: Cambridge university press, 1981.

Pustejovsky, J., "The Generative Lexicon", Computational Linguistics, No. 4, 1991.

Pustejovsky, J., The Generative Lexicon, Cambridge: MIT Press, 1995.

Saeed, J. I., Semantics, 外语教学与研究出版社 2000 年版。

Searle, J. R., Expression and Meaning, London: Cambridge University Press, 1979.

Talmy, L., "How Language Structures Space", in Pick Herbert L. Jr., Linda P. Acredolo., *Spatial Orientation: Theory, Research, and Application*, New York: Plenum Press, 1983.

Vendler, Z., *Linguistics in Philosophy*, New York: Cornell University Press, 1967.

Williams, E., "Argument Structure and Morphology", *The Linguistic Review*, No. 1, 1981.

Wittgenstein, L., *Philosophical Investigations*, Oxford: Blackwell, 1953.

索　引

C

创造动词　49，51，101，116，120，143，147—149，166，167，169，213

层级化　3—10，17—19，44，61，63，66，68，70，86—88，91—93，112，142—145，147，148，154，170，172，176，194，196，206—208，211—213，218，223，226，233，235，238，240，241，249，251—254，263，265—267，278，280，282，284，287—291

D

动词语义类别　5，6，8—10，74，78，81，84，97，145，223，232，287—290

F

分裂义多义动词　9，226，267，269，270，272，275，278，284—286，288

G

概括题元　5，6，9，10，44，47，52，53，66，68，72，75，78，81，84，88，90—93，95，107，143，213，223，284，285，287—290

关系义动词　139，212—218，221

感情反应动词　51，55，60，70，77，80，102，105，108，118，124，126，138，140，195—206，208—211，224，225，250

感情态度动词　51，54，80，94，105，108，118，124，138，195—200，205，210—212，219，224，225

感知义多义动词　9，226，254，256，257，259，260，262，284—286，288

J

句法结构　8，16，31，35—37，39—41，45，46，53，59，75，82，87，90，97，98，121，123，131，135，142，144，179，233，234，259，261，272，288

给予动词　100，126，132，143，147，149，150，154—156，269

击打动词　29，96，117，143，146，147，157—161，227

角色配位　4，5，7—10，12，15，22，23，35—37，41，42，46，48，49，57—62，82，83，88，90—92，109，121—123，132—144，151，152，

155，175，176，178，179，181，
183，186，188，191，193，196，
197，202—205，207，208，213，
217，218，220，222—225，232—
234，237，240，241，247，250，
252—255，260—262，264，266，
267，275—277，280，282，284—
286，288—291

决断动词　23，36，58，136，172—
175，187，189，224

K

客体　1，3—10，12—98，100—124，
126，131—133，136—202，204—291

L

论元形式　5，7，8，17，19，25，37，
43—46，48，51，58，62，64，78，
82，83，88，90—92，105，109—
111，116，117，120—124，126，
131—133，138，140，141，143，
144，150—153，161，163，174，
176—179，181，182，188—190，
200，201，207，208，210，213，
216，217，219，220，222，224，
225，227，232，233，237，240，
246，249—254，259，260，263，
264，266，267，275，280，284—
286，288—290

逻辑关系动词　124，216，218，
221，222

M

命题事件　5，7—9，70—73，84，
115，287

P

配价分裂　9，12，19，23，33，37—
41，57，59—61，117，118，121，
136，138，225

判定动词　105，172—174，189，190，
192，224，225

Q

情感义动词　194—197，199，200，
202，205，206，210

R

人际关系动词　55，94，106，109，
111，115，124，125，127—129，
214—220

S

实体行为动词　8，23，46，56，71—
74，78—80，85，89，93—95，100，
102—104，107，109，111，114—
118，124，125，127—133，138—
140，145—154，168，171—174，
213—215，217，223—226，230，
255，272，274，285，286，288

T

题元次语义属性　5，6，12，30，32，
34，54—56，59，90，110—116，
118—120，136，144，149，157，
173，179，199，215，227，230，
238—241，245，257，265，272，
275，280，282，284

题元理论　1，3—7，9，12，13，18，
19，42，44，48，49，51—53，55，

56，61，63—67，75，77，78，82，86—88，91，92，96，100—103，110，113，117，120，122，131，133，140，142，181，183，194—200，206，207，210，212，213，215，221，287，290，291

题元重合　9，12，19，37—41，57，59—61，107—109，137

X

心智义动词　170，172—176

选择动词　16，57—59，80，94，106，127，130，143，166，172—176，183，184，187，224，225

Y

言说义多义动词　9，226，241，243—247，249，284

意见动词　39，43，55，80，103，105，125—127，171—175，180，181，183，190，225

语义角色　4—10，12，15—23，27—32，35—37，39，41—54，57，60—62，64—72，75，79，80，82，83，88—112，115，121—123，126，131，134，136—143，149，152，159，164，165，172，173，177—179，183，187—190，192，194，197，198，207，208，213—215，219—225，228，229，232，235—241，243—246，249—256，263—267，270，271，275—277，279，280，282，284—286，288—291

语义结构　13，14，16，19，20，22，27，30，31，37，39，45，46，57，59，63，65，70，74，76—78，81，82，97，110，121，123，131，135，144，148，165，167，171，197，203，212，219，234，275，287，288

运动义多义动词　9，226—228，230，232，233，235，278，284—286，288

知晓动词　36，39，43，55，80，103，136，171，172，175—181，183，185，190，191

Z

主体　1，2，5，7，8，10，12—17，19，21，23，25—30，32，34，36，38，39，41，44，46—48，50，52，53，56，57，59，60，63—70，72—78，80，81，84，89，92，93，95，98，100—108，111—115，117—119，122，123，128，133，137，139—142，145，148—151，153—157，159，160，162，164—166，171—175，178，187—189，191，194—198，200—203，206，208，210，212—216，218—220，222—225，230，233，236，239，241，250，255，259，261，264，267—269，271，272，274，276，277，286—288

转移动词　29，95，102，116，120，127，129，131，143，147，149，162—166，213

后　记

　　四年时光转瞬即逝，回忆起读博以来的点点滴滴，心中有太多的感谢要说。

　　首先，感谢我的导师彭玉海老师。从博士生涯的学习阶段，到论文的选题、成文阶段，每一刻都离不开彭老师的细心关怀和认真指导，这其中倾注了彭老师太多太多的心血和汗水。老师您对传道授业解惑孜孜不倦，对科研学术工作兢兢业业，对俄语研究事业始终不忘初心、牢记使命，在这里向您致以真诚的谢意和崇高的敬意。

　　感谢黄东晶老师对我未来职业规划的合理引导，在人生的关键选择中，您的谆谆教导和鼓励让我选择了四年的博士生涯，坚定了未来奋斗的方向，让我不负韶华、砥砺奋进。

　　感谢张家骅老师、孙淑芳老师、薛恩奎老师和靳铭吉老师对我学习的指导和给我论文的建议。

　　感谢我的母校黑龙江大学，在这里我度过了七年的时光，母校浓郁的学术氛围深深地感染了我，在这里我结识了诸多良师益友。

　　如今，我的博士论文即将出版，这是我学术生涯中至关重要的一步。关于俄语动词语义的研究浩如烟海，拙作尝试结合层级化思想，从多个切入点对客体题元的语义句法特征进行了整合性分析。本书中得出的关于客体题元语义角色、句法形式等功能属性的结论仍需要后续结合量化手段予以验证。对客体题元的研究仍具有广阔的空间，语料库语言学、翻译学、人工智能等领域的前沿成果具备将其推向一个崭新高度的潜能。受本人能力所限，许多论述仍有待进一步验证，希望读者批评指正。

本书的出版得到了中国社会科学出版社的大力支持，在此向编校老师们致以诚挚的感谢。

卢晓晨
2024 年 1 月